江四喜与学生合影(左起依次为张成锴、余超、江四喜、胡琦、靖礼)

张成锴:2013年第44届国际中学生物理奥林匹克竞赛金牌得主。
余　超:2007年第8届亚洲中学生物理奥林匹克竞赛金牌得主。
胡　琦:2010年第11届亚洲中学生物理奥林匹克竞赛中国队队员(当年中国队因故未能参赛)。
靖　礼:2010年第41届国际中学生物理奥林匹克竞赛金牌得主。

照片拍摄背景:

2013年10月,北京大学物理学院举行百年院庆,这也是中国近代物理的百年纪念。江四喜作为全国中学物理教师的代表受邀参加了庆典,而彼时余超、靖礼、胡琦、张成锴等一众学生都在北京,大家聚会时拍下了此照,留作纪念。

PHYSICS OLYMPIAD
INSTRUCTOR'S NOTES

物理竞赛教练笔记

江四喜 编著

中国科学技术大学出版社

内 容 简 介

本书用诸多的案例系统地总结了作者在近二十年的学科竞赛培训过程中积累的经验、方法和教训,并与大家分享学科竞赛培训的第一手资料以及作者在物理竞赛培训过程中获得的感悟,内容十分丰富、全面。内容包括各学科竞赛简介,学科竞赛培训该怎样选择与淘汰学生,怎样优化培训模式、培训方法,如何合理地选取有效的教材与资料,如何实施物理竞赛实验培训,近年来物理竞赛的热点分析,学生该如何在竞赛与高考之间寻找平衡点,我们该用什么样的心态对待学科竞赛,等等。阅读本书,不仅能让教练知晓怎样指导学生,还能让竞赛生知道如何进行主动学习。

本书不仅对物理竞赛教练尤其是新手教练具有极高的参考与指导价值,而且对其他学科的竞赛教练、关心资优生培养的教师及领导也极具参考价值,还可供参加物理竞赛的学生及家长参考,同时对青年教师的教学也极具指导意义。

图书在版编目(CIP)数据

物理竞赛教练笔记/江四喜编著. —合肥:中国科学技术大学出版社,2019.7 (2022.9重印)

ISBN 978-7-312-04678-0

Ⅰ. 物… Ⅱ. 江… Ⅲ. 中学物理课—高中—教学参考资料 Ⅳ. G634.73

中国版本图书馆 CIP 数据核字(2019)第 068115 号

出版	中国科学技术大学出版社 安徽省合肥市金寨路96号,230026 http://press.ustc.edu.cn https://zgkxjsdxcbs.tmall.com
印刷	合肥华苑印刷包装有限公司
发行	中国科学技术大学出版社
开本	787 mm×1092 mm 1/16
印张	25.75
插页	1
字数	461 千
版次	2019 年 7 月第 1 版
印次	2022 年 9 月第 3 次印刷
定价	68.00 元

重印说明

自 2019 年 7 月出版,本书已加印过一次,这次是第 3 次印刷。其实,对于本书的销售情况,最初我是悲观的,认为首印能全部卖出就不错了,因为中学学科竞赛影响虽然不小,但毕竟只是一个小众活动,真正参与的人并不多。能有本印次,是我原先不敢想象的。

最初我不敢想象的还有大家对本书的认同。首印书在很短的时间内售罄,不少老师还写出了自己的读后感,有的老师与家长就书中的问题与我不断地交流,很多老师在我毫不知情的情况下发布了书评或推荐本书。

譬如,一位网友给我转来了湖南省株洲市二中曾湘漳校长以"方向引领发展,行动决定成败"为题的书评及荐文。曾湘漳校长是全国优秀校长,中学特级教师,他认为本书是一种教学方法论读本,给出推荐本书的理由是:

"一本看似纯粹的学科竞赛培优书籍,却蕴藏着很多关于教学方法论的思考;一本似乎只关乎物理学科的优生培养实操书籍,却探索出诸多解决实际教学问题的技术手段。这本书不仅对物理竞赛教练,尤其是新手教练具有极高的参考与指导价值,而且对其他学科的竞赛教练和所有关心资优生培养的教师、家长及教育管理者也极具参考价值。此外,这本书在教学方法论层面也对青年教师的常规教学极具指导意义。"

他认为:"方向引领发展,行动决定成败。我们对教育方向的选择,引领着学生的成长和教育事业的发展,决定着我们的态度和教学行为。教育,就是要以更高远更开阔的视野,更加精准地确定前进方向;同时采用更系统更有效的行动策略,更加优质地实现目标。《物理竞赛教练笔记》从一位 20 年奋战在学科竞赛培训一线的普通教师的视角讲述了他的成长历程和成功经验。跳出学科的局限，不难发现其隐藏在学科竞赛培优背后的教育理念和教学方法论，尤其是关于拔尖创新学生思维品质和学习意志力培养的教学方法，以及从学科竞赛教练成长轨迹中抽象出来的青年教师专业发展方法，看似零散却已自成体系且很有实效。因此，无论你是不是物理教师，无论你是否在进行学科竞赛培训，《物理竞赛教练笔记》都是一本值得教育者们细读的好书，它既让我们立足自己的学科教学，不断进行学科教学方法论的实践探索，又启发我们摒除自己的学科本位，从现象和经验中抽象出教学方法论的普适真谛，指导我们的教学行为，引领我们教学工作的高品质发展。"

再如，淮北一中张启迪老师通过公众号"杠精学物理"发文指出本书"说了别人不敢说的大实话"，并给出了本书的十大类读者群体：

1. 刚参与物理竞赛培训的新教练；
2. 正在参加物理竞赛培训的同学；
3. 正准备加入学科竞赛的初中或高中新同学；
4. 准竞赛党和竞赛党的家长们；
5. 开展竞赛培训的中学校长以及教育管理者；
6. 未开展竞赛培训的中学校长以及教育管理者；
7. 其余学科竞赛教练；
8. 竞赛班或理科实验班其余科目老师；
9. 对中学生学科竞赛嗤之以鼻的朋友；
10. 追求进步的各学科教师朋友们。

至于在微信朋友圈中展示阅读细节的读者，更是不计其数。

在此谢谢所有读者的肯定！

虽然在中学阶段从事学科竞赛学习的是一个小众群体，但进行学科竞赛培训却几乎是全国所有知名重点中学的标配。毕竟，在近几年高考试题对竞赛生极不友好的背景下，著名高校对竞赛生依然情有独钟，不论是当初的自主招生还是当下的强基招生，亦或是中国科学技术大学的少年班或创新班，都对在竞赛方面取得成绩或有竞赛背景的学生高看一眼。

在与众多读者的交流中，我也感觉到诸多读者并没有读出本书所包含的另一层含义，即教练在培训过程中对学生的陪伴。我一直认为，优秀的中学生对学科知识的理解并不是大的障碍，应用才是他们面前的魔障，而化解它的过程非常需要教练的陪伴。陪伴是培训中最为重要的内容与形式。同时，我依然希望从事竞赛培训的教练与机构，不要将中学竞赛培训衍变为大学知识培训，将中学竞赛培训的核心要素，即能力培养予以摒弃，否则便是舍本求末。

  在本书出版后的这几年里，与中学学科竞赛相关的赛制以及招生政策都有了较大的变化。譬如，书中对各学科竞赛赛制的介绍已不适合现在的形势，但考虑到相关政策可能会不断变化，而作为历史背景下的情况介绍，本次印刷并没有对相关内容作修改；再如，写作本书时，高校对竞赛生的选拔适用于自主招生的政策，而当下则被简称"强基"的高校基础学科招生改革替代，但在笔者看来，高校招生虽然名目有变，但对优秀学生的选择却是一如既往，对学生选拔的知识要求永远都不会改变。那么，本书所描述的针对优秀学生的培训过程与方式，不论是竞赛还是强基，都将会在很长的时间段内继续适用。

江四喜
2022 年 9 月

序

在历年辅导学生的过程中,我结交了众多优秀的工作在教学一线的中学物理竞赛教练。

江四喜老师长期致力于中学物理学科竞赛培训,不仅培养出众多的国家集训队队员,而且培养出靖礼、胡琦等多名国际中学生物理奥赛与亚洲中学生物理奥赛的金牌选手。中国科学技术大学出版社根据江四喜老师历年的培训讲义出版的一系列物理竞赛辅导图书,已成为众多物理竞赛生喜爱的书籍。

江老师的《物理竞赛教练笔记》全面记录了自己作为学科竞赛教练所从事工作的方方面面,将自己历年的培训过程毫无保留地呈现在大家面前。我相信,竞赛生或教练阅读本书,便能知晓该如何选择学习内容与学习资料。本书可以让学生充分地利用中学阶段有限的学习时间,脚踏实地向前走,取得好的实效。

是为序。

2018 年 8 月于北京

舒幼生,北京大学物理学院教授。

前　言

我是从1981年开始从事中学物理教学的,至今已近四十年。早先我从事物理高考教学与备考,后期专门从事高中物理竞赛培训。我认为自己因班主任工作和高考业绩而忝列中学特级教师,因物理竞赛培训方面的成绩及相关著作而厕身中学物理正高级,且因竞赛方面的著作而被他人知晓,但我在这几方面的表现似乎都不是特别强,所以本人在体制内既非名师,也非专家。本人一直习惯于扎扎实实地做好自己本职工作,甘愿为他人站岗放哨,始终当好一名合格的士兵!

单从进行物理竞赛培训的时间长度来看,我已经有近二十年的从业时间,应该说是物理竞赛培训方面的老同志了。近年来,我每次到全国中学生物理竞赛的决赛现场,都会感觉到老面孔的教练越来越少了。探询之下,我才知这些教练要么坚持不下去了,要么在取得成绩后便另谋高就了。像我这样仍然坚持在一线的教练可谓屈指可数,而且,放眼全国,在我这个年纪还在学科竞赛一线进行培训的中学教练可能不多了,我深深地感觉到自己真的老了。我目前也在努力转型,力争为这块阵地培养更优秀的教练。好在学科竞赛教练们每次聚集在一起时,我也会发现新面孔的教练蜂拥而至,一个个生龙活虎的,也足见学科竞赛一定会生生不息。

在与年轻的教练进行交流时,我常常被问到如下问题:你是怎样进行竞赛培训的?你使用的资料是什么?你是怎样选择竞赛学生的?你是如何安排培训进度的?你是如何兼顾家庭与工作的?说实在的,这些问题都不是三言两语能回答清楚的。况且,具体的培训过程是因人而异的,是不可完全复制的。我本人的培训方法也在不断变化之中,即便是我现在开展的培训,每一份培训资料在使用前我都会重新作一番修订、补充、完善;讲解每一个问题前我都要重新斟酌一番。因此,对年轻教练们的问题,我往往都只能用聊天的方式讲一些案例，能领悟的就能体会到我的一些做法，不能领悟的就当我是在讲故事了。

2016年7月，安徽省物理学会秘书长、中国科学技术大学的张鹏飞教授邀请我在一个高中物理竞赛教练培训班上作一次短暂的交流。当时，在那个时间段我本已安排了其他事务，但我还是一口应承了下来，迅速地对事务性的工作进行了腾挪。

能被邀请与大家交流物理竞赛培训的经验，我当时真有一种受宠若惊的感觉，这绝不是矫情。在此之前，我虽然在不同的场合作过很多有关物理高考教学及备考的讲座，但我从没有在任何公开场合比较正式地谈论自己有关物理竞赛培训方面的心得。当时之所以一口应承下来，现在回想起来，恐怕是出于以下原因：我从事了近二十年的物理竞赛培训，潜心其中，孜孜以求，投入了许多的时间与巨大的精力。其间因无人指导，我独自默默探索，自然走过了很多的弯路，却也因此积累了许多的教训与心得。但一直以来，我的培训任务和事务性工作太多，没能对自己在培训过程中积累的教训与心得作系统性的整理、归纳、总结、反思。加之竞赛培训是一个小众化的活动，受众群体较小，深入从事竞赛培训的教练更少，教练之间全面而深入的交流机会也很少。我十分清楚，随着时间的推移，我最终必将会离开竞赛培训这一领域，而且我对在培训过程中积累的教训与心得的感受也会越来越模糊，直至淡忘。更重要的是，出于种种原因的考虑，我当时已明显地萌生了退出一线竞赛培训的意愿。正好能借交流的机会，对自己的竞赛经历作一次回顾与梳理，这既是对自己在这方面的付出作一个交代，也是希望自己的竞赛培训经验与教训能给大家借鉴与参考。同时，我也希望能借此为学科竞赛做一些推广与普及工作，因为我是真心认同中学生学科竞赛的。

自2016年7月以来，我已受邀在全国各地作了20多场有关竞赛教练的培训讲座与交流，受众不仅仅有中学物理竞赛教练，还包括其他学科的竞赛教练、相关教师、家长及学校和教育局分管教学的领导。在讲座中，我将自己近二十年的竞赛培训过程、方法，在竞赛班担任班主任的工作经历，以及后来在学校分管竞赛工作的一些思考都融于其中。讲座所用的演示文稿也从最初的50多页逐渐增至近400页，还另有一些辅助性的文稿、图片和视频，内容以我所进行的物理竞赛培训为主线展开，涉及竞赛培训的方方面面。而在对教练的培训中，我则根据培训的重点与要求，适时地调整培训的时长，尽可能全面地与大家分享我的竞赛培训经历、感受和做法。这是一个共同交流的培训过程，也是取长补短、接受大家的批评、相互促进、努力提高竞赛培训水平的互动过程。

我讲的内容在许多人看来并不都是"正能量"的，也不一定都是正确的。

但我保证,我所讲的都是我一路走来的真实感受。加之本人并非教育理论方面的专家,所以听我的讲座更像是在听一场经验报告。好在历次的讲座过后,很多教练对我所讲内容的评价总离不开四个字:全是干货。

每次培训之后,都会有教练通过各种途径向我索要培训的课件或文稿,或者询问一些具体的问题细节。时间一久,我便有了将讲座的内容汇编成册的意愿。

我们都知道,有关学科竞赛的是非一直都存在很大的争议,在官方它是不受待见的,我们能够见到的是官方对以奥数为代表的学科竞赛培训无休止的批评与禁止,但我们也看到中小学学科竞赛在顽强地生长并繁荣发展,足见它的土壤是肥沃的。

虽然媒体说学科竞赛培训泛滥成灾,但是深入其中,你就会看到,这只是一个小众化的活动,真正参与其中的人数远没有达到适龄人数的10%。但由于没有官方的认同,鲜有系统研究学科竞赛特点与规律的机构与个人了,以至于这一领域也是杂草丛生,良莠不齐。而且,人们在铲除杂草的时候,根本不会顾及无辜,也正因为如此,学科竞赛的是非在现有的语境下是无从谈起的。

其实,以奥数为代表的中学生各学科奥赛,没有一项是起源于中国的,它们在国外也是蓬勃开展的。至少,在学科奥赛的普及层面上,我们就比不过我们的邻国越南、韩国和俄罗斯。至于说奥赛试题过难啊,变态啊,等等,就更是无从说起了。学科竞赛本身就是将人的思维能力推向极限的一项活动,这是奥赛的初衷啊,它也是包含"更快,更高,更强"的奥运精神的。如果不难,它就没有存在的必要了。那么,我们的培训是否超出了学生的认知范围呢?恐怕没有人能拿出这方面的数据,但有一点可以说明的是,我国在奥赛培训过程中所使用的奥赛试题绝大多数都来自国外,且是经过优选了的奥赛试题,我们原产的并不多,甚至国内某些大型的、正规奥赛的部分赛题都是直接借用国外的奥赛试题。由此可见,我国的奥赛试题并不比他国的更难或超前。

对于中学生学科奥赛培训方面的研究,或者说在资优生方面的研究,在我国还是荒芜一片。而国外的情况我也没有翔实的资料,但有一点我是知道的,国外有的大学专门开设了中学学科竞赛培训的专业课程,仅此一事,便可见这一活动并非我们的媒体所描述的那样"罪大恶极"。

应该说,在中学生五大学科竞赛领域,不论是哪个学科,全国知名的教练都不少,他们或成绩斐然,或著述甚丰。但遗憾的是,并没有人对竞赛的培训过程进行系统的回顾与总结,给后来者在培训过程方面进行示范、指导。虽然近年来各地组织过不同形式的竞赛教练的交流活动,但我还没听说有哪个教练在公开场合系统地介绍过自己的培训经验,大多点到为止,难见干货。

虽然我深知自己在竞赛培训方面的道行远不及众多的大咖,但近二十年的一线培训经历让我拥有了大量的一手培训资料,且如我这般践行竞赛培训,系统收集整理相关资料,敢于将自己的"干货"毫无顾忌地呈现给大家,积极推广、普及学科竞赛的教练也并不是很多,而我自认为在这方面做得还可以,故斗胆以自己进行物理竞赛教练培训的内容为主线,将我的培训经历、方法及观点呈现给大家,在各位学科竞赛培训的大咖面前抛砖引玉,为学科竞赛的发展尽一点绵薄之力。

在此,我还要强调一点,我在编写其他方面的图书时,都会参阅大量的相关文献,唯独在本书的写作过程中,除了翻阅计算机中我过往的培训记录与相关资料外,没有翻阅任何其他的书,只静坐在电脑前认真地回忆、整理我的竞赛培训经验与心得。当然,目前市面上也没有此类可供参考的图书。所以,我敢大胆地说,此书虽不成熟,或有疏漏,或有差错,或有偏颇,但基本上都是干货。

非常感谢中国科学技术大学出版社,正是因为他们对本书文稿的认同与推动,才有了本书的出版。本书是我国目前唯一有关学科竞赛培训方面的图书,可供中小学各学科竞赛的教练和关注学科竞赛的领导参考与借鉴,也可供有志于学科竞赛的学生和家长阅读,以期了解学科竞赛。当然,本书也可作为青年教师的教学参考书。

我知道书中的内容有诸多的不足乃至错误,欢迎大家给予批评、指正,大家可以扫描下面的二维码跟我微信交流,也欢迎大家加入本书的读者交流QQ群(群号码为372056845)。如果我的一些观点与方法对大家产生误导,本人在此表示诚挚的歉意。

江四喜

2019年4月于武汉

目 录

重印说明	(ⅰ)
序	(ⅴ)
前言	(ⅶ)
1 中学各学科竞赛简介	(1)
1.1 全国高中数学联合竞赛	(2)
1.2 全国高中学生化学竞赛	(4)
1.3 全国中学生生物学联赛	(5)
1.4 全国青少年信息学奥林匹克竞赛	(7)
1.5 全国中学生物理竞赛	(9)
2 我的教学及竞赛培训经历	(15)
2.1 我的学习与教学经历	(15)
2.2 我所经历的武汉二中的学科竞赛	(17)
2.3 我的竞赛培训经历	(20)
3 从高考到自招再到竞赛	(32)
3.1 对竞赛学习的忧虑与阻力	(33)
3.2 学科竞赛的魅力与风险	(37)
3.3 高考知识点与竞赛知识点的差异	(39)
3.4 高考与竞赛对学生在思维层面上要求的差异	(41)

3.5　升学路径的对比 ……………………………………………（58）

4　竞赛生源的选择与淘汰 …………………………………………（63）
　　4.1　优质生源的分布与去向 ……………………………………（63）
　　4.2　资优生的学力特征 …………………………………………（66）
　　4.3　教练对竞赛生源的选择 ……………………………………（70）
　　4.4　竞赛生的筛选与淘汰 ………………………………………（78）
　　4.5　注意学生家长对竞赛培训的影响 …………………………（81）

5　学科竞赛培训的模式简介 ………………………………………（84）
　　5.1　竞赛班 ………………………………………………………（86）
　　5.2　时间模式 ……………………………………………………（90）
　　5.3　教练模式 ……………………………………………………（93）
　　5.4　关于武汉二中学科竞赛的问答与点评 ……………………（95）

6　物理竞赛培训的过程与方法 ……………………………………（108）
　　6.1　团队与领军人物的培养 ……………………………………（108）
　　6.2　学生优良学习品质的培养与巩固 …………………………（110）
　　6.3　高一阶段培训进度与内容 …………………………………（112）
　　6.4　高二阶段培训进度与内容 …………………………………（131）
　　6.5　赛前的应试辅导 ……………………………………………（147）
　　6.6　赛后的跟踪指导 ……………………………………………（152）

7　物理竞赛培训资料的选择与使用 ………………………………（157）
　　7.1　第一轮用书(基础部分) ……………………………………（158）
　　7.2　第二轮用书(提升部分) ……………………………………（172）
　　7.3　江四喜编写的物竞资料简介 ………………………………（179）

8　近年预、复赛理论试题分析 ……………………………………（185）
　　8.1　预赛试题的特点 ……………………………………………（186）
　　8.2　复赛理论试题的特点 ………………………………………（187）

9　物理竞赛实验 ……………………………………………………（195）
　　9.1　实验操作的培训 ……………………………………………（198）
　　9.2　实验理论的培训 ……………………………………………（199）

9.3　实验试题解答例析 ·· (200)

10　竞赛教练的成长 ·· (203)
　　　10.1　教练与教师的差异 ·· (204)
　　　10.2　教练的素养 ·· (205)
　　　10.3　教练的成长途径 ·· (211)
　　　10.4　教练的流动 ·· (220)

11　漫谈与记忆 ··· (223)
　　　11.1　漫谈：奥赛，绝不是毒品 ··· (223)
　　　11.2　漫谈：高考生与竞赛生 ·· (227)
　　　11.3　漫谈：竞赛生的十二条"军规" ································· (229)
　　　11.4　记忆：靖礼印象 ·· (236)
　　　11.5　漫谈：坚持与放弃 ··· (241)
　　　11.6　记忆：说说胡琦 ·· (244)
　　　11.7　漫谈：奥赛——是柄标杆，亦是柄锤子 ···················· (246)
　　　11.8　漫谈：金牌选手与高考状元的对话 ··························· (249)
　　　11.9　记忆：亲，让我带你们再看看那些碎片 ···················· (258)
　　　11.10　漫谈：竞赛生从奥赛中收获了什么 ························· (274)

12　第28、29届物理竞赛培训札记(摘录) ························· (285)

致谢 ·· (396)

1 中学各学科竞赛简介

我们通常所说的中学生学科奥赛,是指被中国科学技术协会、教育部认可的中学生五大学科竞赛,它们是——

全国高中数学联合竞赛(CMO)

全国高中学生化学竞赛(CChO)

全国中学生生物学联赛(CHSBO)

全国青少年信息学奥林匹克竞赛(NOI)

全国中学生物理竞赛(CPhO)

除此之外,还有少许的关联竞赛,如全国中学生女子数学奥林匹克竞赛、西部中学生数学奥林匹克竞赛等。诸如英语奥林匹克竞赛、泛珠三角物理奥林匹克竞赛之类标注着"奥林匹克"字样且看似相关的竞赛,又如创新作文大赛等知名度很高、影响力也很大的竞赛,这些学科竞赛虽都不被中国科学技术协会与教育部认可,但在一些区域可能被自主招生的高校关注与认可。

中学各学科竞赛并不包含初中阶段各学科的竞赛,但并不排斥初中生提前参加高中阶段的学科竞赛,如初中学生参加高中阶段的学科竞赛并取得了相应的成绩,在升学上同样享有高中生享有的相应待遇。

2017年,中国地震学会、北京大学地球与空间科学学院决定组建"全国中学生地球科学竞赛委员会",着手开展全国中学生地球科学竞赛(CESO),并准备参加国际奥赛。目前,此赛事的国际奥赛已进行到第 11 届。但是,这项活动还没有得到中国科学技术协会与教育部的正式承认,因此其集训队是否享有保送资格还有待观察。但可以预料,这可能是以后竞赛的又一个亮点。

与此类似的还有全国中学生天文奥林匹克竞赛(CNAO)等。

1.1 全国高中数学联合竞赛

1956 年起,在华罗庚、苏步青等老一辈数学家的倡导下,我国举办了由京、津、沪、粤、川、辽、皖合办的全国高中数学联合竞赛,后来中途停办。1979 年,我国的 29 个省、自治区、直辖市都举办了中学数学竞赛。全国高中数学联合竞赛从 1980 年开始举办至今,从未间断。

目前,全国高中数学联合竞赛的流程如图 1 所示。

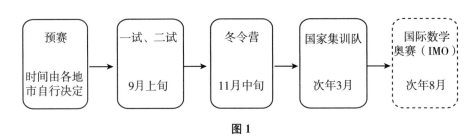

图 1

预赛

由于全国竞赛有名额的限制,一般地区在全国竞赛前都会组织相应的预赛,一是保证参加全国竞赛的学生素质层面较高;二是减轻全国竞赛的组织压力,如赛场的布置、阅卷等。数学预赛的命题都是由各省竞赛委员会自主命题,对参赛学生的就读年级没有限制。

一试

目前,联赛确定的全国考试时间为 9 月上旬的某个星期日,具体时间为当日上午 8:00—9:20,共 80 分钟。试题分填空题和解答题两部分,满分为 120 分,完全按照全日制中学《普通高中数学课程标准(实验)》中所规定的教学要求和内容命题,即高考所规定的知识范围和方法,但在方法的要求上略有提高,其中概率和微积分初步不考。

二试

二试,又称加试。考试时间与一试在同一天,具体时间为当日 9:40—12:10,共 150 分钟。试题分为 4 道解答题,包括平面几何、代数、数论、组合数学各一道,前两道题每题 40 分,后两道题每题 50 分,满分为 180 分。

数学联赛的主体内容即为一试和二试,在这项竞赛中取得优异成绩的学生可获得省级赛区全国一等奖,并根据成绩排序选出各省参加全国冬令营的省队成员,他们有资格参加由中国数学会主办的"中国数学奥林匹克暨全国中学生冬令营"。优胜者获得进入国家集训队的机会。从国家集训队中再选拔 6 人参加国际中学生数学奥林匹克竞赛(IMO)。

值得说明的是,数学联赛的内容并不涉及高等数学。

评奖

数学预赛:由各地市举办,评选出的奖项分为市级一等奖、市级二等奖、市级三等奖;根据参赛名额确定参加全国数学联赛的学生。

数学联赛(一试、二试):全省参赛选手在指定的一个或几个地方进行选拔考试,根据一试、二试的总分,评出省级赛区全国一等奖;根据省队名额,一等奖获得者中排名靠前的学生即为省队成员,要参加全国决赛(冬令营)。

同时,根据一试、二试的总分及相应的名额,确定省级赛区全国二、三等奖。

全国决赛(冬令营):每年设置的奖项分为决赛一等奖(通常称为金牌,金牌得主前 60 名为国家集训队队员)、决赛二等奖(银牌)、决赛三等奖(铜牌)。

国家集训队:分两轮集训,第一轮从 60 名队员中选拔出 15 名队员参加第二轮集训,最终从这 15 名学生中选出 6 名优秀选手,代表中国中学生参加国际中学生数学奥林匹克竞赛(IMO)。IMO 于每年 8 月举行,评选出国际金牌、银牌、铜牌。

1.2 全国高中学生化学竞赛

中国化学会自 1984 年以来,连续每年组织全国高中学生化学竞赛活动。化学竞赛由中国科学技术协会主管,中国化学会主办,委托相关省、自治区、直辖市化学会或化学化工学会、省级化学教研室及有关学校承办。

全国高中学生化学竞赛分为三个阶段:市级预赛、全国初赛和全国决赛,具体流程如图 2 所示。

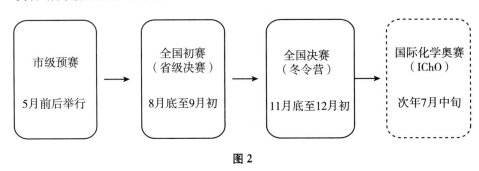

图 2

市级预赛

市级预赛由省级化学教研室命题。参加全国高中学生化学竞赛市级预赛的选手为普通高中学生,从中选拔参加省级决赛(即全国初赛)的学生,而且要求选手年龄在来年参加国际化学竞赛前小于 20 岁。

各地的预赛一般在每年 5 月前后举行。但某些地区也可以不进行市级预赛,由学校统一选拔,直接报名参加省级决赛。

全国初赛

全国初赛面向所有高中学生,满分为 100 分,决出省级赛区一、二、三等奖(也称全国初赛一、二、三等奖)。全省的部分一等奖获得者将有资格进行高中竞赛第二轮内容的学习和实验操作,即参加省级化学集训,省集训队员通过多次、全方位的考试(省队选拔考试,简称省选),获得参加全国高中化学竞赛决赛(冬令营)的资格,即成为省队队员。

关于省选考试的内容(包括理论与实验)与操作方式,各个省份也不尽相同。

全国决赛

全国高中化学竞赛决赛在每年 11 月底至 12 月初进行,根据理论与实验成绩确定全国决赛一、二、三等奖,即通常所说的决赛金牌、银牌、铜牌。

国家集训队队员的选拔有点儿复杂。只要有选手进入决赛前 75 名的省份,不论其选手是否在前 50 名,都要确保该省有一名学生进入国家集训队,然后再按成绩排序,确定 50 名国家集训队队员。

最后,进入国家集训队的选手通过培训、测试,选拔出 4 名国家队选手,代表中国中学生参加国际高中生奥林匹克化学竞赛。

评奖

市级预赛:由各地市举行,设置的奖项分为市级一等奖、市级二等奖、市级三等奖;根据参赛名额确定参加全国化学竞赛初赛的学生。

全国初赛:全省参赛选手在指定的一个或几个地方进行选拔考试,设置的奖项分为省级赛区全国一、二、三等奖,一等奖的部分学生参加由各省组织的集训,从而确定省队成员,参加全国决赛。

全国决赛:设置的奖项分为决赛一等奖(又称国一或金牌,前 50 名为国家集训队队员)、二等奖(银牌)、三等奖(铜牌)。

国家集训队经过训练,最终选出 4 名优秀选手代表中国中学生参加国际中学生化学奥林匹克竞赛;国际中学生化学奥林匹克竞赛再评选出国际金牌、银牌、铜牌。

1.3 全国中学生生物学联赛

全国中学生生物学竞赛开始于 2000 年,之后每年都举行。它是在中国科学技术协会、国家教育部和国家自然科学基金委的领导和支持下,由中国动物学会、中国植物学会联合主办,各高中生自愿参加的生物学科竞赛活动。全国中学生生物学联赛的流程如图3所示。

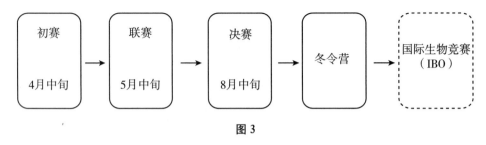

图3

初赛

初赛由各地自行主办,功能是选拔参加联赛的选手。

联赛

联赛分理论考试与实验考试。理论考试时间定为每年5月第2周的星期日上午10:00—12:00。理论考试时间各省不得自行变更,否则以弃权论。

全国中学生生物学联赛的理论考试以高中生物学为基础,并有一定的扩展,扩展的部分可参考高校普通生物学内容。试题难度大于高考,小于全国决赛试题。理论考分和实验考分按75%和25%分配。

全国中学生生物学联赛理论试题的内容及分数比例如下:

(1) 细胞生物学、生物化学、微生物学、生物信息学(25%);

(2) 植物和动物的解剖、生理、组织和器官的结构与功能(30%);

(3) 动物行为学、生态学(20%);

(4) 遗传学与进化生物学、生物系统学(25%)。

上述考试内容的分配给人的感觉是:这哪里是中学生生物竞赛,分明是大学生生物竞赛嘛!

现在,全国中学生生物学联赛已取消各省分会组织的实验操作考试,改为在理论试题中设计一定比例的实验笔试题。

评奖

初赛:在各地市学校举行,设置的奖项分为市级一、二、三等奖(考核优秀的同学晋级参加生物联赛,少数地区由于人数所限可以直接参加联赛)。

联赛:全省参赛选手在指定的一个或几个地方进行选拔考试,设置的奖项分为省级赛区一(从中选省队队员)、二、三等奖(考核优秀的同学晋级参加生物决赛)。

决赛:全国统一指定一个地方进行选拔考核,设置的奖项分为国家级一(前50名为集训队队员)、二、三等奖,即金牌、银牌、铜牌。考核优秀的同学晋级参加集训队训练,最终选出4名优秀选手代表中国中学生参加国际中学生生物学奥林匹克竞赛(IBO)。

国际中学生生物学奥林匹克竞赛进行选拔考核,评选出国际金牌、银牌、铜牌。

1.4 全国青少年信息学奥林匹克竞赛

全国青少年信息学奥林匹克竞赛,简称信息学奥赛,开始于1984年,此后连续举行。此项赛事包含了一系列的竞赛:全国青少年信息学奥林匹克竞赛、全国青少年信息学奥林匹克网上同步赛、全国青少年信息学奥林匹克联赛(NOIP)、全国青少年信息学奥林匹克夏令营、全国青少年信息学奥林匹克冬令营、亚洲与太平洋地区信息学奥赛(APIO)、选拔赛。以此选拔出4名国际青少年信息学奥林匹克竞赛(IOI)选手,依据包括NOI成绩、冬令营成绩、论文和答辩、平时作业、选拔赛成绩、口试等。

竞赛流程

全国青少年信息学奥林匹克竞赛流程如图4所示。

上述流程中的联赛分普及组与提高组两个组别,难度不同,分别面向初中阶段与高中阶段的学生。

全国青少年信息学奥林匹克联赛(省级)初赛时间为10月中下旬,复赛时间为11月中旬,全国青少年信息学奥林匹克竞赛(国家级)的时间为每年7月。

这里应该注意的是,全国青少年信息学奥林匹克竞赛的考试时间早于全国青少年信息学奥林匹克联赛,这意味着学生如果想参加全国级的考试,

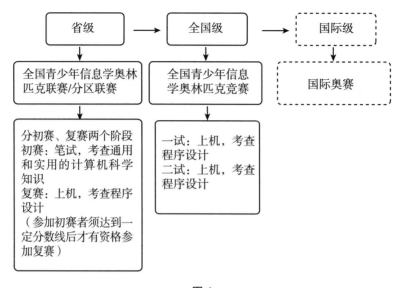

图 4

必须在上一年或者上上年提前参加省级的考试。也就是说,参加信息学竞赛的学生,高一、高二就应参加省级考试,并取得必要的成绩,不然是没有机会参加国家级比赛的。

评奖

初赛:在各地市学校举行,设置的奖项分为市级一、二、三等奖(考核成绩优秀的同学晋级参加信息学联赛,少数地区由于人数限制可以直接参加联赛)。

联赛:全省参赛选手在指定的一个或几个地方进行选拔考试,设置的奖项分为省级赛区一、二、三等奖,一等奖中考核优秀的同学晋级参加信息学决赛。决赛设置的奖项分为国家级一(前50名为集训队队员)、二、三等奖,即金牌、银牌、铜牌。最终从参加集训队的同学中选出4名优秀选手代表中国青少年参加国际青少年信息学奥林匹克竞赛。国际青少年信息学奥林匹克竞赛评选出国际金牌、银牌和铜牌。

1.5 全国中学生物理竞赛

从 1984 年开始,为了与国际中学生物理奥林匹克竞赛(IPhO)接轨,在我国老一辈物理学家周培源、钱三强、沈克琦等的支持下,我国开始举办由高中生参加的全国中学生物理竞赛,之后每年一届,从未间断。

1985 年我国代表作为观察员参加国际中学生物理奥林匹克竞赛,1986 年正式派队参赛。

另外,从 2000 年起,亚洲开始举行亚洲青年物理学竞赛,或称亚洲中学生奥林匹克物理竞赛(APhO),我国从一开始便参加了该赛事。

中国物理学会制定的《全国中学生物理竞赛章程》对中学生物理竞赛的组织与赛制都作了详细的规定。

全国中学生物理竞赛的组织单位如下:

主管单位:中国科学技术协会。

主办单位:中国物理学会。

承办单位:各省物理学会,各省中学物理竞赛委员会,各省、市、县(区)中学物理教研室,申办决赛的省物理学会及相关中学(每年有一所中学参与)。

全国中学生物理竞赛采用的赛制为预赛、复赛和决赛的三轮赛制,流程如图 5 所示。

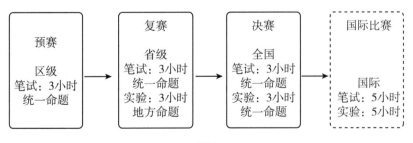

图 5

预赛

考试时间:当年 9 月份的第一个星期六(如遇 9 月 1 日,则顺延至 9 月 8 日),时长为 3 小时,时间段为上午 9:00—12:00。预赛只考理论内容,满分为 200 分,试题及评分标准由全国竞赛委员会统一命制。预赛的作用是筛选参加复赛的选手。一般省份都是根据预赛报名的人数分配复赛名额,同时还根据竞赛成绩产生省级一、二、三等奖的名单。有的地市也根据预赛的成绩给出地市级一、二、三等奖。

因为参加复赛有名额的制约,且多数省份的复赛名额依据预赛的报名数进行分配,所以一般学校为了保证种子选手能参加复赛,会积极动员学生参加预赛,导致参加预赛的学生基数较大。

复赛

复赛包括理论考试和实验考试两部分。

理论考试:时间一般为当年预赛后的第三个星期六,考试时长为 3 小时,时间段为上午 9:00—12:00。

设有密码的试题文档一般会提前发到各省中学物理竞赛委员会的相关部门,试题密码一般在考前数小时才传送到各省物理学会,然后上机印刷试卷,随后直接送往考场。

理论部分的试题及评分标准由全国竞赛委员会统一命制,满分为 320 分。

理论考试的阅卷由各省、自治区、直辖市竞赛委员会自主进行,结果产生的时间不一。

实验考试:满分为 80 分,考试的时长也是 3 小时。

复赛实验考试的试题命制及组考、阅卷均由各省、自治区、直辖市中学生物理竞赛委员会组织进行。一般省份的实验考试都是两道试题。

具体的考试日期由各省自定,但要求必须在 9 月 30 日之前结束。

由于中学生物理竞赛的实验内容与中学常规教学内容几乎没有关系,全部为大学实验内容,因此,即便学生的理论成绩再好,若无事先的实验培训,在实验考试中,一般也不会有好成绩出现,专业的物理竞赛生只能提前进行培训。

另外,实验不存在查分及复核的环节。

复赛的成绩由理论成绩和实验成绩决定,根据省队名额和各奖项的名额,决出省级赛区全国一(从中选省队队员)、二、三等奖。

这里一定要注意省级赛区全国一、二、三等奖与省级一、二、三等奖以及全国决赛一、二、三等奖之间是有差别的。我们可以从图6~图8所示证书上的落款及印章加以区别。

从某种意义上讲,中学学科竞赛的功利性目标能否实现,几乎都取决于学生的复赛成绩。竞赛强省的物理竞赛生一进入省队,往往都会被北大、清华签约当年一本线录取,赛区全国一等奖也成为双一流学校自主招生的敲门砖。中学一般教练的竞赛培训也基本上是以此赛事为培训目标的。也就是说,如果学生在复赛中取得了令人满意的成绩,一般教练就会认为自己达到了培训的目标。

自主招生时,名校列出的省级一、二、三等奖都是指省级赛区全国一、二、三等奖。各学科的要求都是如此。

图6

图7　　　　　　　　　图8

决赛

全国中学生物理竞赛决赛亦分为理论考试与实验考试。这两类考试均由全国竞赛委员会命题,且理论部分满分为 280 分,实验部分满分为 120 分,这个比例是参考国际中学生物理奥赛确定的,其实验的比例要高于复赛。决赛最终根据理论考试与实验考试的总成绩进行评奖。

决赛的考试时间一般为跨越 10 月底与 11 月初的那个星期。

全国决赛根据不同的比例设置一等奖(约 100 名,其中前 50 名为集训队队员)、二等奖约 170 名,其余的均获三等奖,并颁发证书和奖牌,其样式如图 9 和图 10 所示。

图 9

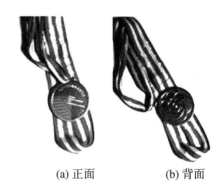

(a) 正面　　(b) 背面

图 10

此外,还设有与国际中学生物理竞赛的奖项相对应的总成绩最佳奖(总分第一名)、理论成绩最佳奖(理论成绩第一名)、实验成绩最佳奖(实验成绩第一名)和女同学成绩最佳奖(参赛女生总成绩第一名)等单项特别奖。

省队名额的确定

我们可能都会注意到,每年参加决赛的省队人数,不同的省份是不相同的。

其实,各省参加决赛的名额是根据相关的条件计算得到的,虽然不同年份的计算方式可能有所不同,但大同小异。其名额分为基本名额与机动名额两部分。

基本名额的计算方式如下:

(1) 每省基础名额为 4 人,全国共 124 名。

(2) 上一年度决赛有金牌的省份,奖励基本名额 1 名。

(3) 上一届有国际中学生奥林匹克竞赛金牌的省份,奖励基本名额 1 名。

(4) 上一届有亚洲中学生奥林匹克竞赛金牌的省份,奖励基本名额 1 名。

(5) 奖励承办决赛活动的省及所在市各 2 个基本名额,共 4 名。

机动名额的计算方式如下:

(1) 各省参加决赛的机动名额相同,每省 2 名,全国共 62 名(不包含港澳台)。

(2) 奖励承办当年决赛活动的省、市各 3 个机动名额,共 6 名。

(3) 承办决赛的中学前一年奖励机动名额 1 名,承办当年奖励 4 名,承办次年奖励 4 名,若此中学无人选(前提是学生一定需要获得当年本省赛区全国一等奖),则奖励名额收回。

(4) 奖励在上一届竞赛决赛中获一等奖的省份,每个一等奖奖励机动名额 1 名,共计 100 名。

(5) 奖励在上一届竞赛决赛中获二等奖的省份,其中获得二等奖人数为 6~12 的省份奖励机动名额 1 名,获得二等奖人数为 13~15 的省份奖励机动名额 2 名,全国共 10 名。

(6) 对参加本年度预赛人数(以预订预赛试卷数为依据)的奖励机动名额,其中预订预赛试卷 3 万~5 万份(不含 5 万份)的省奖励 1 名机动名额,预订预赛试卷 5 万~7 万份(不含 7 万份)的省奖励 2 名机动名额,预订预赛试卷 7 万份及以上的省奖励 3 名机动名额。

(7) 凡是承办国际物理奥赛和亚洲物理奥赛的省、市,均在承办的当年和次年分别奖励该省、市 1 名机动名额。

全国决赛的总名额控制在 360 名左右。

目前,中国中学生物理奥林匹克竞赛集训队队员为全国中学生物理竞赛决赛一等奖的前 50 名。根据中国科学技术协会和教育部现有的政策规定,学生一旦进入国家集训队,即具有保送资格,这等效于被北大、清华提前录取,除非该学生放弃。

国家集训队经过大约 40 天的培训,进行若干轮理论与实验测试,通过总成绩排序,最终确定名次为 1~5 的学生为国际中学生物理奥林匹克竞赛队员,名次为 6~13 的学生为亚洲中学生物理奥林匹克竞赛(APhO)队员,这 13 名选手将代表中国队出战物理奥林匹克竞赛。

从学生升学的角度看,物理竞赛培训并不单纯是针对物理竞赛的,还包括诸多内容,从图 11 所示的时间环上可看出相关信息。

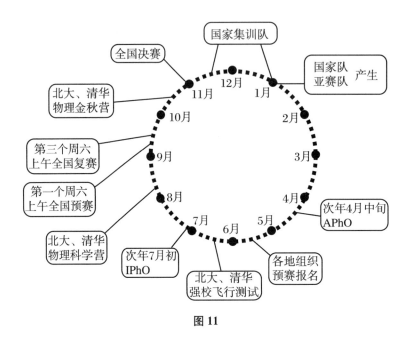

图 11

在上述各学科的竞赛中我们可以看到,各学科集训队队员的人数除数学学科为 60 人外,其余均为 50 人,共计 260 人。这 260 名学霸是具有保送资格的,他们在全国决赛的现场基本上都被北大、清华提前预录取了,除非他们放弃北大、清华。

最后,我们必须清楚,学科竞赛并非中小学法定的教学内容,甚至其组织与主办方也不是教育行政主管部门,因此,学科竞赛受国家政策变化的影响因素极大。国家任何一个有关学科竞赛的政策出台,都会影响到各学科竞赛从赛制到评奖各个环节的变化,甚至直接决定了学科竞赛能否进行下去。所以,上述有关学科竞赛的论述也仅限 2018 年以前。以后是否变化,如何变化,还得看今后有关学科竞赛的政策如何变化。

2 我的教学及竞赛培训经历

在分享我的物理竞赛培训经历前,我想有必要先对我的学习与教学经历以及我在武汉市第二中学(以下简称武汉二中)的竞赛培训工作作简单的介绍,这样有助于大家了解教练的成长背景,了解成为竞赛教练的门槛高度以及学校对竞赛应有的基本布局。

2.1 我的学习与教学经历

我是1963年生人,少时生长在较偏远的旮旯。我的小学与中学的学习是断断续续、蹦蹦跳跳的,既有间断,也有跳级,于1979年参加高考。当年能考上中专已属意外,本有机会选择其他类型的中专,但不知听哪位老师说中等师范院校里是什么学科都学的,而我当时渴望今后还有机会参加高考,于是便毫不犹豫地选择了读师范。读了半年师范后,学校居然也要求我们选专业,于是我选择了学习物理。之所以选择它,不是因为我喜欢这个专业,而是因为我读中学时,直到高考都没见过物理老师。说白了,我在中学阶段是没有学习过物理的,以致当年我高考的物理成绩只有十几分,全部是蒙的。而当年我们师范班里的物理平均分近70分。那时我还天真地想着,一旦我师范毕业,我再去参加高考,物理就不会吃亏了。我选择物理专业的原因就这么简单。

1981年我参加工作时,实际年龄还不满18岁,不比现在的高中毕业生大,而当时二三十岁的人参加高考是很正常的。事实上,当时的情况是,你一旦参加了工作,就再无机会参加相关的升学考试了。没有人会同意你再去参加高考的。

但是,我在工作两年后,还是享受了在武汉教育学院脱产两年进修的学习机会(1983年7月至1985年7月),学的是物理教育,取得了大专学历。

随后,我又参加了华中师范学院物理教育的本科函授学习(1989年7月至1992年7月),取得了本科学历。

之后,我还扎扎实实地参加武汉大学研究生课程班的学习(2000年7月至2002年7月)。学业完成后,因需要个人缴纳6000元的"巨款"才能领取相应的证书,于是证书被我放弃了。

我的教学工作也是从偏远的学校开始的,那是一所"戴帽子"的全日制学校。所谓戴帽子,是指小学到初中各年级都有。我一开始便包下了一个班级的数、理、化教学,总之是在摸爬滚打。后来经过脱产进修,很快我就被调到集镇上的高中。也许是教学效果尚可,承蒙当时武汉市汉南区一中校长熊春生的抬爱,通过先借后调的方式,我被调到了武汉市汉南区一中。在武汉市汉南区一中,我有过连续多年蹲在高三班级教学的情况。后因种种情况,经过千辛万苦,我被调到了现在的武汉二中这所省级重点中学。这次调动历经近两年的时间,从1997年上半年开始,到1998年下半年才完成调动手续。其调动的难度,现在想想都觉得不可思议。我非常感谢原武汉二中校长董汉利在我调动过程中所付出的种种努力,我也将这种感恩化作动力,融入工作中。所以,很多年里,我在武汉二中可以说是不计任何回报地埋头工作。等到1999年我开始学科竞赛培训工作时,我已经在常规教学领域工作近20年了。

我说这些,一是想告诉大家,我的教育背景并不好,如果说得更惨一点儿,我是一个没有母校的人,我就读过的所有全日制学校,从小学到大专,现在已经全部撤销或被收编了,我现在没有回母校的机会。现在的各中学名校动不动就招聘作为学科竞赛教练的博士、博士后,或北大、清华毕业的学子,相比而言我真的连菜根都算不上。二是我的工作经历似乎又要相对丰富得多。所以,那些没有高学历背景的教练,没必要被毕业于著名高校或学历高的教练吓倒。事实上,能吓倒我们的,应是那些高中名校的优秀生源。

从 1999 年至 2010 年,我一直担任所在年级竞赛班的班主任,从事物理常规教学和物理竞赛培训工作。

从 2010 年下学期起,因工作需要,我承担了两个年级的竞赛培训工作,不再承担班主任和物理常规教学的任务。

从 2011 年起我担任学校教务处主任,全面负责学校的教务工作,其间主要分管学校学科竞赛的培训工作。

2017 年我主动辞去学校教务处主任一职,专心研究竞赛培训,并希望能为学科竞赛的推广与普及作一些贡献。

2.2 我所经历的武汉二中的学科竞赛

2000 年前后,在武汉市的重点中学中,武汉二中教学质量的排名并不靠前,当时武汉二中中考录取分数线比较稳定地处于武汉市第八的位置上。看一个我校流传的招生故事,便知我们当时的生源状况。

某年为了动员本区一名有希望考入武汉大学的初中毕业生报考我校,当时我校的正、副校长在这名学生家的屋檐下,冒雨苦等数小时,只为与晚归的家长碰上一面,足见我校当年招生的艰难。即使是现在,我校招生的状况也不是十分理想,在初中阶段有影响力的竞赛苗子基本上已经提前被武汉市的另两所竞赛传统名校录走了。换句话说,对于竞赛选手,我们一直都没有太多的选择余地,即便是我校中考的录取线曾上升到武汉市第三、第四的位置,顶尖的竞赛生招生工作也没有大的改观。

我是在 1999 年开始接手当时高二年级的物理竞赛培训及竞赛班的班主任工作的,这个时期是我校学科竞赛的起点阶段。在此之前,学校的竞赛培训模式如用现在的眼光来看,应该是业余性质的,即每周用两个下午八九节课的时间,集中学校的部分优秀学生进行学科竞赛培训,这些学生分散在不同的班级(我校从 2000 级开始,竞赛生才基本上集中在一个班级,通常将这个班称为竞赛班或理科实验班)。另外,有可能的话,就是在假期和临近竞赛时,进行一些突击性的培训活动。

也许是机缘巧合,在我接手竞赛培训与理科班班主任工作的时候,学校在董汉利校长的主持下开始提升学科竞赛在学校工作中的战略地位。首先，学校着手组建了各学科的教练班子，给每个教练都口头下达了现在看来是很基本的，但在当时的感觉却是无法实现的目标。因为当时湖北省内的黄冈高中、华师一附中、武钢三中、荆州中学等一大批传统的竞赛学校相对于我校而言，确实是太强大了，要在短时间里超越它们，有点儿天方夜谭的味道。但对于学校的目标，学校让教练自己去实现。其次，学校优化了培训模式，让学科竞赛培训有了统一、固定的时间。这些年来，培训时间经过数次调整，目前已基本确定每周三个半天的时间作为学科竞赛培训的时间，这一时间上的安排与我省的竞赛强校华师一附中、武钢三中都有所不同，体现出武汉二中的特色。不过，这种固定时间的安排无疑说明武汉二中的竞赛培训与华师一附中、武钢三中一样，走上了专业化的道路。

最初的竞赛培训虽然有上述的变化，但依然是困难重重的。别的不说，仅说当初各学科培训地点的落实就相当令人头痛。那时正赶上学校教室改造，学校无法提供固定的培训地点，这让我这个当班主任的头痛不已。我记得2000年的暑假，一个假期的培训中，我更换了十多个培训地点，而且是无人安排的，完全靠我在整栋教学楼里找空教室。培训讲课时，四周噪声不止，中途还不停地被装修工人干扰。

2002年，为了促进学校教练队伍的发展，学校组织全体学科竞赛教练去湖南师大附中和长沙一中交流学习，这是我校教练至今唯一的一次外出交流学习。说实在的，在这次交流学习中，我的收获是不小的，很长一段时间里，我都在翻阅那次学习的笔记。当时我真的希望能有更多的机会与其他学校的教练们交流学习。这也是我现在对外进行教练培训时，能毫不保留地讲述自己培训经历的原因之一，我觉得一个新教练太需要外界的帮助了。

记得大约是在2003年的上半年，董汉利校长向我们提出了目标：用5~8年的时间，力争让武汉二中的学子在国际学科奥赛上夺取金牌。说实在的，这一目标虽然鼓舞人心，但当时在我们看来，几乎是没有实现的可能的，甚至私下里被我们当作笑谈。不过，由于学校不断地强调，这一目标却也慢慢地耕植进了我们这些教练的奋斗目标中。

在那段日子里，学校召开了无数次的教练工作会议，几乎每月都有例会，下达了很多看上去"不切实际的目标"，讲了很多为竞赛教练鼓劲的话，对培训时间与方式也作了很多次调整，以保证和优化竞赛培训时间。此外，学校大幅提高了教练们的工资待遇,也努力为教练们提供相应的工作环境,即使是在学校教室紧张的情况下,也保证了培训地点的落实,同时又切实加强了学科教练的引进与培养,学科竞赛工作开始彰显武汉二中的特色。

在那段时间里,学科竞赛教练的压力也是巨大的。有人加入,也有人退出。我就是始终想退出而最终又无法脱身的教练之一。在湖北省内,数学、物理两学科的竞赛以华师一附中和武钢三中为龙头,它们具有强大的生源与传统优势。我校所进行的物理竞赛培训,只能是负重前行,有一种看不到目标和希望,却仍在默默前行的悲壮。

2005年,是武汉二中值得记载的一年。我校的周舟同学夺得了第16届国际中学生生物奥赛金牌,这是我校的首枚国际学科奥赛金牌,它无疑将武汉二中的学科竞赛推上了一个新的台阶。

2007年,在第8届亚洲中学生物理奥林匹克竞赛中,余超同学为我校夺得了一枚金牌。

2009年,在第20届国际中学生生物竞赛中,我校的张宸瑀同学夺得金牌。

2010年,在第41届国际中学生物理奥林匹克竞赛中,靖礼同学为我校夺得了首枚国际物理奥赛金牌。与此同时,胡琦也入选了第十一届亚洲中学生物理奥林匹克竞赛中国队,只是由于种种原因,中国队最终未能成行。

2010年,物理学科有4名学生进入了总计28人的国家集训队,两名数学选手也进入了冬令营,开创了武汉二中的纪录。

2013年,在第44届国际中学生物理奥林匹克竞赛中,张成锴同学为我校夺得了一枚国际物理奥赛金牌,其个人成绩位居国际第二、中国队第一。

同年,吕凯丰同学为我校夺得一枚亚太地区信息学奥林匹克竞赛的金牌。这是湖北省至今在信息学奥林匹克竞赛中取得的最好成绩。

2014年,我校五大竞赛学科均有学生(共11人)进入国家集训队,将我校的学科竞赛推向了高潮,也标志着当年我校的学科竞赛进入了全国强校之列。

2017年,在第58届国际中学生数学奥林匹克竞赛中,吴金泽同学为我校夺得了首枚国际数学奥赛金牌。

所有这些,都标志着我校学科竞赛的水平已达到了较高的层面,特别是最重要的数学、物理学科的竞赛水平站在了全国的前列。我庆幸,我也实现了董汉利校长当初制定的目标。至此,学校竞赛工作已经完成了从姗姗学步到健步如飞的蜕变。

2.3 我的竞赛培训经历

1999年,学校安排我从高二中途接手竞赛班的班主任和物理竞赛的培训工作,这多少让我感到意外。一是我当时调入武汉二中还不到两年的时间;二是在此之前,我并没有真正接触过竞赛培训内容,虽然也参加过一些业余性质的竞赛培训活动,但讲解的内容都局限在高考内容中试题难度较大的范围之内,属高考培优性质。但由于领导这样安排了,我也就不知深浅地硬着头皮上了。

下面就是我这些年来从事竞赛培训的大体过程与经历。由于前几届我是竞赛班的班主任、常规物理课教师、竞赛教练一肩挑,因此回顾这一段时间的经历时,这三者的内容也就无法完全割裂,很多内容是彼此融合在一起的。

为了便于大家阅读下面的内容,我提示一下:由于竞赛是在学生刚进入高三时(当年9月)进行的,因此学生的毕业时间比其参加物理竞赛的时间在年份上晚一年。譬如,2018届高中毕业生参加的是2017年第34届全国中学生物理竞赛,而参加2018年第35届全国中学生物理竞赛的学生主体则是2019届的高三毕业生。这就是高三毕业生的届别与竞赛届别的差异。另外,我对我的培训也按"届"作了排序。

第0.5届:全国第17届物理竞赛,2001届高三毕业生

我之所以将这一届称为第0.5届,是因为我是在毫无准备的情况下被推到竞赛班的班主任及培训教练的位置上的,当时对学科竞赛根本不了解,相当于白手起家,而且没有人在专业上给予相应的指导,一切靠自己摸索,并且是在高一结束后的假期接手的,仅有一年的时间,学生就要参加复赛了。总体来讲,我还没有明白竞赛培训是怎么一回事,时间就已经结束了。这对我来说,并不是完整的一届。

但这一届适逢学校确立"竞赛立校"战略的开局时期,学校对学科竞赛的推动力度很大,现在看来,这一战略无疑是有远见卓识的。

那一年多的时间里,我凭借工作上的一股热情与责任心,全身心地投入竞赛培训中,不论是在学校,还是在家里,想的与做的,基本上都是如何编写资料与解答习题。从那时起,我就没有看电视之类的休闲与娱乐项目了。当时跟着我上学的女儿就不止一次地埋怨我:你整天就只知道题目、题目……抱怨之声不绝于耳。

在这里我得先插上一句,如果阅读本书的教练的子女还在读书,那么你一定不要以工作繁忙为理由对子女不加培训,否则你会终身自责。要知道,对子女的教育,才是我们最大的事业。我的女儿便是在最需要我的帮助与引导的时候没有得到成长需要的满足,导致她的高考成绩并没有达到我预期的结果。竞赛培训肯定影响了我对她的关注,这导致我在很长的一段时间里心理不平衡。好在女儿现在生活得很幸福。

在竞赛培训之初,由于没有可供参考的资料,也没有如今这样发达的网络,我也不熟悉竞赛的内容以及在深度与难度上的要求。加之我从高二才接手,而学生当时的竞赛学习进度比常规进度还要慢一些,只是刚刚开始,换句话说,我得一切从头开始。很多时候,面对手上的竞赛试题,即使是苦思冥想,也未必能找到正确的解答方法。然而,当时能够购买到的资料也就是范小辉主编的《新编奥林匹克物理竞赛》、张大同主编的《通向金牌之路》,以及能收集到一些零散的竞赛资料。除此之外,没有任何人给你提供参考资料,哪怕是一本现存的书;没有任何人给予你相应的指导,哪怕是学生特点的介绍。一切都得自己摸索,其困惑与艰辛只有靠自己来消化与承受。无奈之下,我当时采取了我认为最基本的熟悉竞赛内容的方式进行培训,即根据当时的物理竞赛大纲编写竞赛讲义,要知道,学生当时已经上高二了。这种方法显然是无奈之举。

在那近一年的时间里,我手写并油印了绝对超过 60 万字的竞赛讲义,包括竞赛的知识点与我收集到的一些资料中的竞赛试题。那时我几乎将我所能见到的竞赛习题都收集到了一起。

由于这一届对我来说只有一年的时间,我还没有完全进入状态,竞赛便结束了,其结果自然不理想,当年只有两名学生勉强获得赛区全国一等奖。

第1届：全国第20届物理竞赛，2004届高三毕业生

带这一届时，我便有了较充分的准备。一方面我继续整理竞赛讲义，并形成了讲义的电子文稿。回过头来看我这两轮对竞赛讲义的编写与整理，过程看上去虽然很笨，但我的收获却不小，至少我现在非常清晰地知道竞赛所涉及的知识点有哪些，它与常规教学内容的难度差别是什么样的。虽然我也知道竞赛大纲并不是竞赛命题的唯一依据，但至少我知道了在竞赛培训方面，我该首先向学生讲授什么内容，如何尽快地让学生走上竞赛学习的快车道。虽然在我进行下一届竞赛培训时，市面上已经有了指定的物理竞赛教材，我也不用再油印我编写的竞赛讲义了，但我仍然认为我所编写的竞赛讲义对我的竞赛培训是有重大帮助与重要意义的。至少，在我讲授竞赛知识点时，基本上没有离开我当时编写的讲义的框架。所以，我一直将其放在我的计算机中的特定位置。这份讲义在我的计算机中一睡就是10年，直到2013年，在我着手编写《高中物理竞赛培训教程（新大纲版）》时，我又从计算机中调出了这份讲义，这本书的知识框架便是当年讲义的框架。这份讲义为我编写这本书带来了极大的便利，也为我节省了很多的编辑时间，以至于我有一种感觉，那便是10年前的我在为现在的我打工。

因此，我建议所有的教练都应将自己所使用过的电子文档进行备份，现在你也许觉得无用，但将来却很难说。

在这一届的竞赛培训中，我的第二个培训重心是着手精选试题，规范竞赛的同步测试。经过第0.5届的磨炼，我对一般的竞赛试题的解答开始渐渐上手了，也就有精力思考与从事其他方面的工作了。在学校常规教学中的周练（当时我校各年级每周都对高考学科进行一次检测，称为周练）启示下，我开始认真地对待每个单元的测试，这让我完成了一整套用于第一轮与第二轮不同阶段的测试试卷，这一套测试试卷仍然在充实与调整中。在这一届的培训过程中，市面上关于竞赛的培训书也多了起来，我开始有选择性地让学生完成相应的练习。但整体的培训并没有特别之处，用按部就班来说是比较恰当的。

这一届竞赛的结果依然不理想。当时我所带的班级学生情况又非常特别，三十多名学生中，近一半的学生生活在单亲家庭中，而每个单亲孩子的父母或多或少都会影响到孩子的性格。所以，这一届学生的个性各异，很难

用常理去引导他们,这让我在带班时经常感到力不从心。一方面我要钻研竞赛内容,另一方面要管理班级,可谓心力交瘁。而且,学校当时将竞赛的突破口明显地放在了生物与化学两学科上,优秀的竞赛生很难到物理学科竞赛培训班中来。这一届获得赛区全国一等奖的三名学生中,有两名女生、一名男生,而且男生综合成绩的排名在250名之后。这样一来,竞赛培训的付出和预期与最终的结果明显相去甚远,而我承受的压力却是巨大的。当时我的心态就不详说了,反正我是有强烈的退意的,自己曾多次暗下决心,说不能再搞竞赛了。我甚至提前扔掉了一部分竞赛资料。我认为自己当时的心理状态已明显处于亚健康状态,可能是一个心理上存在一定障碍的人了。我头上的白发在那个时期急剧生长。

第2届:全国第23届物理竞赛,2007届高三毕业生

无奈领导依然信任和督促我,学校领导承诺让我只带这一届竞赛生,于是我在至今都无法形容的心态下走上了这一届的竞赛培训之路。

在工作上,我一向认为任何情况下都要对得住自己的良心。虽然我确实不愿从事竞赛培训,但一旦进入工作,也就义无反顾了。

承接上两届的基础,我在完善第一轮与第二轮测试试卷的同时,也着手组织综合测试试卷。我在前两届的基础上,精选出一批试题作为第二轮复习的练习题,并编辑了一整套用于综合复习的测试卷,这样第一轮和第二轮的测试卷以及后来用于决赛的测试卷合并起来有一百多套,它们一起构成了我竞赛培训的测试系统的大体框架,可以针对不同层次的学生在不同的阶段使用。我知道,这套测试系统虽然肯定还需要补充与完善,也说不上科学,但我用起来还是很上手的。

在指导学生的学习上,这一届与前两届也有了很大的差别。首先,资料的充实,让我有更多的时间针对不同的学生准备不同的资料,根据不同学生的状态实施有差别的指导,显然个性化的指导效果明显要好于统一操作。余超正是在这种环境中脱颖而出的。其次是让学生主动地介入竞赛活动中来,这一届的学生在学习上是很投入的,在我的引导与督促下,他们写出了很多有关竞赛方面的小论文,这些是他们站在了一定高度的标志,同时这些内容也成为我后续培训学生独有的资料。

这一届的结果在赛区全国一等奖的层面上仍然不能说让人满意,只有5

人获得赛区全国一等奖,当然,这已经是学校的重大突破了。而且,余超同学多少有点儿意外地敲开了省队的大门,这无疑给了我及学校很大的惊喜,毕竟学校当时对物理竞赛的目标基本上是锁定在赛区全国一等奖的高度上,仅是力争进省队,根本没想过会有更高的成绩。

随后,余超以决赛第12名的成绩获得全国决赛金牌,并入选国家集训队(当年国家集训队共计25人),通过集训队的培训,余超最终入选第8届亚洲中学生物理奥林匹克竞赛中国队,在竞赛中获得金牌,让我校的学科奥赛又迈上了一个新台阶。

这一届的教学,对我来说,还有一点是可以说一下的。

在2004年以前,我校上北大、清华的学生数每年都在8人以内,时任校长董汉利曾私下对我叹息:"什么时候我校升入北大、清华的人数能突破个位数哦?"这一愿望也许是我们学校当时的主要目标,以至于我在确定继续担任竞赛班的班主任后,在高一新学期开学的第一天,便对学生狂妄地喊出了"本班三年后一定要有10人升入北大、清华,突破个位数"的口号与目标。

对于我的这一目标,当时全校应该是没有人认同的。

在那三年里,我在班级管理上始终坚持竞赛与高考两条腿并行,让学校教学中的短期行为为班级的长远目标让路,我每月都要召开班级科任老师的班级教学研讨会,要求老师不去关注针对一般班级考评的周练成绩,甚至对高一、高二阶段的期中与期末考试成绩也不过度关注与解读,以至于在本年级的每次教学质量分析会上,我都无一例外地成为被批评的对象,像是"斗地主"似的。实际上,那时就经常有同事在教学质量分析会前用半开玩笑的口气对我说:"今天又要斗地主了。"

好在那一年高考放榜时,我对本班学生高考成绩通知的第一句话是:我们班考上北大、清华的肯定上10人了。自此以后,我校考入北大、清华的人数达到并稳定在两位数上。

而且,当年我所带的班级考上中国科学技术大学的也为10人(其中1人后来选择香港大学)。一届毕业生中有10人考上中国科学技术大学,这一成绩当时在我校也是史无前例的。

第3届:全国第26届物理竞赛,2010届高三毕业生

余超的成功并没有打消我的退意。虽然我一再表明我要退出竞赛培

训,也希望学校能兑现当初的承诺,但我也阻挡不了学校给我的压力(注意:领导在这方面说的话基本上都是不算数的)。我是不情不愿地走上这一届的竞赛培训之路的。至少,在那一届高三毕业前,我非常坚决地没有提前进入下一轮竞赛的超前培训工作。

这一届在我确定继续竞赛培训工作时,学校的数学、化学、生物三个学科的竞赛培训工作已启动多时了,学校可能招收到的优秀初中毕业生基本上都进入了他们的培训范围,供我选择的学生已经没有了。也许是受余超获亚赛金牌的影响(此时已是当年的5月份了,而数学、化学、生物三个学科竞赛的超前学习在春节前就开始了),一名在武汉市成绩处于前列、极具数学天分的学生在各种因素的影响下决定报考我校,同时也决定从事物理竞赛(后转入数学竞赛,此是后话)。之后,原专攻数学竞赛的靖礼同学也因故转投到物理竞赛中。开学后,从外地招入我校的胡琦同学也进入物理竞赛小组,再就是后来考入二中的学生进入物理竞赛小组。后来进入物理竞赛小组的学生中,没有一名学生是我校招生时事先签约竞赛班的学生,这直接说明我们物理竞赛小组最初是没有公认的优秀生源的。对生源,我没得选择。

对这一届,一开始我就实施了"两条腿走路"的策略,将参与物理竞赛的同学分解为两个层面。一是对基础较好的两名学生实施了一套独立的方案,大约一学期后,在其中一名学生转向数学竞赛班的同时,另两名学生(林思成与胡琦)又先后加入这一系列。对他们的培训,一开始我就将目标指向了高端层面,定位非常明确,就是要冲击省队乃至国家集训队的目标。二是对其他同学制定了冲击省级赛区全国一等奖的目标。在培训过程中,我根据过去复赛试题的平均难度,设置了相应的教学与测试难度,并促使他们尽力向前靠。

这样一来,这一届的培训中实际上我是在带领着两个竞赛班,我得准备两套资料体系,而且对于高端学生所要求的资料又基本上是全新的。在那两年的时间里,我几乎是一到办公室便开始备课、准备资料,直到下班;回家后则继续,直到深夜。那时我几乎与电视绝缘,也基本上放弃了我个人的写作爱好。即便如此,很多内容还得送到校外去打印。我粗略地估算了一下,那两年下来,仅我个人购买用于打印学生资料的耗材就花费了上千元(我自己购买了一台打印机放在学校,专门用于打印学生资料。到目前为止,我已用坏了三台打印机,全部都是私人购买的),而支付给校外打印室的费用一年也近三千元,这些都是由我个人掏腰包的(不过,现在培训中在校外产生的相关费用,我都让小组的学生分摊了)。当然,这样做的好处是我有更多的时间来思考与组织竞赛用的材料了。

在这一届的竞赛培训中,我的另一项工作是编写了用于第二轮培训讲解的例题与答案,这一内容与前面的资料结合起来,基本上可以形成一整套针对复赛的培训资料。

说实在的,这一届学生在复赛前我是充满信心的。然而,这一届(第26届)的复赛试题完全脱离了竞赛大纲的约束,大量涉及普通物理的内容,结果让我的第二梯队几乎全军覆没,竞赛获一等奖的人数依然没有突破,只有5人获赛区全国一等奖,这一情况我在之后写的《记忆:靖礼印象》一文中说到了。说到当时的压力,我连跳楼的心思都有。好在这5人基本上都是种子选手,并全部如愿进入省队,算是痛苦中的一点儿安慰吧。更值得庆幸的是,进入省队的学生都非常努力,在全国决赛中获得三块金牌、一块银牌和一块铜牌的成绩,其中靖礼、林思成、胡琦、陈思睿4人入选国家集训队(当年集训队共计28人),这让我校成为当年入选集训队人数最多的学校。最终,靖礼入选第41届国际中学生物理奥林匹克竞赛中国队,并获得金牌;胡琦入选第11届亚洲中学生物理奥林匹克竞赛中国队,虽未成行,但随后参加了在台湾地区举行的吴健雄科学营。不知道这些是不是对我的付出给予的一种回报。

有一点我必须补充:4名进入国家集训队的学生在北京大学集训期间,我因班级教学而无法全程陪同(许多学校的教练是全程陪同的),我非常感谢我所带的上一届、后在北大物理学院学习的余超、姜杉等同学,他们在繁忙的学习之余,每周都为这批学弟进行指导、答疑,而且都是无偿的。

这一届,我在班级教学上,也有一点是值得记忆的。在高一的上学期,我为班级定了一个冲击北大、清华16人的目标,这可是超过上届全校总和的目标,以至于当时有同年级的班主任调侃:全校的北大、清华让你一个班完成算了。好在三年后,我班被北大、清华录取的人数如实地达到了16人,同时还有一名学生的高考分数超过了北大、清华录取线而选择了香港大学。虽然这一成绩让大家无话可说,但自此以后,我也不再口出狂言了。当然,我也没有再担任班主任了。

第3.5届 + 第4届:"全国第28届物理竞赛,2012届高三毕业生" + "全国第29届物理竞赛,2013届高三毕业生"

有了靖礼等人的表现,我也就没有任何退路可言了,继续进行物理竞赛培训呗。

这里之所以有一个第3.5届,是因为:我校有一位物理教练调离,其所带的2012届毕业生的竞赛培训已经暂停了近一个学期。从2010年8月起,我在学校领导的反复劝导下,中途接手了2012届高三毕业生的物理竞赛培训,加之2010年新升入高中的2013届高中生的物理竞赛也由我来辅导,这样一来,我便从事两个年级的竞赛培训。考虑到工作的强度,我也就不再从事常规教学和班主任工作了。至此,我便成了专职的竞赛教练,同时负责两个年级的竞赛培训工作,加上还承担着学校教务处的工作,我的工作量是巨大的。

对于2012届的毕业生,从2010年的暑假开始,一方面我尽力帮他们补习在高一期间落下的培训课程,另一方面也对他们进行系统的培训,这一届最终有四人获得湖北赛区全国一等奖,三人入选湖北省代表队,一人最终入选国家集训队(当年集训队共计50人)。但学生的竞赛成绩止步于此。这一届的结果和第0.5届的培训经验,让我觉得竞赛教练不宜中途接手培训,因为这既无法做到培训的系统性,也无法在训练量上得到保证。

由于有了前面的竞赛成绩,加之学校高考成绩也是硕果累累,原本准备去其他学校的一些优秀学生开始转入我们学校,2013届物理竞赛小组的学生相对于往届的学生,在整体上无疑是更具实力的。

这段时间,我虽然带了两个年级的竞赛培训,但由于资料的整理工作已经远没有前几届那么大,我就有时间来思考一些更全面的东西了,也更有时间来观察竞赛培训的细节与过程了。

我于2011年3月创建了名为"武汉二中物理竞赛"的QQ群,群成员为学生及家长。从当年5月起,在一年多的时间里,我坚持每周写1~3篇竞赛札记,短则几十字,长则数千字,真实地记录我的培训过程与学生的学习过程,这里面既有案例也有思考,既有学习要求也有培训方法的说明。这些札记我都及时地上传到"武汉二中物理竞赛"QQ群里。那段时间,我若有几天不更新培训札记,学生家长便会来电询问。一年下来,我写了近二十万字的培训札记,这些内容常常是在零点以后才上传到QQ群里的,可见也不是一时之功。这些札记也被学生与家长收藏着。多年后,当年的学生还对我说,每当遇到困难时,便忍不住将当年的札记拿出来重新读一读。我将竞赛札记的内容节选在本书的后面,大家可以更详细地了解我在那一段时间里的培训工作内容。

坦率地说,2013年毕业的这一届学生的整体水平是较高的,整体的学习热情也很高,他们中最终有8人通过竞赛或科学营进入北大、清华,这对我们这类生源没有特别优势的学校是很难想象的。对他们的情况,我在后来写的《记忆:亲,让我带你们再看看那些碎片》中有一定的记叙。

通过札记和这些记叙文字,大家大致可以看到那段时间里我与学生、与家长间的互动情况。

而且,到了这一届的后期,我对资料的整理也很完善了。多名过往的学生说我编辑的竞赛后期使用的资料是最好、最实用的资料,这也就使我有了出版这些资料的冲动,很快便出版了《物理竞赛专题精编》与《物理竞赛解题方法漫谈》两书。

这一届还有一个插曲值得一说:当年国家队的名单公布拖延了很长的时间,我接到张成锴入选国家队的通知的时间是晚上7点之后。第二天,原武汉二中的校长董汉利便宣布退休了,这也算得上是一个说不清楚的巧合。我校的竞赛工作应该说是董汉利校长一手推动起来的。

这一届最终有8人获省级赛区全国一等奖,5人入选湖北省代表队(而且张成锴在高二时即进入湖北省代表队并签约北大一本线录取)。其中,张成锴、张驰两人入选国家集训队;张成锴最终入选第44届国际中学生物理奥林匹克竞赛中国队,并获得金牌,其个人成绩为中国队第一,世界第二。

至此,我已连续三届(以从高一开始全程培训计算)将学生送入奥林匹克物理竞赛中国国家队(含亚洲中学生奥林匹克物理竞赛),且不说我们这类生源不具优势的学校无人有此类成绩,即便是生源极具优势的中学,全国有此成绩的教练也屈指可数。

而且,在这一届期间,我将与物理竞赛和自主招生相关的资料交给中国科学技术大学出版社与湖北教育出版社,很快得以出版。

第 5 届 + 第 5.5 届：全国第 31 届物理竞赛，2015 届高三毕业生 + 全国第 32 届物理竞赛，2016 届高三毕业生

2012 年，第 29 届全国中学生物理竞赛尚未结束，我便开始接手 2015 年毕业的这一届学生的物理竞赛培训了。

此时我对竞赛培训已经比较顺手了，而且开局也不错，物理竞赛小组的 8 名学生在高二时期（2013 年第 30 届全国中学生物理竞赛）即有 4 人获湖北赛区全国一等奖，1 人进入省队。

接着，在 2014 年 8 月的北大物理学科营的选拔考试中，我校物理小组的 8 名学生全部参与选拔，其中 7 名学生获得签约北大一本线的优惠，我校成为当年在北大物理学科营中全国签约最多的中学。而另一名当时未能签约的学生在随后的第 31 届全国中学生物理竞赛中成功地冲进省队，也获得了签约清华一本线的优惠。

我在前面标题中标明的第 5.5 届的含义是这样的：2013 年 9 月，同样由于学校教练紧缺，我又接手了高一年级的竞赛培训工作，开始了一人带两个年级的模式。由于我校竞赛培训的时间是每周三个半天的集中培训，且不说备课与资料准备，平均每天 3 个多小时的授课任务就让人感到压力特别大。但这一届学生的起步同样很漂亮，虽然在升入高二前的暑假我已不再跟随培训，但在高二的物理竞赛（第 31 届物理竞赛）中，仍有 4 人获赛区全国一等奖，他们也据此获得北大一本线的签约。

出于各种原因的考虑，2014 年初，我萌生了淡出竞赛培训的想法，也是在这种背景下，我让出了 2012 年入校的这一届学生的培训，只负责 2015 年毕业的这一届的培训工作。总体上讲，这一届的结果还是很不错的，小组的 8 名学生全部签约北大、清华，最终两名学生入选国家集训队，但止步于集训队，并没有获得更进一步的荣誉。

第 6 届：全国第 34 届物理竞赛，2018 届高三毕业生

2015 学年的下学期，我又开始了新一届毕业生的培训。但从此时起，我开始将自己的部分注意力转向竞赛的普及与推广。这一届，小组仍然有 8 名学生，且 2016 年（当年学生高二，第 33 届全国中学生物理竞赛）仍然有 5 名学生获得湖北省赛区全国一等奖，且一名学生的复赛理论成绩为全国第

一。但在2017年第34届物理竞赛中,该小组仍然只有5名学生获得湖北省赛区全国一等奖,其中仅两名学生入选湖北省代表队,且止步于决赛。

2017年初,我主动辞去了武汉二中教务处主任一职,决心专心于物理竞赛的普及与推广工作。

自1999年我接手高二的物理竞赛及理科实验班的班主任工作以来,已近二十年了。在这一段时间里,我经历了武汉二中的学科竞赛从"竞赛立校"到腾飞的全过程,经历了武汉二中考入北大、清华的学生数从个位数向两位数飞跃的过程。对于这一过程,恐怕只有我们深入竞赛培训中的教练和竞赛班的教师才会有刻骨铭心的体会,其中的酸甜苦辣也许只有我们这些直面领导、家长,盯着高端学生去向的人,才会刻骨铭心。

是的,经过十多年的努力奋斗,武汉二中的物理竞赛也从当初每到竞赛之时就担忧在竞赛中是不是有学生会获得省级赛区全国一等奖,到今天学生先后在亚洲奥林匹克物理竞赛和国际奥林匹克物理竞赛中获取金牌,这一过程可以说凝聚了学校领导的重视、老师们的协作配合、学生的努力、家长的支持。

虽然,我曾在课堂上对那些优秀学生说过"能教你,是我的荣幸;但能被我教,则是你的幸运"这类表达我自信且负责任地教书的话语,但回顾这一路走过来,更多的是要感谢各方对我的认同、鼓励与支持。不说别的,我的那些学生中学长对学弟的关爱,就足以令我感动,让我充满谢意!

譬如,在我的培训过程中,有一方面内容都是由我带的上一届学生向下一届学生讲解的,即狭义相对论。这一点几成传统,既是传帮带,也是让学弟们向学长们学习的过程。

再如,2013年张成锴在天津集训时,尚在北大学习的靖礼两次亲赴天津,向张成锴讲述自己的竞赛经历,并提示了注意事项,这些都是在我不知情的情况下进行的。

坦率地说,我的竞赛培训走到今天,学生获得金牌与升入北大、清华,让我感到十分高兴,这也部分地成就了今天的我。在担任班主任及学科教练的过程中,努力让更多的学生在健康地成长的同时,能进入北大、清华学习,是我追求的最高目标。当然,让我感到欣慰的还有,通过自己对竞赛教学实践的总结与思考,意外地让我成为一名物理竞赛辅导书方面的畅销书作者。目前,我所编写的竞赛系列书中的某些已经成为全国物理竞赛生的必读书,书的版税已成为我收入的主要来源之一。这可以说是对我在竞赛培训方面投入巨大的心力后的一种回报吧！

在这里，我可以用我曾经的竞赛总结中的一段话，作为我对竞赛培训经历的总结——余超、靖礼、张成锴摘取亚洲与国际物理奥赛金牌，胡琦入选亚赛队，在一定程度上成就了我，这说明我是幸运的。这幸运来自学校给了我一个较高的教学平台，来自英明的领导、一大批对我鼎力相助的优秀教师以及优秀的生源对我的烘托。我曾在不同的场合衷心地说过我的一点想法：我能取得今天的成绩，首先应感谢学校领导对我一贯的信任、督促、支持与关怀，没有这些，我早就退出竞赛培训了。同时，我也要感谢学校给了我宽松的带班环境，比如，由于竞赛时间的安排与学校班主任例会冲突，我几乎没有参加过班主任例会，在高一、高二阶段的常规考试中，我班一向不能完成学校下达的教学目标，学校并没有因此追究什么，在班级管理上，学校也尽可能地给了我自由管理班级的空间，这些都为竞赛班的竞赛培训提供了良好的环境。另外，我还要感谢我的同事，他们在很多方面给予我无声的支持，譬如，这些年来，我们年级组的几位物理老师主动地承担了本应当由我承担的周练命题工作和大型考试的阅卷工作，以便我腾出时间来从事竞赛培训。当然，我也非常感谢我的学生的努力与家长的支持；同时，我也要感谢我的家人对我的工作给予的理解与支持。

真的，一块金牌绝不是某一个人的功劳，成就它的因素很多，它既需要学校历史的积淀，良好教学环境的烘托，方方面面的协作，又需要领导的大力支持。所以，我要向所有关心、支持我的人说声谢谢！

3　从高考到自招再到竞赛

不论是高考备考还是学科竞赛培训,它们的对象均是在校高中学生,但高考是针对所有高中生的大众化行为,而学科竞赛只是针对资优生的一个小众化的行为,接受学科竞赛培训的学生在全体高中生中的占比应不会超过5%,即便是重点中学,一般也不应超过10%。

何谓资优生呢? 就是那些在记忆、复现、理解、运算、悟性、思维、推理等方面能力突出的学生。他们并不是我们一般情况下认为的"考试成绩好的学生",而是那种我们一经接触,便觉得在对问题的理解、记忆以及反应的敏捷程度诸多方面都自愧不如的学生,通俗地讲,就是那些非常聪明的学生。

在中学教学领域,高考已经是很成熟的考试了。所谓高考改革,大体上只是触动一下皮毛,是不会动摇以综合成绩的分数来选拔学生的根基的。而且,各中学都有了自己的一整套应对高考的备考策略与应试系统。然而,反观学科竞赛,且不说一般高中的学生、教师、领导对此不甚了了,就是参与学科竞赛活动较主动的重点中学的学生、教师、领导大多也是一知半解,很多人的观念还停留在几十年前,认为学科竞赛培训只是常规教学的一个补充,只是针对优秀学生的课外培优而已,而不是一个重要性等同于甚至超越了学校高考教学的特长教育活动,更鲜有人全面而系统地研究如何进行学科竞赛培训的教学。

大家都十分清楚,中学教学的一项主要功能是向高校输送合格的预备人才。虽然从理论上讲,高中生进入高校的途径有许多种,但对于文化类考生而言，摆在他们面前的应该是高考、自主招生与竞赛三条大道。对于大家都熟悉的高考这条通道，在此无须赘言。而在我看来，自主招生也只是原来竞赛生保送的一个升级版，它是需要以竞赛学习为背景的，换句话说，对于具有自主招生资格的理科类院校，自主招生只是学科竞赛的一个缩水版而已，有竞赛背景的学生通过自主招生测试的概率要远远高于其他考生。正所谓，自主招生接盘了原来赛区全国一等奖的保送生。

其实，上述三个通道的学生的去向是不尽相同的。理论上讲，通过高考裸分上各类学校的可能性都存在，自主招生的指向是双一流院校，而专业的竞赛生则剑指北大、清华。当然，我们也应该清楚，竞赛中的签约也是自主招生的范畴。所以，我们既然以谈竞赛为主，就主要围绕这一通道展开。

在此，我们重点说一下学生从高考到竞赛在相关方面需要克服的一些问题，并比较一下高考与竞赛之间多方面的差异。

3.1 对竞赛学习的忧虑与阻力

在中学生紧张的学习时间里开展学科竞赛培训，对学生常规学习时间的占用是显性的，这直接导致许多的家长、教师担忧学生一旦投入竞赛学习中，就必然会影响常规内容学习时间的投入，进而影响最终的高考成绩。加之参加竞赛取得优异成绩的难度很大，风险也很高，为了安全起见，让学生走一条大家看来比较成熟的高考之路应该是合理的选择。毕竟，高考看上去要稳妥得多，如果你考不上一个高层面的高校，无非降低一个层面而已。而竞赛则不同，一旦你不能获得实质性的奖项，给人的直觉便是，这几年的竞赛投入白白浪费了！

那么，竞赛是否真的会影响学生的常规学习呢？这无论如何都是令人纠结的问题，因为学生的学习过程都是一次性的，不可回放，也不可重新编辑，所以我们在教学的实施上，就要确保有效与安全，确保最终的利益最大化。而是否能够做到这一点，其评价方式则既有结果评价，也有过程评价。

从科任老师的角度看，竞赛结果的不确定性在那儿放着，学生投入竞赛中，导致这一阶段内学生常规成绩下滑的事实也在那儿摆着。即便成绩不下滑,从投入时间与成绩正相关的期盼出发,学生如果不在竞赛中投入那么多的时间,常规学习的成绩不就会更上一层楼吗?而万一学生在竞赛中成绩不理想,风险就难以估量。加之教师为了自身的教学业绩,为了应对学校对教学的考评,他们就有理由强制性地要求参加竞赛学习的学生完成相应的常规作业。

被强制性地要求完成大量的常规作业,是让竞赛生十分纠结的事情。我们心里都十分清楚,对资优生而言,日常作业中那些简单而又基本的,重复而又超量的练习题,简直就是无效的。许多题目,资优生一眼看下去,绝对不会说不会做,做下去吧,也自然不会说百分之百地符合要求。完成它们吧,不仅需要大量的时间,更重要的是索然无味;不完成它们吧,老师与家长会找出各种理由对你进行无情的批评,让人十分不舒服,久而久之,学生就服从了,作业都按时完成了,人也就麻木了,学习的兴趣与热情也消散了。而且对他们而言,这类作业在日常作业中占有相当大的比例。

竞赛生的教练也是很纠结的。如果不让学生统一完成这些常规作业,最终影响到学生的高考成绩怎么办?无论如何,完成作业总应该比不完成好吧,所以他们有理由放心不下。

从家长的角度看,本着"孩子是自己的好"的心理,他们会认为自己的孩子小学优秀、初中优秀,高中当然也应该很优秀,甚至是无比优秀。在看到一直与自家孩子成绩相当的邻家孩子在学习竞赛后,就认为自己的孩子也应该学习竞赛,特别是在自己的孩子取得了看上去较好的常规学习成绩后,便理所当然地认为孩子有实力冲刺更显高端的学科竞赛。但另一方面,他们又极为担心孩子在常规学习中有所损失,影响未来的高考,故又希望孩子能时时在本年级的常规学习中保持全面优秀,不得落下,而这就要求学生必须完成科任老师布置的常规作业了。要知道,但凡能达到这种要求的学生,必然是天才选手啊。

我承认,家长所期望的这种神一般的学生肯定是有的。不过,大家上网一搜,便不难发现,这类神一般的学生基本上都出自那些具有超级生源的学校,一般的高中甚至是重点高中就很难遇到了。反正,这种神一般的学生,我至今还没有遇到过。我所遇到的基本上都是智商偏高的学生,在常规学习领域,并不一定具备神一般的绝对优势,但他们学习目标专一,且一旦全身心投入竞赛学习后,其常规学习的排名在一段时间内是相对滞后的,但他们无所畏惧,有信心保证自己在不学竞赛内容、专攻常规内容的前提下,能在短时间内将自己对常规内容的学习状态恢复到自己应有的水平。

竞赛学习给我们带来一线希冀的同时,也的确会带来相关的忧虑。但问题是,人的心理特征往往是梦想着希冀的同时,也放大着忧虑。基于上述的忧虑,阻力也就随之而来。

家长与科任老师们一般都会认为竞赛学习应该是在确保高考学习成绩稳定的基础上进行的,甚至认为竞赛学习是高考学习的一种加深与补充。于是,他们强调竞赛生必须在规范地完成常规教学任务的前提下,才能开展竞赛学习。而我们身为一线教师应该十分清楚,让学生全面完成常规作业的结果是什么。他们还会有时间去学习竞赛内容吗?

科任老师与家长要求学生无休止地完成那些低效的、重复性的常规作业,必然要消耗竞赛生相应的学习时间,使得竞赛学习无法深入、持久。时间虽然不是竞赛学习取得成绩的决定因素,但一定是一个保证因素,没有了时间的保证,竞赛自然就无法进行下去了。毕竟,竞赛学习相对于常规学习既要超前,又要学习更多的知识点,同时还要进行更深、更广泛的训练。更重要的是,逼迫竞赛生必须按时完成作业的观点与行为,不仅老师有,家长有,可怕的是学校领导同样也有。

其实,对竞赛生而言,在竞赛结束前,常规学习与竞赛学习是并行的,而从长远目标与短期行为的协调关系看,在高一与高二期间,学生如想在竞赛方面有所作为,其学习重心毫无疑问地应放在竞赛学习上,高考内容的学习在这一阶段是次要的学习方面,他们必须毫不犹豫地撇开常规教学中的那些低效、重复训练的作业,甚至在竞赛的冲刺阶段,还须完全停止常规教学内容的学习,全身心地冲刺竞赛。在这一段时间内,竞赛学习的重要性要高于常规教学。

那么,当科任老师对竞赛生提出的学习要求与竞赛培训之间出现冲突时该怎么办呢?我以这其中特别突出的作业问题为例来说明这一点。

首先,竞赛培训是需要学校领导与家长支持的。对于领导,如何评价竞赛生日常学习成绩应是一个比较困难的问题。几乎所有的专业竞赛生在经历一个阶段后,必定会将大量的自主学习时间用在竞赛学习上,必然会导致综合成绩阶段性地下滑,这可能会引起领导、家长的担忧,从而调整政策,压缩学生竞赛培训的时间,直至让学生放弃竞赛,一心准备高考,这也就会导致学生的竞赛前期投入付诸东流。

对于一所重点中学,是坚持走高考这一条道还是开展竞赛培训,我只想提示一点:以现有的高考理科内容的要求,对优秀的中学生而言,他们肯定是无法"吃饱"的,这些优秀的学生如果不进行更高要求的竞赛学习,我们也没有可能奢望他们将剩余的学习时间用在高考内容的学习上,加之没有学习方法的提升,这不仅不会促进学生的高考成绩,相反还有可能制约他们在高考成绩上的提升。

其次,我觉得要解决作业问题,还需要有担当的班主任与科任老师的信任。在我当班主任与专职教练的不同阶段,与科任老师沟通得较多的便是学生的作业完成问题。正如我前面所说的,常规作业中的很大一部分对竞赛生而言都是低效作业,但很多老师都习惯性地要求学生完成,而且越超量越好,因为很多老师真诚地相信,学生多做作业,虽说不能有十分明显的促进作用,但总不至于有害吧!这便是我们常说的"题海战术"的要义,其特点与危害相信大家都十分清楚,这里我就不多说了。

如果科任老师不配合竞赛培训怎么办呢?

我也曾叫喊:竞赛培训从教学生逃作业开始。也许不对,但却有效。

那么,这种在高一、高二阶段的时间分配以及停课冲刺会影响到学生后续对高考内容的学习吗?如果他们在竞赛中未获得被认同的奖项,就会影响到他们今后的高考升学吗?据本人多年的班主任工作与竞赛教学的实践,我可以肯定地告诉大家:答案是否定的。

我曾担任了十多年竞赛班的班主任,同时也是班级物理学科教师、物理竞赛教练,随后又是多年的专职教练,同时也在学校教务部门分管过一段时间的竞赛培训工作。我现在敢说的是,至少在我担任竞赛班的班主任期间,我所带的班内从竞赛中落下的学生最终参加高考取得的成绩在年级的排位都比其进校时的成绩在年级的排位要高。这对学生的高考成绩是促进还是拖累呢?显然是促进。

3.2 学科竞赛的魅力与风险

对于优秀的中学生而言,将来能进入名校就读,自然是他们梦寐以求的。但他们中有一部分人的智力特征明显是偏逻辑思维的,其形象思维可能相对弱一些,在平常学习与考试中的表现便是数学、物理的成绩超强,而语文、外语的成绩相对偏低。在生活中的表现则是,看到一朵艳丽的鲜花时,他们最初想到的也许不是用华丽的辞藻去赞美它,而是直白地说:这不就是一个碳水化合物的结合体吗?他们用于学习理科类内容的时间相比用于文科类的时间还少一些,在文理方面投入的时间与效果的性价比差异很大。

在日常生活中,我们对一个学生聪明与否的判断标准是模糊的,往往是看学生的记忆力和逻辑思维能力是否更强一些。在目前的高考选拔模式下,"学考"与"选考"中的内容在学生逻辑思维能力的考查上设置了很低的天花板,可能根本显现不出这类学生的优势,也就无法让他们脱颖而出。

但以北大、清华为代表的理工科类著名高校是需要以具有较强逻辑思维能力的学生为培养对象的,是不愿意将在逻辑思维能力的考查上没有区分度的考试作为招录的标准的,而目前的高考科目设置和命题要求明显地抑制了逻辑思维能力较强的学生。因此,它们在没有更多的招录途径的前提下,选择了以学科竞赛为切入点,以此来招录以逻辑思维见长的学生,从而让以逻辑思维见长的学生实现自己的梦想。毕竟,竞赛相对于高考更有区分度,在未来的发展中,竞赛生更具潜力。目前,北大、清华以裸分招录的学生不到录取人数的20%,可见它们已经悄悄地抛开了高考。再看看其他具有自主招生权力的双一流理工院校,它们在筛选学生时,几乎无一例外地将学科竞赛获得相应的奖项作为报名的第一门槛。

这一现象,相关部门是不会公开对外言明的,只是在大数据的揭示下,想遮掩也是不可能的。

说到大数据,我再说一个数据,全国有自主招生权力的高校不到100所,这些高校每年招生人数的5%大约为10000人,这是教育主管部门给予这些学校能自主招生的学生总额(不含北大、清华),而五大竞赛学科在全国获得赛区全国一等奖的人数大约为8000人,这获得赛区全国一等奖的8000人在2013年以前是具有保送资格的。现在所有高校自主招生的人数与这个获奖人数是相匹配的。不用我多说,你懂的。

在现有高考命题导向下,对于多数的竞赛生而言,虽然他们在学习上具有一定的优势,但若让他们去裸考北大、清华,恐怕极少有人能有十足的底气。因为命题人针对你的特长,设置了一个比你能达到的位置要低得多的天花板,而这个天花板也许在你看来是可以直接飘过的,但别人伸伸腰也能达到啊!于是,你的特长就被认为是十分"公正"的高考给淹没了。而你的形象思维能力的短板也决定了你无法有太大的突破。我常用一个不太恰当的比喻来描述这一群体:这类只能考650分的学生,就算不吃不喝不睡地努力学习,最终也可能只考个651分,虽然有进步,但改变不了实质。

很多人(包括学校领导、教师、家长)固执地认为,高考是学生通往北大、清华最佳、最安全的通道,但他们忽视了北大、清华已经在一定程度上关闭了高考通道(但它们是不会承认的),北大、清华悄悄打开的是学科竞赛这一通道。前面所说的北大、清华录取新生中高考生的占比与双一流院校对竞赛获奖生的认同,即清楚地显示了这种变化。这种变化也让很多的家长看到了竞赛的魅力。在这一背景下,如果重点中学再不作教学上的调整与变化,实际上就是将它们的优秀学生通往北大、清华的道路堵住,也就是没有给学生最好的教育平台。

竞赛有魅力,自然也有风险。我们不能放大这种风险,同时也要注意对风险的管控。

自然,我们认为首要的风险便是竞赛培训可能影响高考,认为在竞赛培训时间上的投入会影响在高考学习时间上的投入,从而拖垮了高考成绩。但问题是,我们往往只看到时间投入上的这种显性的影响,而无法注意到通过竞赛培训在提升学习方法与学习境界上对高考学习的促进。在我担任竞赛班的班主任期间,我一直都是坚持让学生高考学习与竞赛培训两条腿同时走路,小心、谨慎地寻找竞赛培训与高考学习在时间分配、力度投入上的平衡点。这一路走来,我认为只要让学生调整好学习的主次,将长远目标与短期目标有机地结合起来,不惧怕竞赛培训影响高考学习,不偏执地只学习某个方面的内容,学科竞赛培训不仅不会影响到学生对高考内容的学习,最终还会促进对高考内容的学习。当然,基于中学生的学习特点,在具体的学习过程中,我们对某些时段与某些学科还必须有一定的倾斜。譬如,由于英语并不是我们的母语,考虑到学好语言学科是需要一定的语境的,而有些竞赛生恰恰在这方面又比较薄弱,对英语的学习也缺乏必要的兴趣,而且经验告诉我,这一学科一旦落后,要补起来就特别困难。学生一旦从竞赛中落下,就必然要参加高考,而英语这一学科在高考中又至关重要。况且,从学生的可持续发展方面看,学好英语也是必要的。所以,在我的培训计划执行过程中,学生的英语学习是我必须重点关注的,也是要确保一定的时间投入的。即便是在竞赛冲刺的关键时段里,我都要求我的学生每天至少保证1小时的英语学习时间,防止学生在这一学科落下,进而影响到高考成绩与学生的可持续发展。

此外,这些年来,高校的扩张使得高考升学达到了较高的一本率,不过要考上北大、清华及双一流之类的高校,依旧相当难。若将升入北大、清华作为目标的话,比较高考裸考与竞赛签约,对一个有实力冲击北大、清华的优秀学生而言,恐怕高考的风险还要大得多,因为通过高考进入北大、清华的概率实在是太低了。实际上,很多人回避竞赛,直奔高考,其内心已经是孤注一掷的心态了,这种风险较之竞赛有过之而无不及,而且是毫无退路可言的。至于竞赛对高考的影响(正反馈),前面已经说到了,我们真的没必要放大竞赛的风险。

3.3 高考知识点与竞赛知识点的差异

在说到竞赛与高考的差异时,我们也必须强调一下这两者在学习内容上的差别,以此提示准备学习竞赛内容的同学,必须在常规学习上是学有余力的。

虽然所有的中学学科竞赛都标称"中学",但其内容并非约定为中学水平,比较极端的当属生物学科的竞赛,几乎全部内容都不是中学内容,整个竞赛就是一场大学生生物学竞赛。有生物教练曾说过,如果让一个学习生物竞赛的学生去参加大学研究生的升学考试,在专业成绩上不达到90分的话,基本上无缘省级赛区全国一等奖。由此可见竞赛生学习的内容范围和需要掌握的程度。此外,化学学科与生物学科一样,都需要将大学本科四年几乎所有的专业内容学完。更为重要的是,这些内容要求竞赛生必须在完成高中常规学习内容的基础上,在两年的时间内(升入高三以前)学完,而且还要达到运用相当熟练的程度,这就要求他们对常规内容能做到一飘而过,有足够的时间与能力来学习这些竞赛内容,这一点不是超级学霸是做不到的啊!

在物理知识的学习过程中,有一个特点是其他学科不具备的,即知识的学习是螺旋式上升的。初中阶段,物理学科的内容是力、热、电、光、原(近),在高中阶段学习的也是力、热、电、光、原(近),今后如果你接触大学物理,你就会发现仍然是这样的学习内容与顺序。当然,各个循环的高度是不一样的,也就是螺旋式上升的,但总体而言,大学阶段知识内容的高度几十年来基本上是稳定的。但随着人类知识的总体增长,大学知识内容的高度只有进一步上升的可能。

在现阶段降低高中物理学习难度,减少高中物理学习内容的背景下,高中物理与大学普通物理之间的螺距虽然很大,但知识的重叠性也是显而易见的。目前,高中物理竞赛所要求学习的部分内容基本游荡于中学物理与大学普通物理之间,既涵盖了高中物理的整体内容,又涉及一部分大学普通物理的内容。别的不说,很多年份的高考试题中都出现了竞赛题的减缩版,而竞赛题中也出现了高考试题的延伸版。

在以前,我们一直以微积分在物理学中的应用与否作为高中物理与大学普通物理的分水岭,但从 2016 年起,参照国际中学生物理奥林匹克竞赛的要求,在全国中学生物理竞赛中运用微积分已成为基本要求,由此可想而知,中学物理竞赛的内容会更多地与大学普通物理的内容重叠。这在一定程度上也意味着,中学物理竞赛正在向大学生物理竞赛靠近,由大学教授们主导的中学物理竞赛根本就不会考虑中学物理教学内容的减缩与难度的降低,这不仅是因为国际物理竞赛的标高在那儿摆着,更为重要的是,社会对人才的选拔不是向低看齐的。

在物理竞赛中,也有很多知识点在中学常规教学中是不涉及的,而在竞赛培训中却是学生必须掌握的,我们可以略举几例:

微积分在物理学中的应用(2016年起作为竞赛内容)

矢量的乘法

斜抛运动

力矩的平衡

非共点力的平衡

角动量

波函数

气体的绝热过程与多方过程

热力学第二定律的应用

点电荷电势能的计算

高斯定理

……

在此我就不一一列举了。

要在短暂的时间内学习并熟练应用这些内容,一方面需要时间的保证,另一方面更需要学生的学习能力来支撑。若对常规内容不能学有余力,要达到这个基本目标,根本就是不可能的。这可能就是那些视学科竞赛为学生负担的根源所在。其实,在我看来,你若视学科竞赛学习为负担,关键是你的能力不达标,你得放弃。

至于中学物理竞赛实验,其差异就更大了,基本上完全撇开了高中物理,就是大学普通物理实验了,这一点我们后面再单独说明。

3.4 高考与竞赛对学生在思维层面上要求的差异

学习竞赛,绝不仅仅是知识的学习与成绩的提高,因为能参加竞赛培训的学生一定是相对于其他学生更为优秀的,知识的学习对他们来说并不是难点,在常人看来难以理解的知识,在他们看来轻松平常。而难点在于使他们的思维层次进一步提高。那么,竞赛思维与常规思维有什么样的差别呢?

我们通过下面的例子来进行比较性的说明。

例1 一场由 64 人参加的乒乓球淘汰赛,如要决出冠军,应进行多少场比赛?

一般情况下,很多人会采用这样的思维模式:第一轮参赛人数 64 人,应进行 32 场比赛;第二轮参赛人数 32 人,应进行 16 场比赛;第三轮参赛人数 16 人,应进行 8 场比赛,以此类推下去,共计进行 32 + 16 + ⋯ + 1 = 63 场比赛。

但有人会采用这样的思维模式:淘汰赛每场淘汰 1 人,要决出冠军,需要在 64 名参赛选手中淘汰 63 人,故共需进行 63 场比赛。

如果仅从应试得分的角度来看,上述的两种解答当然都能得分,但我们如果将问题延伸下去,情况就不一样了:

如果有 n 个选手参加比赛,中途有 $m(m<n)$ 个选手弃权,若要决出比赛冠军,应进行多少场比赛?

此时,如果你再用前述解答的第一种思维方式求解,问题就有点儿麻烦了;而用后一种思维方式求解,仍可直接给出 $(n-m-1)$ 场的正确答案,而且十分迅捷,出错的可能性极小。

如果要区别这两种思维方式,那么可以说前者是常规思维,后者便是非常规思维,亦即竞赛思维了。当然,这还是一个比较浅显的例子,且仅仅是要求一个正确答案而已。事实上,用不同的思维方式处理同一问题带来的效果,可以让人有完全不同的感受。

例2 A、B 两辆汽车在一条平直的公路上以速度 v 相向而行。当它们相距 L 时,一只小鸟(可视为质点)以速度 v_0($v_0>v$)从 A 车上向 B 车飞去,当它遇到 B 时,立即掉头飞向 A,遇到 A 后,又立即掉头飞向 B,如此反复,直至两车相遇。不计小鸟掉头所需的时间,则在此过程中小鸟飞行的总距离 s 为多少?

这道题别说是高中学生,就是学过行程问题的小学生都能轻松地完成解答:先由两车的距离和车行驶的速度,可求得两车相遇的时间 $t = \dfrac{L}{2v}$,进而可得小鸟在这段时间内飞行的路程 $s = v_0 t = \dfrac{v_0 L}{2v}$。

那么,这道题怎么可以对学生提出更高的能力要求呢?我们不妨追加一个要求:请用上述方法之外的方法来解答此题。

如果仅从追求答案的角度来处理本题,绝大多数学生是不会考虑用第二种方法去求解问题的。事实上,许多学生的确是在完成了上述解答后,便不再作更多的思考,一旦完成上述解答后,便认为大功告成。于是,很多学生面对追加的问题表现出束手无策,这显然是能力有限的表现。下面我们通过对追加要求的解答来看由此带来的问题,并由此体会答题者能力上的差异。

前面的解答是用整体思维来处理的,即将从开始到相遇视为一个完整的运动过程,这是典型的整体法思维。接着,我们不妨考虑分段处理,用隔离法的思维方式来处理问题。

解 设小鸟第一次与前面的汽车相遇飞行的时间为 t_1,飞行的距离为 s_1,则由小鸟相对于车的速度为 $v_0 + v$,易得

$$t_1 = \frac{L}{v_0 + v}$$

进而可得

$$s_1 = \frac{v_0}{v_0 + v} L$$

此时两车间的距离为

$$L_1 = L - 2v t_1 = \frac{v_0 - v}{v_0 + v} L$$

小鸟第二次与前面的汽车相遇飞行的时间 t_2、飞行的距离 s_2 分别为

$$t_2 = \frac{L_1}{v_0 + v} = \frac{1}{v_0 + v}\left(\frac{v_0 - v}{v_0 + v}\right) L, \quad s_2 = \frac{v_0}{v_0 + v} L_1 = \frac{v_0}{v_0 + v}\left(\frac{v_0 - v}{v_0 + v}\right) L$$

同理,可得

$$t_3 = \frac{1}{v_0 + v}\left(\frac{v_0 - v}{v_0 + v}\right)^2 L, \quad s_3 = \frac{v_0}{v_0 + v}\left(\frac{v_0 - v}{v_0 + v}\right)^2 L$$

$$t_4 = \frac{1}{v_0+v}\left(\frac{v_0-v}{v_0+v}\right)^3 L, \quad s_4 = \frac{v_0}{v_0+v}\left(\frac{v_0-v}{v_0+v}\right)^3 L$$

……

所以,小鸟飞行的总路程为

$$\begin{aligned}s &= s_1 + s_2 + s_3 + s_4 + \cdots \\ &= \frac{v_0}{v_0+v}L + \frac{v_0}{v_0+v}\left(\frac{v_0-v}{v_0+v}\right)L + \frac{v_0}{v_0+v}\left(\frac{v_0-v}{v_0+v}\right)^2 L \\ &\quad + \frac{v_0}{v_0+v}\left(\frac{v_0-v}{v_0+v}\right)^3 L + \cdots \\ &= \frac{v_0}{v_0+v}L\left[1 + \left(\frac{v_0-v}{v_0+v}\right) + \left(\frac{v_0-v}{v_0+v}\right)^2 + \left(\frac{v_0-v}{v_0+v}\right)^3 + \cdots\right] \\ &= \frac{v_0}{v_0+v}L \cdot \frac{1}{1-\frac{v_0-v}{v_0+v}} = \frac{v_0 L}{2v}\end{aligned}$$

从前面的解答中,我们看到了答题者在隔离过程处理问题的基础上所表现出的不一般的运算能力,还有递推的思想、数学中等比数列知识的应用等。显然,相较前面整体法的解答,仅就过程而言,后一方法要复杂得多,但知识的应用与能力的体现又要全面得多。譬如,解答过程中表现出的递推能力,有人通过 t_2、s_2 便能递推出 t_3、s_3,而有人需要进一步计算出 t_3、s_3,甚至是 t_4、s_4 才能递推出后面的量,这实际上就是答题者在这方面的能力差异。

此外,运动学内容是学生一进高中就接触到的内容,此时学生也许还不具备等比数列的知识,即便如此,对于能力较强的学生而言,求解出递推项的和也是不成问题的。如:

设

$$x = 1 + \left(\frac{v_0-v}{v_0+v}\right) + \left(\frac{v_0-v}{v_0+v}\right)^2 + \left(\frac{v_0-v}{v_0+v}\right)^3 + \cdots$$

变形为

$$x = 1 + \frac{v_0-v}{v_0+v}\left[1 + \left(\frac{v_0-v}{v_0+v}\right) + \left(\frac{v_0-v}{v_0+v}\right)^2 + \left(\frac{v_0-v}{v_0+v}\right)^3 + \cdots\right]$$

上述两式比较后有

$$x = 1 + \frac{v_0 - v}{v_0 + v}x$$

解得

$$x = \frac{v_0 + v}{2v}$$

代入后同样可以得到正确结果。

一名尚未学习等比数列的学生如果能用此法求得等比数列的和,说明该生对表达式的同构特征或者说自相似特征的认识非同一般地强,其能力也就可想而知了。而对此求法的深入讨论还可能涉及更深层次的问题,如有关无穷思想的讨论等,其结果导致能力的延伸也是极强的。

当然,用不同的方法求得了结果,并不代表问题的终结,在前面的基础上,我们还可以继续追问:

小鸟在两车之间飞行的过程中,一共折返了多少次?

如果这一问题没有任何铺垫,对于高一年级的学生,其难度应该是很大的,但有了前面的解答作铺垫,要回答它则不是不可能的,甚至可以说是比较简单的。理由如下:

我们对前面解答中的递推项 $1 + \left(\frac{v_0 - v}{v_0 + v}\right) + \left(\frac{v_0 - v}{v_0 + v}\right)^2 + \left(\frac{v_0 - v}{v_0 + v}\right)^3 + \cdots$ 作分析,易知递推项中的每一项都代表了小鸟的一次折返。显然,这个递推的项数是无限的,所以小鸟的折返次数也是无限的。

这一解答的结果对还处在高一阶段的学生的认知带来的冲击也是很大的,为什么小鸟在运动的有限时间或运动的有限路程中能折返无限次呢?因为每一次折返都是需要时间的,那么无数次的折返的时间为什么不是无穷呢?若能对这一"悖论"进行更深入的讨论,对学生认识事物的能力提升是不言而喻的。事实上,我在历届的培训中讲解这道题时,最终都引出了与芝诺时相关的一系列问题,将学生的认知水平引向更高层。而学生对这一问题的讨论,也使其对小量问题有了清醒的认识。当然,我们还可以通过设置问题来质疑解答方法的正确性。

可见,能力与知识之间是不能直接画等号的。

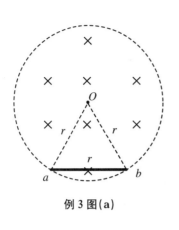

例3图(a)

例3 如图(a)所示,在半径为 r 的无限长圆柱形区域内有匀强磁场,磁感应强度 B 的方向与圆柱的轴平行。一根长为 r 的细金属棒与磁场方向垂直地放在磁场区域内,棒的两端恰在圆周上。设 B 随时间 t 的变化率为 k,即 $\dfrac{\Delta B}{\Delta t}=k$,求棒中感应电动势的大小。

感应电动势在高中常规教学阶段讨论的主要是两种直接方式:一种是导体棒在磁场中切割磁感线,这时产生的电动势称为动生电动势;另一种是在闭合的导体线圈中的磁通量变化时产生的电动势,其表现形式是线圈内部的磁场变化导致磁通量变化,进而在线圈内产生电动势,这种情况下产生的电动势称为感生电动势。

从对感生电动势的理解中我们不难知道,变化的磁场也能让一根导体棒产生电动势,而要求解变化的磁场对静止的导体棒产生的感生电动势的大小,这对中学生来说是有一定难度的,不仅要明白变化的磁场在静止的导体棒内产生电场,进而产生电动势,还需知道变化的磁场产生的感生电场的分布,并且这种分布是可求的。

由于本题给定的磁场是圆柱形的,其产生的涡旋电场是旋转中心对称的,不论金属棒是否在磁场区域中,我们都可以通过积分的手段求得金属棒中的电动势大小。

解1 如图(b)所示,假设因磁场 B 的变化而产生的涡旋电场是逆时针方向的,则在棒上取一微元 $\mathrm{d}l$,由涡旋电场的知识易知该处的电场强度 $E_{电场}$ 的大小为

$$E_{电场} = \frac{\sqrt{3}r\Delta B}{4\cos\theta\Delta t}$$

电场 $\mathrm{d}l$ 上产生的电动势大小为

$$\mathrm{d}E = E_{电场} \cdot \mathrm{d}l = E_{电场}\mathrm{d}l\cos\theta$$

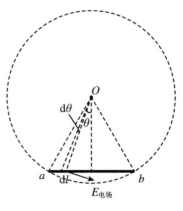

例3图(b)

$$= \frac{\sqrt{3}r\Delta B}{4\Delta t}\mathrm{d}l$$

金属棒中电动势为

$$E = \frac{\sqrt{3}r\Delta B}{4\Delta t}\int_0^r \mathrm{d}l = \frac{\sqrt{3}}{4}kr^2$$

上面的解答显示了对普通物理知识应用的娴熟,但基于本题中模型所包含的对称性,在无须明确涡旋电场的情况下,仅运用高中有限的知识,我们亦能得到正确的结果。

解2 如图(c)所示,在磁场的边界圆内构造一个对称的圆内接正六边形,则这一正六边形的面积为

$$S_{六边形} = \frac{3\sqrt{3}}{2}r^2$$

整个正六边形产生的电动势为

$$E_总 = \frac{\Delta \Phi}{\Delta t} = \frac{\Delta B}{\Delta t}S_{六边形} = kS_{六边形}$$

再由对称性易知 ab 棒中感应电动势为

$$E = \frac{E_总}{6} = \frac{\sqrt{3}}{4}kr^2$$

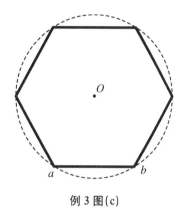

例3图(c)

上述解法运用的是整体对称的思维方法,回避了涡旋电场的分布及大小,其解答可谓简单明了,也是思维能力的体现。但能力的体现并不止于此。

解3 我们先讨论一个对称性问题:

如图(d)所示,将一根长度为 r 的导体棒按 OA 或 OB 所示放在题述的磁场中。由于棒的一端在圆的边界上,另一端在圆心,当磁场均匀变化时,不论导体棒的方位如何,因磁场变化而在导体棒内产生的电动势的大小一定是相同的,而方向要么都向外,要么都向里。当然,它们产生的电动势也可能都为零(事实上,的确为零)。

这一结论是由对称性确定的。

再在磁场中构造如图(e)所示的闭合回路,则由前面的对称性分析可知,当磁场均匀变化时,不论 Oa、Ob 产生的电动势如何,在回路 $OabO$ 中,Oa、Ob 对回路的总电动势的贡献总为零。回路 $OabO$ 所产生的电动势完全由 ab 棒提供,即回路的电动势即为 ab 棒所产生的电动势。

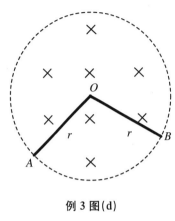

例 3 图(d)

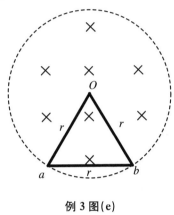

例 3 图(e)

由法拉第电磁感应定律可知

$$E = \frac{\Delta \Phi}{\Delta t} = \frac{\Delta B}{\Delta t} S_{\triangle Oab} = \frac{\sqrt{3}}{4} kr^2$$

对于过 O 点的棒的电动势的大小与方向,在高中常规教学中无法知道。实际上,当棒过圆心时,即便是磁场变化,由于涡旋电场垂直于棒,因此在棒上产生的电动势为零,但学生可以在不知晓这一点的前提下,利用对称性构建闭合回路,得到回路中的电动势即是所求棒中的电动势,这对能力的要求是很高的,的确不是一般的学生能做到的。而且解 3 较之解 2 更具备一般性,因为它并不需要棒的长度恰好在垂直于磁场的边界线内构成一个正多边形,从而更具有普遍性。

如果综合解 2 中的整体思维与对称性,以及解 3 中对闭合电路的讨论,还可得到下面的解答。

解 4 构造如图(f)所示的弓形闭合回路,这个回路由 $\overset{\frown}{ab}$ 棒和 ab 棒组成,当磁场发生变化时,回路产生的电动势是上述两部分所产生的电动势的叠加。

对于 $\overset{\frown}{ab}$ 棒产生的电动势,类似于解 1,构造一个恰好包含磁场边界的圆环,当磁场变化时,很容易求得整个圆环产生的感生电动势为 $k\pi r^2$,再由对称性知 $\overset{\frown}{ab}$ 棒产生的电动势 E_1 是整个圆环的感生电动势的 $\frac{1}{6}$,即

$$E_1 = \frac{1}{6}k\pi r^2 \text{。}$$

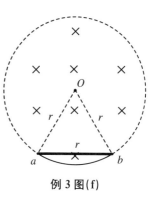

例 3 图(f)

另一方面,整个弓形的感生电动势 E_0 可由法拉第电磁感应定律求得:

$$E_0 = \frac{\Delta \Phi}{\Delta t} = \frac{\Delta B}{\Delta t}\left(\frac{1}{6}\pi r^2 - \frac{\sqrt{3}}{4}r^2\right) = \left(\frac{\pi}{6} - \frac{\sqrt{3}}{4}\right)kr^2$$

设 ab 棒产生的电动势为 E,则有 $E_1 + E = E_0$,即

$$\frac{1}{6}k\pi r^2 + E = \left(\frac{\pi}{6} - \frac{\sqrt{3}}{4}\right)kr^2$$

解得

$$E = -\frac{\sqrt{3}}{4}kr^2$$

这里的"$-$"表示 ab 棒中的电动势方向与回路中电动势的方向相反。

本题所给出的四种解答中,既有知识的应用,同时也有能力的彰显,后三种解答完全是在高中常规教学所要求掌握的知识的基础上进行的,可见"用中学的知识处理普通物理的问题"对我们来说并非不能跨越,也显示了高考与竞赛之间的差异不是知识上的差异,而是能力上的差异。

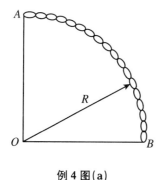

例 4 图(a)

例 4 如图(a)所示,一个半径为 R 的四分之一光滑球面放置在水平桌面上。球面上置一光滑均匀铁链,其 A 端固定在球面的顶点,B 端恰与桌面不接触,铁链单位长度的质量为 λ。试求铁链 A 端所受的拉力。

本题不论是模型特点还是解题方向,给人的感觉都应属于普通物理的范畴,如果将其放在常规教学的习题教学中,人们一般都会认为此题属于超纲的习题。我们

不妨先看一下本题用普通物理的知识给出的一般解法。

解1（积分法） 如图(b)所示，在链条上任取一微元 $R\mathrm{d}\theta$，该微元上、下端产生的拉力差为 $\mathrm{d}F$，由平衡条件易得

$$\mathrm{d}F = \mathrm{d}mg\sin\theta$$

而 $\mathrm{d}m = \lambda R\mathrm{d}\theta$，则

$$\mathrm{d}F = \lambda gR\sin\theta\mathrm{d}\theta$$

$$F = \lambda gR\int_0^{\frac{\pi}{2}}\sin\theta\mathrm{d}\theta = \lambda gR$$

例4图(b)

即铁链 A 端所受的拉力为 λgR。

上述的解答过程虽说不是太难，但对初接触微积分的学生而言未必很简单。

微积分的学习与应用对高中学生而言，看上去应该是高大上的，但只要将其处理过程进行相应的初等化处理，这一解法立马变身为微元法。

解2（平衡条件及微元法的应用） 把整个链条分为若干微小段，我们以其中的第 i 段为研究对象，第 i 段的位置如图(c)所示，它的长度为 $\Delta l_i \to 0$，第 i 段上、下两部分对它的拉力分别为 F_i 和 F_{i-1}。

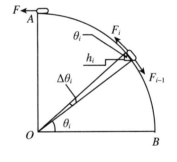

例4图(c)

因铁链单位长度的质量为 λ，故第 i 段的质量 $\Delta m_i = \lambda \Delta l_i$，由平衡条件易得第 i 段上、下两部分对其的拉力差满足

$$\Delta F_i = F_i - F_{i-1} = \Delta m_i g\cos\theta_i = \lambda \Delta l_i g\cos\theta_i$$

由图(c)可知 $\Delta l_i \cos\theta_i = h_i$，$h_i$ 为与 Δl_i 对应的竖直高度。所以 $\Delta F_i = \lambda g h_i$。

我们对链条上每一小段的受力进行求和，可得

$$\sum \Delta F_i = \sum \lambda g h_i = \lambda g \sum h_i = \lambda g R$$

而

$$\sum \Delta F_i = (F_1 - F_0) + (F_2 - F_1) + (F_3 - F_2) + \cdots = F$$

所以铁链 A 端所受的拉力为 $F = \lambda g R$。

我们必须承认,中学竞赛中解答过程涉及的微元法大多是微积分的初等版本。竞赛的命题者在提供解答时,若遇到涉及积分的过程,很多时候都对积分作了初等化处理,即退化到微元、求和,以期满足原竞赛大纲对试题解答的"可不用微积分解答"这一要求。但毕竟运用积分完成解答显得更为简捷,这也直接导致以往很多竞赛生在不要求运用微积分的条件下,也自觉地学完微积分并加以应用。由此我们也不得不承认,在竞赛中加入微积分的应用,实属水到渠成的事情。但直到现在,我们仍然有理由相信,在中学物理竞赛中不要过分地依赖微积分的应用,一旦解答需要用到微积分,命题人必然会提供必要的积分公式,我们现阶段没有必要花太多的时间去背诵积分公式。

另外,若对链条的受力进行分析,则不难发现其受力为三个:重力 mg、拉力 F 和弹力 N。既然这三个力不平行,那么它们必共点,如果我们找到了这个点,问题就有可能得到解决,于是有了如下的解答。

解3(牛顿运动定律、质心运动定律和共点力的平衡知识的运用) 我们先讨论一个单位长度质量为 λ、半径为 R 的圆环在水平桌面上以角速度 ω 转动时的情况,以此来确定 $\frac{1}{4}$ 圆环的质心位置所在。

我们先考虑环上一微元部分的受力情况。

设环内因转动而产生的张力为 T,微元部分所对应的圆心角为 $\Delta\theta$,则其质量为 $\Delta m = \lambda \Delta\theta R$,微元部分两端的张力对其产生的合力(指向圆心)为 $T\Delta\theta$,此力提供微元部分做圆周运动的向心力,即

$$T\Delta\theta = \lambda \Delta\theta R \omega^2 R$$
$$T = \lambda R \omega^2 R \qquad ①$$

接着我们来考虑圆上的 $\frac{1}{4}$ 部分的情况。

如图(d)所示,由对称性知,$\frac{1}{4}$ 圆环 AB 的质心 M 在 $\angle AOB$ 的平分线

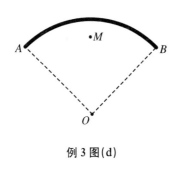

例3图(d)

上,环内因转动而产生的张力为 T,则 $\frac{1}{4}$ 圆环受到的外力为 $\sqrt{2}T$。又设 $MO = l$,当环以角速度 ω 转动时,$\frac{1}{4}$ 圆环 AB 的质心也随着一起转动,则由牛顿运动定律可得

$$\sqrt{2}T = \left(\frac{1}{4}\lambda \cdot 2\pi R\right)\omega^2 l \qquad ②$$

联立①、②两式可得

$$l = \frac{2\sqrt{2}}{\pi}R$$

下面回到我们的题目上来。

当链条搁置在球面上时,链条共受到重力 G、弹力 N 和拉力 F 的作用,且因为球面对链条在各处的弹力均通过 O' 点,所以最终的弹力 N 也必定通过 O' 点。

由于链条处于平衡状态,由三力交汇原理,链条所受作用力如图(e)所示,则

$$\frac{F}{G} = \frac{AO'}{AO} = \frac{\frac{\sqrt{2}}{2}l}{R}$$

例3图(e)

所以 $F = \lambda g R$。

上述解答让我们体验了物理知识的综合运用给我们带来的愉悦,这一解答至少让我们得到了两个定理级别的推论:一是圆环因旋转而增加的内部张力的计算;二是通过此法可轻松地计算任一匀质的部分圆环的质心位置所在。这些都是在物理研究中经常需要解决的问题。我们在此处还可以追问:为何这里链条的质心与重心是同一点呢?这样,将我们对知识的理解推到更高的层面上。

当然,我们也可能通过对知识的进一步学习,获得此题更为简捷的解答。

解 4（虚功原理的应用） 如图(f)所示，设想作用在链条 A 端的作用力 F 非常缓慢地将链条拉动一个无限小的位移 $\Delta x \to 0$，其作用效果等效于将处于链条 B 端的一段长为 Δx 的链条移到 A 端，链条的其他部分没有变化，且曲面对链条的弹力又不做功，因此 F 所做的功就等于这一小段链条势能的增加，即

$$F \cdot \Delta x = \lambda \Delta x g R$$
$$F = \lambda g R$$

虚功原理当然是普通物理的内容，能用此法求解，当然是知识的力量。但是，只要学生具有平衡的思想，再具有一定的建模能力，即便是初中学生，也是能够对此题进行解答的。

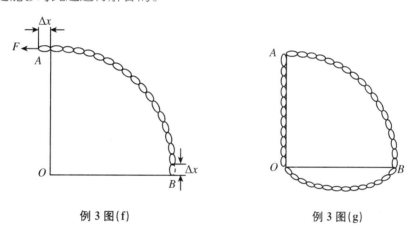

例 3 图(f)　　　　　例 3 图(g)

解 5（建模法） 我们可以设想存在如图(g)所示的一根匀链条，它套在光滑的球面上，显然，整个链条是处于平衡状态的。

我们先讨论悬垂在光滑球面下的弯曲段 OB，由对称性可知，O、B 两点所受到的拉力大小是相等的，设为 T_0。

再讨论 A 点的受力情况，从竖直段 AO 不难确定链条在 A 点处的张力为

$$F_A = m_{AO}g + T_0 = \lambda g R + T_0$$

此式即表明，若要处在球面上的链条 AB 处于平衡状态，只需在 A 处施加一大小为 $F = \lambda g R$ 的拉力即可。

如果说解1到解4是知识的应用，那么解5并不需要太多的知识，但需要答题者具有整体的思维和超强的建模能力。

从上述的多种解答中我们不难看到，每种解答所用的知识点都不尽相同，但这些知识点都是相应程度的学习者所具备的。不过，学生虽然具备了这些知识，并不等于他能用这些知识来解决相应的问题，这也足见知识与能力并不是一回事。

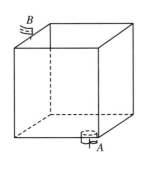

例5图(a)

例5 图(a)所示为一立方形水箱，如果从箱底的出水口 A 处放水，将整箱水放完，那么需时 15 min；如果关闭 A 处出水口，从进水口 B 处灌注，那么灌注一整箱水，需时 12 min。现同时打开 A、B，则灌满此水箱需时多少？

乍一看，本题就是一道小学数学试题嘛！对于小学生而言，他们会默认朝水箱中灌水与放水都是匀速的，所以当放水与注水同时进行时，每分钟水箱中增加的水量为 $\frac{1}{12} - \frac{1}{15} = \frac{1}{60}$，因此 60 min 后水箱将会被灌满。

然而，如果一个高中生也用此法去分析问题，那么且不说能力，知识上都存在问题。对于高中生而言，当水箱放水时，由于出水口的面积远小于水箱的面积，放水时，可认为水面下降的速度趋于零，由能量关系可知，放水时等同于水面上的水的势能转化为出水口处水的动能，则水箱中的水位高度 h 不同时，出水口处的水流速度 v 也不相同。这样，水箱的放水速度是不均匀的。

解1 当水箱中的水位高度为 h 时，设想有 $\Delta m \to 0$ 的水从水箱下面的出水口流出，由机械能守恒定律可得

$$\Delta mgh = \frac{1}{2}\Delta mv^2$$
$$v = \sqrt{2gh}$$

由于水箱出水口处的水流速度 $v \propto \sqrt{h}$，可以想象：如果同时注水与放水，在水箱内可能存在一个高度，使得注水速度等于放水速度，那么水箱就不可能被灌满。而放水速度除了与出口处的水流速度有关外，还与出水口的面积有关。下面来求出水口的面积。

设出水口的面积为 a，水箱的边长为 L，将水箱的高度分为 $n(n \to \infty)$ 等份，每一等份的厚度为 $\Delta h = \dfrac{L}{n}$，又 $n \to \infty$，因为出水口每流出一等份的水的过程可认为是匀速的，则流出图(b)中第 i 份水时，所需时间为

$$\Delta t_i = \frac{L^2 \Delta h}{a v_i} = \frac{L^2 \Delta h}{a \sqrt{2gi\Delta h}} = \frac{L^2}{a} \sqrt{\frac{L}{2g}} \frac{1}{\sqrt{ni}}$$

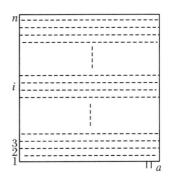

例 5 图(b)

两边求和即得放水时间

$$t = \frac{L^2}{a}\sqrt{\frac{L}{2g}} \lim_{n \to \infty}\left(\frac{1}{\sqrt{n}} \sum_{i=1}^{n} \frac{1}{\sqrt{i}}\right)$$

对于 $x = \lim\limits_{n \to \infty}\left(\dfrac{1}{\sqrt{n}} \sum\limits_{i=1}^{n} \dfrac{1}{\sqrt{i}}\right)$，我们用中学数学手段略感困难，但我们可作这样的思考，n 的取值越大，其结果越接近 $n \to \infty$ 的值。利用同学们手中计算功能强大的计算器，可完成这一工作。计算可得例 5 表。

例 5 表

i	10	100	1000	10000	100000	$\cdots$
x	1.587 78	1.858 96	1.954 3	1.985 45	1.995 29	$\cdots$

由上表可知 $\lim\limits_{n \to \infty}\left(\dfrac{1}{\sqrt{n}} \sum\limits_{i=1}^{n} \dfrac{1}{\sqrt{i}}\right)$ 是向 2 逼近的，于是我们有理由相信 $\lim\limits_{n \to \infty}\left(\dfrac{1}{\sqrt{n}} \sum\limits_{i=1}^{n} \dfrac{1}{\sqrt{i}}\right) = 2$。

所以出水口的面积 $a = \dfrac{L^2}{t}\sqrt{\dfrac{2L}{g}}$，则水箱中的水位为 h 时的放水速度（单位时间内水流出的体积）为 $av_h = \dfrac{L^2}{t}\sqrt{\dfrac{2L}{g}}\sqrt{2gh}$，而水箱的注水速度为 $\dfrac{L^3}{t_0}$。

由 $\dfrac{L^3}{t_0} = \dfrac{L^2}{t}\sqrt{\dfrac{2L}{g}}\sqrt{2gh}$ 得 $h = \dfrac{25}{64}L$。

因此,当水箱内水位的高度为水箱高度的 $\dfrac{25}{64}$ 时,放水的速度已经与注水的速度相等了,水位便不可能再上升了,即水箱不可能被放满水。

本题不仅仅提高了我们对此模型的认识,其解答在方法的应用上也是高考常规内容不可想象的。首先,对计算器的使用在高考范围内是不允许的;其次,对极限数据的推断在常规教学中也无法进行,然而后面的注解告诉我们,这种推断是正确的。由此可知,竞赛对答题者的工具应用与决断能力有足够高的要求。

当然,在本题的解答过程中,中学生也完全可以证明 $\lim\limits_{n\to\infty}\left(\dfrac{1}{\sqrt{n}}\sum\limits_{i=1}^{n}\dfrac{1}{\sqrt{i}}\right) = 2$,其证明如下:

因为
$$\dfrac{1}{\sqrt{i}} = \dfrac{2}{2\sqrt{i}} = \dfrac{2}{\sqrt{i}+\sqrt{i}} > \dfrac{2}{\sqrt{i}+\sqrt{i+1}} = 2(\sqrt{i+1}-\sqrt{i})$$

所以
$$\sum_{i=1}^{n}\dfrac{1}{\sqrt{i}} > 2(\sqrt{n+1}-1)$$

此时有
$$\lim_{n\to\infty}\left(\dfrac{1}{\sqrt{n}}\sum_{i=1}^{n}\dfrac{1}{\sqrt{i}}\right) > \lim_{n\to\infty}\left[\dfrac{1}{\sqrt{n}}\times 2(\sqrt{n+1}-1)\right] = 2$$

同理
$$\dfrac{1}{\sqrt{i}} = \dfrac{2}{2\sqrt{i}} = \dfrac{2}{\sqrt{i}+\sqrt{i}} < \dfrac{2}{\sqrt{i}+\sqrt{i-1}} = 2(\sqrt{i}-\sqrt{i-1})$$

所以
$$\sum_{i=1}^{n}\dfrac{1}{\sqrt{i}} < 2\sqrt{n}$$

亦有
$$\lim_{n\to\infty}\left(\dfrac{1}{\sqrt{n}}\sum_{i=1}^{n}\dfrac{1}{\sqrt{i}}\right) < \lim_{n\to\infty}\left(\dfrac{1}{\sqrt{n}}\times 2\sqrt{n}\right) = 2$$

综上,有
$$\lim_{n\to\infty}\left(\frac{1}{\sqrt{n}}\sum_{i=1}^{n}\frac{1}{\sqrt{i}}\right)=2$$
证毕。

对于本题,我们也可用如下的积分手段进行计算。

解2 解答中各量的含义如解1。

由伯努利方程,易知水箱内水的高度为 h 时,从出水口流出的速度为 $v=\sqrt{2gh}$,则放完整箱水的时间 t 满足 $av\mathrm{d}t=L^2\mathrm{d}h$,即
$$\mathrm{d}t=\frac{L^2}{a}\frac{\mathrm{d}h}{\sqrt{2gh}}$$

所以
$$t=\frac{L^2}{a}\int_0^L\frac{\mathrm{d}h}{\sqrt{2gh}}=\frac{L^2}{a}\sqrt{\frac{2L}{g}}$$

$$a=\frac{L^2}{t}\sqrt{\frac{2L}{g}}$$

又因为水箱的注水速度为 $\dfrac{L^3}{t_0}$,则一边注水一边放水的过程中,有
$$\left(\frac{L^3}{t_0}-a\sqrt{2gh}\right)\mathrm{d}T=L^2\mathrm{d}h$$

即
$$\frac{1}{tt_0}\mathrm{d}T=\frac{\mathrm{d}h}{Lt-2t_0\sqrt{Lh}}$$

所以
$$\frac{1}{tt_0}T=\int_0^L\frac{\mathrm{d}h}{Lt-2t_0\sqrt{Lh}}$$

为求 T,先求积分 $\displaystyle\int\frac{\mathrm{d}x}{a+b\sqrt{x}}$。

令 $x=y^2$,则 $\mathrm{d}x=2y\mathrm{d}y$,所以
$$\int\frac{\mathrm{d}x}{a+b\sqrt{x}}=\int\frac{2y\mathrm{d}y}{a+by}=\frac{2}{b}\int\frac{[(a+by)-a]\mathrm{d}y}{a+by}=\frac{2}{b}\int\left(1-\frac{a}{a+by}\right)\mathrm{d}y$$

$$= \frac{2}{b}y - \frac{2a}{b^2}\ln(a+by) + C = \frac{2}{b}\sqrt{x} - \frac{2a}{b^2}\ln(a+b\sqrt{x}) + C$$

因此

$$\frac{1}{tt_0}T = -\frac{2}{2t_0\sqrt{L}}\sqrt{L} - \frac{2Lt}{4Lt_0^2}\ln(Lt - 2t_0\sqrt{L}\sqrt{L})$$

$$= -\frac{1}{t_0} - \frac{t}{2t_0^2}\ln L(t - 2t_0)$$

显然,上式左边应大于零,而右边小于零,故等式不能成立,T 无解。这说明,水箱根本就无法灌满。

解 2 虽然也得到了正确的结果,但对于刚接触高中物理的中学生而言,要系统地学习与应用微积分是有一定的难度的,至少解 2 中的微积分运算并不是一般学生能够完成的。

上述几例都体现了知识与能力不等关系,也展示了高考与竞赛对学生思维能力要求的差异。事实上,学习所需的知识并不难,真正的难点在于对知识的应用。中学阶段所进行的竞赛培训,从一定意义上讲,相对现有高中教学而言,虽有一定知识上的扩充,但更为重要的是对运用知识的能力上的促进。

3.5 升学路径的对比

理工类院校对具有理科思维特长的考生的青睐是不言而喻的。我们且看理工类院校的招生策略:近年来,拥有自主招生权力的名校,除了少量的艺术、财经类的院校外,虽然它们不具备北大、清华那么大的自主招生比例,但它们几无例外地将竞赛获奖作为自主招生的第一门槛,将自己仅有的一点自主招生名额(招生人数的 5%),几乎都献给了竞赛获奖者,以至于关注高校招生的人已经形成了一个观点——学科竞赛获奖已然成为学生进入名校的敲门砖。

再说北大、清华,近年来,高考裸分进入两校的人数已然不足20%,部分理科院系的则不足10%。一个比较极端的例子是,2018年北大、清华两校在某教育强省共招录了约350名新生,其中只有18人是高考裸分上线的。看了这个数据,你就没有觉得北大、清华是在抛弃高考吗?

我们还是看看具体的条件与数据吧,以北京大学近年的自主招生简章为例,对于报考条件(非医学)明确提出以下三点:

第一,有发明创造或参加科技类、人文社科类竞赛全国决赛或国际比赛获得优异成绩者;

第二,在我校自主招生专业范围内有相关学科特长、创新潜质,并在国内外相关专业学习实践活动中取得优异成绩者;

第三,在高中阶段参加全国中学生学科奥林匹克竞赛(数学、物理、化学、生物学、信息学)全国决赛获得优异成绩者。

纵观北大简章里的这三个条件,第一个表述比较模糊,第二个表述更加模糊,唯有第三个表述非常具体明了,对比赛时效(高中阶段)、名称(学科奥赛)、奖项(决赛获奖)都作了明确要求。

其他高校的自主选拔招生简章与北大要求的报考条件大致相同。

既然前两个条件的表述比较模糊,那么:我有一项发明专利,可不可以证明我优秀?有个老师给我写了一封推荐信,算不算优秀?我发表了一篇论文,算不算优秀?我参加了某项科研实践并取得重大成果,算不算优秀?这些条件太容易造假了!如果认真查一下那些取得上述资格的孩子,其成果有多少是自己真正实践做出来的呢?又有多少是家长花钱包装出来的?在整个社会诚信体系没有建立起来之前,在第三方评价体系没有健全之前,高校才不愿冒着风险,去认可这些来路不明的"优秀"。

现有的经验数据显示,获得五大学科奥赛国家金牌,便可直接被北大、清华降到一本线上录取;获得国家二、三等奖,有很大概率获北大、清华降到一本线或优惠60分降分录取。而且在中科大、浙大、上海交大等名校的自主招生中进入初审的学生里,超过95%(注意这一数据)为省级一等奖及以上奖项得主;而获得省级二、三等奖者也可申请大多数双一流高校的自主招生。显然,它们将几乎所有的自主招生名额都给了竞赛生,名校对竞赛生的偏爱可见一斑。

因此,几乎可以断定,只要奥赛仍与升学挂钩,尽管基础教育在严厉"禁赛",但在高中教育阶段,学科奥赛并不会因此降温。

无论通过高考还是竞赛,升学都是高中生现阶段学习的终极目标之一。而对有志于北大、清华的学生而言,有人指出了进入北大、清华的近二十种可能。但对非语言、艺术、体育类的学生而言,我们可以对前面所述的学科竞赛、自主招生及高考三种升学通道再作一个对比。

竞赛通道

(1) 飞行签约(针对竞赛强校):简称"飞测"或"飞签"。近几年的暑假前,北大、清华招生办都会委派数学、物理、化学等学院的相关教授在招生办领导的带领下飞往全国各地的一些高中竞赛名校,对当时还是高二年级的竞赛生作一定的测试,其测试可能是竞赛考试+相关的面试,也可能仅仅是作一次面试,然后根据测试的情况,对其中优秀的竞赛生进行签约,给予他们一本线无条件录取或有条件录取,让他们全心进行竞赛学习。

(2) 学科营:在每年8月中旬,北大、清华委托五大竞赛学科所对应的学院组织全国竞赛强校的相应竞赛生在北大、清华进行学科营活动,活动的方式各异,但核心内容是进行一次类似于竞赛的测试,然后再结合相应的面试,对优秀的营员进行签约,同样给予他们一本线无条件录取或有条件录取。

由于参加学科营的营员基本上都是来自竞赛名校的竞赛生,这相当于对他们进行的一次额外的竞赛测试。

(3) 竞赛(复赛+决赛;签约+保送):各学科的省级竞赛都在9、10月份结束,全国决赛在12月前结束。省级竞赛产生了赛区全国一等奖与省队队员,决赛(冬令营)产生了国家集训队以及一等奖(金牌)、二等奖(银牌)、三等奖(铜牌),北大、清华都会在竞赛强省的省队和决赛的金、银牌得主中签约学生。一旦你进入了集训队,基本上北大、清华及专业就任由你选了。

(4) 金秋营(体验营):在各学科省级竞赛与全国决赛的间隙里,北大、清华会适时组织竞赛弱省的省队队员及强省一等奖靠前的学生参加由他们举办的金秋营,其核心内容仍然是一次竞赛测试,这相当于在全国决赛前,它们抢先举办一次全国决赛。它们对在金秋营中表现突出的学生给予签约、优惠录取。

(5) 部分年份,在全国决赛之后,北大、清华部分学科还会为尚未签约的部分省队队员、赛区全国一等奖、MOOCAP 课程的优先者再组织一次营员活动,对其表现良好的队员,再进行一次签约。

上述所有签约条件,除集训队队员按国家政策给予保送外,其他的签约条件基本上是无条件一本、有条件一本、降 60 分录取,而对一个优秀的竞赛生而言,上述优惠条件则无异于保送了。有的地方甚至只要是数学与物理的省级赛区全国一等奖的获得者,都有可能在北大、清华获得降 30～60 分录取的优惠条件。

自招通道

从政策层面上讲,上述与竞赛直接相关的内容,除集训队保送外,其余的均属自主招生体系中的内容。此外,自主招生还有如下独立的通道:

(1) 自主招生营(或专业营):指不同学科(包括一些文科)组织的一些招生营,然后根据学生在营中的表现,给予相应的录取优惠,但优惠的幅度及比例相对要小得多。

(2) 领军/博雅与自强/筑梦:这里包含一定的特定对象的自主招生。

(3) 高考后的自主招生测试。

自主招生的基本待遇是自招营为一本线或降 40～60 分,其他为降 10～30 分。

我们可以看到,自主招生签约的优惠幅度要明显地小于学科竞赛的优惠幅度。而且,经验也告诉我们,在所有包含理论考试程序的自主招生行为中,有竞赛背景的考生更容易通过测试。

高考通道

如果考生没有获得上述的种种优惠,就只有硬拼高考了。不过,通过高考裸分进入北大、清华的人数相对很少,据统计约占总招生人数的 1/6。

高考、自主招生、学科竞赛是希望冲刺北大、清华的优秀学子极为关注的,正确地选择适合自己的通道肯定更有望达到目标。由于我一直在这三条通道旁观看与指引,自认为还是比较了解的。不过,由于本人近年在学科竞赛方面投入的精力更多,因此对学科竞赛更为关注,心态也更倾向于学生参加学科竞赛,但这也有可能产生误导,还望读者认真审视。

另外,从上述的通道我们还可以清晰地看到,竞赛培训其实不单单是针对学科竞赛的,它还包括参加一系列与竞赛相关的选拔,如学科营、金秋营、各类测试等,这些活动的内容虽各有侧重,但主线都是竞赛,都需要通过竞赛学习来应对。

最后,我以一所我比较熟悉的重点高中在高考历史上学生考取北大、清华的情况为案例,让大家看看重点高中考入北大、清华人数的变异:

武汉市某重点高中,1982年起至2018年的37年间,共有22人升入北大、清华,其中2003年以前共14人;北大、清华的自主招生比例限制在5%以内的6年间,有7人;自招比例提升后的10年间,仅有1人。这22人中无一人是通过自主招生进入的,全为裸考。此数据非常直白地告诉了大家自主招生对裸考的冲击是巨大的,更确切地说竞赛对高考的冲击是巨大的。

高校的政策在那儿摆着,它不会因你的不适应而改变,唯有改变自己,方可改变劣势。因此,我们建议:重点中学前5%的学生,在高一、高二时应考虑主攻竞赛,高三时主攻自主招生。有条件的话,初中阶段就应为此做准备了。

4 竞赛生源的选择与淘汰

名校之争的前奏是生源之争。看看全国各地中学名校间的生源之战，虽有政府相关部门数不清的文件、政策的约束，但大家在招生时对优质生源所承诺的优惠条件，仍然是无所不用其极，屡屡突破政策的红线，由此便知大家对生源的重视与依赖程度。

学科竞赛是针对资优生的一个小众化的教学活动，适合人群大约只占到同龄人的5%，而未来社会的精英，特别是未来从事自然学科研究的精英，几乎全部包含在这5%的人群中。而学科竞赛成绩的好坏对生源的依赖也是显而易见的。没有相对优质的生源，竞赛培训就成了无米之炊，最终可能是劳而无功。这也是学科竞赛只能在重点中学开展下去的缘由。

作为一名竞赛教练，了解优质生源的相关属性，在培训过程中正确地选择与淘汰学生是很有必要的。

4.1 优质生源的分布与去向

有关研究表明，偌大的中国，每一届高中毕业生中，在未来引领中国政治、经济、文化、科技、社会各领域的精英人物，大约是5000人。而这5000人在高中毕业时的去向大致是这样的：

他们中数百人是通过非常规普通教育的其他途径而成为相应的精英

的,如作家、画家、歌唱家、体育健将、传统艺人、中医传人等。通常情况下,人们将这类人所具有的技艺称为旁技。但不可否认,他们中的突出者仍然处于这个社会的精英层面,但他们的教育渠道并不是以普通的文化教育为主线的。

他们中大约有3000人通过高考而栖身于北大、清华。所以,在我国,北大、清华无疑是高智商者最集中的群体,是智商密度最高的地方。他们中的优秀者今后会散布至社会的各个领域,终将成为相应行业的领军人物。

另外还有大约1000人因个人的教育环境的约束,或高考选拔机制的缺陷,而错失上北大、清华的机会,他们分散到了全国其他的双一流高校中,这些高校包括中科大、复旦、上交、浙大、武大、南大、华科等。

在一般情况下,没有受过高等教育而成为社会精英的概率非常低。那些拒绝高等教育而又无特别旁技的人,想成为社会的精英,做梦去吧!

实际上,我们从教育主管部门对北大、清华的重视程度,也能感受到北大、清华学生的分量。有关资料显示,教育部每年向北大、清华划拨的教育经费,接近教育部向全国其他所有部属高校划拨的教育经费的总和。仅此一项,不用说,你也知道北大、清华学生的金贵了。

教育部给予北大、清华的特别招生权限,在全国所有高校中也是仅有的。参照各地中学中那些厉害的学校所具有的特别招生权限,你就能理解它们对人才的聚集。它们吸收了全国几乎所有的优质生源,虽不至于是100%。作为中学教师,我认为北大、清华的这种招生行为并不是掐尖,而是理所当然,我们应该让优秀的学生享受到优质的教育资源。

北大、清华学子明显地贴有优秀的标签,成为所有优秀学子向往与追求的圣地。各高中学校将历年培养出的北大、清华学子写入校史,各位中学教师也在内心将自己培养出了北大、清华的学子视为自己的教学成就。因为所有人都很清楚,我们国家的未来由他们引领的概率太大了。

当然,这并不等于说在其他高校就读的学生就没有成为社会精英的可能,只是概率要小得多。要知道,我们在讨论可能性时,应注意到概率分布。而且,在其他院校就读的学生,今后只要表现出精英属性,同样会让他们曾经就读的中小学校及老师引以为荣。

前面说到北大、清华每年只有大约3000名精英,但北大、清华每年招收的本科生人数将近8000人,我们同样不能小看另外的5000人。这可以理解为,另外这5000人虽非处于核心的精英层面,但他们多半也是未来精英的左膀右臂,是精英的朋友圈。这个社会属性的作用,想必大家也十分清楚。

至此,我们应该明白,为什么我们的家长渴望自己的孩子将来升入北大、清华;为什么我们的老师以培养出了北大、清华的学子为荣;为什么我们的中小学要将从本校走出的北大、清华学子的名字写入本校的史册。

当然,北大、清华的学子中也不乏失意者,毕竟大浪淘沙。个人的成功除了取决于你的智商与品行外,还与潮流和机遇,以及个人的人生志向相关。所以,我们大可不必为北大、清华的高才生削发为僧而感到意外,如国际中学生奥林匹克竞赛金牌获得者柳智宇;也不要因为北大、清华的学生毕业多年后,"沦落"到上街卖肉而感到意外,如陆步轩。他们成为大众谈论的焦点,也正好从另一个侧面说明了大众对北大、清华学子的期待。

我们从历年各学科竞赛的获奖学生的来源来看这些获奖学生的学校分布,不难看到,他们几乎全部来自各省的优质高中。而我们这些教练也十分清楚,能进入竞赛小组进行竞赛学习的学生,肯定是本校最为优秀的学生。由此,我们也可窥视到生源对竞赛的影响以及这些学生未来的去向。

2013年,我在香港某大学召开的一次内地招生座谈会上说,如果要寻找中国内地的中学名校,其实很简单,只要看看历年学科竞赛获奖学生的母校即可,这些学校基本上是全国(至少是当地)的名校,它们集中了所在地几乎所有的优质生源。所以,如果要在内地寻找好的生源所在地,只需看看内地有哪些学校在搞学科竞赛培训即可。不是说不搞学科竞赛培训的就不是好学校,但搞学科竞赛培训的一定是好学校。我们可以看到,网络上充斥着各种中学排名,几乎无一例外地将学科竞赛成绩作为重要的参数之一。不要否认排名,就目前的情况看,排名是有其根据的。第二年,香港的这所大学在内地招生时便将学科竞赛获得省级赛区全国一等奖作为直接入围该校面试的条件之一。

另一方面,优秀人才乃至天才的地域分布应该是均匀的。

研究表明,以入选学科竞赛国家队的队员的平均智商而言,全国每年的高中毕业生中,每个学科超过此智商的人数都在1000人以上,其概率为总人口的百万分之一,即:一座百万人口的县级市,平均每年也会产生一名进入国家学科奥林匹克竞赛代表队级别的天才选手;即使是一座30万人口的县城,经过3～4年,也可能产生国家学科奥林匹克竞赛代表队级别的选手;至于赛区全国一等奖级别的选手,每个县、市每年都会有大量的选手存在。所以,生源并非全在别人那里,我们每个老师身边都有。

从平均的角度看,北大、清华每年录取的本科生约为8000人,一个人口基数接近20万的县级城市,每年应该有考入北大、清华的学子,即便我们考虑到不均衡因素的存在,将上述基数放大一倍吧,人口基数40万应该足矣。然而,现在有一些人口基数为600万、700万的大城市,居然多年无北大、清华的学子产生,实难想象。这应该不是生源的问题,也不是老师的教学水平的问题,而是教学方向出了问题。

当然,我们的确也会感觉到优质生源分布的不均匀,但这种不均匀多是由教育、培训的不均衡造成的,也有我们教师自身"这山望着那山高"的心理因素。而且,当我们将自己身边的优秀学生与其他学校的优秀学生进行对比时,更容易放大身边优秀学生的缺点,从而得出自己的学生不如他人的结论。

自然,我们不排除在通常情况下,由于现有选拔机制的局限,少数天才型的聪明学生基本上都被厉害的学校招走了,或者是去从事其他学科的竞赛了,留给我们的生源肯定不是十分丰富的。但我们应该明白,除了极少数各方面均衡的天才型选手外,大多数聪明学生的智商并无太大的区别,但擅长的学科却存在很大的差异,既然学生走到了你的身边,那么,他在本学科方面的水平应该是优于其他学生的。我们教练面对的几乎都是这类学生。

4.2 资优生的学力特征

学科竞赛是一项高智商的学生参与的活动,可以说,学生若没有足够的智商,仅依靠精神力量,是无法将竞赛进行到底的,哪怕是坚持到最后,也不可能取得预期的成绩。也就是说,竞赛对生源的依赖性是很强的。这也是许多教练在各类交谈中,开口便谈生源的原因。

我曾在不同的场合说过一个观点,在高考背景下,所有的学生的考试成绩是有一个极限值的,考分是有一个饱和值的,即一个成绩饱和值为600分的考生,仅通过时间上的投入,是无法突破这一饱和值的。

我曾仔细思考过学生成绩的饱和值现象。在我们眼中学神、学霸、学渣之间有什么样的差别呢?这一饱和值与学生的努力程度之间有什么样的关系呢?我们该如何去提高学生的成绩饱和值呢?为此,我画了如下的几条学习成绩的饱和曲线,以对这一问题进行说明。

饱和曲线1——不同学力的群体的饱和值特性(图1)

饱和曲线1显示的是:不同的人群在同一背景下学习同一内容时,如对高考内容的学习,每个人对知识的掌握与应用都存在一个饱和值。对于一个总分为750分的考试而言,那些能考700分以上的被称为学神;那些能考600分以上的,被称为学霸;而那些只能勉强考400分的学生,则被称为学渣。这些学生在学习过程中都是相当用功的,但他们都无法通过努力来突破饱和值的约束。也就是说,在高中阶段,很多人学习成绩不理想,原因并不是他不努力。

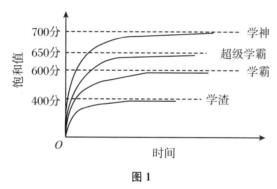

图1

既然每个人在学力上都存在着一个饱和值,那么我们是不是不需要努力学习呢?当然不是。因为,你若不努力,最终将无法达到你的饱和值状态,如果以最终状态来选择你的人生台阶,就无疑将你压制在下面的台阶上。

只是在通常情况下,我们都只愿承认自己不努力,而不肯承认自己的饱和值低。

饱和曲线2——相同学力者趋近饱和值的差异(图2)

饱和曲线2说明的是:即便是饱和值趋同的甲、乙两人,在同一学习背景下学习时,达到饱和值的过程也是不尽相同的,有人比较迅速,显得比较聪明;而有人则比较缓慢,需要较长的时间学习,相对来说显得比较"愚笨"。其实,他们的饱和值应该是相同的,只是他们趋近饱和值的过程存在一定的差异。但这种差异诱导人们错误地认为,人只要努力学习,成绩便能追赶与提升,"笨鸟先飞"所描述的就是这种情形。但人们忽视了这种情形下,"笨鸟"一旦达到了自己的饱和值,然后再仅通过努力学习,就不可能再提升了。

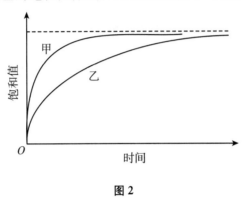

图 2

饱和曲线 3——不同学科的相对饱和值(图 3)

教学中我们不难发现,同一学生在不同的学科上所表现的水平并不完全一样,有比较明显的偏文或偏理的倾向,这实际是他们的思维特性不同导致的。通常情况下,形象思维能力强的人偏文,逻辑思维能力强的人偏理。

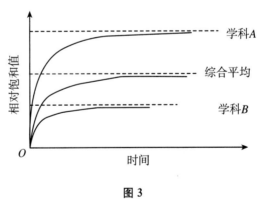

图 3

饱和曲线 3 说明:即便是同一人,他的饱和值构成也是多方面的,我们通常描述的是其学力的综合平均值,而他在不同方面的表现是不尽相同的,也就是说在整个能力构成体系中,他在不同方面表现出能力的相对位置是不相同的,我们可用相对饱和值来进行描述。这一点可以用学生在中学阶段的学习内容加以说明:某人在物理方面可能表现出很强的能力,但在语言方面却很弱,而整体只在一个综合平均的位置上。如图3所示,学生在学科A上表现出的饱和值要比学科B高得多。

饱和曲线4——饱和值的提升(图4)

既然仅通过努力无法有效地提升学力的饱和值,那么,这是否说明人的学力饱和值就是一成不变的呢?也不是。

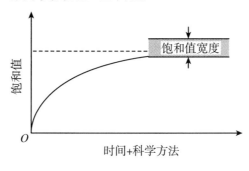

图4

虽然前面给出了相应的饱和值曲线,但实际上,不论是综合饱和值还是学科饱和值,都存在一个饱和值宽度,如图4所示。我们说过,仅通过努力是不能提高这一饱和值的,但我们也应该注意到,这里的努力仅指在学习过程中时间上的投入,即曲线中显示的时间轴。改变这个宽度不应是靠在时间上的无限投入,而是寻找适合学习者的科学学习方法。由于每个人的情况并不一样,所谓"适合自己的学习方法"也是模糊的。老师大体上能够指出学生的学习问题表现在哪一方面,但由于对学生的学习问题的了解不够深刻,也就无法给出具体而有效的纠正方法。最为常见的现象是,某次考试过中,学生在卷面上出现了莫名其妙的低级错误,由于老师并不知道学生出现这种低级错误的原因,认为是学生粗心大意的缘故,叮嘱"以后要细心一点儿"便了事。但学生应该明白,自己这种莫名其妙的低级错误并不一定是由粗心大意造成的。对一个优秀学生而言,每一次考试自己都是认真对待的,考试过程中也是十分谨慎的,出现错误的原因远非粗心大意所能概括。所以,一个学生要提高自己学力的饱和值,必须时时反省自己学习过程中的问题产生的原因,寻找适合自己的、科学的学习方法,强化自己的学习能力。比如,考试中出现莫名其妙的错误时,不要用粗心大意来安慰自己,而应努力寻找出现错误的原因,找到合理的对策,防止再次出现类似的错误。

此外，学生的学力饱和值是与智商直接相关的，而且基本上都是正相关。能进行学科竞赛学习的学生，他们在相应的学科方面应表现出较高的饱和值。

饱和曲线4所描述的就是一个人在"时间+科学方法"的共同作用下，不论是综合饱和值还是学科饱和值，都会在其饱和值宽度内得到提升。我个人觉得，饱和值虽然有被提升的可能，但仍然是有限的，没必要放大这种提升的效应。正所谓"条条大道通罗马"，然而的确有人出生在罗马，这无法比啊！换句话说，虽然"你的能量超乎你的想象"，但一定还是有限的。

上面的饱和值曲线说明了人的学习能力是不尽相同的，同一个人在不同方面的表现也是不尽相同的。在科学研究上，我们并不是要求人才在各方面的能力均衡，而是充分利用其特长，即利用其学科饱和值超高这一特点。北大、清华招生时以学科竞赛成绩作为招录的标准，我个人认为，其依据大致如此。因为竞赛生在综合饱和值并不低的前提下，又在竞赛中展示了学科方面的特长（较高的饱和值），也就产生了在高考中考出700分的升学效果。这便是竞赛的魅力所在。所以，当2013年取消竞赛生保送时，不知内情的人预料竞赛要退烧，不料学科竞赛却越来越火。

4.3 教练对竞赛生源的选择

在与年轻的学科竞赛教练进行交谈时，很多教练一开口就说自己没有好的生源，其心情是完全可以理解的，但以此来回避科学的培训方法的作用是不对的。说得更直白一点儿，那就是对众多的普通重点高中而言，生源的好坏其实是一个多余的话题，因为这类学校的资优生虽然有限，但肯定还是有的。除了类似人大附中、衡水中学等超级生源学校外，其他学校对生源几无选择的余地。

其实，我与大家一样，对生源也没有太多的选择。与我校同城的有一所大家都熟悉的名校——华中师范大学一附中，还有一所竞赛名校——武钢三中。我曾毫不讳言地对我的部分学生家长说："你们的孩子的确很优秀，他们当初也可以进入华中师大一附中学习，但他们可能进不了华中师大一附中的竞赛班(因为能进入华中师大一附中竞赛班的学生一般是不会报考我们学校的,毕竟华中师大一附中竞赛班的'尖子生'们基本上都能升入北大、清华),也就不能从事学科竞赛了。"从一定意义上讲,他们可能是因为进不了华中师大一附中的竞赛班才转投武汉二中的,而现在我们面临着与他们在同一考场中竞争的局面。这就是我校的事实。

那么,我们是否就应该因没有天才般的学生而一味地抱怨呢? 我觉得不应该是这样的。

虽然我与大家一样,希望有天才般的学生能跟随我从事竞赛学习,但这种想法往往是会落空的。既然如此,我们就应该直面我们面前的优秀学生。事实上,我个人认为,只要竞赛生的智商达到相应的水平,我们在培训过程中逐步筛选出其中学科特长比较明显,有着超强的学习能力,对常规教学的内容学习起来轻松自如、学有余力的学生,即能达到相应的目标,而并不一定非天才不可。

学校是你的平台,优秀学生就在那里,你的工作就是让他们在相应的群体中出类拔萃。所以,任何教练都不要抱怨自己没有优秀的学生。我从事竞赛培训近二十年了,从没有在任何场合抱怨过我的竞赛生不优秀。

从另一方面讲,我们眼中天才般的、学神级的选手可能的确被名校招走了,你若不是在超级名校工作,天才般的选手往往是可遇不可求的。但我们身边并不缺乏那些学力饱和值处于超级学霸位置上的学生,优秀的学生依旧在我们的身边。并且,他们如同韭菜一样,是割了一茬又出一茬的。而且,他们的学力饱和值经教练科学地培训指导,是可以推高许多的,在一定的层面上也是可塑的。如果身为教练的我们能将身边这类优秀的学生推到相应的平台上(不一定是最高平台),他们往往就会获得极大的成功。所以,我的观点是,不管教练遇到了什么样的学生,都应努力地教好这样的学生。功夫到位,必不吃亏。

更重要的是,好的教练对生源具有吸引力。教练做得好,就会形成良性循环,关键是看你是否迫不及待或者急功近利。平和的心态是有助于成功的。

当然,即便是高考背景下的超级学霸也未必适合从事学科竞赛。对于一个学生是否适合进行学科竞赛方面的学习,或多或少应考虑如下几方面的因素。

兴趣与热情

很多竞赛教练选择竞赛生时,将学生对相应学科的兴趣放在首位,我觉得这是不对的。对专业的竞赛生而言,学科兴趣只是入门的最低门槛,至于能否走下去,学科兴趣以外的因素更为重要,至少学习兴趣就远比学科兴趣重要,因为物理竞赛学习的内容远不止物理这一学科的内容。况且,很多事情并不是因为有兴趣就能做好,而是因为能做好才有了兴趣。就像我们都有自己喜欢的运动项目,但要成为这方面的专业运动员,与你的兴趣有关吗?真的是关系不大!

学生一旦有了诸多方面的能力,便有了冲刺的本领。至于兴趣,在培训的过程中难道不能培养吗?

而且,中学生在这个年龄段的学科兴趣并不一定已经形成和固化,他们对自己参与竞赛培训的学科选择也并不完全是依据自己的兴趣进行的,他们希望通过竞赛取得被认同的成绩,或者说希望自己的智商获得高校的承认,助推自己上升到一个更高的平台。因此,他们对学科的选择必然会较多地考虑其他的因素。我们会看到很多竞赛生在升入大学时,放弃自己所从事的竞赛学科而选择自己更感兴趣或者自认为更有发展前途的学科,这些都太正常不过了。

很多时候,学生的学科兴趣与特长并不一定是匹配的。自然,学生在选择从事学习的竞赛学科时,若能将自己的兴趣与学科特长结合在一起,那是再好不过的事情,但我们真的不必强求这一点。

在竞赛学习过程中,经过痛苦的磨炼,包括对过程的纠结,对目标的渴望,对得失的取舍,对自己投入的欲罢不能,承受来自各方面的压力,而始终保持着学习的热情与不懈的投入的学生,才是真正的竞赛生。当然,这一过程中,若他们对学科的兴趣总是如影相随,那是再好不过了。但兴趣依然不是最重要的。即使他们走到了最后,兴趣依然,但这个兴趣也仍然只是他进入更高层面跨过门槛的最低要求而已。所以,我们需要在中学竞赛培训过程中着重培养的并非兴趣,而是良好的学习品质、个人的责任担当等,确切地说就是学习的热情。

所谓学习热情,就是不论什么学科内容摆在学生的面前,他都能如饥似渴地学下去。哪怕是在地面上拾起的一张废纸,他读起来也会津津有味。

我想,对于这一点高校的招生老师比我们更明白。不然,他们为何在让最优秀的竞赛生自选专业的同时,又努力地推荐其他专业?原因其实很简单,一来此时学生的兴趣并未固化,二来学生的特长还有待挖掘。

当然,我肯定承认,学习热情中自然也包含对学科的学习兴趣。

此外,突出的智商、对目标不倦的追求、有责任感的担当、顽强的意志行为、优良的学习品质等,也都是促使学生成功的极为重要的因素。

生理基础

竞赛生需要有良好的生理基础,这包含了两个方面,一是身体素质,二是智商。

对于身体素质的要求,大家应该很容易接受。不说别的,仅就物理竞赛考试的时间长度而言,预赛、复赛、决赛的时长都达 3 小时,这是学生在中小学阶段经历的各类考试中仅有的时长为 3 小时的考试。至少本人已经历了无数次的考试,但尚未经历过时长为 3 小时的考试。这么长时间的考试,对人的体力要求绝对是很高的。对一般的考生而言,让他在 3 小时内一直保持高度集中的注意力,肯定不是一件容易的事。这需要良好的身体素质来支撑。

此外,竞赛生的学习过程决定了学生必须具备良好的身体素质。竞赛学习过程的特点:一是高强度。到了竞赛培训的后期,学生每天不停地刷题、思考、归纳、考试,在正常情况下总时长都会超过 10 小时,这是再正常不过的事情了。二是漫长、超强度的培训。从事竞赛学习的学生往往都是从初中乃至小学便开始着手准备了,这一过程短则三五年,长则六七年,要想一蹴而就,几乎是不可能的。在培训紧张的时间段,竞赛生要不断地外出参加各种培训,路途奔波,生活不便,饮食不适,要在这个高强度与漫长的过程中坚持下来,没有足够强的体质,无论如何是难以想象的。

人的智商在一定程度上是与生俱来的,也是人的生理特质之一。

关于中学生智商对学习的影响,通常我们是回避讨论的,至少在主流媒体是这样的,在我们的常规教育学理论中,也不存在对这一问题的论述。但对于竞赛培训来说,我们作为教练必须明确智商对竞赛的影响及重要性。

虽然有针对智商的测试手段,但中学学科竞赛教练是无法也不可能去实施测试的,甚至不被允许用这种方式来鉴别乃至区分学生。而一般的教练也不具备这方面的能力。

但我们还是应该了解一些判断学生智商高低的基本方法与测试手段。我觉得,一个人智商的基础是他的记忆力,记忆力强的人,智商一般都不会差,两者是正相关的。对学生其他方面的能力进行检测也许不易做到,但对记忆力的检测相对就容易了许多。

比如,利用对物理与数学中常用的常数 π 的记忆,就能很好地测试学生的记忆力。

$$\pi = 3.14159265358979323846264\cdots$$

大家可以在百度搜一下 π 的相关内容,相信只需阅读 10 分钟的时间,便可以给很多人不一样的感觉,因为 π 不单纯只是一个常数。

在近二十年的时间里,我在本校随机询问了约 200 名学生,让他们背诵 π 的数值。我校的分层教学是做得比较极致的,不同学力的学生被编排到不同层面的班级进行学习。我意外地发现,一般班级中的学生,大体只会告诉我 π = 3.14,而层面越高的班级,对 π 的背诵位数越多,竞赛班的学生能背诵的位数又明显地多于其他班的学生。对于这一点,大家不妨在自己所在的学校进行验证。于是,我觉得,利用对 π 的记忆位数,不仅能考查学生的记忆力,还能观察相应的学习兴趣与学习能力,学习兴趣高的学生,对 π 记忆的兴趣也高。

记忆力也包括学生的复现能力,即在一定的时间内,学生能否重述他所见过或听过的事情或内容,譬如老师在课堂上讲解过的知识点的细节内容,或某道例题中的关键步骤或特别的技巧等。

此外,学生的领悟能力、逻辑推理能力、思考问题的全面性、处理问题的创新思维能力,以及平时的学科测试中表现得优秀与否,通过与学生的接触大体上我们能作出相应的判断,而这些都是学生智商高低的表现方面。

作为竞赛生,虽没被要求如天才般优秀,但总体必须表现出一些"聪明"特质,也就是说,其智商相对于一般人群而言,必须要高一些。

数学应用与逻辑思维能力

每到新一届高一组建新的学科竞赛小组时,很多家长在推荐自己的孩子参加高中物理竞赛时,常常情不自禁地介绍孩子在初中阶段的物理成绩如何了得。其实不然,我们作为高中物理老师都很清楚,在现代信息如此发达的今天,初中物理知识仅相当于基本的科普知识而已。我也曾是初中教材《科学》(武汉版)物理部分的主编人员,深知在初中阶段,能显示学生学习能力的并不是对物理内容的学习,而是对数学内容的学习。在数学内容中,对物理学习的影响尤其重要的是平面几何。若要在刚升入高中的学生中选拔物理竞赛生,在测试中检验学生对平面几何知识的掌握与应用水平,引导学生从平面向空间过渡等,是检验学生能力、观察其是否适合物理竞赛的极好方式。

对于从初中刚升入高中的众多学生,教练也许无法全面了解,在海选学生时,我认为比较简单的一个方式是:在初中数学联赛中获得奖项的学生和初中阶段平面几何能力较强的学生更适合学习物理,他们在高中阶段学习物理时会相对轻松一些。

以武汉市为例,武汉市初中数学联赛获得一等奖的学生每年在 100 人以上,这些学生报考我校的一般不到 10 人,他们中选择物理竞赛的能有二三人,我就高兴得不得了了,而且不论他们在其他方面的能力如何。如果其中有平面几何成绩超常且又喜欢物理学科的学生,我一定更高兴,重点培养也就是必然的了。这一数据也间接说明了我校在武汉市的生源地位。请相信,我们很难将一名数学能力较差的学生培训成一名物理能力超强的选手。

遗憾的是,初中生的数学联赛目前已经被主管部门限制了。

运算能力、逻辑思维能力与物理的建模能力是物理竞赛生最后冲刺的基础,而且这类能力较强的学生在经过了一段时间的培训后,往往都会成为物理竞赛小组的主力选手与领军人物。

对学生运算能力的检测,我也有比较简单的方法,具体如下:

让学生解一元一次方程,基本上学生眼睛都不会眨一下,直接报上结果。

让学生解二元一次方程组,优秀的学生眨一下眼睛,很快报上结果。

让学生解三元一次方程组,学生稍稍动动笔,也能快速地报上正确结果。

让学生解四元一次方程组,这时你会发现,学生报上来的结果中 20% 是错误的。

让学生解七元一次方程组,这时你会发现,学生报上来的结果中只有

20%是正确的。

学生的运算能力就在这种变化中呈现在你的面前。

但运算能力的变动性是很强的,在培训过程中,加强这方面的训练,有利于学生这一能力的提高。

教练在选拔学生的最初阶段,为测试学生的逻辑思维和综合运用知识的能力,设置合理的问题,可能在一定程度上对此类学生进行甄别,达到有效选择的目的。

如以人体的特征量为基础,便可延伸出很多的问题,逐步推高回答问题的门槛,让学生回答,进而判断学生是否是合适的人选。问题的设置如图 5 所示。

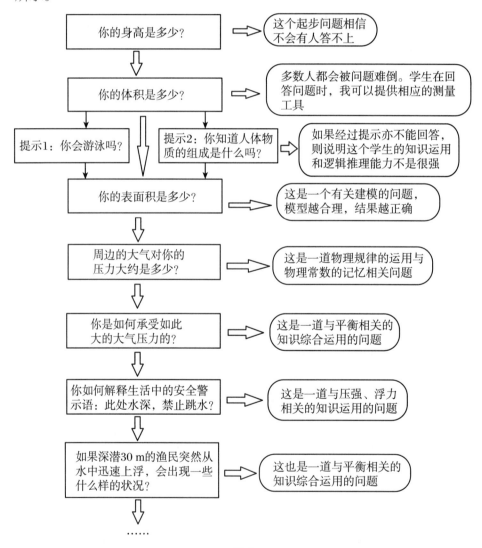

图 5

如果学生在回答上述问题时能一路向下回答,那么他每向下走一步,其能力基本上又上了一个台阶。教练如果平时留心这方面的问题设计,那么在选拔学生时自然会多一个角度。

非智力因素

学生的非智力因素也包含很多方面,如心理素质、情商、语言表达能力、同学间的合作意识、自律表现、行为规范、刻苦学习的韧劲等。

一个学生经过一段时间的培训后,便能表现出意志品质方面的特性,这在很大程度上决定了他能否走到最后。一个写作业随意、不拘小节的学生很难准确地表达自己的思维,从而很难达到竞赛对问题严谨表述的要求;一个惧怕吃苦的学生,很难有面对难题不退却的毅力;一个自私的学生很难与同学进行无障碍合作,他往往会干扰竞赛的团队精神;一个对名利看得很重的学生,他是很难盯住远大的目标默默前行的,常会为一点儿小的荣誉而放弃应有的竞赛学习;一个过于功利的学生,他很难有平和的心态,无论如何是不会将竞赛进行到底的;等等。

由于竞赛的功利性目标集中体现在复赛上,对投入了两年学习时间的学生而言,压力是巨大的,没有良好的心理素质,势必会影响到考试的发挥,很多学生在复赛中因心理压力过大而功亏一篑。

当然,非智力因素的测试也有很多方法。本人不是这方面的理论研究者及实践方面的专家,但我在针对学生的非智力因素的测试中,有一道试题产生了较大的影响,被称为"神题",当时全国有近二十家媒体进行了报道,褒贬不一。这道题目是这样的:

请在7分钟内,将数字从1连续写到400,中途不得有任何差错,包括涂改、重写、倒笔等,一旦出错,测试立即结束。

这道题要求被测试者在7分钟内完成1092个数字的书写,即平均2.6个/秒。书写这些数字,需要被测试者保持平和的心态,有较强的思维与动作之间的协调能力,有持久的毅力,有足够的体力。根据我的预先测试,这是一个在正常情况下根本无法完成的测试,而且它并不能通过提前训练有效地提高水平。正如体育运动中的跳高一样,虽然它最终一定是以失败结束,但它能真实地测出被测试者在这方面的能力极限,而我们需要看到的就是这种能力极限。

这道题并非我的原创。小时候我做过从 1 写到若干数据的训练,印象比较深刻。我只是在原来的基础上加了具体数字 400 与测试时间 7 分钟的限制而已。网上有人说某小学的学生完成了此测试,但可信度不大,以小学生的书写速度,7 分钟能写完 1092 个数字就很不简单了。

4.4 竞赛生的筛选与淘汰

一般来说,如果在招生时没有事先筛选(很多竞赛强校或传统的竞赛学校,实际上在招生时已确定了竞赛人选,招生过程就包含了对竞赛生的筛选过程),那么在竞赛培训的初期,参与竞赛培训的学生相对较多,这就给教练提供了一个海选竞赛生的机会,但随着培训过程的深入,必须对他们进行必要的淘汰。

教练必须清楚,竞赛是一个小众化的活动,绝不是普及性的学习,而且对早期参与竞赛培训的学生的筛选与淘汰,应该是有步骤地进行的。

第一步,淘汰那些跟不上学习节奏的学生。

在竞赛培训上,不要有"不要让一个学生掉队"的想法,在团队较大时,让不适合竞赛学习的学生尽快掉队才是正确的指导思想;不要认为教育是万能的,教育真的不是万能的,它并不能解决学生所有的问题,也不可能达到所有的教育目标。

对于那些跟不上学习节奏的学生,可以通过加快知识点教学的速度、加大训练量与测试难度进行筛选。如果还没有进入一定深度的学习,就有部分学生反映教练授课的速度过快,听不懂,也无法消化,完成不了相应的训练,同时也有很多不会做的练习题,那么教练应对这种现象的方法不应是放缓授课速度或降低授课的难度。如果学习群体中有相当一部分学生还能跟上进度,那么这种情况就是跟不上进度的学生应该退出竞赛的理由了。

只要有足够的学生能接受相应的教学速度,对个别要求教练减缓授课速度的学生,教练应置之不理,让进度自然淘汰这类学生。

教练应该十分清楚,竞赛培训不是培优,更不是补差,而是对优秀学生的拔高,这一点与常规教学是完全不同的。常规教学是针对学生群体中成绩中偏下的学生进行的,以期保证整体水平处在一定的高度上。而竞赛培训是针对学生中上偏上的学生进行的。

特别提示一点:在早期竞赛学习中表现出的"快手"学生,在后期往往都会有一定的作为。教练应注意对"快手"学生的重点培养。这里的"快手",是指学生接受知识内容快、理解问题快、解题速度快、阅读进度快等。这些"快"映衬了他的能力"强",他自然是可塑之材了。

第二步,应着手淘汰那些学习品质较差的学生,特别是那些看上去很聪明却难有作为的学生。

这类学生的主要特征是在问题的反应速度与语言表达上比较迅捷,让人误认为他们很聪明,但他们无法落实具体的学习任务,对竞赛学习与常规学习没有主次之分,对知识的掌握与应用满足于"差不多"就可以了,不求深入理解,同时他们也不配合老师与家长对其不良行为的修正。这类学生实际上是小聪明,大糊涂,即生活中常说的"聪明面孔笨肚肠"。

这类学生难有作为,将来也难以成为社会的精英,教练应寻找时机进行淘汰。换句话说,这类学生的能力饱和值并不会很高,达不到今后成为社会精英所要求的能力及行为。

第三步,淘汰那些在物理小组的学习中负作用太大的学生。

这类学生往往并不是不聪明,而是过于缺乏自律,是那种你给了他机会,他就不会让别人有机会的学生。如果任由这类学生存在于你的团队中,其结果往往是教练也就失去了成功的机会,因为这类学生的存在可能导致本小组的整体水平与能力下降。

当然,这并不是说我们一开始就要放弃这类学生,只是教练感到对这类学生的修正已经无作用了,而整个团队需要安定,这时教练就必须坚决淘汰这类学生。

作为教练,你必须清楚,你不是万能的,你的能力也是有限的。那些无限放大教师能力的人,不是以善意为前提的,本质上甚至是恶意的。

第四步,淘汰那些家庭功利因素太强的学生。

功利性目标虽是我们的共同目标,但学生与家长对竞赛学习的功利性太强,一定会导致竞赛生情感缺乏,过于自私,以自己为中心,过多地干预教练的培训。若最终他们达到目标,他们就会认为这是他们自己努力与自身天赋的结果;而一旦没有达到目标,则一切便是教练、学校的问题了,此时教练便痛苦了。

与其拖下去,不如早了断,两个字:淘汰。再加两个字:果断淘汰。

不要担忧如果淘汰了他,本小组就没有优秀生源了。优秀生源在于教练的培养。

第五步,教练教书,亦需育人,淘汰那些人品有问题的学生。

你所教育的对象,今后成长为社会精英是大概率事件,他们的人品在一定程度上决定了他们的走向及高度,也决定了他们今后对社会的贡献与作用。

虽然在人才的成就上,智商是碾压人品的,但我觉得还是要淘汰那些人品有问题的学生。因为虽然没有智商便没有人才,但没有品德,同样也没有人才。

在对竞赛生的选择上,教练应当牢记:没有智商,一切归零;没有人品,智商归零。

我们对学生人品考查的范围与形式都是十分有限的。考试是否作弊是我判断这类学生最重要的标准。我的竞赛测试是不监考的,只是通过巡视与试卷对比来确定考试的诚信状况。如果一名学生在短期内有3次以上的作弊嫌疑,则必被淘汰。

郑重提示:淘汰学生,不要过分地将兴趣作为依据。

第六步,对学生的筛选与淘汰还必须注意几个时间节点,总体上讲,筛选与淘汰工作应在高二物理复赛结束时最终确定,这个时间在当年的国庆节之前。具体有如下的几个节点:

(1) 招生时应关注优秀学生,营造一定的竞赛氛围,拒绝通过非常宽泛的面试都无法过关的学生进入竞赛群体。

(2) 海选阶段迅速淘汰跟风学习者,以及能力要求无法达标的学生。

(3) 时时注意对"问题"学生进行纠偏,若无法达到目的,则果断清理。

(4) 经过高二时的复赛,综合考虑学生的状态,清理冗员,保留种子选手,不能犹豫不定。此时若不果断地清理冗员,首先是对优秀学生的不负责任,其次也会累及自己。

4.5 注意学生家长对竞赛培训的影响

竞赛培训不是教练一厢情愿的事情，它由学生、家长、学校、同事、教练多方共同进行，方方面面都会对其产生影响。教练判断对竞赛生是否适合从事竞赛时，也应考虑学生的家庭状况和家长的表现，因为这些在一定程度上影响甚至直接决定学生在竞赛方面的走向。

在选择竞赛学生时必须考虑学生的家庭因素，这里所说的家庭因素包括：家长是否给予学生正确的人生观教育，是否过于功利，是否将学生的竞赛学习仅当作学生进入高校的敲门砖，是否对学生的期望远超出了学生的实力，是否信任与配合教练的竞赛安排，是否过于在意学生在常规考试中的排名，是否将学生的成绩作为与学校讨价还价的筹码，是否将学生的成绩作为炫耀的素材，以及学生家庭的经济状况。那种将学生的成绩作为筹码与学校讨价还价的家长，那种经常过问教练的培训过程甚至给予教练"指导"的家长，他们对学生潜移默化的影响，无疑会羁绊学生前行的脚步。

从一定程度上讲，选学生的过程也是选家长的过程。

首先，家长的智商与素养，家庭成员的健康状况，在一定程度上决定了学生成长的基础。而教练是没有能力去改变这些的，但可以有选择性地避开这些问题。这话虽有点儿不好听，但有实效。

2016 年，上海某私立小学招生的过程中，学校不仅要面试学生，而且要面试家长，并查验家谱。连家长的体型过胖，也是学生被录取时扣分的理由。这看似很八卦，其实有相应的依据。因为长得过胖的人，其自律性就相对较差。这是无疑的。家长的行为有可能直接影响学生，不能自律的家长很难培训出自律的孩子。在教育资源匮乏的背景下，这种选拔方式虽然不被主流认同，但也是无可厚非的。

俗语说：聪明有种，富贵有根。这话不是完全没有道理的。我们可以用浙江钱氏家族人才辈出的现象来说明这一点。

钱氏家族人才现象一直让世人关注。有人这样概括钱家的人才谱：一诺奖、二外交家、三科学家、四国学大师、五全国政协副主席……十八两院院士。据不完全统计,当代钱氏家族仅科学院院士在国内外就有一百多人,分布在五十多个国家。在中国,人们熟知的有钱穆、钱锺书、钱玄同等人。而在物理学领域,钱学森、钱三强、钱伟长的"三钱"大名,更是如雷贯耳。

从我个人的经历来看,在我的培训下成长起来的几位金牌选手的家长,其素质都是很高的。

其次,很多家长在孩子受教育的过程中是一路随行的,培养孩子几乎成为他们的事业,因而他们的功利性目标极端明确。这些孩子在小学、初中阶段的优秀自不必说,家长对孩子在高中阶段的心理预期极高,稍有偏差,不仅怪罪教练与学校,甚至会直接干预教练的教学进度与培训方向,影响教练的教学。

对于这类家长,教练们一定要拒绝他们的小恩小惠。我在担任竞赛班的班主任与教练期间,拒绝与家长有任何利益上的纠缠,不曾与竞赛生的家长吃过一餐饭,不曾收过家长的一份礼品。教练要割断与家长的利益关联,不受其影响与约束。我认为这一点是极为重要的,这样可以减少家长对教练教学的非理性干扰,毕竟"吃人嘴短,拿人手软"。

再次,那些对任何事情的得失都斤斤计较的家长,也很难培养出大气的孩子。这类家长培养出来的孩子,稍有利益上的诱惑,往往会偏离竞赛的初衷与路径,无法做到专心致志,更有甚者会将自己的成绩作为向学校和教练索取利益的筹码,他们无视自己的责任与担当。这类学生可能无法达到预期的高度,更有可能令教练的付出付诸东流。教练中有人说的"付出所有,收获臭虫"大体是对这类学生而言的。

考虑到从竞赛中走出来的学生未来应该是社会的精英,他们的表现应体现出正能量,所以让上述学生早早地离开竞赛吧!

最后,在学生智商不是特别优秀的前提下,我们有理由相信:寒门难出贵子。

现在的双一流院校越来越难见到寒门弟子了,尤其是来自农村的学子。这看上去好像不正常,但熟知中国教育现状的教师应该是完全可以理解的。2017年北京市文科状元熊轩昂的一段话就足以说明现在的教育状态。他说,农村地区的孩子越来越难考上好学校。像他这种属于中产阶级家庭的(孩子),衣食无忧,家长也都是知识分子,而且还生在北京这种大城市,所以在教育资源上享受着得天独厚的条件,这些条件是很多外地孩子或农村孩子完全享受不到的。这就决定了他在学习的时候确实能比农村孩子多走很多捷径。

一个中学生都懂的道理,难道成人真的不懂?

还有,教育行为本身就与人的天性不是一条道上的,当寒门的孩子在顺着天性成长的时候,中产家庭及豪门的孩子已走在了规范的学习道路上了,这已经是不可比的过程了。如果寒门的孩子不是天才级别的人,想在规范的选拔机制下实现超越,应该是不可能的。

而且,如果将中小学教育与体育运动项目进行类比的话,学科竞赛应该是体育运动中的高尔夫运动,它不仅对参加对象的资质有较高的要求,更是一种"烧钱"的运动。毕竟,所有的物理竞赛生至少是需要进行相关的实验培训的,甚至外出到培训价格高昂的机构参加培训,这都需要有相应的经济支撑。

多年的教练经历告诉我,学生家庭经济状况较好,家长的功利性心态也稍好一些,且都非常重视孩子的学习,其素质一般都是很高的。

此外,必须说明一点的是,一名学生即便适合参加竞赛培训,但最终能否获奖还是一个未知数,因为竞赛能否获奖还存在太多的不确定因素。比如说参加物理竞赛培训的学生,即便进入复赛,由于复赛试卷一般只有8道题,成绩再好的学生,如果临场解答时出现了一道试题的失误,便可能与获奖擦肩而过,这一现象几乎在每年的竞赛中都有实例。所以,那些希望教练能指出"哪些学生能得奖"的人,不论是家长还是老师,我认为都是对竞赛的无知,因为这种问题是教练无法正面回答的。

5 学科竞赛培训的模式简介

中学学科竞赛培训的模式合理与否,在一定程度上也必然会影响到学科竞赛培训的效果。

在谈模式之前,我们有必要看一下参加竞赛培训的学生的基本状况。在我看来,参加竞赛培训的学生大体可以分为三类,一是自学选手,二是业余选手,三是专业选手。

自学选手一般都来自各级重点中学,他们对常规教学基本上是学有余力的,同时个人的思维特点也明显地偏向理科思维,并且对物理学科本身也有着浓厚的兴趣,但他们所在的学校可能不重视学科竞赛,或者是在学校中不被教练看好,因而他们无相应的教练。他们由于个人对竞赛极为虔诚,也有家长的支持,于是在疯狂地阅读与刷题的同时,也奔波于各种培训机构接受相应的培训。我们从百度"物理竞赛吧"中可以看到大量的自学选手,他们由于没有相应的教练作指导,给人一种病急乱投医的感觉,他们中的大多数最终只能停留在阅读与刷题的阶段。即便如此,在湖北省等竞赛"强省",也有自学选手冲进省队,乃至国家队,最终夺得国际金牌的案例。

从我个人的感受来讲,一名自学选手在自学过程中所承受的压力是巨大的,风险也是巨大的,所以在与自学者交流的过程中,我极少用鼓励的语言去支持他们参加竞赛学习。

某些学校由于缺乏相应的竞赛师资与资金,无法取得很好的成绩,不能激起领导层的兴趣。但目前的形势无疑又昭示,竞赛成绩能让优秀学生获得好的升学通道,提升学校的竞争力,所以竞赛培训对于很多学校而言如同一块鸡肋,食之无味,弃之可惜。于是,有的学校抱着碰碰运气的心态,既不放弃,也不投入,对学生只进行一些业余性质的培训,每周给出一定时间进行一些象征性的所谓竞赛培训,这是竞赛弱校的共性。但学生一旦进入竞赛学习状态,往往是欲罢不能,这里既有兴趣因素,也有对付出的不舍和对功利性目标的渴望等因素。但无论如何,这类学校基本上只能产生业余级别的竞赛选手,这些选手多数止步于省级赛区全国二、三等奖的位置上。

竞赛强校除了学校领导重视、教练投入外,一般还具有特别招生权,如人大附中、华中师大一附中、衡水中学、杭州二中、长沙市四大校等,它们有着强大生源作支撑。这些学校参加竞赛的学生,在其他学校看来,基本上都是天才了。而且,这些学生在竞赛方面,除了具有天赋以外,大多起步较早,竞赛学习持续的时间较长。在一定程度上,这些学生都是竞赛生中的专业选手,他们的梦想基本上都是省队或国家集训队,他们中的优秀者甚至在进入高中前已全部学完了高中竞赛内容,这类学生能走在竞赛前面,实属理所当然。每年不论是复赛还是决赛,这类学校都比较抢眼。

学科竞赛培训模式的确定往往与学校领导或学科教练对学科竞赛培训的认识程度相关。很多学校的领导对竞赛培训的认识还停留在早期学科竞赛的培训模式上,认为竞赛培训是在学生保证完成常规学习的基础上进行的一种业余性质的学习,是针对全校相对优秀的学生的一个培优过程,其培训内容是常规教学内容的提高与补充。他们将参与学科竞赛的优秀学生分散到各个班级,然后等到培训时再集中起来。这种培训方式使得教练很难对学生进行集中调度,也不利于学生间的彼此交流、讨论。学生之间若不能相互促进,将极大地抑制优秀选手的上升空间。而且,由于各班的教学情况不同,培训必然会受到来自班主任、科任老师及家长的极大阻力。在我看来,相对于众多竞赛强校将竞赛培训纳入日常教学的形式而言,这种培训模式实际上是业余性质的。

竞赛培训不等同于学科培优和学科知识补差。就目前全国的竞赛环境和自身功利性的要求而言,学科竞赛培训不应该是业余性质的,而应该是极为专业的。武汉二中从开始实施"竞赛立校"的策略以来,经历了不同的培训模式的变更,我自始至终都参与其中,这是一个学习与探索的过程,应该说,所有的模式没有最好,只有最合适,越适合自身的环境条件越好。现在我以个人的经历为基础,将我比较了解且认为比较成熟的几种竞赛培训模式作一些简单描述,供正在或准备开展学科竞赛培训的学校、教练参考。

5.1 竞 赛 班

竞赛班这一培训模式最早由湖北省黄冈中学创建。20世纪80年代,湖北省黄冈中学为了冲刺学科竞赛,将全校最优秀的学生集中在一起,组建了名为"九班"的竞赛班,并取得了不俗的成绩,黄冈中学也因此享誉全国。竞赛班的教学效果明显,尔后迅速风行全国。黄冈中学的"九班"也一直延续至今。

现在几乎所有的竞赛名校都组建了针对竞赛的"竞赛班",或将其称为"理科实验班""英才班"等,名称不一,目的一样,即将各学科的竞赛选手集中到一个班级内,或者将同一学科的竞赛选手安排到一个班级中,这样不仅便于集中教学,进行合理的时间调配,同时为学生的相互交流提供空间,从而提高学科竞赛培训的效率。顾名思义,竞赛班的学习当以学科竞赛培训为主。开设竞赛班的目的就是在激发学生潜能的同时,通过竞赛学习,将更多的学生送入较高层面的高校中,否则竞赛班也就没有意义了。

能进入竞赛班学习的同学绝大部分是在初中阶段表现出聪明特质的学生,但并不是所有人都能正确理解这种"聪明"。我们所说的"聪明"的学生,一是指方方面面都十分优秀的天才般的学生,但由于选拔机制的局限,这类学生基本上都被当地的超级名校招走了;二是虽无特别擅长的学科,但相对均衡,在现有的考试体制下,能考出高分,即通常所说高考型的学生,但他们并不一定适合进行竞赛学习;三是那种具有数学、物理优势,具有较强的逻辑思维能力但又受制于文科科目的学生,这批学生在常规考试中受到木桶原理中那条短板的限制,若参加高考,哪怕其数学、物理考得再好,学习过程再努力,也很难达到自己期望的高度,这就是我常说的,这类学生即便废寝忘食地努力学习,其成绩也不会有实质性的改变。

我们当然希望第一类聪明学生加入竞赛班进行竞赛学习,但竞赛班内的学生主体却是上述的第三类学生。竞赛培训的目的就是希望能将木桶原理中的那块长板拉得更长,养得更粗,凸显学生的特长。

在竞赛班组建之初,我们一定要尽量阻止第二类学生进入竞赛班,千万不要将竞赛班定位于培优性质的班级。而且,既然竞赛班以竞赛为主旨,我们就应该不遗余力地促使那些适合竞赛的学生进入竞赛班中。在高一、高二时期,班主任就应努力地协调非竞赛学科的教师和不带竞赛培训班的教师尽力协助学生主攻竞赛学习。

我认为,作为竞赛班科任教师,对竞赛的配合与支持首先应表现在作业的布置上,教师绝对不能将竞赛班的学生与一般班级的学生一样对待,每天用高强度的作业量来强化学生理解与接受教学内容,因为竞赛班的学生的聪明就在于他们在记忆与悟性上要强于其他学生,很多重复性的作业,特别是理科科目中的重复性作业,对他们来说无疑是无用的。减少低效作业,让学生腾出时间来进行竞赛学习,是学科教师对竞赛最有力的支持。

以我所教的物理学科为例,一般情况下,我所布置的作业只有其他班级作业量的三分之一,最多为二分之一。在我担任班主任期间的高一、高二阶段,我每周还在我的教学时间内腾出一定的时间用于班级集体活动。在这期间,我从不占用学生晚自习的学习时间进行物理的学科教学,而是让学生自主学习,但教学效果依然是符合学校要求的。在学科教学进度上,物理、化学两学科的竞赛培训需要常规教学内容在教学进度上的支持,而这一点仅由班主任协调是不够的,学校在必要的时候最好能制定这一方面的相关政策。至少,数学学科在高一下学期要能结束所有高中内容的教学,并且越快越好,这不仅仅是高考要求的教学内容,还应是整个学科的必修与选修内容。

我作为班主任,非常感谢当初长时间与我搭班的李先利(语文)、熊学韬(数学)、黄吉苍(英语)三位科任教师,在我们合作的几届教学中,他们尽可能地给予我在班级教学方面的协作,调整了很多的教学计划,以适应班级的竞赛培训的需要。当然,为了保证学生的可持续发展,我在竞赛冲刺最紧张的时刻,也保证了英语的学习时间,而在高考冲刺阶段,对相关学科也给予了时间上的支持。

在竞赛班的考核方面,我也认为学校应该特别对待。

在我担任竞赛班的班主任期间,学校对竞赛班的考核与对其他班级一样,强调各类考试的目标,特别是在我带第一届竞赛班期间,由于竞赛班在各类考试中总不能达到学校的预定目标,学校领导在每次关于教学质量分析的大会、小会上,都将我班亮出来评说,以至于一到开会我就有一种要被批斗的感觉。但我还是非常感谢学校领导并没有对我班阶段性目标的实现情况进行深入追究。事实上,班级的高考与升学结果超出预料地好。特别是在后来的几届中,学校虽然仍规定了班级目标,但确实没有一步一步地追究了,也没有批评了,结果反而都达到或超过了最初的预期。所以,我认为,学校对竞赛班的评价应偏重于结果评价,而不是如同一般班级的过程评价。同时,竞赛班的班主任与教师都应该明白一个道理:竞赛班承担着学校升学冲高的重任,而仅通过高考来让学生冲击北大、清华,不仅困难重重,而且人数有限。我们在高一、高二阶段,自始至终都应以学科竞赛培训为重点。

在对待竞赛班的评价方面,我觉得武汉市另外一所竞赛名校的做法是非常可取的,他们对竞赛班的考核单独进行,竞赛班与其他班级不进行统一的期中、期末这类有评价性质的考试,竞赛生可以申请免考,从而在很大程度上减轻了学生与教师在排名方面的心理压力。

竞赛班在不同的阶段的确应有不同的教学重点。在高一、高二期间,常规教学应该为竞赛让出一定的时间与空间,相关教师应以此支持竞赛培训。我个人认为这一时间内,高考教学与竞赛培训虽是并行的,但应将教学的重心放在竞赛培训上。至于担心竞赛会影响高考,从我的班主任经历来看,我认为完全没有必要。

我在武汉二中担任了十多年竞赛班的班主任。学校本着用高考滋润竞赛,同时也用竞赛推动高考、吸引生源的原则组建竞赛班,我也一直坚持着竞赛与高考两条腿走路的原则实施相关教学,最终每一届竞赛班都取得了不俗的成绩。这一点在我前面的教学经历中已有介绍。

此外,竞赛班的学生名额也是组班时应注意的问题,将竞赛班变成超级大班(>60 人)的心态依旧是培优思维在作祟。考虑到四到五个学科的竞赛生都在同一班级内,以我带班的经验,我认为班级学生应控制在 50 人以内。即便是像华中师大一附中这样的名校,全校各学科参加竞赛培训的总人数一般也没超过 50,基本控制为 35~50。其他学校没有必要让更多的学生参与竞赛培训,因为高端学生数是有限的,获奖人数也是有限的,而且小班教学的效果一定好于超级大班。

在竞赛班的组建上,我觉得有必要介绍一下"2+4"的培训模式,即将优秀学生的 3 年初中与 3 年高中糅合在一起,进行 2 年初中、4 年高中的教学模式。这显然是一个学制问题。

很多重点高中,特别是私立高中,在招生上享有一定的特权,它们完全可以对一些优秀的初中学生提前预录,或者给予一定的承诺,保证他们今后能进入本校学习,促使他们放弃初三阶段的中考复习,提前进入高中阶段的学习。这些优秀的学生基本上就是高中阶段竞赛生的主体。而且,对于优秀的竞赛生而言,在初中阶段,2年的时间足以学完初中的全部内容,而4年高中所学的内容,也远不止高中课标所规定的内容,它包括大量的中学教学不涉及的内容及方法,以及相应的大学课程内容。而且,"2+4"培训模式还有利于学校稳定生源,极大地增强培训效果。

在这方面我们可以看到大家比较熟悉的一个例子:北京市十一学校。想必大家都知道,它的素质教育在全国是有名的,它的"走班制"对国内中学的教学影响很大。近年它的竞赛成绩在北京直追人大附中。在北京市十一学校存在两种学制:一是"3+3"学制,即3年初中、3年高中,这是对一般学生而言的。如"走班制",以及那些与"素质教育"相关的对外活动,基本都在一般学生身上开展。北京市的升学率奇高,加上这些学生入校时本身都是优秀的中学生,而且北京市十一学校向全国招聘了众多特级教师,这些特级教师自然是学科教学的能手,但同样也是应试教学的高手,以致这些活动并不影响学校的高考升学成绩,故而开展得有声有色。二是"2+4"学制,即2年初中、4年高中。这一学制是专门针对那些资优生开设的,这显然是提前招生的模式了。在对外宣传方面,采用这种学制组建的班级就低调得多了。在校内,这部分学生基本上不参与显示素质教育的、耗时长的集体活动,他们更多的是为学科竞赛做准备,其效果是显而易见的。当然,他们取得的成绩也被纳入素质教育的硕果中。说这些,你懂的!

高中针对资优生的提前招生虽被政府主管部门禁止,却也阻止不了不甘平庸的中学,特别是一些私立学校,利用自己所能把控的一些空间,对资优生进行超前培训。"那些关于提前招生破坏了教育生态"的说辞,在我看来,多属于既得利益者的一种自我保护与排他心态,这才是对教育生态的真正破坏。

很多重点中学实际上都有"2+4"或"2.5+3.5"这类班级,虽然名称不一,但功能大体上一致,如人大附中的早培班等。

我校也曾对这一模式作过尝试,只是顶尖的学生最终还是抵挡不了其他名校的诱惑,这令我校有一种为他人作嫁衣的感觉,于是停办了这类班级。但我觉得,即便是最后有学生离去,这种模式对本校的竞赛仍然是有利的,因为留下来的学生已超前学习了部分竞赛内容。我对这一模式是极为认同的。当然,必须说明的是,"2+4"是针对少数学生而言的,大面积地实施显然是有违初衷的。

总之,"2+4"这一招生模式越来越多地被各地的私立学校及县一中执行(有的地方也将其执行为"2.5+3.5"),这是有利于资优生的培养的,也是有利于竞赛的,同时也是因材施教所必需的。

5.2 时间模式

培训时间的多少是让学生、家长、教师、教练、领导纠结与头痛的问题。众所周知,相应的时间投入是竞赛取得成绩必不可少的保证因素,但究竟应该让学生投入多少时间进行竞赛呢?谁都不会有一个直观的标准。于是,学生竞赛时间的投入,便成了几方博弈的焦点。学校、家长、科任教师希望学生在投入竞赛的过程中,不要放弃任何常规内容的学习,希望竞赛培训不会影响常规教学内容的阶段性学习。而竞赛教练也知道学生在竞赛上的投入会在一定程度上影响对常规学习内容的掌握及熟练程度,但希望学生在培训阶段不要过分纠结于此,而要将更多的时间投入竞赛学习。

坦率地说,我当班主任时,第一项工作便是指导参与竞赛学习的学生如何逃避科任教师布置的重复性作业;第二项工作便是努力地劝说科任教师不要过分严格地要求学生完成作业量;第三项工作则是每到大考时,选择部分学生不参加排名考试,让大家没有比较的机会,这样就既为他们避开了因名次比较而产生的压力,又为他们赢取了竞赛学习时间。我个人认为,那些认为只有在常规考试中总处在年级前列的学生才能进行竞赛培训的人,说得好听一点儿,是认为所有参与竞赛学习的学生都是天才;说得不好听,则是可能根本不懂竞赛培训。我们不排除竞赛生中有天才,但更多的只是资优生,甚至只是特长生。

最后便是考前的停课了。什么时间开始停课冲刺,也是一个让学生与教练头痛的问题:时间短了,冲刺的力度不够;时间长了,学生易疲倦,无法保持长久的学习激情,这又势必影响到备考效果。

近几届,我对高一的学生不主张全面停课冲刺,而对高二的学生,则是在高考结束后,便让学生全面停课冲刺。从过往的情况看,效果还是比较理想的。

当然,各学校的培训机制各不相同。比如,武汉市的几所竞赛学校的培训机制就不相同。而且,培训机制的选择并不是由教练说了算,它是由学校的决策者进行比较、选择并最终确定的。不同的培训机制无所谓好与坏,我们只能套用一句"适合自己的才是最好的"来为机制的选择站岗。以武汉市几所传统的竞赛学校为例,就可看出它们之间的差别。

H校:学生生源状况较好,在湖北省享有特别的招生权,如在全省招录500名优秀的中学生,这一权力在全省乃至全国都是唯一的。学校历届竞赛班的成绩优异。竞赛班的学生升入高中前,大部分都有超前学习的经历,有的学生甚至已经学完了学科竞赛所需要的所有知识内容及方法。他们中部分学生一进高一,便已具备了冲击赛区全国一等奖乃至省队及国家集训队的实力。

在培训时间的安排上,H校竞赛班在高一上学期无竞赛课的时间安排,但要求学生在这段时间里学完整个高中与竞赛相关的理科教学内容。从教学容量上,我们便能知道这所学校的生源质量了。而且该校的许多学生在升入高中前就已经学完了高中的数、理、化要求的教学内容。这一段时间里,他们依然全力投入竞赛学习。

竞赛班从高一下学期起,每天下午基本上均为竞赛课程,在复赛前3~4个月的时间里,则停止其他所有的常规教学内容,让学生全力冲刺竞赛。

E校:一般省重点高中的生源,无特别的招生权,其优生层面虽然在武汉市相对靠前,但由于顶尖的竞赛选手基本上已经集中到了H校,该校的竞赛苗子并不是很多。学校在高一开学时,便开始组建竞赛班,各学科竞赛的学生都安排在竞赛班里,其成员基本上是招生时承诺进竞赛班的学生,或者在中考中成绩较为突出的学生。每个学生只能报名参加一个学科的竞赛培训,学校协调人数,尽可能保证各学科都有选手,且人数尽量合理,但有时竞赛班人数相当多,呈现海选态势。

从9月份高一开学的第一周起,竞赛生每周有三个下午的集中竞赛培训时间,如星期一、三、五的整个下午,竞赛班只安排学科竞赛培训,不安排其他课程。届时,参加各学科竞赛的学生各自进入相应的培训教室,统一参加学科竞赛培训。

在这里,大家可能会出现一个疑问,如果竞赛生每周有三个下午用来进行单一的竞赛培训,那么班级的常规教学内容是如何保证的呢?是如何安排的呢?其实,大家应该都知道,目前几乎所有的重点中学将每节课的时长都缩短为40分钟,每天安排9课时,这样,每周的总课时量便多达45课时。E校在保证高考学科的总课时量的前提下,通过减少一定量的非高考学科的课时的方式来腾挪出时间,用于竞赛培训。

此外,在高一、高二期间,部分优秀学生在教练与家长、班主任认同的前提下,可以申请不参加学校组织的周练、期中、期末等考试,他们甚至可以不参加由学校组织的集体军训,将其时间都用于学科竞赛培训,以保证竞赛培训所需的时间。

中途退出竞赛学习的学生可以选择进入其他班级,也可保留在竞赛班,但竞赛生进行培训时,不参加竞赛培训的同学则在班级教室内自习。

复赛前,竞赛生(特别是高二的竞赛生)同样要停3~4个月的常规课程,全力冲刺复赛。

G校:与E校的基本情况相当,一般省重点高中,传统的竞赛学校,有过非同一般的竞赛成绩的学校的生源,目前同样没有特别的招生权。竞赛班的学生同样以招生承诺的为主,其次为中考优秀者。

竞赛班从高一开始,利用每天的晚自习时间与周六整天的时间进行竞赛培训,同样是各学科的竞赛生在同一个班级,同样是分科进行培训。竞赛生基本上不与高考生一起参加学校组织的期中、期末考试。学校对竞赛班进行独立测试、评价,不进行相关的年级排名,最大限度地减轻了学生、家长、常规课科任教师的心理压力。

复赛前,高一优秀生和高二竞赛生同样要停3~4个月的常规课程,全力冲刺复赛。

从上述三所学校竞赛班的情况我们可以看到,它们在时间安排上虽有差异,但有一点是相同的,即学校对竞赛培训时间需求作了充分的保证。毕竟,时间虽然不是取得成绩的绝对因素,但是保证因素。

其实,竞赛生在竞赛学习上投入的时间远不止学校课表内的时间,学生私下的时间投入还要远远多于课表内的时间,甚至有的竞赛生将课外时间全部投入竞赛学习。当然,我是坚决反对这种极端行为的。

与上述具有专业特性的竞赛培训相比较,那种每周只用一两个下午的最后两节课进行的相关培训,就只能说是业余性质的培训了。

还要说明一点:一般来说,我们都会反对一个学生同时投入两个学科的竞赛学习,毕竟竞赛是高端资优生间的竞争,学生要让自己走在全省乃至全国的前列,必须紧盯目标,有所割舍。同时进行两个学科的竞赛学习,并取得相应成绩者,天才也。

5.3 教 练 模 式

在竞赛教练的安排上,各校的情况也不尽相同。根据我个人的了解,教练的安排存在如下形式:

(1) 教练组。由学校组织同学科的几位老师组成竞赛教练组,对培训内容进行分块备课,分步进行,各司其职,各负其责。

(2) 总教练负责制。学校各年级都有各自的教练,但有一位总教练全盘负责,掌握进度、难度,协调关系,排除竞赛中的障碍。

(3) 专职教练。专职教练无常规教学任务,专司学科竞赛培训工作。

(4) 兼职教练。教练在承担常规教学工作的同时,还负责学校的竞赛培训,且教练不一定负责竞赛班的常规教学。

(5) 校外、校内培训相结合。在校内教练培训能力不足的情况下,或让学生外出参与各教育机构组织的培训,或将外地的教练请到学校为学生进行短期培训,或学校聘请校外教练长期对竞赛班的学生进行指导,以期强化竞赛培训效果。

在教练模式上还有一个特例,即湖南省学科竞赛的培训模式。大家也许都知道湖南省长沙市有长沙一中、长郡中学、雅礼中学、湖南师大附中四大竞赛名校,但不知大家是否清楚湖南师范大学参与了湖南省中学学科竞赛的培训工作。以物理为例,湖南省物理学会和湖南师范大学有专门的教授班子及经费投入,每周两次集中四大名校的竞赛生进行相关的培训,另外还有教授去中学培训,从理论到实验全方位地进行覆盖。这分明是举全省之力进行中学学科竞赛培训。由此,我们也就完全可以理解这些年来,湖南省的中学学科竞赛为何一直走在全国的前列,而且其成绩优异者也集中在四大名校,其他学校则无从插足。

上述不同的教练模式各有优势与劣势。比如教练组模式能让某个教练专注于某个专题,深入研究,有利于竞赛教学的拓展,减轻了所有教练的备课压力,但劣势是责任不明,系统性较差,综合串讲也难以进行,且各教练的培训水平参差不齐,总体效果受到较大的影响。再比如总教练负责制能最大限度地针对学生的情况,利用已有的培训经验进行培训,但囿于总教练与各教练的教学都是独立的,加之责任也是独立的,总教练的意图并不一定能被各教练认同与接受,执行起来会面临一定的阻碍。

我比较倾向于教练独立的责任制,即专职教练与兼职教练。这种教练机制有利于教练全面而系统地教学,也有利于教练与学生、家长间的深入沟通,更重要的是让教练具备全面负责的态度与责任心。当然,这种机制也存在问题:一是教练有着巨大的压力;二是在学科教学上难以达到全面且深刻。

最后,还有必要强调一点:一所学校的培训模式是与培训力度相辅相成的,它基本上取决于学校对竞赛培训的目标与执行力度。

对于初步涉足学科竞赛领域的学校而言,制订一个目标计划是必要的。由于竞赛培训游离于常规教学之外,对学校而言,它是一个高消费、高投入的项目,涉及班级的组建、教练的培训、生源的选拔、培训场地的保证、经费的使用、表彰体制的建立等,这些都应有一个合理的计划。计划应量体裁衣,依据学校自身能够实施与完成的状况而制订。

如果学校的生源不是特别优秀,且没有成熟的教练,学校应制订一个两到三年的计划,将目标确定在赛区全国一等奖上是较为合理的。如果学校希望学生在未来能冲击省队、国家集训队及国家队,那么制订一个五到八年的计划是必要的。因为几乎所有冲刺国家队的选手都进行了超前学习,他们的竞赛学习至少起步于初中阶段。现在每年都能在各学科的国家集训队中看到高一乃至初三学生的身影。达到这一目标,自然需要一个更长远、更科学的培训计划。

5.4 关于武汉二中学科竞赛的问答与点评

说明 2012年9月,我偶然在"家长100"论坛看到了一篇帖子《关于竞赛的问答》,是武汉二中过往竞赛班的学生家长(文中的"骄子大哥")整理的与当年新进入竞赛班的学生家长之间关于武汉二中竞赛的问答。双方交谈的内容全面而具体,家长对竞赛的关注与了解,几乎超过了我这位兼有分管学校竞赛工作的竞赛教练对相关问题的了解,而且看问题的角度也很到位,使我深感佩服。

由于那时我还承担学校竞赛方面的招生工作,考虑到此文对我校竞赛教学的论述十分全面,解答了诸多新生家长的疑问,其内容既可供今后参加竞赛的学生参考,又能为今后的招生提供指导,我便将文章保存下来,并在两位家长的问答之后加上了我的点评,既纠正了家长对我校认识的部分偏差,也让大家对我校的竞赛工作有一个更为全面的了解。必须说明的是,本文对话的背景是2012年,现在有很多方面都发生了变化,如省级赛区全国一等奖的获奖人数已经有了很大的变化,收录本文时我并没有对此作修改,但大家仍可从问答与点评中窥见我校当年竞赛培训的全貌。原文如下:

网友"童画家长"要求论坛里介绍一些关于保送生方面的经验和经历,正好我和高一(1)班的家长前段时间有过这方面的交流,贴出来和大家共享,不对的和需要补充的地方请了解情况的家长提出异议和更正。

因为从2011级高一开始,国家对五大学科竞赛保送方面的政策作出了重大调整,有关这方面的信息,竞赛生的家长应该随时关注。同时要提醒高一家长的是:一定要坚持两条腿走路而不能有偏科和跛腿。还是那句话,竞赛不是目的而是积累,名次不是终极目标而是高中阶段的学习动力。下面便是高一竞赛班家长与我之间的问与答。

问:昨天孩子回来说,今天学校就要发竞赛科目申报表。但孩子从小没有参加过培优,各科竞赛虽不是零起点,但基础也不高。孩子现在的特点是各科十分均衡,理科方面在常规学习中成绩也不差,不过没有明显的优势科目,说起来文科(语文、英语)相对于理科来讲还要强一些。

因此,请教"骄子大哥"第一个问题:就这样竞赛起点不高的孩子搞竞赛,风险大吗?

答:这样说吧,所有的孩子搞竞赛都存在风险,特别是在去年高一保送政策调整之后更凸显这一点。但是风险和回报又是同时存在的,有相应的回报,就会有等值或超出回报的风险。对于这一点,搞竞赛的家长和学生必须要有充分的思想准备。另外,起点高与不高只表示进入竞赛班起跑阶段的不同,并不能说明在途中和冲刺阶段的情况,决定最后成功攀登塔尖的因素有多种。因为进入竞赛班的孩子绝大部分都是综合实力较强而理科方面比较突出或有一定优势的,所以从某种意义上说,进入竞赛班的孩子都有相同的起点,家长不应该在这方面觉得自己的孩子落于下风。

点评 竞赛不同于高考。从木桶理论来讲,为了高考而进行的学习是让学生努力将构成木桶的那块短板加长,以求均衡;而竞赛的培训则是让学生努力将构成木桶的那块长板拉得更长,养得更粗,以便让这块板子成为栋梁之材。

如果你准备参加数学与物理学科的竞赛,最好在小学与初中阶段有一定的数学培优的基础,而化学与生物的竞赛基本上没有这方面的要求,但对记忆力的要求显得更高一些。至于信息学的竞赛,则一般都要求学生从初中就开始进行相关培训了。

如果各学科相对均衡且又有学科特长的学生能参与相应学科的竞赛,这当然是教练求之不得的。如果学生各学科相对均衡,但没有学科特长,可以考虑先在竞赛小组里跟着学一段时间,如果在学习特长方面仍然没有改变,则最好不要硬往竞赛这条道上走,一心一意去参加高考学科的学习吧!

竞赛学习肯定是有风险的。但竞赛学习可能会产生巨大的红利,这正是竞赛的魅力所在。想让任何过程都既有收益又无风险,这种想法是不是太过天真与幼稚了?

问：是的。其实，理性地讲，我现在觉得孩子好好上一个高分班，一心一意冲高考，轻松一点儿，风险也小一点儿。我也和孩子交流过，但他坚持要上竞赛班。

答：估计你们高一(1)班有以竞赛保自主招生这种想法的家长更多一些。毕竟高一(1)班的师资力量和竞争氛围与其他班级都不一样，还有比较重要的一点是今后的人脉。

点评 高一(1)班以竞赛为主，对高一(1)班学生的选拔，除了要求有一定的特长外，本着对学生的未来负责的原则，一般也要求学生对常规课程的学习是学有余力的。

竞赛培训必然要消耗学生一定的常规课程学习时间，这就要求学生能用较少的学习时间学好必须学的常规课程，并保证常规课程成绩不至于太落后。学校也在这方面作了保障，为竞赛班配备了相对强一些的常规课程教学教师，这是其他班级的学生难以拥有的资源。

至于说到今后的人脉，这的确是很多家长没注意到的。人生中不同的阶段有不同的朋友圈子，但高中同学形成的圈子是固定且长久的。而高一(1)班同学今后多是社会精英层面的人物，这肯定也是他们今后发展事业的资源。

问：我就是这个想法，所以还是有些纠结，有时候想想，高考可以加20分甚至更多，其优势不言而喻。

答：以今年中科大自主招生加分为例，分为两档。A档加40分，B档加20分(还有投档线上选专业的优惠)。由此看来自主招生的力度和好处还是一目了然的。今年有中科大自主招生资格的湖北考生约40人，最后有三十几个人进入中科大。从今年中科大投档线666分来看，今后要想裸考进去是多么不容易的事情。

点评 以前的保送生(特别是物理与数学学科保送生)一向是受到名校青睐的，赛区全国一等奖保送资格虽然取消，但我相信各校自主招生的力度会越来越大，获自主招生加分的可能性也就越大，学生在竞赛中的投入在高考中仍然会得到补偿。据悉,北大与清华目前都在向有关部门申请对进入省队而没有进入国家集训队的学生增加加分力度。

对于高考只有620~640分的学生,如果能获取40~60分的加分,其效果也就不言而喻了。

问:是啊。正因为如此,现在班上的竞争氛围已经显现!另外,不参加竞赛的学生将来获得自主招生加分的机会少吗?

答:不一定是机会少,而是在参加名校自主招生考试的过程中,由于没有参加过竞赛,通过率不高,或者由学校推荐的心仪名校的选择范围较小。

点评 只要学生想学,竞争对学生就不是问题。事实上,每所学校、每个班级的学生间都是存在竞争的,不足为奇。

由于高考试题越来越简单化,已经逐渐失去了相应的选优功能,对于这一点,从事教育的都是心知肚明的。为了选拔高素质的学生,具有自主招生条件的高校在自主招生考试试题的设置上都突破了中学常规教学的内容,很多试题都接近或者直接选用学科竞赛试题了,这自然使得从事过竞赛的学生在自主招生方面的通过率要高许多。

问:孩子的高考目标还是蛮高的。

答:那就更应该以获得自主招生的加分作为保障。今年二中裸考上北大、清华的好像不多,部分考生用上了自主招生加分或过提档线加分选专业的优惠政策。

点评 今年二中裸考上北大、清华的7名学生中,有6名女生,仅1名男生,看上去是比例严重失调的,这显然有一种让学生去从事竞赛与追求自主招生的欲望。

大多数学生的目标都高于自己的实力,这当然是学生学习的动力之一,但作为家长,应该理性地为学生设置合理的目标。

问:是的,所以现在我也不再劝他退出竞赛班了,关键是选择合适的竞赛项目。您说的考上北大、清华的都是竞赛生吗？

答：非竞赛班的也有。相当一部分考上北大、清华的学生都是从竞赛转向高考且综合实力非常强的学生。

点评 一开始没有必要动员学生退出，但应该让学生的综合成绩保持一定的名次排位。当然，如果学生的自学能力较弱，并且自觉性也存在一定的问题，那就必须考虑退出竞赛培训了。

问："相当一部分是由竞赛转向高考"，是指中途退出竞赛的吗？

答：是的。高三(10月份)或之前，各科竞赛完毕后退出竞赛的原高一(1)班的同学，他们都转向高考。

点评 家长们看到的是学生在竞赛上投入的时间与精力过多，导致学生在常规学习方面时间投入的减少，等到竞赛结束，如果没能获得赛区全国一等奖，必然会觉得在常规教学上有较多的"欠账"。但家长们忽略了学生通过竞赛培训，学习能力提高，学习方法更科学、全面，知识面扩展，学生个体在常规学习上的"还债能力"加强，在后期的学习中竞赛生的学习效率会远远高于其他的同学。

以我带班的经验，只要学生的学习态度端正，即便是在竞赛中没有获得赛区全国一等奖，但在高考中，几乎所有竞赛生的最终高考成绩排位都超过了参加竞赛前(入校)的排位。竞赛不仅没有影响到高考成绩，相反还有所促进。

当然，这一过程中，学生与家长承受了相当大的心理压力。心理承受能力较差的学生与家长建议不必参加竞赛。

问：中途退出竞赛，就要退出高一(1)班吗？还是不一定？

答：看成绩。如果常规成绩稳定在年级前列，就不用退出高一(1)班。如果基础本身就不太理想，在高一(1)班感到有些吃力，很早就有要求转到高分班去的。其实，从今年调整出高一(1)班的学生情况来看，绝大多数学生高中毕业后，大学的去向都是非常不错的。正确的目标与过程定位是务实的充分体现，要按照孩子自身的情况取舍。竞赛是家长最保险的选择。

点评 不一定退出。当然,由于我校是年级负责制,这一点不同年级的操作方式可能有所不同。我所带的班级还没有主动分流过学生,但有部分学生因自我感觉不适应高一(1)班而主动退出了。今年高一(1)班有70多名学生,如果到时主动退出的学生人数不多,硬性分流应该是在所难免。

问:高一(1)竞赛班受上一年高一(1)班结果的直接影响,一下火爆起来了,现在听说是70多人的大班,是这样的情况吗?

答:是70多人,学校说本学期期中考试后将减到60人。60人应该是正常的。最后能获赛区全国一等奖的也就是30~40人,能进国家集训队的就更少了。

点评 由于直接保送的人数会减少,根据教学特点,我认为竞赛班学生最好不要超过50人。但由于目前想进高一(1)班的学生太多,学校又没有增加竞赛班级数量的计划,其结果如何,我不好妄言。其他学校竞赛班的学生也都是在40人左右。

问:以前的竞赛基础对于高中竞赛很重要,是吗?

答:有一定的重要性,但也不是绝对的。你们还有3年,保送和自主招生的政策肯定还会有变数。

点评 物理、数学以有基础为好,其他学科影响相对小一些。对参加竞赛的学生而言,竞赛学习没有3年,只有2年的时间,而且2年内需要学的内容有很多,其学习强度是很大的。

问:学校在回答家长的问题时,也说相关文件实施的细则还没下来,是这样吗?

答:大的方面肯定是去年出台的政策。但是回过头来看国家保送政策调整的结果,肯定会促使高校加强自主招生的力度。比如复旦大学等高校有可能对于一等奖获得者(没有进入国家集训队的同学)高考过一本线即可录取。但在这之前会有一个类似保送生的某项签约或单独的考试。

点评 学科竞赛是目前高中阶段唯一保留着学科特长教育的园地,也是优秀学生在中学阶段唯一得到相关培训的途径,如果这一通道也关闭了,则应该是资优生的悲哀了,更是基础教育的悲哀。

问:是的。现在不是还在议论自主招生在高考后进行的问题吗?

答:有这样的消息,但目前只是复旦大学、上海交大这样的学校,还没有定论。获得一等奖或以上奖项的学生永远都是高校争夺的对象,即使他们要参加高考,这些高校也会给予他们较为优惠的政策。

点评 竞赛保送生在一定层面上取消后,对自主招生还是静观其变吧,过多的猜测没有益处。但请相信,关掉这扇门的同时,必然会开启另一扇窗。我个人看好竞赛。

问:"一等奖"的具体含义是什么?

答:我这里说的一等奖的全称是五大学科全国竞赛湖北省赛区全国一等奖,也就是国家相关竞赛委员会颁发的省级赛区全国一等奖,而不是省级相关竞赛委员会颁发的一等奖,也即是以前有保送资格的学生所获得的奖项。有很多家长还没有把它们区分开来。

点评 "一等奖"这个名称被中学学科竞赛用乱了。各学科竞赛有省竞赛委员会颁发的一等奖证书(这个证书在各类自主招生中是不起作用的),有全国竞赛委员会颁发的"省级赛区全国一等奖"证书,有全国决赛一等奖证书。通常所说的一等奖为"省级赛区全国一等奖",准确地说,应以教育部阳光高考信息平台(http://gaokao.chsi.com.cn)公布的省级赛区全国一等奖名单为准。注意,高二获奖而高三未获奖者,不重复公布。

问:联系您上面所说的,我的理解就是单科竞赛应在全省前30~40名,是吗?

答：省级赛区全国一等奖各学科名额不等。物理学科名额最多，出结果最快，也比较规范。其他学科获奖名额为 20~40 个。

点评　有的学科是按一定的计算方法来分配获奖名额的，其计算公式很复杂，但大体为数学 45±5，物理 50±5，化学 40±5，生物 20，信息学是全国统一划线，湖北省是信息学竞赛弱省，名额不多。

问：五大学科竞赛的重要性有轻有重吗？好像是数学、物理最被看重，其他的要差一点儿，我的孩子想选物理。

答：是的。它们有相对的排序，但也不是绝对的。千万不要让孩子违背自己的意愿而一窝蜂地挤入"热门"学科，兴趣是最好的老师。

点评　总体来说，如以北大、清华对学科的看重，大体排序为物理、数学、化学、信息学、生物。

另外，任何学科的竞赛，走到最后已经不再是兴趣问题了，兴趣只是在最初促使你选择什么学科，但要走下去，则取决于你对学科的悟性、责任的意识、学习的品质，兴趣已经是次要因素了，只要不厌烦就可以了。

问：信息学竞赛怎样？貌似学习计算机应用知识不仅对竞赛有帮助，而且对今后工作的用处也很大。

答：因为信息学的竞赛时间较早，在高二就要出成绩，最近几年湖北省信息学竞赛的成绩在全国的地位下降，不属于竞赛强省。但是，今年信息学竞赛的保送生整体保送的高校都是很好的，有一人参加保送生考试被保送到北大，有两人因获得全国决赛二等奖而被复旦大学和上海交大直签，其他几人都进入七大理工科名校。

点评　由于信息学省队选拔的时间较早（高二），学生在高中阶段学习的时间较短，且内容较多，一般都需要学生从初中就开始进行相应的学习。信息学竞赛虽不要求学生有较强的综合成绩，但对学生的数学能力有较高的要求。而且，由于参加信息学竞赛的学生投入的时间需要有较强的持续性,从而会在一定的时间内影响到常规课程内容的学习,因此信息学的竞赛生在高一、高二阶段常规课程成绩会有一个很大的滑坡,这似乎是信息学竞赛的一个结,本人在当班主任期间对此现象也是头痛不已。具体情况可咨询我校信息学竞赛教练徐老师。

问:生物竞赛好像二中挺强的,而且提前搞的人较少,是这样吗?

答:生物竞赛今年的结果应该出来了,获一等奖人数超过我们这一届,很厉害的。

点评 由于生物竞赛奖项的含金量相对要低一些,湖北省从事生物竞赛培训的学校并不多,即便是获奖人数比数学、物理、化学少,但远没有数学、物理、化学竞争惨烈。生物的学习内容以记忆为主,不太需要很多的生物基础知识,但生物竞赛却要求学生学完大学本科生物学专业几乎全部的课程,其学习量可想而知,因此生物竞赛的培训必须借助大学教师进行。所以,从事生物竞赛培训的费用也是很高的,家庭经济有一定困难的学生应考虑到这一点。而且,生物学科是所有学科复赛进行得最早的(每年5月),因此它的停课复习是在上新课内容的时间段,这对学生的常规学习也有相当大的影响。

另外,各大院校的自主招生考试几乎都不考生物(复旦大学的千分考内有生物),这在一定程度上影响到学生学习生物的积极性。

问:可是,从长远来讲,我觉得生物竞赛对于今后不从事生物专业的孩子用处不大,对高考的帮助也不如数学、物理。搞数学、物理竞赛对学好高中常规课程也是有帮助的吧?

答:生物一等奖可以在保送生考试的高校报考中选填其他专业,最后是否被心仪的专业录取要看保送生考试的情况。而物理竞赛会涉及很多比大学数学更深奥的知识,所以高校对数、理保送生更为青睐,特别是理工科强的高校。

点评 理工科院校对数、理两科的获奖学生的青睐是非常明显的,这两个学科的获奖者基本上可以进入中科大、上海交大、浙大等名校。

现在的学习内容对今后是否有用处？这是无法讨论的问题。不是有人说,初中以上的数学知识对多数人来说就没有用处了吗？其实,我们的学习都是与人的能力成长直接相关的,有用的并不一定是具体的知识,更多的是与此相关的能力。

问:搞物理竞赛必须把大学数学和大学物理都学完,是吗？

答:要涉及一些但不是全部,毕竟高中学生还没有学完大学全部课程的时间和能力。当然也有学完的特例。

点评 数学竞赛的内容不需要在高中知识内容上再扩充,它的难度主要体现在思维(技巧)上。物理竞赛则需要补充一些简单的微积分知识(要求解微分方程),而物理内容的补充主要是大学物理一、二年级的课程。化学竞赛与生物竞赛则要学习大学相关专业的几乎所有课程。

问:您的孩子所在高中竞赛班的高中数学或者物理常规课程是什么时候全部学完的呢(指学校教学)？肯定要提前吧？

答:高二下学期,当年的四五月份吧。

点评 这个要看不同年级的情况,而且涉及具体的任课教师的安排,学校没有统一的规定。我的观点是常规课程越早完成越有利于竞赛学习。譬如,参与物理竞赛学习的学生就应该在高一阶段学完所有高中阶段要求学习的数学内容。但各学科一般都不会迟于高二下学期的5月份结束新课。

问:现在没开学,我的孩子就在家里往前自学呢,请问有这个需要吗？

答:这个是必要的。竞赛班的孩子整体的表现就是在自学能力方面平均高于其他班的孩子。

点评 作为竞赛生,超前学习真的是必要的,也是不必质疑的,这也体现了学生学习的主动性。

问:原来您的孩子班上参与物理竞赛的有多少人?
答:高一开始有十五六个人吧。

点评 开始报名时,物理、数学的人数一般要多一点儿,但走到最后,每个学科的人数以 10 ± 2 为佳。

问:我们这届可能多一些,因为班上人多呀!
答:呵呵,往年的情况是高一开始就有人要退出了,然后高二再退出几个,也有最后坚持下来的。具体情况具体分析。

点评 最初报名的人数肯定会多些,但走到最后,总人数不会有太大的变化。

问:孩子真的不容易。昨天孩子回来就说,老师已经宣布本班地理、历史、音乐、美术等副科一律上竞赛课程,体育课每周也不多。搞得很紧张啊!您的孩子以前也这样吗?
答:总体上武汉市几所搞竞赛的高中应该都是这样的。不过是先苦后甜啊,家长可以理解。其实,了解一下大学的一些名校,也是这样啊。紧张与否,在于个人自己。如果你想按照自己的意愿轻轻松松,那么目标可能就不会轻易达到。

点评 竞赛班的地理、历史、音乐、美术等副科的课时量相对于其他班级少一些,但这些课仍然在上吧?学校是不会直接减掉这些课程的,但减少一些课时也是正常的。竞赛班的体育课每周并没有减少,与其他班级一样。希望家长看看班级课程表,不要道听途说。

问:倒不是觉得孩子学习负担太重,只是觉得孩子在其他素质培养方面的牺牲还是蛮大的吧?

答：嗯……怎么说呢？我记得我家的孩子还是见缝插针地玩了一些东西的，特别是高一，运动和锻炼的时间还是有的。其实竞赛班学生的兴趣爱好即使不是第一，在整个高中也是出类拔萃的。多才多艺的孩子不在少数。

点评 这是鱼和熊掌的问题，没有人能消除你这种纠结。能力是相辅的，没有一方面突出的能力，其他方面的能力也不会好到哪里去。

全面发展形成的是高原，不可能是高峰，而且还有可能是玩物丧志，很多人是不明白这个道理的。

问：其他的也就算了，我觉得学校还是应该合理增加一点体育锻炼的时间吧，毕竟身体是本钱啊！

答：我们当初没有听说啊。每次大考或竞赛初/复赛完了都可以打球啊，高一课间也有羽毛球、乒乓球等。

学校的场地可能不允许，但是学生都可以约着在外面（江滩）啊，踢足球、打篮球，每次都尽兴而归。

点评 竞赛班的学生相对于其他班级的学生的锻炼机会可能还要多一些。我的学科小组即使在停课冲刺最紧张的日子里，也必定会保证学生有一定的休息与锻炼时间。家长只要实地了解一下就知道了，不要道听途说或随意猜测。

问：您认为孩子竞赛课程学习和常规课程学习有冲突吗？

答：没有是不可能的。但是在高一阶段，学校还是更注重课堂的知识点和基础。竞赛发力是在高一下学期到高三竞赛之前这段时间。学校对竞赛学生综合考试有一定的排名要求，就是希望不要偏科和放弃课本的基础知识。毕竟，学生如果没能获得保送资格，最后还要转向高考。这对竞赛生来说也是一个能力的积累和提高过程，对其意志品质也是一个很大的考验。

点评 时间上有冲突，能力上有促进。

竞赛生有高考与竞赛双重目标，学生应清楚长远目标与短期行为之间的差异,适时地协调好高考目标与竞赛目标所对应的学习时间投入。家长不必要求学生在两方面都保持相应的优势,不要将学生视为全能天才。在竞赛之前,应该允许学生的常规学习成绩有一定的滞后量。

问:这点还好,均衡就是我家孩子的特点。平时我们也再三和他强调这一点。

答:哦,那就好。

点评 在进行竞赛学习的时间里,过于强调均衡,等同于让他直接参加高考。在不同的时间段,一定要分清主次,不可在任何时候都一味地强调均衡。

问:您的孩子现在已经到大学报到了吧,您没去送他?

答:我们送了,但一两天后就回来了。让他早一点儿在大学自行适应,自己料理,放手总是难免的。毕竟能力与成绩同等重要。

点评 送与不送,已经不是重要的了。从二中走出的孩子,翅膀都是丰满的。

问:骄子大哥,今天耽误您这么长时间,中午也没有休息,您所告知的信息解答了我的很多疑问,坚定了我的许多想法,真是非常感谢!我受益匪浅!

答:你太客气啦,作为学长的家长,这些都是我应该做的。

点评 我也非常感谢这两位不相识的家长,是你们对二中学科竞赛的关注、理解与支持,才有了二中竞赛成绩的提高。

最后,我再补充一点:对于报考了武汉二中并希望参加学科竞赛的学生,我承诺一点:一旦你进入了相应的学科竞赛小组,你将拥有强大而又负责任的教练团队、优秀而又上进的学友群体、完备而又先进的课程体系、有序而又人性的教学管理、给力而又有效的资源保障。二中将不负你的优秀。

6 物理竞赛培训的过程与方法

中学不同学科的竞赛其实都不只是单纯涉及中学知识的竞赛。数学竞赛虽不增加知识内容，但竞赛需要的思维与方法技巧是高得不得了的。化学、信息学和生物竞赛，就直接是大学知识竞赛了。而且，不同学科的竞赛在时间的安排上还有一定的差异，因而对学习的进度要求也有很大的差异。所以，不同学科的竞赛培训过程与方法肯定有不同学科的特点，如数学竞赛的普及程度很高，学生涉足的时间早，也不存在增加许多大学知识点的情况，培训时间与进度相对来说就比较宽松。而物理竞赛的培训一般都是从高一开始的，即便再早一点儿，也基本上是初三了，加之得进行一些普通物理的知识学习，还必须超前学完高中阶段的数学知识和高等数学中的微积分知识，时间相对来说就要紧张得多。因此，科学而高效的培训策略在整个竞赛培训中显得尤其重要，而这肯定是一个综合工程，涉及诸多方面。下面笔者依据本人的培训经历，从竞赛团队的培养、进度的要求、不同时段讲解的内容等方面作一叙述。

6.1 团队与领军人物的培养

为什么优秀的学生往往都是成批地产生的？那是因为他们有团队。一个团队为何有很强的凝聚力？那是因为他们有领军人物。在我看来，在学生个体不是特别优秀的情况下,竞赛培训应从竞赛学习团队的培养开始。

竞赛团队的合作精神于竞赛培训而言是极为重要的。我们应该清楚,竞赛学习应是以偏重自学为主的学习过程,平时教练虽有讲解,但与学生的整个学习内容相比较,学生自学内容的容量与难度都可能要高于教练讲解的内容与难度。学生在学习过程中一定会遇到诸多的困难与障碍,而教练并不是如影相随的,即便学生将问题呈现给教练,教练也未必能立即给出解答,这时同学之间的相互讨论就显得极为重要了。特别是到了竞赛后期,一般情况下,教练已经无法及时而又全面地回答学生提出的问题了,学生间彼此讨论的重要性要远胜于教练的指导。而教练的工作就是营造出这样的一个学习团队。因为一个好的学习团队定能通过相互交流而取长补短,共同进步。这如同在常规教学中,班级内一名优秀学生往往就是学生群体中的一名全科教师,其作用远非一名学科教师能比。

在团队的形成过程中,一定要让学生明白,他们真正的竞争对手不是坐在一起的同学,而是全省乃至全国的优秀选手。特别是我们这些生源不具备特别优势的学校,大家只有抱团取暖,才能战胜对手,取得预期的成绩。要让学生明白水涨船高与水落石出的道理。所谓水涨船高,即将大家看作同一条河流中的水,船则是大家的能力与水平,大家只有簇拥着向上涨,能力与水平这条船才会随之向上。而水落石出,同样是将大家看作同一条河流中的水,大家退到河底时,河床上露出的鹅卵石则代表大家的能力水平,虽高出水面,但与船相比,那可不是一个档次啊!

所以,前面所说的学生自主学习是包含团队的自主学习,而不是独立、封闭的自主学习。

在团队中,一定要培养学生具备"情感相融、互动合作、方法交流、资料共享"的精神。这种精神不单单是说教,更是需要教练通过组织具体的活动来实施与巩固的。譬如说,要求几名学生一同完成某个只有互相合作才能完成的实验,或者共同研究某个专题内容,然后再为大家讲解,让他们既有分工,又有合作,促进相互交流。

在团队的建设过程中,一定要坚决将团队中起干扰作用的学生剔除掉。给了这些起干扰作用的学生学习机会,就会让更多的学生失去相应的学习机会,最终必然会导致团队一事无成。

一个好的团队还必须有一位核心人物,或者说是领军人物。教练在组建团队的同时,就应注意团队领军人物的挑选与培养。什么样的人可能胜任领军者呢？

(1) 竞赛的学业水平虽不要求特别突出,但在团队中肯定靠前,不能滞后,对竞赛学习的主动性较强。

(2) 有较强的组织与表达能力,为人大度,有正义感；善于沟通,有亲和力。

(3) 有较强的合作意识,能主动协助教练做好管理工作。

其实,领军人物未必是教练刻意培训的,往往这类学生已经在团队中拥有了一定的中心地位,老师只是在经意与不经意间巩固其中心位置而已。例如,教练将自己的培训意图通过他传达到团队中,对他反映的诉求更加重视一些,等等。教练要明白,一个好的领军学生必定是一名优秀的教练助手。

团队的培养过程也是一个竞赛文化氛围的创建与形成过程,而竞赛文化是凝聚学生的重要纽带。竞赛培训肯定不只是教授学科知识、训练解题方法那么简单的一件事,还必须在团队中营造竞赛文化。创建文化氛围的方式也有许多种,除了在培训教室里摆放花草、张贴励志标语之类的环境布置外,组织小组的学生进行集体户外活动,或举行一些集体游戏活动,或进行学科竞赛之外的娱乐活动,如扑克牌比赛、棋类比赛等。三国杀游戏就是学生在竞赛教室内教会我的。

6.2 学生优良学习品质的培养与巩固

优良的学习品质是精英人才必备的素养,竞赛生无疑也应该具备。学科教练应着力培养他们求解难题的兴趣与欲望,培养他们探究问题本质的能力,培养他们永不满足、勇攀高峰的精神,强化他们刻苦学习的优良品质。这一过程需要促成学生具有以下几个特点。

明确的学习目标

虽然每个人的学习目标不同,但大体上都可归纳到以下两种情况：

(1) 功利性目标。这一点对所有人都是必需的,而且基本上都表现为通过竞赛成绩获得一个好的升学机会。在中学阶段,这一目标的地位与作用是要高于其他方面的目标的。可以说,学生、家长、教练、学校几方面在这一点上是完全一致的。

(2) 人生的志向目标。作为教育者,我们必须促使这些未来精英树立正确的人生观。没有哪个精英希望自己的人生是碌碌无为的。

有了可以实现的目标,学习的动力才会强劲。

向优秀的偶像与榜样学习的意识

曾经,我意外地看到一幕:一名看上去并不是特别出色的学生站在一位优秀学长的画像前,自言自语,发誓向他学习,当时身旁无人,其情其景深深地刻印在我的脑中。而这名学生最后也如愿以偿。

教练在竞赛培训过程中可以向学生推荐他们熟悉的学习与生活榜样,譬如他们熟悉的学长,让他们感觉到目标是可以实现与超越的。

由于我自认为是一个爱学习的人,我经常公开地对学生说:请向我学习。而且,我也经常向他们介绍我的学习方法。说实在的,敢于向学生喊出"向我学习"的老师在现实中恐怕并不多。

不断进步的成就感

让学生学有所获,不断进步,在进步中获取成就感,从而以更大的信心投入下一轮的学习。

不畏艰难的学习动力

进行竞赛学习的学生在能力的提升上受到当前的能力天花板的约束。学生要想让自己在竞赛中有所突破,就必须不停地击破当前约束自己的天花板,在任何障碍面前都应具有一往无前的勇气。

快乐的学习情怀

要明白学习过程中的问题与困难都是暂时的,障碍是可以克服的,前途是光明的。要让竞赛生自始至终都应保持乐观的学习心态。

6.3 高一阶段培训进度与内容

在介绍竞赛的教学进度前,我们应明确一个观点:

在常规教学中,由于不同层面的学生在一个教室内一同学习,教师为了确保整体效果,通常只能以水平中偏下的学生为标高,既不能加快进度,也不能过多地延伸与拓展,这就无法满足资优生的需求。这对资优生而言,既是无奈的放纵,同时也是一种折磨,久而久之,会让一部分资优生厌恶学习,导致其在学习上堕落。这是中学教育中最为可悲的一点。

不能让资优生得到相应的教育是常规教学为人诟病的弊端之一。常有优秀学生的家长抱怨教师课内不讲、课外讲,可能主要就是因为教师只针对中等生进行教学,没有时间针对优秀的学生进行教学而导致他们在课内无法"吃饱",不得不另找途径补习,从而形成了教师课内不讲、课外讲的假象。也常有老教师抱怨,从自己这儿毕业的学生,当年优秀的学生对教师比较冷淡,而当初成绩较差的学生却对教师更热情。出现这种情形,恐怕要问教师自己:当初对优秀的学生是否有较多的心血倾注?或者说,你的教学有多少是针对他们的?

另外,竞赛教学进度的安排与教材的选择是相关联的,使用什么教材,在一定程度上会影响到教学进度。

在竞赛教学的进度上,我个人的观点和做法是尽量快,这在很多人看来也许是比较激进的,然而对专业的竞赛生却是必要的。

优秀的竞赛生相对于普通学生而言,在接受知识与应用知识的能力上肯定要强许多。换句话说,能在竞赛中走在前面的学生,对知识的学习应该是相对轻松的,对常规内容的理解、掌握与应用是不成问题的。

如果要求竞赛生在高二竞赛中取得令人满意的成绩,同时为学生进入高二后的第二轮培训夯实基础,那么在高一阶段就应特别注意如下几方面的培训。

快速完成竞赛所需知识点的学习

应保证学生在高一阶段便学完与竞赛相关的所有内容。它不仅包括高中常规教学所要求的内容,而且包括物理竞赛大纲所要求的内容(这已远超中学物理的教学要求),除此之外,还应包括整个高中的数学内容(包括必修与选修内容),高等数学中的微积分初步及相应的思维方法,等等。

从前面所述的进度内容可以看到,高一阶段学生要学习的知识量是非常大的。要学生在一年时间完成如此巨量的学习任务,常规的学习方式显然是行不通的。通常情况下,应有如下四个实施策略。

(1) 超前学习。事实上,许多教练的前期投入是学生还在初中阶段时进行的。或者,学生家庭在学生初中阶段就开始有步骤地安排学生进行相关的学习了。很多学生在家长的干预下,在初三便完成了高中内容的学习。

(2) 简化教学环节。既然竞赛教学大纲覆盖了高考课标的内容,对竞赛生就完全没必要先进行常规物理内容的教学,应直奔竞赛内容的教学。但用普通物理内容替代竞赛内容的做法,由于知识量过大,我个人觉得不太妥当,至少不属于最佳方案。教材选择的具体情况在后面再具体谈论。

(3) 合理安排教学顺序。在教学内容安排的次序及进度上,先教什么,后教什么,以多快的速度进行教学等问题都令人纠结。不同的年份可能面临着不同的教学对象,这个可能需要灵活应对。以我的经验,大体有如下三种情形。

情形一:若学生进入竞赛学习的时间很早,比如,尚未进入高中,即已明确高中阶段的竞赛学习方向,不妨根据竞赛的教材顺序,一步一个脚印地向前走,进入高中以后,可以跳过常规内容,用更多的时间去学习需要补充的竞赛内容。

情形二:若学生进入高中后才开始进行竞赛学习,且常规教学与竞赛培训是分开进行的,为避免竞赛学习内容与常规学习内容的重叠,不妨让竞赛教学的内容从与其他知识板块联系较少的几何光学开始,然后学习热学的内容,回头再从力学开始,这样充分利用了对全体学生进行的常规教学的学习内容,节省了竞赛学习的时间。

情形三:与常规教学同步,同时将需要补充的大学普通物理的内容一并补上。

(4) 引导学生自学。培养学生的自学能力是竞赛培训的首要任务。没有自学能力的学生在竞赛中无论如何也不可能走到前列。特别是竞赛中的超前学习者,当教练在为后续加入竞赛的同学讲授新课内容时,他们必须自觉地向前学习。

从我个人的教学经历来看,我一直是根据不同学生的学习进度进行不同的教学操作的,即便是在进入高一前没有超前学习的竞赛生,也必须保证他们在高一下学期暑假结束前完成所有竞赛知识点的学习,随后保证他们进行一定量的综合训练,以期优秀学生在升入高二时的那一届竞赛中便有相对突出的表现。

必须注意学生学习热情的培养

虽然我在前面说过,选择与淘汰学生时不要太看重学生的学科兴趣,但是,这是从培训目标与效果方面来看的,若从学习过程来看,学习兴趣毫无疑问是非常重要的。

我在培训过程中有一点还是比较自信的,那就是经过一段时间培训后,在本小组中总会有一定数量的学科热情高涨的学生脱颖而出,而且这些热情高涨的学生往往是进行竞赛学习的主力。我在教练培训中或与教练私下交谈时,强调要培养的竞赛学习的"疯子",指的就是这一类学生。任何学生的兴趣可能都是多方面的,从学习方面讲,兴趣过于广泛,必然不利于竞赛学习,而只有促使其竞赛学习的兴趣高涨,才能压抑其他干扰竞赛学习的兴趣。

让学生在竞赛学习过程中不断享受成就感的刺激是培养与强化学生学科兴趣的重要手段,而巧妙的教学方式、美妙的知识呈现也是诱发学生学习兴趣、引导学生深入学习的重要方式。譬如,小量分析是物理竞赛中必须迈过的一道坎,也是贯穿整个中学物理竞赛的重要的知识内容,学生在理解与应用上都存在一定的困难,而我对这一问题的讲解,常常是通过下述的程序进行的:

例1 请比较 1 与 $0.\dot{9}$ 的大小。

对于这两个数的大小,很多人从直觉上给出 $1 > 0.\dot{9}$ 的结论,因为

0.99999…后面再怎么延续，也不会到 1 啊！换句话说，1 与 $0.\dot{9}$ 之间存在一个小小的差别。这个差别虽然感觉很小，但总是存在的吧！所以，上面的结论也应该是显然的。而事实上，正确的结论却是 $1 = 0.\dot{9}$，而且是严格的，并非近似的。我们可以看下面的证明：

证1 由小学数学知识可知

$$\frac{1}{3} = 0.\dot{3}$$

上式两边同时乘以 3，即有

$$3 \times \frac{1}{3} = 3 \times 0.\dot{3}$$

由于 $3 \times 3 = 9$，不存在进位的问题，因此有

$$3 \times 0.\dot{3} = 0.\dot{9}$$

故 $1 = 0.\dot{9}$。

类似的证明方法还有：

证2

$$\frac{1}{9} = 0.\dot{1}$$

上式两边同时乘以 9，同样由于 $1 \times 9 = 9$，也不存在进位的问题。

故 $1 = 0.\dot{9}$。

上述的两种方法虽然是小学知识层面上的证明方法，但它已经足以让我们认识到 $1 = 0.\dot{9}$ 不存在近似问题。当然，我们可以将证明方法推升到初中阶段的知识层面。

证3 令

$$x = 0.\dot{9} \qquad ①$$

则

$$10x = 9.\dot{9} \qquad ②$$

②−①得 $9x = 9$，即 $x = 1$。

故 $1 = 0.\dot{9}$。

在这一方法中，我们显然用到了方程的思想，而且我们还可以对这一方法作一点变化。

证 4 令

$$x = 0.\dot{9} \qquad ①$$

变形后有

$$x = 0.9 + 0.09 + 0.009 + 0.0009 + \cdots$$
$$= 0.9 + 0.1 \times (0.9 + 0.09 + 0.009 + 0.0009 + \cdots) \qquad ②$$

比较式①与式②括号中的部分，有

$$x = 0.9 + 0.1x$$
$$x = 1$$

故 $1 = 0.\dot{9}$。

显然，上述两种证法所用到的知识都在初中生应掌握的层面上。或许有学生会问到，证 4 的式②中括号中的量不是比前面的 x 少一项吗？对此，我们只需要倒逼式地问一下"少了哪一项"，学生便会比较出它们是相等的。

那么，高中生该如何用高中的知识求解呢？

证 5 令

$$a_1 = 0.9, \quad a_2 = 0.09, \quad a_3 = 0.009, \quad \cdots, \quad a_n = \frac{9}{10^n}, \quad \cdots$$

则

$$a_1 + a_2 + a_3 + \cdots + a_n + \cdots = 0.999\cdots = 0.\dot{9}$$

而 $a_1, a_2, a_3, \cdots, a_n, \cdots$ 显然构成一无穷递缩等比数列，其公比为 $q = 0.1$，所以它的和满足

$$0.\dot{9} = \frac{a_1}{1-q} = 1$$

同样可得到 $1 = 0.\dot{9}$。

上述解答是围绕 $1 = 0.\dot{9}$ 进行的,它解决了我们直觉中 1 与 $0.\dot{9}$ 间存在一个小的差异的问题,这显然是小量问题,如何使这一问题显得更为直接呢?

证6

$$0.999\cdots999(n \text{ 个 } 9) = 1 - \frac{1}{10^n}$$

在这里,当 n 很大时,$\frac{1}{10^n}$ 相对于 1 来说是一个小量,忽略它时,必然会给人一种近似的感觉,然而

$$0.\dot{9} = 0.9999\cdots(n \to \infty) = \lim_{n\to\infty}\left(1 - \frac{1}{10^n}\right) = 1 - \lim_{n\to\infty}\frac{1}{10^n} = 1$$

这一证明则告诉我们,在 $n \to \infty$ 时,略去小量 $\frac{1}{10^n}$ 并非近似,而是严谨的,从而达到了让学生理解小量的目的。

当然,我们将 $1 = 0.\dot{9}$ 一路证下来,不仅仅是步步深入的问题,而且是一个展示知识美的过程,它对学生的吸引力是不言而喻的。事实上,对于 $1 = 0.\dot{9}$ 的证明,上述方法还远不是全部,还有很多不同的证明方法,同学们可以通过其他的途径去获取。

教练在讲解中,还有许多意想不到的问题可能会出现。教练也可选择不同的问题让学生进一步去探究。譬如,对于上述的证4,在证明之后,我们可以提出这样的问题:

上述的证明方法真的没问题吗?我们用这一方法求一下 $1 + 2 + 4 + 8 + 16 + \cdots$ 如何?

解 设

$$x = 1 + 2 + 4 + 8 + 16 + \cdots$$
$$= 1 + 2(1 + 2 + 4 + 8 + 16 + \cdots)$$
$$= 1 + 2x$$

则 $x = -1$。

这一结果显然是荒谬的,然而它的解法完全是从证 4 迁移过来的,那么问题又出现在哪儿呢？让学生带着这样的问题去探究知识的本源,大多数优秀的学生会兴趣盎然,学习热情高涨。

强化与督促数学内容的学习

物理学的知识内容是螺旋式上升的,但所需的数学工具却是阶梯式上升的。对于竞赛物理,如不事先学习相关的数学内容,做好充分的准备,那么,一进入物理学习,立马便会感到数学工具的不足,即物理学习是离不开数学的。当然,物理学好了,数学也差不了。

我们从前面的进度安排上就应该明白,既然优秀的高一竞赛生在升入高二时就应参加物理复赛,而竞赛又是不分年级的,那么,他在高一阶段不仅要学完整个高中的物理竞赛内容,还应学完全部高中数学内容和高等数学的部分内容(高等数学是不用全部学习的,一本《微积分在物理学中的应用》足以应对中学物理竞赛,这一点在后面的资料介绍中再作说明)。因为物理知识的应用是离不开这些数学知识的,所以对数学知识学习的重要性应该说是不亚于对物理知识的学习。

我在培训过程中,对学生数学知识的学习,督促多于讲授。我不可能系统地对学生讲授全面的数学知识。学生对数学知识的学习应该来源于四个方面:一是有非常配合竞赛教学的数学老师或教学制度,教学制度规定竞赛班在高一阶段完成整个高中的数学知识的教学,这显然是超前的。虽我校无此制度,但当年与我搭班的老师给予了配合。二是希望家长予以配合,能为学生聘请合适的数学老师进行课外补课,而且越快越好。当然,这就必定会增加家庭的经济负担,但这也应该是必要的。三是教练应根据教学需要,适时有针对性地补充一定的数学内容。四是教练根据物理教学需要的内容,督促学生自学相关内容,这样也不至于在考试中出现太多的困难。学生自学的数学内容主要包括弧度制、三角函数、矢量及其运算、极坐标系(二次曲线)、空间坐标系、立体几何、复数及其应用、行列式等。

在这里,不论是物理内容还是数学内容的学习,都是超前的。对学生而言,若不超前,便被淘汰。道理很简单,我想所有人都很明白。那些不让学生超前学习的规章制度无疑是对优秀学生的扼杀。

另外,学生在高一阶段除了理论的学习外,还有一个学习任务是必须完成的,即参加相关的实验培训,这一点我们在竞赛实验中再详细叙述。

当然,如果学生的目标只是高三时的复赛,自然可以将进度放慢一些,将每一步夯实一些。但再慢也必须在高二下学期结束前学完所有的竞赛物理与数学内容,然后全力备考,冲刺复赛。

注重解题能力的培养

物理竞赛肯定不仅是知识的竞赛,竞赛培训也绝不是给学生堆砌知识,而是以知识为背景的能力竞赛与培训。虽然在高一阶段面临着大量的知识点的教学,但由于知晓物理知识对竞赛生而言并不是难点,所以竞赛培训过程中对学科知识点的讲解并不是重点。注重对学生能力的提升是我们培训的主要方向,而学生能力的呈现又基本上体现在解答习题的能力上,这看上去有点儿应试的味道,却是我们培训的正道。竞赛走到现在,几乎所有的能力特征都可以用相应的竞赛试题进行呈现,我们的培训也基本上是依此进行的。具体而言,在物理的学科竞赛培训上,应注重精选习题,通过习题的教学,培养学生多方面的能力,具体表现在如下几方面。

(1) 形成执行解题程序的习惯。

程序的建立基于研究的过程,解答程序的应用就是研究方法的应用,不同的内容和不同的对象是有不同的研究方法的,也就有不同的解答程序,这反映到常规教学中,便是与不同内容所对应的"解题步骤"了。譬如,在结束牛顿运动定律的学习后,我们一般都会给出如下解题的步骤:

① 取对象——根据题意确定研究对象。

② 画力图——分析研究对象的受力,画出受力示意图。

③ 定方向——规定正方向(或建立坐标系),通常以加速度方向为正方向或以待求物理量的方向为正方向。

④ 列方程——根据牛顿第二定律列动力学方程,根据运动学公式列运动方程。

⑤ 求解——统一单位,求解方程。

⑥ 对结果进行分析、检验或讨论。

按照上述步骤来解答一般情况下涉及牛顿运动定律应用的试题,几乎手到擒来,无懈可击。但解题程序的掌握并不是思维的固化,而是一种优化。我们可以看一下下面这道题:

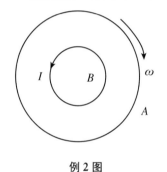

例2 两圆环 A、B 置于同一水平面上,其中 A 为均匀带电绝缘环,B 为导体环,当 A 以如图所示的方向绕中心转动的角速度发生变化时,B 中产生如图所示方向的感应电流,则(　　)。

A. A 可能带正电且转速减小

B. A 可能带正电且转速增大

C. A 可能带负电且转速减小

D. A 可能带负电且转速增大

例2图

楞次定律用于确定感应电流的方向。至于感应电流方向的判断程序,课堂上老师一般都会详细讲解从磁通量的变化到感应电流产生的判断过程。然而,本题却是一个逆过程,这就需要答题者灵活变通。

(2) 培养对多过程的处理能力。

高考对物理过程分析的要求其实是很低的,如"一体两过程""两体一过程"。至于多过程的情形,往往就不再是考查的范围了。即便如此,仍然有很多学生是力不从心的,但对理科思维优秀的学生而言,实在是易如反掌。单一的对象与单一的过程往往都是对基本规律的考查,是不能选拔出最优秀的学生的,竞赛命题对难度的提升就是从出现多过程开始的。竞赛试题对过程的设置往往是不会受到限制的。我在竞赛培训中常常用下面的这道题对这一问题进行说明:

例3 如图所示,质量为 $M=3m$,长为 $2l$ 的均匀长木板静止在水平地面上,二者之间的摩擦因数 $\mu = \dfrac{1}{8}$。板的右端有一质量为 m 的小物块,从静止出发,通过与木板的某种相互作用机制,相对木板以向左的恒定加速度 $a = \dfrac{1}{2}\alpha g$ 运动,其中 $\alpha > 1$,是一个不变的参数。小物块到达板中央后,立即改成以 $a = \dfrac{1}{2}\alpha g$ 的反向加速度继续相对木板运动到左端停下。直到木板不再运动为止,计算木板在地面上向右的总位移大小 s。

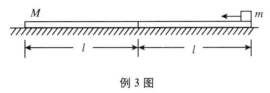

例 3 图

本题中物体 m 的运动因受力或加速度的不同而包含了四个不同的过程,单看每一个独立的过程,它们都相当于一道简单的牛顿运动定律应用的习题,连接不同过程的纽带是物体 m 与 M 的运动速度,即前一阶段的末速度为后一阶段的初速度。虽然每一阶段单独处理时并没有大的难度,但若将它们串联起来,由于涉及过程的信息量大幅增加,其难度就增大了不少,而将其分段解答,显然可以达到降低难度的目的。

对于多过程的处理,一定要教会学生:紧抓对象的"手",跟着过程走。这里的"手"是指对象运动的时间、位移、速度等物理量。一定要强调运动过程的转换是以速度为纽带的。这也是程序法解题的要义所在。

(3) 培养对多对象的处理能力。

与前述的多过程问题一样,通过多对象的模型来设置难度,也是目前命题人增加试题难度的主要方向之一。

物理不同于数学的最大特点在于,数学只需考虑自身的逻辑自洽即可(这也是数学不被称为自然科学的缘由),而物理是以观察与实验为基础的,必须是与实际情境对应的。换句话说,物理竞赛的研究必须依赖于物理模型。所以,正确地识别物理模型是学习物理知识的前提。而正确地识别模型也是学生综合能力的一种体现,它综合运用了学生的阅读理解、对称判断、过程掌握等能力。在高考背景下,试题几乎不允许涉及由三个物体组成的多对象模型,而相比于高考中的物理模型,无论是状态模型(如平衡)还是过程模型,竞赛中涉及的对象都可能会多一些,而且情境也更为复杂一些。

下面用一个例题加以介绍：

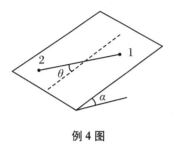

例4图

例4 如图所示，等重的两个木块由一根不可伸长的轻绳相连，放在倾角为 α 的斜面上，两个木块与斜面的静摩擦因数分别为 μ_1 和 μ_2，已知 $\mu_1 > \mu_2$，$\tan\alpha = \sqrt{\mu_1\mu_2}$。问绳子与斜面上倾角最大的倾斜线之间的夹角 θ 应满足什么限制，它们才能在斜面上保持静止？

本题看上去是两个木块的平衡问题，由于需要考虑绳的约束特性（也有的题将绳换成轻杆），本质上是三个对象，这三个对象之间的相互作用及关联属性在很大程度上影响到答题者的判断，难度不是一般地大。

多对象的问题对答题者的模型结构识别能力、结构的几何关系的分析和计算能力、空间的拓变能力以及隔离法与整体法灵活应用的能力都要求很高。

不论是多过程问题还是多对象问题，考虑到考试时长的限制，过程与对象也不可能无限制地延长或增多，一般来说，四个独立过程或三个不具对称性的物体构成的系统已经足以让很多人在考场内无法独立完成了。这类试题的区分度极为明显。

(4) 突出运算能力的训练。

很多次，当我的学生从竞赛的考场中走出来时，其感叹便是"算死我了"，可见竞赛考试的运算量是很大的。而且，以我的培训与练习经验来看，竞赛试题到达一定层面后，几乎没有计算量不大的，略举一例。

例5 如图所示，一宇宙人在太空（万有引力可以忽略）玩垒球，辽阔的太空球场半侧为均匀电场 E，另半侧为均匀磁场 B，电场与磁场的

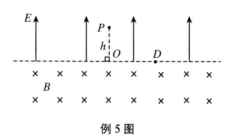

例5图

分界面为平面,电场方向与界面垂直,磁场方向垂直纸面向里。宇宙人位于电场一侧距界面为 h 的 P 点,O 点是 P 点至界面垂线的垂足,D 点位于纸面上 O 点的右侧,OD 与磁场 B 的方向垂直,$OD = d$。垒球的质量为 m,且带有电量 $-q(q>0)$。

(1) 宇宙人是否可能自 P 点以某个适当的投掷角(与界面所成的夹角)α_0 及适当的初速度 v_P 投出垒球,使它经过 D 点,然后历经磁场一次自行回到 P 点?试讨论要实现这一游戏,d 必须满足的条件,并求出相应 α_0、v_P。

(2) 若宇宙人从 P 点以初速度 v_0 平行于界面投出垒球,要使垒球击中界面上的 D 点,初速度 v_0 的指向和大小应如何?

这道题如果从涉及的规律和几何约束的方向看,都不是太难,但很多学生一进入解答过程,就发现自己难以深入,其障碍便是超大的运算量。

参与物理竞赛的同学,很多是自负的,常用"聪明"来形容自己,他们小看那种"不需要智商"的运算,其结果往往是在大考中一败涂地。这种人其实是小聪明、大糊涂。

教练必须告诫学生,不要认为自己"会做"就万事大吉,试着解几道七元一次方程,便知自己的运算能力如何。

(5) 培养严密的逻辑思维能力。

思维能力的体现是多方面的,运用知识解决问题的过程必须通过思维过程来实现,而竞赛命题人在这方面的设计往往是挖空心思的,可能包含知识的联想应用,隐含条件的挖掘,临界条件的分析,结果合理性的辨析,问题多角度的思考与解答等。在竞赛培训时,需要教练指点学生综合运用微元、对称、等效、类比、叠加、图像等物理思想解除障碍。特别是那些文字较少而看似简单的试题,其解答的思维要求可能很高,如下面这道试题:

例6 某种直升机悬停在空中,其发动机的功率为 P,若将它的三维尺寸全部减半,而密度不变,则当它同样停在空中时,其发动机的功率 P' 应为多少?

这道试题中,直升机的形状不确定,条件显得也不是很充分,给人的感觉是一个单一的平衡问题。但是通常情况下,平衡与功率的关联度并不是很大,这就需要答题时仔细梳理知识间的关系,选择量纲分析,合理作答。再如下面这道试题:

例7 如图所示,有一水平方向的匀强磁场,磁感应强度 B 很大。一个半径为 R、厚度为 $D(D \ll R)$ 的匀质金属圆盘在此磁场中竖直下落,盘面始终在竖直平面内并与磁场 B 的方向平行。设金属圆盘的电阻为零,其介电常量为 $\varepsilon = 9 \times 10^{-12}$ C²/(N·m²),密度为 $\rho = 9 \times 10^3$ kg/m³,所受空气阻力可忽略。为使下落的加速度比没有磁场时减小千分之一,则 B 应为多大?

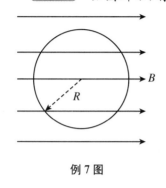

例7图

本题的结构模型看似简单,但若要将其转换到与物理量相对应的模型上来,是有很大的思维难度的:一是需要将圆盘视作我们熟悉的金属杆,其长度为圆盘的厚度,圆盘下落,即金属杆在切割磁场,于是在杆的两端,即盘的两面间产生电动势,进而存在电势差;二是由于圆盘两面带电,这相当于一个电容器,而且圆盘下落得越来越快,因此两盘面间的电势差会越来越大,于是在盘面间形成充电电流,进而圆盘受到安培力。于是,问题回到了电源与电容器所组成的模型。上述两点并不是所有的中学生一开始都能理解与接受的,此题难度是非常大的。

严密的思维还体现在对问题结论的全面性的思考上,如:

例8 如图所示,在水平桌面放着长方形线圈 $abcd$,已知 ab 边长为 l_1,bc 边长为 l_2,线圈总电阻为 R,ab 边正好指向正北方。现将线圈以南北连线为轴翻转 $180°$,使 ab 边与 cd 边互换位置,在翻转的全过程中,测得通过导线的总电量为 Q_1。然后维持 ad 边(东西方向)不动,将该线

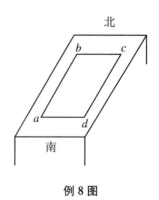

例8图

圈绕 ad 边转 $90°$,使之竖直,测得竖直过程中流过导线的总电量为 Q_2。试求该处地磁场的磁感应强度 B。

本题除了在空间翻转的操作理解上对部分学生有困难外,初次接触此题的学生极少能考虑到在地球的南半球与北半球的情况是不同的,多数情况下,都只是根据我们生活的北半球进行讨论,表现出思维全面性不够的缺陷。

处理好思维难度较大的题,不仅有助于学生见识思维的魅力,更有助于学生思维能力的提高,也有助于学生学习兴趣的培养与巩固。对于资优生而言,他们的成就感并不是解答了多少试题,而是解答了多难的试题。解题的思维难度越大,解答出来后,他们的成就感越强,也越容易强化他们的学习兴趣与热情。

非常遗憾的是,以思维难度见长的试题的命制也有很大的难度,从近年的竞赛试题看,已鲜见此类试题出现。

(6) 培养灵活多变的应变能力。

一般情况下,物理中的某个知识点或者某类模型往往都会有比较成熟的处理问题的基本方法,但这种方法未必是最优的,比如计算

$$1 + 2 + 3 + \cdots + 100 = ?$$

如果你用基本的加法运算,肯定是能完成的,但它与高斯公式进行比较,优劣自不必说。

常规的思维模式常常受到来自命题人的冲击,若你按固有的思维模式解题的话,结果是让你进入死胡同。如:

例9 一个干净的玻璃缸里的水在其边缘部分形成一个凹透镜形状,如图所示。计算凹透镜中心和边缘的高度差 h。水的表面张力系数 $\gamma = 0.073 \text{ N/m}$。

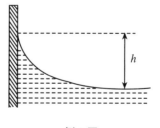

例9图

显然,本题与容器边缘隆起的水的平衡有关。对于此类问题,我们一般优先考虑竖直方向上的受力与平衡,即上面的

表面张力与隆起部分的重力平衡。遗憾的是，由于中学生无法确定隆起边缘曲线的方程或隆起部分的截面积，不能得到隆起部分的重力，结果是无功而返。如果停留于此，当然不应是资优生的作为，只要他们能转换视角，从水平方向上分析隆起部分的受力，根据其平衡属性，问题便得到了解决。

在竞赛中解题时，考生可以变换角度看问题，变换方式找问题，变换对象处理问题，等等。灵活多变的结果往往是曲径通幽。

(7) 培养降维处理问题的意识与能力。

所谓维度，即是问题涉及的方面的数量。空间问题比平面问题的维度高，平面问题比直线问题的维度高，三元方程比二元方程的维度高，三次方程比二次方程的维度高，矢量问题比标量问题的维度高，等等。

问题维度的增加代表试题难度的增加。解答多维度的问题时，我们首先研究的就是在问题背景下如何减少维度，即降维：空间向平面过渡、三次方程向二次方程过渡等。中学物理中的控制变量法是这一方法的典型应用。下面这道试题的解答便体现了从三维空间向二维平面过渡的处理思路。

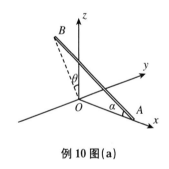

例10图(a)

例10 如图(a)所示，质量为 m、长为 l 的均质细棒 AB，一端 A 置于粗糙的地面，另一端 B 斜靠在粗糙的墙上。自 A 端向墙壁引垂线 AO，已知 $\angle OAB = \alpha$，棒与墙面之间的摩擦因数为 μ，地面足够粗糙。试求：

(1) 棒不至于滑下时 AOB 平面与过 OA 的铅垂面之间的最大夹角 θ；

(2) 上问情况下墙对棒的支持力。

本题考查空间力系的受力平衡问题。由于在高中物理常规教学中，我们讨论的受力情况几乎都是平面力系，学生对空间力系及平衡问题普遍有一种明显的不适应感。在本题的解答过程中，我们可以通过几幅图形，将物体的空间受力情况转化为平面上的受力情况，如图(b)为空间受力图，图(c)为 xOy 平面受力图，图(d)为 yOz 平面受力图，后面的两幅图让我们一下子清楚了各力之间的关系,从而降低了思维难度,进而有效地完成了解题任务。

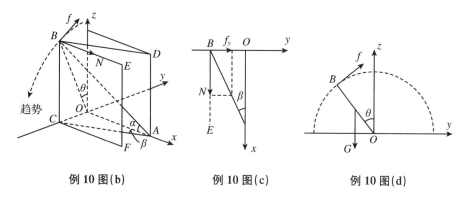

例 10 图(b)　　　　例 10 图(c)　　　　例 10 图(d)

(8) 培养读取信息的能力。

对信息的处理能力也是竞赛对学生的基本要求。在高考背景下,一道物理试题的描述文字一般不可能超过 350 字,太多的文字所包含的信息可能是大多数学生接受不了的,也就导致许多学生看不懂题目,这在针对所有学生的高考中是不允许的。但竞赛对此并无约束,一道题别说有三四百字,就是一两千字也不罕见。一般来讲,题目所包含的信息量与文字数是正相关的。

物理竞赛的命题者基本上都是大学里从事相关研究的教授,他们将当前物理研究领域比较前沿的科技知识或高深的理论信息进行初等化处理。这一过程既是降维的过程,也是向答题者传递信息或规律的过程,但信息与规律的提取需要答题者通过大量的阅读来获取。下面就是一道比较典型的信息试题。

例 11　现有以下信息:

(1) 通过对悬浮在某种气体中的烟粒的布朗运动的观察和测量,得到以下数据:在 $t=27\ ℃$ 时,观测的直径为 1.0×10^{-6} m、质量为 5.0×10^{-16} kg 的烟粒的平均速率为 0.65 cm/s。假定烟粒的平均动能可用其质量与平均速率的平方来表示,则在 $0\sim 100\ ℃$ 范围内,烟粒的平均动能 E_k 与温度 t 的关系为一直线,此直线向低温的延长线与 t 轴交于 $t=-273\ ℃$ 处,如图所示。

(2) 由于气体分子间的碰撞和气体分子与烟粒间的碰撞,在相同温度下烟粒的平均动能与气体分子的平均动能相等。

(3) 1 kg 该气体的温度升高 1 ℃所吸收的热量,即该气体的比热 $c = 6.7 \times 10^2$ J/(kg·K)。1 g 该气体液化成液体的体积为 1 cm³。

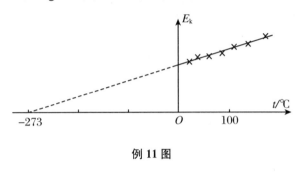

例 11 图

请回答下列问题:

(1) 假定你对分子的特性了解甚少,根据且仅根据以上信息,你对看不见、摸不着的上述气体分子的重要性质可获得哪些初步认识?

(2) 在应用以上信息得出气体分子有关特性的过程中,你认为有哪些地方欠严格?有什么问题应进一步研究或探讨?请把它们一一列出。

本题的文字并非特别多,但给出了大量的与分子运动相关的信息数据和处理问题的一些简化要求,答题者则需要将这些信息与自己所知道的分子理论匹配起来,进行相关的处理。如我们知道,"物体是由大量的分子组成的",这里的"大量"是通过分子很小、分子很轻、分子很多加以阐述的,于是我们就需要知道分子的大小、质量乃至数密度等与分子信息相关的量。顺便强调一下,不论是在高考还是在竞赛的试题中,经常会遇到"假如你对××未知"的表述,这里的"未知"对我们来说,基本上都是已知的,解题时,我们只需将题目中要求研究的问题转换为验证性的问题即可。

(9) 培养一题多解的能力。

方法的多样性、思维的多样性最直接的呈现方式便是一题多解。学生能否对习题进行一题多解,也能间接反映学生多角度运用知识与处理问题的能力。

培养学生一题多解的能力,即培养学生的发散思维、创新思维。要求学生一题多解,是检验学生思维全面性的有效手段之一。在本书前面"从高考到自招再到竞赛"的部分中,我通过一题多解展示了思维的多样性及美妙,相信大家能体会到一题多解的魅力。这里我们再说一例。

例12 一蚂蚁离开巢穴沿直线向外爬行,它的速度 v 与到蚁巢中心的距离 l 成反比。当蚂蚁爬到距中心 $l_1=1$ m 的 A 处时,其速度大小为 $v_1=2$ cm/s。试问:蚂蚁继续从 A 爬到距中心 $l_2=2$ m 的 B 处时要多长时间?

这是一道全国中学生物理竞赛的经典试题,几乎所有的竞赛培训资料都将此题收录其中,我亦将此题多次用于不同年级、不同阶段的学生检测。学生可通过微元法、图像法、类比法、积分法等方法求解,展示思维的丰富多彩。

学生解题能力的培养不是一蹴而就的,而是一个持久的示范、训练的过程,更是我们竞赛培训的核心学习过程。

在解题方法的培训方面,我也投入了巨大的精力,中国科学技术大学出版社出版的《物理竞赛解题方法漫谈》一书即是我在解题方法方面研究的总结。我曾在网上放言,就目前市面上的情况看,还没有哪一本书在谈论物理竞赛解题方法方面比该书更全面、更深刻。

练习的处理与测试

(1) 关于练习:理科学习,我们虽然反对题海战术,但绝对不可回避练习。

高一阶段的学习过程中,对学生练习的处理是教练工作中一道绕不过的坎。竞赛练习量大,其解答过程远远超出了常规习题的规模,哪怕竞赛小组的学生数只是常规学习的学生数的四分之一或五分之一,教练要全部批改完学生的练习也是无能为力的。这不仅是因为学生完成作业的速度快、题量大,更为重要的是,不同学生在同一时间段完成的作业内容可能是完全不同的。况且,我在培训过程中,从来不约束学生一定要完成多少作业量,虽然不同的学生由我来指定练习内容,但进度由学生自己把控。然而对学生的练习完全不批改显然也不符合教学的要求。

我的做法:一是定期检查,随机抽查,或让学生主动汇报,这样教练可以做到了解学生的进度与完成状态。通过进度与完成状态,教练可以判断学生在竞赛学习方面的时间投入与应用知识的能力,以确定他的后期发展目标。二是学生互批,这既可以让他们彼此督促,也可以让他们欣赏他人,寻找自己的不足。在整个高一阶段,教练都应尽可能地促使学生完成一定的练习量,达到培训的目的与效果。

对于练习的试题,我基本上是逐届筛选,给出一定的基本练习题,然后再根据不同学生的情况指定某个资料体系作为补充。

我在浙江大学出版社出版的《高中物理竞赛辅导教程(新大纲版)》一书中的例题与过关练习便是我的学生在高一阶段的基本例题与练习题。一般的竞赛生在高一阶段若能完成其中的70%,我就十分满足了。

(2) 关于测试:检验学生对知识的掌握程度与运用能力的有效方法当然是测试。

精心设计合理的测试内容,有利于教练掌握学生的学习状态,更有利于学生能力的提高。同时,测试也让部分学生对竞赛学习知难而退,是教练淘汰冗员的最有效方式。

在授课时间极为紧张的情况下,教练应力争对学生进行单元测试与专题测试,根据测试反映出的问题,调整教学进度与难度,力图达到预期的培训目的。

由于高一阶段的教学时间较为紧张,一般教练的工作量是很大的,这一轮测试的作用主要体现在观察学生"会不会做"和"能不能做对"这两个层面上。有时候,只要学生达到了"会做"的层面,教练基本上就可以认为达到了教学目的。

由于竞赛时间的约束,对专业竞赛生的培训而言,至少应抢在高一升高二前的暑假期间结束新授内容,然后在暑期进行一定的复习和相应的综合模拟训练,准备迎接随之而来的全国中学生物理竞赛。

从事竞赛培训的教练可能很清楚,目前市面上最缺乏的资料是能对学生进行有效测试的资料。我对学生的测试系统也是逐步形成的,各单元的测试、不同专题的测试以及不同层面的综合模拟测试的试卷共有百余份,这些试卷都是在过往的时间里由我组编的,而且仍在不断地改进中。我基本上能根据学生的状态,选用不同的测试卷,然后根据试卷反映出的问题,实施相关的教学。

6.4 高二阶段培训进度与内容

如果高考只进行一轮学习,相信大家都知道那意味着什么。其实,竞赛也一样,如果整体培训等到高二结束时才学完竞赛内容,然后直接参加竞赛的话,结果不会好到哪里去。所以,竞赛培训也应如同高考备考,分一轮、二轮,如果竞赛培训在高一完成了第一轮教学的话,那么从高二起(每届10月复赛结束后),便是第二轮教学了。

前面已经说明,第一轮的学习基本上是根据大纲要求进行知识的讲解,解答学生的疑难点,精选相应的例题与习题,引导学生加以应用,并以培养学生的基本能力为主。在这一过程中,教练为学生答难解疑,搭建知识的体系架构,为学生的后续学习夯实基础。对一般学生而言,第一轮的学习虽不宜制定太高的学习目标,但一定要完成知识体系的学习与基本能力的培训,这样才能确保到了高二时能快速地向前走。无论如何,教练都应保证优秀的学生在高一时系统地学完一轮高中的知识内容。

对于进入高二后开始的第二轮培训,我们首先需要解决的是参与培训的人数问题。一般来说,高一参加培训的学生较多,进入高二,培训班便需瘦身,教练必须根据自己的判断,果断地淘汰不适合竞赛的学生。我必须强调,淘汰必须坚决执行。我个人的经验是,对于一般的竞赛弱校而言,最终小组人数尽量不要超过10人,即便是竞赛强校,也不宜超过15人。否则,教练无法集中精力进行培训,必然会影响到培训效果。此后留下来的学生,从大的方面看,可分为两个层面,一是争取赛区全国一等奖的学生,二是冲击省队及更高层面的奖项的学生。

对于这批留下来继续冲刺竞赛的学生,我们一定要提示他们和家长在这一轮学习过程中可能会遇到的障碍,也不能忽视对其信心的激发。我在每一届发的培训资料的前面都会写上一点文字,既有当时的情况分析,也有资料的用法,更有对学生的要求。譬如,有一届(物理小组无女生),我在发给学生的第二轮讲义的外封面上水印了"葵花宝典"四个字,在内封面上水印了"欲练此功必先自宫",然后在资料的首页写下了如下的文字:

写给同学们

各位同学,在物理竞赛这条道上,你们能走到今天,已实属不易了。在过去的一年中,你们克服了别人无法想象的困难,一步一步地走到今天,虽然其中的甘苦只有你们自己知道,但每个人的向往与压力大家都能感觉得到。好在我们走过了高一这一年,成绩说不上坏,但肯定也说不上好。不过,这一切都已经不重要了,重要的是我们该如何走好下一年的路。因为很多个性化的问题我们已经在私下的交流中谈到了,所以,我首先想在此谈谈下一年里,我们可能会面临的一些具有共性的障碍。

来自学生自身的障碍。同学们面临的首要障碍来自同学们自身,这并不是老师在推卸责任,而是因为同学们是竞赛学习的载体,任何问题都直接汇集到你们这儿来。因此,你个人的素质决定了你将来的位置。这具体表现在以下几个方面:你的悟性是否能让你吸收与理解必要的学科知识,你是否具备将知识转化为解题能力的执行力,你的学习品质是否能让你在这一年中保持积极的、良好的学习状态,你是否具有锲而不舍的学习精神,你的目标是否坚定而明确,你是否具有良好的应试心态,你是否做好了抵抗挫折的心理准备,等等。另外,关键的问题是,你对待学习的心态是不是快乐的,你是否享受到了竞赛学习过程中的乐趣。

来自教练的障碍。作为教练,我深知自己目前的状态也是你们的成绩冲高的障碍之一。主要原因当然是我的个人能力与培训时间有限。培训时间虽不是取得成绩的必然因素,但却是一个保证因素,我们在这方面有"欠账"。另外,我们还有一个无法绕过的障碍,直接地说吧,复赛前两个月的冲刺训练对应试而言是极为重要的,但非常遗憾,每到节假日,我便不再有时间陪伴你们了,这势必影响到你们最后的考试,但无法更改,原因大家都懂的。

来自家长的障碍。我一直认为,在竞赛培训方面,学生、家长、老师三者之间自始至终相同的一点,便是希望学生能通过竞赛实现大家所期待的功利性目标。但在实现功利性目标的途径上,家长的急功近利与患得患失往往会让学生与老师无所适从,障碍由此产生。况且,要实现功利性目标也越来越难啊!

来自规则的障碍。竞赛本身类似于闯关游戏,这个游戏的终极目标当然是 IPhO,要依次闯过预赛、复赛、实验、决赛等。但每一关都有握着底牌的人,比如,并不是所有学习竞赛的同学都能通过预赛进入复赛,而你们却无忧无虑地过了关一样,因为江老师为你们抓到了一张底牌。也就是说,任何一关都会有人从规则中获利,但未必是你,而这种障碍往往是无形的。祈祷我们能走到决赛吧!

好啦,不说其他的了,我们要做好闯关的准备了。

要闯关,就得练身手啊。江老师30年前曾经对武侠小说非常痴迷,近期又购进了金庸的全套武侠小说,准备重新一一研读。在这些武侠小说所描绘的武功中,江老师认为至高无上的武功当属东方不败练就的"葵花宝典"。从事了30多年中学教学的江老师认为,我们所从事的竞赛学习,即是在练习中学学科领域的"葵花宝典",因为它在中学阶段是至高无上的。遗憾的是,"葵花宝典"并非常人能练就,不只因为它要求练习者有足够的天赋,更因为"葵花宝典"的开篇之语是"欲练此功,必先自宫",而且无法绕过这一关。站在理性的角度,我想大家对"葵花宝典"都会唯恐避之不及,然而却有太多的人趋而往之,就如同大家今天冲着物理竞赛而来。

好啊!既然如此坚定地来了,那么就请你们先行"自宫"吧!

为了练好你们的"葵花宝典",作为教练,我权且为你们列出如下"自宫"的清单:

1. 沉迷"葵花宝典"的人,其武功(学习能力)自是不低,看看教室内的同等高手,轻松地坐在江湖(学校)中武林高手的交椅上,心安理得地掌握着游戏的操纵杆,从传奇到DOTA,任其纵横,享受着他的"快乐学习"。但由于你是"自宫"之人,此时,你对操纵杆应有一种过敏性恐惧,触之如同电击,所以你对各类游戏应避之不及。

2. 我知道,动漫、八卦曾是你的最爱,但"自宫"之后,你翻开那些杂志,发现映入眼帘的居然是"葵花宝典"中的图像与公式,似乎还有不甚明了的招数等着你温习与拆解,于是你应自觉与不自觉地沉迷于本"葵花宝典"中。

3. 你是青春少年,英姿勃勃,荷尔蒙过剩,你需要发泄,需要舞台,还需要有人喝彩,于是你风一般地奔向球场。就在此时,一个声音在你耳边响起:停下来,停下来,别忘了你已"自宫"。

4. 哪个少年不多情?你目视左右,小伙伴们一对对卿卿我我,虽然他们的对话往往是"你考了多少"之类的无聊之语,但你的心却向往之、神往之。然而,你应该明白你是"自宫"之身,对于这些,只能默默地念着"罪过,罪过"。

算了,不列举了。教练只希望你能将CASIO991计算器的按键击出计算机键盘的声音来;希望你除了练就"葵花宝典"外,还能练就所有的绝世武功(艺多不压人啊),各类武功秘籍教练都给你了;希望你的大头贴能出现在学校大厅里,让那些学弟、学妹们天天为你喝彩;当然更希望在你涅槃之后,有知己立于身旁……

还有一点,我来悄悄地告诉你:这一年来,你"自宫"了,并勤于修炼,当你合上"葵花宝典",自以为能行走江湖时,请你不要忽略了"葵花宝典"的最后一行字——"即便自宫,也未必成功"。

晕。

但我知道,那时的你是不会倒下的,因为这个世界上又多出了一个伟岸的男子汉,那便是涅槃后的你!

最后,你们要知道,这本《葵花宝典》可是秘籍,大家不要轻易外传,而且还得努力保护哦。

你们的江 sir

从上述文字中,大家就能看到,我在对学生们进行提示与激励的同时,也说明了我对第二轮学习的总体要求与预期。

虽然参与第二轮学习的学生都是经过严格的淘汰及分层留下来的,但彼此间的差异也是非常明显的,教练个性化的培训必须及时跟进。在整个培训阶段,不同学生阅读的书籍、训练的内容及题量都会有一些差别,不宜追求同步,不宜追求一致。这一轮的教学有针对全体竞赛学生的讲解,更有个性化的学习计划与培训。教练的培训绝不是班级授课形式的翻版,很多时候,个性化的教学是通过教练与学生一对几甚至是一对一的谈话方式进行的。学生的学习方式是听教练的全面讲解与自主学习结合。

在第二轮学习中,教练在知识的讲解上,不再以基础知识为主,而是相应地延伸与拓展;在方法的讲解上,更加注重方法的融合与提升。学生的时间相对充裕一些,自由度也更大一些。在这一轮学习中学生应以自主学习为主,教练的引导只是让学生保持学习竞赛的"温度",防止学生无目的地进行学习而走上歧途。学生在这一阶段必须自主阅读大量的竞赛类图书。有志于冲击国家集训队的学生,还必须学习理论物理及相应的数学知识。

教练全面讲解的内容与单元测试,学生针对自我目标进行的宽泛而自由的学习,都应在复赛当年的 5 月份以前结束,然后一切学习活动都必须回到以复赛为目标的主线上来。全体学生瞄准复赛,进行冲刺。

复赛是学生前进中的瓶颈,不冲出这个瓶颈,竞赛活动也就戛然而止,让人看得见的功利性目标也就灰飞烟灭。在我的培训历史上,有许多优秀的学生由于没有冲出瓶颈,不得不带着巨大的遗憾离开物理竞赛的赛场。

总体上讲,对于第二轮的培训,我们应注意如下几方面的培训要点。

教练主导方面

(1) 典型例题的延伸拓展与深度剖析。

教学培训的主要过程仍然以精选的例题为载体,进行综合串讲。串讲内容包括知识内在的关联、模型的拓变、知识的归纳与延伸、方法的迁移等,同时注意引导学生将现有试题衍变为新的试题。

串讲的题目不要求一定是新题,但相对于第一轮教学,应讲出新意,那种就题讲题的教学只是一种低层面的习题教学。通俗地讲,就题讲题实质上就是教练与学生一起核对答案的行为。所以,讲解例题,绝不应满足于教会学生怎么解,而应立足于例题所涉及的知识点、模型、运用的方法,将其向例题外进行延伸。

在教学中,考虑到学生的水平已非高一时期的水平,对一般性的习题,应做到点到即止,而对经典的竞赛试题,则应最大限度地发挥习题的功能,要做到延伸与拓展。如:

例13 质点做直线运动,在 $0 \leqslant t \leqslant T$ 时段内瞬时速度为 $v = v_0\sqrt{1-\left(\dfrac{t}{T}\right)^2}$,则这段时间内的平均速度为(　　)。

A. v_0　　　　　B. $\dfrac{v_0}{2}$　　　　　C. $\dfrac{\pi}{4}v_0$　　　　　D. $\dfrac{2}{\pi}v_0$

这是一道经我改编过的试题,题目描述简洁,内容指向也很明确,即平均速度的计算。从已有的匀速运动与匀变速直线运动的知识出发,A、B 两个选项通过目测都可以排除,而对于 C、D 两个选项的判断,则会产生一些问题。虽然在物理竞赛的复赛中还不曾出现过选择题这类题型,但本人觉得此题的功能很强大,使得本题成为我在众多背景下必定重点讲解的试题。讲解程序如下:

①给出答案。

将

$$v = v_0\sqrt{1-\left(\frac{t}{T}\right)^2}$$

变形为

$$\frac{v^2}{v_0^2} + \frac{t^2}{T^2} = 1$$

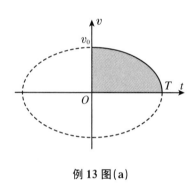

显然,其 v-t 图像为一椭圆,其半长轴分别为 v_0 与 T,在 $0 \leqslant t \leqslant T$ 时段内,质点的位移为图(a)中阴影部分的"面积",即 $S = \dfrac{\pi v_0 T}{4}$,所以这段时间内的平均速度为 $v_{平均} = \dfrac{S}{T} = \dfrac{\pi}{4} v_0$。选项 C 正确。

例 13 图(a)

②挖掘问题。

在中学阶段,我们对 $v = v_0\sqrt{1-\left(\dfrac{t}{T}\right)^2}$ 之类的函数表达式还有一种比较成熟的处理方式:

令 $t = T\sin\theta$,其中 $0 \leqslant \theta \leqslant \dfrac{\pi}{2}$,则易得 $v = v_0\cos\theta$。

再由图(b)并结合高中数学知识易知,在 $\left[0, \dfrac{\pi}{2}\right]$ 区间内,速度 v 的平均值为最大值的 $\dfrac{2}{\pi}$ 倍,即 $v_{平均} = \dfrac{2v_0}{\pi}$。选项 D 正确。

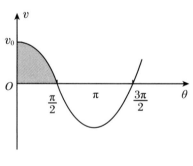

例 13 图(b)

③追求真谛。

上述两种解答给出了两个结果，肯定有一个是错误的，大家也许不难确定正确的答案应该是 C。D 选项的解答为什么错了呢？这样解答的问题出在什么地方呢？

原来，物理中平均的意义并不像数学中的算术平均那么简单，一个物理量可能是与多个物理量相关的，该物理量对不同的相关物理量的平均，不仅大小不一样，其物理意义也不相同。

在对速度的表达式进行变形的过程中，选取的是 $t = T\sin\theta$，这里由于 t 与 θ 的关系并不是线性的，所以在这一过程中对时间的平均与对参量 θ 的平均的物理意义是完全不同的。平均速度是位移对时间 t 的平均，而 $\dfrac{2v_0}{\pi}$ 是速度对参量 θ 的平均，故这一解答产生的结论是错误的。

那么，是不是速度的表达式经过 $t = T\sin\theta$ 的转换后，就不能求解平均速度呢？也不是。请看下面的解答。

由 $t = T\sin\theta$ 得

$$dt = T\cos\theta d\theta$$

故

$$v_{平均} = \dfrac{\int_0^T v dt}{T} = \dfrac{\int_0^{\pi/2} v_0 \cos^2\theta d\theta}{T} = \dfrac{\pi}{4} v_0$$

同样可以得到选项 C 是正确的。

④ 延伸拓展。

为了加强对平均意义的理解，我们不妨以简谐运动中的平均力来说明平均的含义。

如图(c)所示，质量为 m 的物体在劲度系数为 k 的弹簧的弹力作用下做简谐运动，由振动的知识易知，物体振动的角频率为 $\omega = \sqrt{\dfrac{k}{m}}$，周期为 $T = 2\pi\sqrt{\dfrac{m}{k}}$，其回复力为 $F = -kx$。若物体的振幅为 A，则最大的回复力为

$F_m = kA$。由对称性易知,物体从 A 点运动至 O 点的时间为 $\dfrac{T}{4}$,在这段时间里,物体受到的回复力随 x 的变化如图(d)所示,则物体从 A 点运动到 O 点这一过程中的平均力大小为 $F_{平均} = \dfrac{F_m}{2} = \dfrac{1}{2}kA$。

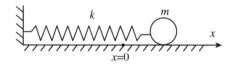
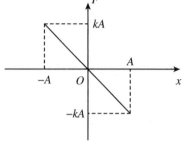

例 13 图(c)　　　　　　　例 13 图(d)

另一方面,物体振动的位移 $x = A\cos\omega t$,所以回复力为 $F = -kx = -kA\cos\omega t = F_m\cos\omega t$,则物体从 A 点到 O 点这一时间段内平均力的大小为 $F'_{平均} = \dfrac{2}{\pi}F_m = \dfrac{2}{\pi}kA \neq \dfrac{1}{2}kA$。

很显然,上述两个平均力对应的是同一过程,但它们并不是对同一物理量的平均,前者是对这一过程中的位移的平均,后者是对这一过程中的时间的平均,而位移与时间之间并不是线性关系($x = A\cos\omega t$),因此它们的平均值是不相同的。

但是,这两个平均值都是有物理意义的。

我们知道,力对位移的累积效应是功。那么,力对位移的平均值与对应位移的乘积便是这一过程力对物块所做的功,若设物块到达 O 点时的速度大小为 v_0,则由动能定理可得 $F_{平均} \cdot A = \dfrac{1}{2}mv_0^2$,即 $\dfrac{1}{2}kA^2 = \dfrac{1}{2}mv_0^2$,解得 $v_0 = \sqrt{\dfrac{k}{m}}A = \omega A$。

同理,力对时间的累积效应是冲量。那么,力对时间的平均值与对应时间的乘积便是这一过程中力对物块的冲量,则由动量定理可得 $F'_{平均} \cdot \dfrac{T}{4} = mv_0$,即 $\dfrac{2}{\pi}kA \cdot \dfrac{1}{2}\pi\sqrt{\dfrac{m}{k}} = mv_0$,解得 $v_0 = \sqrt{\dfrac{k}{m}}A = \omega A$。

显然,两者的结果是一样的。

由此可见,我们在讨论某个物理量的平均值时,一定得弄清楚是对什么物理量的平均值,不然就会出现张冠李戴的情况,如出现 $F_{平均} \cdot \frac{T}{4}$ 或 $F'_{平均} \cdot A$ 的表达式,这是没有意义的。

⑤来点八卦。

在前面的解答中,$v = v_0 \cos \theta$ 在 $\left[0, \frac{\pi}{2}\right]$ 区间内的平均值为最大值的 $\frac{2}{\pi}$ 倍,是我们直接给出的,当然这一结论可以通过数学手段进行计算,即

$$v_{平均} = \frac{\int_0^T v \mathrm{d}\theta}{\pi/2} = \frac{\int_0^{\pi/2} v_0 \cos\theta \mathrm{d}\theta}{\pi/2} = \frac{2}{\pi} v_0$$

但现在要求同学们运用物理规律、通过物理方法求出这一结论。我们将这一问题留给同学们处理。

这一路讲下来,既有知识理解层面上的内容,也有贯穿知识板块提高层面的内容,还有激发学生学习兴趣的要素。试题虽小,容量却大。

最近几年,我在公众号"汇智起航微课堂"开辟了一个"江四喜专栏",将自己多年来在物理竞赛例题讲解上的心得,以每周一题的速度,用一题一议的方式进行推送,有兴趣的读者可以关注。

(2) 专题讲解,知识融合。

物理知识体系庞大,对不同知识点的归纳提升,对相似模型的归纳处理,对相同规律的统一研究,相同的研究方法针对不同对象的应用,等等,这些促使学生触类旁通的知识、方法的培训是第二轮培训必须认真实施的。而专题讲解便是为学生的提升铺路的过程。我的《物理竞赛专题精编》一书便是这一思路的产物。

在第二轮的培训过程中,教练应根据自己的教学进度,安排一些专题性质的内容进行讲解,融合物理知识体系。如讲到振动时,便可以引申出所有正弦或余弦规律变化的物理量,如交流电、光波等,这些物理量都可以采用同样的研究方法,比如用参考圆进行研究。再如,讲到库仑力时,由于它与万有引力都是与距离的平方成反比规律的,它们不仅有相同的研究方法,也

有相似的结论,两者在学习过程中是可以贯通的。

当然,更多的是为了解决学习中遇到的某个问题而产生的专题,如空间问题专题、运动关联专题、非线性问题专题等。

此外,还有一些是复赛中的热点专题,如热学专题、光学专题、狭义相对论专题等。

这些专题并不都是由教练完成的,更多的是学生在教练的指导下完成的。在学习过程中,不同的学生往往会对自己所学的内容进行内化处理,可能会形成好的理解方式,教练可要求学生用专题的方式呈现出来,供大家学习、欣赏。对于学习中出现的知识上的漏洞或缺陷,我也会要求某个学生先行学习、整理,然后用专题的方式对大家进行讲解,弥补大家在学习中的不足,化解大家在学习中的困难,提高整体的学习效率。例如门电路专题、转动参照系中的相对运动专题等。

(3) 督促学生撰写小论文。

对学生的竞赛培训,其实是多方面与多途径的。比如,学生在学习过程中,肯定会遇到各种各样的障碍,若某位学生对某个障碍处理得较好,我便要求这位学生根据自己的学习心得,将其写成小论文,然后打印出来,发给全体学生,使得大家能化解相应的问题,同时也为我的后续培训留下了难得的资料。目前,我的计算机中存储着学生撰写的小论文近百篇,涉及众多方面。这些看似幼稚、实则是学生心血之作的小论文是我特有的培训资料。

这一工作也为我的后续培训带来了极大的便利。不同届别的学生产生的问题往往是相似的,我让这些问题的解答用小论文的方式传承下来,为后续的培训节省了大量的时间。后来的学生一旦遇到类似的问题,我只要让其阅读一下学长们的小论文,基本上都能得到圆满解决,学生、教练都非常高兴。而且学长或同伴们的文字激发了学生们将自己的思想变为文字的欲望,也就激发了他们的学习热情。

(4) 组织学生进行对抗赛。

在第二轮培训过程中,我会开展一项持续时间较长的活动——组织学生进行对抗赛。这实际上是一个组织学生命题的活动。

早期培训阶段,我也组织过学生命题的活动,但落实情况并不是很好。后来,我通过抽签的方式将所有的学生分为两个小组,每个小组的同学分工合作,彼此相互讨论,命制复赛的模拟试卷,要求试题或原创或改编,试题的命制过程中。同一小组的同学必须要交叉验证,彼此质疑,再交给教练论证、质疑,接着教练负责打印,命题者负责校对,然后两个小组交互考试,互相批阅,接着命题者讲解,最后教练点评。同时,获胜方将获得对方给予的奖励。那个时间段,学生整天在思考,教练也整天在忙碌,都很充实。

学生通过命题活动,更加明了审题、答题的要点。

与此同时,我也通过这些活动收获了一些原创的优秀试题,如:

例14 如图所示,一根长为 l 的杆靠在高为 d 的矮墙上,杆的质量为 m,杆与地面间的摩擦因数足够大(可以保证杆与地面的接触点 A 处无滑动),杆与矮墙间的摩擦因数为 μ。已知 A 点与矮墙的距离为 a,试问:

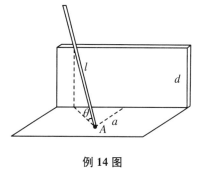

例 14 图

(1) 杆和地面间的夹角 θ 的最小值是多少?

(2) θ 最小时,墙对杆的支持力为多少?

本题是在处理空间问题时,为了降低空间问题的难度,由学生命制的一道试题。它是从平面问题向空间问题过渡的试题,也是关于复杂的空间问题的基本试题。在竞赛培训中,这是一道极为实用的试题。

虽然学生命制的试题有很多还是不成熟的,但从命题的过程中,同学们都收获了很多单从训练与练习中无法体验到的解题感受。

(5) 第二轮测试与评讲。

当然,在第二轮的培训过程中,测试是少不了的,必须有针对性地精选测试题。但试题难度未必要求超过第一轮的测试题。第一轮培训我们要求解决学生"会不会做"的问题,而第二轮测试除了查找学生的知识与能力问题外,还应该注意,不仅要求学生会做,还得要求学生做对,而且做对还要保证得分。

这一轮中,学生已经开始阅读大量的试题与相关的参考书。要让学生通过测试明白:看会不等于会做,听会不等于会做,会做不等于能做对,会做也不等于会考,且做对不等于能得分。要清楚看会与做会之间有很大的差别。很多时候,我们对学习过程中产生的问题基本上是通过阅读弄清楚的,即通常所说的"看会"。相对于做会而言,看会一定存在诸多的缺陷,很多可能产生的问题在阅读过程中被忽视了,而这种问题基本上都会在测试中出现。所以,教练要促使学生扎扎实实地进行第二轮的学习。

每次测试以后,在批阅试卷时,我都会根据卷面情况,指定某个学生负责讲解某道题,这道题可能是学生在试卷中解答得较好的,特别是那种解答独特的,但也有可能是学生完成得不理想的。这种安排可以让解答独特的学生优化自己的解答,让大家共同欣赏这种解答;让那些有问题的同学,通过讲解的准备,在展示自己出错原因的同时,也能解决自己的障碍,消化自身的问题,达到共同提高的目的。

第二轮培训中,在教练主导下的活动的确很多。我也曾尝试过很多方法,如在小组设置"难题征解",让学生通过打擂台的方式保持学习热情。我的做法也有不成功的例子。譬如,我甚至曾号召学生通过命题来考我,可惜学生对这方面的尝试没有太大的兴趣,我也很难适应学生的试题,更无法深入下去。

学生自主学习方面

第二轮培训时由于学生已经学完了基本的知识内容,而训练往往又显得可深可浅,因此学生自主学习方面有着较大的弹性与可塑性,但也必须遵循一定的要求进行学习。

(1) 瞄准学习方向。

在多年的培训过程中,我也接触了一些以自学为主的竞赛生,他们有一腔热情,却又漫无目的地进行学习,他们抛开竞赛的主线,以知识的了解为目的,动不动就是理论物理的四大力学、朗道物理、费曼物理,好像高深得不得了,却最终在复赛上折戟沉沙。

所以,在培训过程中,我一直都非常强调学习的方向性与目的性,让学生沿着我划定的路线学习,不要有太大的偏差,不可过于偏离竞赛内容的主线,不可以知识的学习代替能力的训练,引导他们沿着正确的方向前进。

(2) 独立地进行系统的学习。

对于学生的自主学习,我只是针对不同的学生要求其在某个阶段阅读或练习特定资料,没有特别的进度要求,在掌握与应用的基础上,应该说是能走多远就走多远。但无论如何应保证学习体系的系统性,由于高一的匆忙,学生的知识体系必定留下了许多漏洞,高二必须进一步对知识进行补充与系统梳理。当学生完成了一套资料的学习时,再与我讨论这套资料的学习心得,解决学习过程中遇到的问题。然后,再按照我的要求学习下一套资料,如此反复。对某一套资料,学生必须一学到底,尽量不要中途更改或回头重来,以保证学习的系统性,而且应尽可能地让学生阅读一些经典的竞赛培训书,以扩大视野。

(3) 强调以提高解题的速度与正确率为学习与练习的效果。

学习是过程,应试是终极目标之一,那种"会做做不对,做对不得分"的现象是令竞赛生最为头痛的问题,一定要克服它。

物理竞赛的时间虽然长达3小时,试题却只有八九道,甚至只有七道,但历届的经验告诉我们,只有极少数学生能够在规定的时间内完成整个试卷的解答,不要奢望考试中还有时间来检查、验证自己的解答过程。因此,在日常的测试与练习中,我们必须强调:学生在努力提高自己的解题速度的同时,应追求一次性正确率。

没有高的一次性正确率,最终必然是一事无成。

(4) 强调合作学习。

当学生进入第二轮学习时,他对知识的掌握与应用熟练程度大体已经超越了教练,此时小组同学应注意合作学习,互相补缺补差,相互促进。

教练强调大家不要同时围绕一种资料进行学习,目的是尽量让大家在学习过程中进行互补性学习,提供更多的可彼此讨论的素材,彼此互为师生,相互促进。

教练督促学生合作命题,合作撰写论文,都是促进共同提高的合作学习方式。

在合作学习方面,我还想强调一点,学生的自主学习既是为了培养独立精神,也是为了增强集体主义精神。让他们在合作中获得更大的收益,促使他们更愿意与他人合作,更能与他人形成默契,这也是他们在成长过程中积累的财富。

赛前停课,冲刺复赛

在竞赛强校,学科竞赛一般都有一个学生全面停课进行复赛冲刺的过程。但在时间上,不同的学校、不同的学科会有所不同。这些年来,对于物理学科,以我的经验,从当年的高考开始,即6月上旬,专业的学科竞赛选手便全面进入停课冲刺复习了。若太早,则学生后来对学习会产生疲惫感乃至厌倦,让学习效率大打折扣;若过晚,则学生有可能完成不了相应的训练要求、必读参考书的阅读或竞赛内容的整理。

这个时间段里,所有放养式的学习必须收敛,而要围绕复赛进行备考。

这个时间段里,教练要组织学生进行专题总结、冲刺训练,指导他们进行更广泛的阅读,对过往的问题进行梳理,强化答题的规范。

这个时间段里,学生要控制自己的户外活动节奏,做到张弛有度,不得进行任何剧烈的运动,篮球场与足球场就不要上去了,尽可能地避免意外伤害及病痛。

这个时间段里,学生变得敏感、焦躁起来,同学之间也更容易产生矛盾,加上学生自身的心理因素,这些都会影响到学习效率。

这个时间段里,学生的学习方向模糊起来,该看的书已经看过了,做过的习题已经不少了,现在不停地做也感觉不到有什么进步,似乎已经达到能力的饱和值了,学习倦怠也随之而来。

这个时间段里,学生的学习自由度太大了,特别是那些有北大、清华签约在身的学生,似乎对细节已经无所谓了,管理的难度加大了。

但无论如何,教练都得保证学生在冲刺复赛阶段认真对待下面的学习任务。

(1) 回归整理。

复习过程是查找自己的问题与缺陷的过程,而自己的问题与缺陷不仅仅是记忆中的那一点点,大量的问题与缺陷都记录在自己过往的练习簿与测试卷上。

在日常的学习中,我一直都要求学生保留好自己的练习簿与测试卷,一路走来,学生做过的练习题一定有数千道,完成了数十套试卷的测试,自己学习过程中的问题和自己能力上的缺陷基本上都记录在案。

在学生进入停课复习之初,我要求学生完成的第一项学习任务便是回归到过往的练习与测试中,从中查找并解决自己的问题与缺陷。在这一过程中,学生会很快发现自己的许多问题都是相关联的,或源于对知识的理解有误,或源于思维方面的欠缺,或源于对模型的认识不清,或源于运算能力的低下,或源于阅读能力的不足……学生解决这些问题后,往往会产生类似多米诺骨牌的效应,当一个问题得到解决时,类似的问题便也得到了解决。

学生可以通过回归过往的练习与测试中,梳理自己的知识体系、解题思路与方法,解决自己的问题与缺陷。对于一般学生,在全面停课的基础上,这一工作持续的时间都应在两周以上。

(2) 强化专题复习。

这个时间段里,学生除了通过回归的方式进行系统的查漏补缺外,便是围绕我的《物理竞赛专题精编》进行专题复习。《物理竞赛专题精编》本身就产生于过往学生的复习过程中,它既是一本查漏补缺的书,也是一本突破障碍的书。学生在使用该资料时,如遇到自己比较熟悉的专题,当然就直接跳过,但对于不太熟悉的内容,则需要认真练习。很多使用过该书的学生与教练都反映这本书是他们一页一页地学习的,效果特佳。

我要求学生认真对待的另一本书则是舒幼生老师的《奥赛物理题选》。这一本的整体难度要明显地高于复赛,但题目的过程与模型都较为经典。对于该书,学生必须认真阅读与练习。

(3) 进行高强度的实战训练。

在进入停课复习的阶段,教练必须保证让学生保持高强度的限时模拟训练。高强度的实战训练既是一项提高答题速度的训练,也是一项提高正确率的训练。

这个时间段里,我基本上保证了每周三次的综合模拟测试,每次 3 小时,时间长度与复赛要求一样,内容基本上都是针对复赛的。

对于模拟训练卷,必须保证批改,而且多数时候是当面批改,出现问题及时沟通,查找原因,寻找对策,这几乎是一对一的培训了,只有出现了共性的问题才统一讲解。

与强化训练同步的是对学生答题规范的训练。很多学生在考试中,虽然试题做对了,但可能由于答题的规范问题而被扣分,即出现了"做对但不得分"的现象。每一次测试中,教练都有必要提示学生注意答题规范。我在自己制作的物理竞赛专用的答题纸上写明了如下的要求,以此提示学生答

题要规范:

答题时请注意:
① 写清题号,卷面整洁;
② 步骤规范,表述清晰;
③ 不得使用胶带类的涂改用品;
④ 在任何表达式前面都应有理由,任何理由后面的表达式都应该是唯一的。

而每次测试后,教练都应对学生答卷的规范性进行评价。

(4) 组织专题讨论。

在这段时间里,教练需要不间断地组织学生进行各种专题的讨论,以提高学生的参与度,促使学生不间断地思考,保证学习的温度与效率。专题包括学生的学习心得交流、问题讨论、知识点辨析等。一切有利于学习的手段在这一活动中都可能出现。

(5) 与"假装很努力"作斗争。

到了后期,很多学生的能力已经接近或达到自身的饱和值了,此时该看的书基本上已经看过了,做过的练习已经不少了,一眼看去,绝大部分习题虽不敢说全部能做对,但感觉基本上都是会做的。学生觉得学习水平已经稳定了,在很长一段时间里,都感觉不到自己有明显的进步了。不知不觉中,学生进入一种索然无味的疲倦状态中。但目标还屹立在前面,复赛还未结束,学习就不能停顿,还得不停地做题,不停地看书,哪怕是这题曾经做过,这书也无新意。总之,还得努力地学习。特别是在测试中,偶尔还会有一次令人恐惧的倒退,这更促使他们强迫自己投入不断重复的学习状态中,用不断刷题的方式来巩固自己的学习成绩。看上去,他们很努力。

然而,在我看来,学生的这种"很努力"是一种"假装很努力",是一种倦怠,是一种在迫于外界压力的情况下作出的应付策略,也是学生的一种应激反应,是一种在能力饱和值下消磨时间的无奈对策。因为在当时的环境下,家长对他有期望,教练对他有督促,他自己对目标有追求,因此不可能不努力地学习,但又找不到恰当的突破能力饱和值的方式,于是不停地看书与刷题,便成了最佳、似乎也是唯一消磨时间的方式。

我们应该知道，单一的学习方式是会拉低学生的学习能力饱和值的。要改变学生这种"假装很努力"的状态，教练应提供给学生多种学习素材，促使学生通过多种学习方式，提高进一步学习的热情，寻找合力，努力冲击当时状态下能力饱和值的天花板。其实，我前面所介绍的学生间的对抗赛、撰写小论文等都包含了针对这一种学习状态的要素。

总之，在停课复习期间，由于学生自主学习的时间很长，教练要尽可能多地创造一些大家都能参加的学习活动，以保证学生的学习充满热情，防止由疲倦造成的倦怠，从而影响复习效果。

6.5 赛前的应试辅导

学科竞赛虽是多轮赛制，但从功利性角度看，它却是不折不扣的一次性考试，因为学生能否获得赛区全国一等奖，能否进省队，能否与北大、清华签约，都取决于复赛（省级竞赛）的成绩，所以复赛在竞赛中的地位非常重要，竞赛培训应针对复赛进行，以期学生在复赛中取得相应的成绩。

物理竞赛复赛的知识点，从竞赛大纲中可以看到其内容很多，反映到物理竞赛的复赛试卷上，题量并不多，涉及的知识点也有限，但思维难度较大，模型理解的难度大，计算量也很大，对考生的能力要求很高。

由于在中小学阶段的各类考试中，物理竞赛是唯一时长为 3 小时的考试，它很可能是同学们有生以来的第一次时长为 3 小时的考试。即便是高考，也没有时长为 3 小时的考试，其他的学科竞赛也没有长达 3 小时的考试，所以物理复赛不仅是物理知识及其应用能力的考试，更是心理承受力的测试，也是挑战人的体能极限的测试。故而，掌握正确的应试策略，在一定程度上能促进学生在考试中较好地发挥水平。

竞赛的不确定性说好听点儿是魅力，说得不好听，很多时候是有运气成分在其中的。多年来，我见过太多的优秀学生败走麦城，也见过原本不突出的学生如有神助，所以我常常祈求运气。而运气的取得，大体反映在学生的考试心态与生理准备上。加之竞赛是一次性的选拔考试，每到此时，说学生没有压力是不现实的，如何让学生化解过重的压力，调整好应试心态，保持持久的体能,科学地应对即将到来的考试,是学科竞赛教练后期必须认真对待的工作。

考前要有正确的迎考心态与行为

首先,学生可能会觉得越临近考试,问题却越来越多,这会放大问题带来的危险,学生会为此焦灼不安,茶饭不思。学生可能会因为同学间的一句玩笑话而耿耿于怀,也可能因为自己身体上的一点不适而感到恐惧,进而无法安心学习。曾经有一名学生在第一年参加竞赛时,因为在去考试的路上不慎被路障绊了一下,于是整场考试都在纠结为何被绊了一下,认为这是在暗示今天的考试无法成功,于是流泪走出了考场。甚至,学生可能会觉得这一段时间内自己的智商大幅下降,原本很清晰的内容变得模糊不清了,原本模糊的内容也蜂拥而至,他们会觉得自己各方面的反应都变得迟钝了。对此,我们必须理性地思考问题。出现上述状态,有对自己信心不足的原因,但更多的是对自己存在的问题过于放大而导致的情绪反应。在考前,教练应让学生明白:我们无论如何都是无法解决学习中的全部问题与考试障碍的;我们一定是带着大量的问题进入考场的,甚至是学得越多,进入考场时的问题也越多,但这些并不影响我们的考试发挥;我们应该客观地看待我们的对手,了解对手的优势时,也应看到对手的缺陷,分析我们的缺陷时,也应看到我们的优势;我们有理由相信自己多年的付出,此刻必会有相应的回报。

其次,学生需要通过某种途径发泄来自考试的压力。这个时候,很多同学更愿意在球场上奔跑,无节制地在球场上冲撞,让自己大汗淋漓。然而,由于缺乏自我保护意识,大汗淋漓带来的可能是头痛发热,这将直接影响你这段时间的智商。有的学生由于运动不慎,直接皮开肉绽,伤筋动骨,导致很长时间里无法恢复正常的学习。在我的过往培训的过程中,出现过这种教训。

最后,化解学生此时的心理压力,不是简单的说教就能达到目的的。教练要深度介入学生的心理疏导,诱导学生发泄压力。每到考前1个月左右的时间里,我就经常充当学生哭诉的对象,学生在我面前哭诉时,将太多的压力释放掉,放松了心情。不论是在高考前还是在竞赛前,都会有学生在我这儿说着说着便大哭起来,借此来释放自己的压力。

努力夯实考试的热点内容

物理复赛试题近年来一直以 8 道居多,抑或 7 道、9 道,但 7 道或 9 道的年份极少。一般来说,做好 2 道题就肯定是赛区三等奖,做好 3~4 道题,便肯定是赛区二等奖,而稳妥地做好 4 道题,基本上就进入赛区全国一等奖的圈子了。所以,了解试卷的内容分布,有针对性地准备,一定会提高得分率。另外,在应试中,我们总是力图回避综合程度较高的试题,而努力做好综合程度较低的试题。从历年复赛试卷所包含的内容看,涉及如下 6 个知识点的试题几乎每年都会出现 4 道,且综合程度相对较低,亦即难度较低。这些内容是:

抛体运动

天体运动与平方反比定律

振动与波动

热学

几何光学

近代物理与狭义相对论

除了知识点外,有些基本模型也是复赛中的热点内容,如:

空间结构模型

以圆周运动或转动为背景的模型

电容器

热力学循环

干涉模型

以上这些都是在复习过程中重点学习的内容,应努力将其夯实,力争高的得分率。

我这么说,并不是说其他的知识点并不重要,只是想说明我们对这些知识更容易上手一些。由于这几年来每道题不论难易,分值都是一样的,既然如此,从应试的角度看,我们当然应以这些内容为重点进行复习,力求突破,取得相应的成绩。

做好体能准备

时长为3小时的考试本身就是一场体能竞赛啊！大家在长时间的考试中,手心不停地冒汗,可能就是累到快虚脱的表现啊！而人一旦体力疲乏,反应能力一定会下降很多,通常情况下,我们便说同学们在这种状态的智商是会下降的！而疲倦又往往是在不知不觉中侵袭的啊！

我曾注意到一个现象,很多参加过竞赛的同学事后反映,答题答到第4题时,往往会出现在考后看来是莫名其妙的错误,而这个时间便是开考后的1~2小时。平日的考试在这个时间段上基本到结束的时间了,可以猜想,这个时间段就是考生进入疲劳期的时间,从而导致这个时间段内,考生的反应速度慢,出错率增加。怎么应对呢？这里为大家提供3种策略。

(1) 有氧运动。

考前的一段时间里,虽然我坚决禁止学生进行大运动量的活动,以及其他有冲撞特性的运动,防止运动后出现感冒、发烧甚至扭伤与骨折等情况(我校曾有过在重大考试中,因学生前一天的运动量过大导致发烧而被抬出考场的案例,严重影响了学生的竞赛水平发挥),但我要鼓励学生进行一些有利的运动,比如乒乓球、羽毛球这类发生伤害事故的概率较低的运动,再就是鼓励学生进行快走运动,保证学生在赛前得到体质方面的锻炼,保持一定的活力。

(2) 生物准备。

这里所说的生物准备,一是指考前的一段时间里,家长应注意对考生饮食的营养调节。为防止发生意外,考生不宜吃以前不曾吃过的食物,以免出现过敏反应,导致影响考试。二是考试过程中用来提神的风油精、清凉油、口含西洋参片等物品,要让考生准备一些,以备不时之需。

(3) 应对考中疲倦的策略。

参加时长为3小时的考试,人是会产生疲劳的,而这个疲劳大致在考试进行到1.5小时左右就开始了。学生在疲劳状态下考试是低效且易出错的。我要求学生通过某种方式记住考试中的这个时间,即在开考后1.5小时左右,或在解答第4道题前后的一段时间里,学生要停止考试一段时间,或在座位上完成一套适合自己的"考试操",大幅度地活动自己的肢体,伸伸懒腰,晃动四肢,揉揉太阳穴,以消除疲劳。在考场上,考生只要不违背考场纪律,不大喊大叫,是可做适量的运动的。学生甚至可以在监考老师的允许下,直接离开考场,到走道或合适的场地进行少许的活动。这样虽然耽误了几分钟的考试时间,但可以消除一定的疲劳,减小出错率,提高得分。学生要明白,错一道题的损失与这几分钟的时间损失相比,那是无法比较的啊!

毕竟,考试3小时所产生的疲劳不是说你用意志就能克服的,而且考试期间的智商不是与意志呈正相关的,而是与体能呈正相关的。

列好提示清单,防止意外

在大考期间,学生、家长都处于高度的紧张状态,他们对考试的要求也不甚了解。这时,在如何应考方面,教练往往会成为他们的主心骨。虽然考前我给每个学生及其家长都发放了应该准备的考试用品清单及注意事项,但各种突发状况还是时有发生,如不按清单要求做准备、不在意注意事项的提示、遗失准考证、考试前一晚无法入睡、进场前高度紧张、用品丢失与准备不足、考场情景不适应等。对于此类问题,教练都应有处理的预案,防止出现不必要的意外。

所以说,一名好的教练也应该是一名好的班主任。

此外,对于学生个性化的问题,教练也可以用个性化的清单给予提示。下面就是我为一名金牌选手在复赛前给出的提示清单:

考前请记住

1. 不要担心还有自己无从下手的考题,如果真的有这样的考题,请放弃。请相信,如果你都觉得无从下手,那么全省能动手的考生肯定屈指可数。

2. 你的答题速度很快,但请从如下三个方面放慢答题速度:

(1) 放慢审题速度。

你在很短的时间内做了大量的习题,很多习题强化了你对题目背景的理解,以至于题目中稍许的变化很容易被你忽略(它包括条件、状态、过程甚至是基本规律的运用),从而因小失大。

(2) 延缓下笔的时间。

反复更改是你的顽疾之一,更改多数是因为你的思考不成熟。将思路理顺后再下笔,这样不仅会使你解答流畅,更能节省因更改而耽误的时间。至于规范的书写模式,我们已经讨论过很多次了。

(3) 小心计算。

我至今都无法确定你的计算能力究竟如何,但我清楚你使用计算器时是容易出错的,训练中太多的这种错误都让我有点儿不好意思再提示你了,但我还得不断地提示下去。

祝你好运!

这种提示虽不至于说有特别大的作用,但无害是肯定的。

考中要有平和的应考心态

复赛的题量虽然只有8道题左右,但考试的时长却达3小时,其运算量一般都较大,很有可能试卷一拿到手,目测都无法完成。这个真的没关系。考试中肯定有难题啊,不要奢望能做出所有的难题,教练要求你先易后难,实际上是告诉你,要学会放弃啊!不要在你无法完成的试题上过于纠结,否则容易两头踏空。对于将目标锁定在赛区全国一等奖上的选手,我甚至要求他们在阅读完试卷后,可考虑直接放弃试卷上的一到两题,集中精力完成他们自己认为比较有把握的6道题即可。

还有一种情况是,近年来,物理竞赛复赛的命题质量并不是很高,从严谨的角度看,很可能是问题试题,如果你在考场上纠结试题的问题,你的考试也基本上玩完了,所以竞赛生不要过度地纠结试题的不严谨,按照试题给出的思路进行答题即可。

在培训中,教练既要为学生鼓劲,也要暗示他们必须理智地看待自己的实力,尽量不要患得患失。考砸的同学,虽然原因是多方面的,但基本上在考场上都有一种患得患失的心态。

6.6 赛后的跟踪指导

教练对学生的辅导并不是随着竞赛的结束而终止的,对于赛后的诸多方面的工作,教练还得继续进行,因为它们也是竞赛培训的组成部分。

落榜考生的心理疏导

对于学科竞赛,我们并不能保证所有参加竞赛培训的学生都进入省级赛区全国一等奖的名单中,也无法保证所有学生的功利性目标最终都能实现。虽然我有过全部学生实现功利性目标的纪录,但一般情况下,以我校的状况,在复赛中有学生失手实属正常,这是教练、家长与学生必须面对的问题。

不论是谁在复赛中失手,都可能有一定的偶然因素存在,但这对期待实现功利性目标的学生、家长、教练的打击是巨大的。特别是为之奋斗了两年的学生,那一刻的失落与痛苦是无法用言语来加以描述的。此时,任何安慰性的语言都显得十分苍白。多年来,在复赛结束的那个时间段里,我极少有时间与冲刺成功者分享喜悦,多数时候是面对在复赛中失手的学生,静静地陪伴着他们,任由他们在我面前用泪水来宣泄自己的失落与痛苦。其实,我自己也是痛不可言的。培训学生两年多的时间里,学生与我交往的时间甚至多于学生与家长交往的时间,彼此间的感情也是很深的,学生的失落也就是我的失落,学生的痛苦也就是我的痛苦。我也极少用苍白无力的语言进行所谓的疏导,更多的时候是一起讨论下一步该如何进行,让痛苦淹没在后续的学习中,让他们打起精神来,参加高考去!这才是实打实的心理疏导。

实际上,对失落学生的抗挫心理的培养工作,我基本上都是在复赛之前开展的。在考前,我通常鼓励学生要有冲上去的欲望,同时也要为跌落做好准备,因为在我们的这个群体中,一般情况下是必然会有人跌落的。在培训过程中,我经常会给学生讲一些过往在竞赛中落下的学生的故事与最终的结果,让他们明白,有过竞赛经历的学生,还会怕高考吗?要知道,影响竞赛成绩的因素很多,而竞赛学习过程本身就是你的青春成长过程,竞赛没发挥好,没有什么大不了的,还有高考在等着你们。

当然,对失落学生的后期关注更应该是对其后续学习过程的跟踪。由于竞赛生在培训过程中投入大量的时间,在常规学习领域落下了一定的内容是肯定的,特别是信息学与生物竞赛的学生,由于大量的停课学习都是在常规新课内容期间,他们在高中知识的架构上都存在极大的缺陷。正常情况下,在他们的竞赛结束后,学校应该有组织地、系统地为他们补授相应的内容,这才是对他们最大的心理安慰,这样他们才有信心去面对高考。在担任竞赛班班主任期间,我基本上是用最大的努力,与校方协调,为落榜的竞赛生开设相应的补习课程,甚至是一对一的补习课程,以便竞赛生更快地回归到高考的路径上来。

对落榜学生的关注不仅仅是复赛结束后的几天时间里,而应贯穿学生后续的整个高考课程学习的过程。我自信自己对高考的备考还是比较了解的,在学生备战高考的时间里,每隔一段时间,我都会重点约谈部分学生,对其高考备考情况进行相应的指导,或者是从他们的科任教师那儿了解他们的情况,向他们的科任教师介绍这些学生的学习特点,为他们营造良好的学习氛围。

只有教师与学校的行为让学生真正地感受到关注,他们才能用最快的速度从失落的情绪中跳出来,饱含斗志地去冲击高考!

签约生的学习指导

如果竞赛生在竞赛中取得了令人信服的成绩,或者在北大、清华的飞测、科学营、金秋营中的表现得到了北大、清华的认同,两校就会提前给这类学生一个承诺,在学生满足了一定的条件后予以录取,或者在高考时优惠一定的分数(一般都是60分)录取,或者直接降至一本线录取。这些条件使得竞赛生的一只脚已经迈进北大、清华的大门了。我们将这类学生称为签约生。

待到竞赛结束,所有的结果便揭晓了。不满足条件的,原来签的约便自动失效了,这类学生就直接回到高考大军中了。而满足条件的,高考学习的压力一下子便小多了。但有约在身的学生实际上也有两类,一类是专业需要参考高考成绩再确定的,另一类是签约时已承诺了相应的专业的。

对于入校后的专业选择需要参考高考成绩的签约生,其后期的教学与落榜生应该是相同的,应全面而系统地进行高考备考复习,力争考出好的成绩,进入自己向往的专业。他们与落榜生相比较,差异大体只是在学习的心态上,其压力要小一些。

对于已经确定了专业的签约生,我个人认为是没有必要再去拼高考分数的。对他们而言,高考备考复习已经是低层面的学习了,他们应该利用这几个月的时间,一来弥补过去学习上的不足,二来为未来的大学学习作一些必要的铺垫。对这类学生的学习指导,一般体现在如下几方面:

(1) 明确目标。坚决拒绝班级教师(特别是班主任)让你回到教室中规中矩地学习常规内容,全身心地进行高考备考,争取能在高考中拿个高分的要求,而是坚定地抱着"我要上一本线"的学习目标。我基本上可以断言,以目前一般重点中学的一本率基本都在80%以上的情形,一名优秀的竞赛生经过短暂的备考复习后,不能轻松地考上一本,是绝对不可能的。那么,学生既然已经实现了升学目标,就应该更关注后面的学习目标了,将低效的高考备考学习转化为丰富自己目标的学习。

(2) 扩展视野。在投入竞赛学习的过程中,我们不得不承认,竞赛生在中学阶段的系统知识的学习方面存在一定的"欠账",知识的视野偏于狭窄。在回归常规学习的这一段时间里,他们可以根据自身的实际情况,有选择性地阅读人文、历史、地理、科学史等方面的书,丰富自己的知识体系。

(3) 提升英语。从以往的情况看,湖北省的学生进入北大、清华后,英语是他们的弱势之一,而英语读、写、说的能力对他们而言又至关重要。指导他们在这一段相对自由的时间里看点儿英文原著,听点儿原版英文内容,必要时甚至可去英语培训机构封闭性地学习一下,以提高英语水平。

(4) 超前学习。正常情况下此时的签约生不应还视自己为一名高中生,而应该明确自己已经是一名大学生了,其学习应该围绕大学需要学习的课程进行。学生可以去自己的大学官方网站上下载相关专业的学习课程计划,快速地学习一到两门专业课程,争取今后免考。不要怀疑自己的学习能力,竞赛生是有足够的自学能力的,请保持竞赛培训时养成的学习主动性。

(5) 学点技能。人要适应社会,就不仅仅只进行专业学习,还有很多技能是需要学习的。比如,在家庭生活方面,烹饪技艺就是每个人都应掌握的技能。再者,如果你已经18岁了,可以争取在进入大学前考个驾照,因为以后你未必有那么长的时间来专心学习这项技能。

(6) 学点旁技。这个要依据你的爱好进行,如果你是那种天生酷爱读书的"呆子",这一点你可以忽略。但很多人是有着不同的爱好的。我个人觉得,一个人的爱好真的不要很多,你只要将自己的某个爱好做到接近专业,你就一定了不起了。比如,你喜欢乒乓球运动的话,不应满足于在球台上将球推来挡去,你可以请个专业教练,对你系统地指导一下,有可能让你的业余爱好显得与众不同。

保送生的学习指导

保送生这个阶段可以说是获得了一定程度上的解放,学习的自由度就大得多了。但为了布局未来,仍然需要不断地学习。对这类学生的要求就比较直接了,他们无须再进行课堂学习了,但为了今后的发展,我建议他们如前面的签约生在扩展视野、提升英语、超前学习、学点技能的同时,还可以外出旅游,也可以参加一些社会实践活动,有条件的还可以参加一些专题的科研活动,努力站在同龄人的高峰处。

在对学生的培训过程中,有一点也应说明一下:在我近二十年的培训过程中,直至我培训的第6届开始,我从未将学生送到校外的培训机构进行理论培训,也从未将外面的教练请到学校对学生进行培训,完全是自己一个人在那儿站岗放哨。这虽然保证了系统性,但显然也抑制了学生的视野,所以从第6届起,我也让学生适时外出参加相关的培训。

当然,我以前没有将学生送出去,并不等于我没有关注外面的培训情况。我往往会在第一时间收集当年培训市场上的培训资料。每次有新的培训资料出现,我也会用最快的速度阅读、整理,发给我的学生。

学科竞赛培训的具体细节肯定还有很多,我不可能做到面面俱到,大家可以通过阅读本书后面的培训札记来进一步了解我的所作所为。

7 物理竞赛培训资料的选择与使用

资料的选择与使用肯定是教练与学生比较关注的问题。

竞赛培训选用什么样的教材与辅导用书,学到什么程度,哪一种图书在什么阶段比较适用,肯定是教练特别是新教练非常重视的一件事,也是相当困惑的一件事。而这些问题即便是老教练也未必能说得十分清楚,毕竟对象不一样,起点不一样,目标也不一样,各有差别。

从事基础教学的教师其实都很清楚,教辅资料使用得恰当与否,在教学效果上显现的往往是功半与功倍的差别。而对于那些自学者,使用的资料是否恰当,效果恐怕就是天壤之别了。所以,常有自学选手为此苦恼,百度物理竞赛吧就经常有自学选手关于资料的询问帖,也有很多过往的竞赛生关于资料选用的经验帖。不过,在我看来,这些经验帖虽然给出了一条可行的路径,但难免都是过于狭隘的一己之识,没有给初学者提供可选择的余地,更不存在对其操作的方法。

在我刚开始进行竞赛培训时,市面上有关竞赛培训的资料非常少,一般书店能够购买到的就只有范小辉主编的《新编奥林匹克物理竞赛》和张大同主编的《通向金牌之路》两本书。正因为资料匮乏,从竞赛培训一开始,我在为学生编写竞赛辅导资料的同时,也在尽一切可能收集各类竞赛资料。我非常清楚竞赛是一个小众化的教学活动,其对应参考书的印刷量一般不会太大,很多书的印数在 2000 册以内,加之在学生使用过程中必定会有一些流失,所以很多书我是一本买多次或者一次买多本。在我的工资还只有两百多元的时候,65 元一本的《物理学难题集萃》我先买了一本,接着又一次买了三本,加上后来在网上淘到或复印的一些绝版的物理竞赛书,现在物理竞赛书已经占据了我办公室的半面墙了。这些书可是耗去了我数以万计的人民币啊,以至于我不禁嘚瑟:现在还有谁比我在中学物理竞赛方面拥有的书更多呢? 当然,我更得意的是,如果你给我一道典型的竞赛题,我基本上都能说出它的出处,因为这些书我基本上做到了遍历。

我的竞赛培训过程也是伴随对资料进行甄别、筛选与编写的过程。几个循环下来,我自认为对目前市面上各种资料的特点有了一个比较恰当的理解,也形成了一整套的资料使用体系,从我使用的结果来看,效果还是较好的。为了回答年轻同行关于资料的使用问题,同时也尽可能让那些自学者不走过多的弯路,我就站在我的角度,对我所熟悉的竞赛资料作一个点评,供大家参考,其中肯定有不当之处,若在无意间得罪了某本书的作者,还请包涵。

下面就是我对所选用的比较突出的几种竞赛书的述评,其中夹杂着我的一些使用方法。我对教材与辅导资料的选择不敢说肯定没有问题,但对各位教练肯定是有一定的参考价值的。如有异议,我将不作辩解!

7.1 第一轮用书(基础部分)

竞赛学习与常规学习看上去是平行进行的,但由于竞赛是对那些学有余力的学生设置的,它的进度就不可能与常规教学一致。通常情况是,高一就应该将所有的竞赛内容学习一遍,对各知识点的掌握也要达到相当高的水平,然后参加高二开始时那一届的物理竞赛,这既是检验学生水平的极好机会,也是学生展示自己实力的时机。我将竞赛生在高一阶段的竞赛学习称为第一轮竞赛学习。下面提供的物理竞赛第一轮用书,有的是教师应该讲解的,更多的则是学生应该自行阅读与练习的。

教材篇

确切地说,目前市面上没有针对物理竞赛的专用教材。因为从 2016 年开始使用的《全国中学生物理竞赛内容提要》(俗称竞赛大纲)来看,现有的高中教材的内容含量不足,而大学普通物理教材的内容又明显地远超大纲范围。从高考与竞赛两者兼用的角度看,我推荐下面两种教材:

◇《高中物理学》,沈克琦主编,中国科学技术大学出版社。
◇《高中物理学习题详解》,黄鹏志编著,李弘、蔡子星审校,中国科学技术大学出版社。

在我从事竞赛培训的初期,根本找不到合适的教材。我在头两届的培训中使用的是自己根据当时的竞赛大纲编写的教材,完全是手写油印。在我的第二轮竞赛培训快结束时,我买到了一套当时刚出版的北京市高中实验教材《物理》。这套教材共5册,分别为力学、热学、电磁学、光学与近代物理、实验,基本上是按照当时的物理竞赛大纲的要求编写的,它让我顿感自己编写的辅导教材基本上失去了作用。

这套书的主编为原北京大学的副校长沈克琦老先生,也是原全国中学生物理竞赛委员会主任。

后来,这套书的实验部分被改编为《全国中学生物理竞赛实验指导书》。2006年,这套教材在去掉实验部分后更名为《高中物理学》,由北京教育出版社重印,并在当时的全国中学生物理竞赛大纲中被指定为竞赛用书。只是书的印刷量仍然不大,市面上难以购置,我还是委托朋友从北京教育出版社购得一套。很长的一段时间里,我的学生使用的都是该书的复印本。

为了促成本书再版,本人曾向中国科学技术大学出版社肖向兵编辑力荐,在肖编辑的努力下,目前该套教材已由中国科学技术大学出版社出版发行(不含实验分册)。

首先,作为教材,这本书涵盖了整个高中常规教学的内容(包括所有的必修与选修内容),对物理规律的论述、知识背景的阐述较现行的高中教材更为清晰、丰富,竞赛生以此为教材,可做到不误高考。其次,作为竞赛培训第一轮的教材,它基本上也涵盖了竞赛大纲所要求掌握的复赛内容,撇开了普通物理强加给竞赛生的大量知识点,更为重要的是,全书基本不涉及微积分的应用(少量的定义用到了微积分表述),这为刚开始接触竞赛的高一学生省去了一大块额外的学习与练习时间,同时也将学习难度控制在优秀的高一新生所能掌握的层面上,减少了学习的障碍。再次,这本书并没有将竞赛内容从知识系统中割裂出来,全书形成了一个完整的系统,非常适合教师讲解与学生学习。最后,每一节后配备了练习题,每一册后均配有总复习题,总复习题基本上是选自之前的竞赛试题。但对于竞赛生而言,书中仅有的习题量显然是不够的。

在物理竞赛的起步阶段,本书让教练避开了"用高中课本不行,用大学教材不好"的尴尬局面。使用此套教材,教练不再担心学生在高考与竞赛中出现知识点上的错位,也不必再过多地考虑教学难度的把控。正常情况下,学生掌握了本书的知识点,即掌握了全国中学生物理竞赛复赛所需的绝大部分知识内容。当然,这并不能表示学生能熟练地应用。

作为物理竞赛用教材,本人首选《高中物理学》。

在《高中物理学》出版后,中国科学技术大学出版社随后又出版了与其配套的《高中物理学习题详解》,该书对教材中的思考题、习题给予了详细的解答,部分习题还提供了多种解答,为学习者理解与应用相应的知识点提供了极大的帮助。本书应为使用《高中物理学》的学生必备之资料。

◇《新概念高中物理读本》,赵凯华、张维善主编,人民教育出版社。

首先应清楚一点,这套书不是北京大学赵凯华先生的那套《新概念物理教程》(普通物理),这是高中物理读本。本套书共有三册,第一册为力学,第二册为电磁学,第三册为热学、光学、量子物理。显然,这套书在编排上已打破了传统的结构模式,注重实用性。

同前面的《高中物理学》一样,这套书也涵盖了整个高中常规教学的内容(包括所有的必修与选修内容)与中学物理竞赛所需要的主干知识点,但相对于《高中物理学》,它在叙述风格上有较大的不同。它一改传统物理教材严肃理性的叙述方式,采用了轻松活泼的叙述方式,间或插入讨论对话、历史资料、生活背景,且在叙述中注意了知识的连贯性,有很强的人文特色,能让学习者在轻松、愉悦的心态下学习知识,加之书中精选的例题与习题,也有助于学生对知识的理解与掌握。

但这套书若作为竞赛用书,在知识的丰满度及铺垫上略感不足,对知识的拓展深度也不及《高中物理学》到位,习题量与难度也远没有达到竞赛所需要的水平。

值得一提的是,这套书的作者之一北京师范大学的张维善教授也参与了《高中物理学》的编写,由此可见,这两套教材的本质特征中一定存在相通的要素。

这套书也有配套的习题解答《新概念高中物理读本题解》,主编是周誉蔼,由人民教育出版社出版。

从竞赛用教材来说,本人对此套书只作推荐,不作首选。

教辅类

竞赛培训教学虽然在难度与速度上要远远超越常规教学,受教者亦是中学生中的佼佼者,但在教学程序与方式上,竞赛培训与常规教学并无大的差异,如竞赛教学也是分一轮、二轮进行的。在讲授教材内容的同时,也需要有同步的辅导资料供学生阅读与教练使用,这是由中学教学规律决定的。教辅资料大体上分为三类,一是同步辅导类,二是方法提升类,三是冲刺模拟类。下面依据我在竞赛辅导的第一轮中涉及的主要资料作一推介。

(1) 同步辅导类。

◇《高中物理竞赛辅导教程(新大纲版)》,江四喜编著,浙江大学出版社。
◇《高中物理竞赛辅导教程(新大纲版)·解答与点评》,江四喜编著,浙江大学出版社。

2013年初,我在获得即将在2016年竞赛中使用的新大纲后,看到新大纲中的理论内容相对于过去所要求的理论内容变化与新增了60多个知识点,于是我根据大纲内容的变化,结合自己多年的培训经历以及当年竞赛辅导资料匮乏时手写的竞赛讲义,编写了这本书作为第一轮同步辅导资料。新的竞赛大纲中的内容在本书中都能得到体现。本书是目前市面上较新的,也是为数不多的与新的竞赛大纲匹配的、系统的物理竞赛辅导资料。

作为竞赛学习的第一轮用书,本书在编写中突出了基础性与系统性,它既可作为教材的解读用书,也可作为教练的讲义。全书共14章,每章都列出了竞赛内容及要求,对每章知识在过去竞赛考试中的地位作了详尽的分析与说明,为学生的学习指明了方向,这一点是其他竞赛书基本上都没有的。

本书的每一章都划分为若干个单元,每个单元都给出了较为详细的知识内容,然后又给出了一定的典型例题巩固本单元的知识。同时,每章最后还单列了一个单元——规律·方法点筋,对每章知识的综合应用所涉及的方法、技巧作了阐述,所选例题的解答几乎涵盖了每章解题所有可能涉及的方法、规律,并且对每道例题的特点都作了分析,特别是对于自学者,这些点评无疑会加深他们对知识的认识与理解程度。

在每一章的最后都给出了一定题量的"过关练习",将例题与过关练习合起来,总题量也较适合学生在第一轮学习中的阅读与练习。由于本书容量的限制,没有给出"过关练习"的详细解答。在第一轮的学习过程中,学生若能完成过关练习70%的内容,即可认为达标。

一名初学者若手中有贯穿全部内容的"一本全",则在全面而系统地学习内容时会感到极大的便利。

本书作为竞赛学习的同步辅导用书,本人毫无疑问地给予首选推荐。

与本书配套的习题解答是《高中物理竞赛辅导教程(新大纲版)·解答与点评》一书。该书除了对《高中物理竞赛辅导教程(新大纲版)》一书中的"过关练习"给予详尽的解答之外,还对每一题都进行了与题相关的综合点评。对于初学者,我甚至在点评中间接地提示学生思考一下自己是否适合学习物理竞赛。

在《高中物理竞赛辅导教程(新大纲版)·解答与点评》一书的后面还另附了8套竞赛模拟试题及参考解答,这是《高中物理竞赛辅导教程(新大纲版)》中没有的内容。之所以在这本习题解答之后再给出这几套模拟试题,目的是让读者有一个检测自己学习效果的方式,特别是那些没有专职竞赛教练的自学者,常苦于没有好的自我检测方式。由于许多检测试题基本上都能在一般的资料上见到,而其中的部分试题很可能已经提前做过了,因此降低了检测的效果,而本书中的测试题的来源或为原创,或为改编,直接选取于流行的资料上的试题较少!

◇《物理竞赛教程》(高一、高二、高三分册),张大同主编,华东师范大学出版社。

本套丛书俗称"小绿皮",共三册,由张大同主编,原高一分册由长沙一中的彭大斌老师编写,高二分册由范小辉老师编写,高三分册由张大同老师编写。这三位老师曾是中学物理竞赛培训方面的巨匠,相信物理竞赛的教练们一定不陌生。我在阅读这套书时,最大的感触是三位各处一方的老师居然能写出风格这么吻合的一套书,一口气读下来,很难区分各分册之间的差异,可见高人之间的心灵是相通的。

本套书的新版高一分册改由长沙一中的黄洪才、彭大斌两位老师编写,黄老师同样是全国著名的物理竞赛教练。高三分册改由张大同、应轶群老师编写。高二分册仍由范小辉老师编写。

这套书被很多学生或老师选作入门教材,我觉得这并不是最佳选择。首先,作为教材,它对知识的描述及系统性不足,而且它所选择的例题的起点较高,显然是为有一定基础及天赋较高的学生设置的。本书中的习题一般都给出了答案,较难的都配有解答,便于学生阅读、理解,但全书的容量显然没有达到让学生举一反三、融会贯通的程度。因此,这套书的定位应该是针对在竞赛学习中悟性较高的学生,供其加深对竞赛内容的理解,增强他们对竞赛知识的运用能力。

这套书在第一轮的学习阶段只供学生备选,而在第二轮学习中应作为必选教材。

◇《金牌教程》,朱浩编著,南京大学出版社。

这套书是"中学生学科竞赛系列教材"丛书的一部分,高中部分有高一、高二、高三各一册,显然是按两个教学循环进行编写的。高一、高二两册是第一轮的辅导内容,它在章节下面设置了专题讲解,重点非常突出,便于教师与学生有针对性地进行教与学。而这套书的高三分册显然是复习用书,虽在章节下面不再分专题,但所选例题与习题的难度较高一、高二分册要高,但对竞赛学生来说,阅读并不存在困难。

这套书所选用的例题与习题的起点也较高,明显是冲着复赛而准备的,我尤其欣赏书中很多例题的分析过程,说理清晰而独到,十分适合学生阅读、理解,而且很多专题问题都是通过对试题的分析逐次展开的,涉及单个知识点的讲解与方法应用,一系列的例题完全可以构成一个专题讲解。

将这套书作为竞赛培训教材，特别是在新大纲背景下，我认为并不合适。但其编写体例非常适合竞赛同步辅导、阅读，只是作为冲刺用的第三册在竞赛上显得不足。

这套书的作者朱浩老师有执教教育部直属的全国理科试验班的经历。从这套书的编写情况看，朱老师有较为丰富的教学资源。网上的资料显示，朱老师有连续两年带出国际金牌选手的经历，也获得了许多殊荣，之后却有十多年的时间没有从事竞赛培训，令人十分遗憾。好在朱老师近年又重新开始了竞赛辅导，并取得了不俗的培训成绩。作为一名物理竞赛教练，我对朱老师有一种期待。

◇《奥赛经典》，湖南师范大学出版社。

湖南省的物理竞赛曾经是一省独步天下，一直都很辉煌，加之湖南省长沙市四大名高中（长沙一中、长郡中学、雅礼中学、湖南师大附中）具有独特的生源优势，结合湖南省中学学科竞赛由"中学＋大学"构成的培训机制，以此为背景，涌现出一大批竞赛培训名师，而湖南师范大学出版社也就不失时机地推出了《奥赛经典》这套行销全国的系列图书（现在已经不限于竞赛内容了）。

《奥赛经典》是一套遍布全国大街小巷教育书店的教辅图书，高中物理竞赛名下至少有《奥林匹克物理教程》、《分级精讲与测试》系列、《解题金钥匙》系列、《典型试题剖析》、《竞赛热点专题》等。这套资料的编者几乎涵盖了湖南省大学与中学参与物理竞赛培训的所有教练，如黄生训、宋善炎、彭大斌、黄洪才、刘旭华、武建谋……由于湖南省竞赛培训机制的特殊性（大学＋中学抱团培训），这些教练都可以说是金牌教练，所以这套书的编者的整体水平自然是很高的。

《奥赛经典》分为不同的系列，看上去应该是针对不同阶段使用的，但这些内容的编写体例几乎一致，都是首先列举出相关的知识点，再配上例题，然后给出练习题，给人的感觉就是一种资料的不同版本而已，读者不怎么好区别各书书名所给出的功能，似乎可以交叉着看，也不会有什么大的影响。

单从内容上看，编者们的资料是丰富的，所选的例题也相当经典，解答也比较到位，若从整体上看，则又显得比较空泛。整个《奥赛经典》（《物理奥林匹克实验教程》分册除外)在我看来,只适合将目标定位于赛区全国一等奖的学生作补充阅读、使用,如果时间允许的话,书中的部分例题的确值得一读。这套书对那些疯狂阅读竞赛书的学生而言,可以用来消磨时间。

这套书在第一轮的学习阶段只供学生备选。

◇《全国中学生物理竞赛1~20届试题解析》,全国中学生物理竞赛委员会常委会编写,清华大学出版社。

这是一套全国中学生物理竞赛1~20届试题的分类解析丛书,分为力学分册,电学分册,热学、光学与近代物理分册,实验分册,共四册。

虽然全国中学生物理竞赛委员会办公室基本上每年都会编辑出版《全国中学生物理竞赛专辑》,内容源自全国中学生物理竞赛的相关文件、上一年度的物理竞赛活动的资讯,以及上一年度全国中学生物理竞赛预赛、复赛、决赛的试题,国际奥林匹克物理竞赛试题,亚洲奥林匹克物理竞赛试题,但由于是分散出版,学生与教练要将《全国中学生物理竞赛专辑》收集齐全几乎是不可能的事情。而《全国中学生物理竞赛1~20届试题解析》将1~20届物理竞赛的试题分类编辑解析,其题典功能显而易见。

这套书的解析非常详细,部分试题的评析更是匠心独具。这套书对学生与教练了解我国竞赛试题的变化极具参考价值,建议所有的物理竞赛生及物理竞赛教练收藏这套书。

◇《俄罗斯中学物理竞赛试题精编》,刘海生主编,南京师范大学出版社。

这是一本题典类参考书,里面有许多试题的模型与解法极具新意,其思路也与我国的竞赛情况近似,是极具参考价值的书。在第一轮学习时间充裕的前提下,我建议阅读这本书。

我从网上查询到这本书的编者刘海生老师是上海复兴高级中学的物理特级教师,但其物理竞赛培训的经历不详。我收集到刘海生老师最早编辑出版的竞赛书是1991年出版的《苏联高考与竞赛物理试题精选》,这本书里翻译了苏联的许多经典物理竞赛题。其新近出版的《自主招生与竞赛备考手册》中的试题基本上也都是以俄罗斯的物理竞赛试题为基础进行编辑的。刘老师翻译的试题广泛地被其他竞赛书引用,譬如《新编奥林匹克物理竞赛指导》一书,就引用了刘老师书中的试题,而《俄罗斯中学物理赛题新解500例》中也有不少试题源自刘老师早先出版的书。我在竞赛培训中也编辑使用了刘老师翻译的试题,因而非常感谢刘老师在竞赛试题翻译方面所作的贡献。

(2) 方法提升类。

◇《奥林匹克竞赛物理教程·力学篇》《奥林匹克竞赛物理教程·电磁学篇》,程稼夫编著,中国科学技术大学出版社。

当年国家集训队在中科大集训时,程稼夫老师为集训队教练,同时也担任中科大少年班班主任,借此便利方有这两本书。这两本书一出,好评如潮,书名很快被"程书""程力""程电"取而代之,物理竞赛生几乎是人手一套。这两本书也是一印再印,对中学物理竞赛的影响与促进作用巨大。

这两本书对竞赛知识点有全面而系统的概括,特别是例题的选择兼顾了各个层面的学生,经典而又恰当,教师可选例题精讲,自学者可在例题的引导下自觉地从常规学习状态进入竞赛状态。令人陶醉的是,书中很多题的解法是在中学常规教学中见不到的,给人耳目一新的感觉,满足了很多学生的成就感。所以,不论是物理竞赛生还是教练,不论是专业选手还是自学者,都对此书推崇至极。

可能是因为编者顾及各知识点的应用,我感觉这两本书中的例题过多,同时习题偏少,习题的难度也不是太大。但习题没有解答,对自学者是一种痛苦。据悉,习题解答的出版在积极的运筹中,自学者可能很期待。

2013年,这两本书的改编版(第2版)推出,较之第1版显然厚了不少。比较之下,不难发现,程老师加入了这些年来在各地培训机构讲课的例题,书的结构与体例并没有变化,但内容丰富了不少,例题的难度也有所增加。但问题是,第2版较之第1版过多地直接应用普通物理的一些结论,增加了高一学生的阅读困难。在阅读时间允许的前提下,第2版自然优于第1版。

作为竞赛教材外的补充和方法学习类的辅导资料,这两本书无疑处于首选位置,也是竞赛生的必读书之一。但对专业的竞赛生而言,这两本书的最大作用是将他们引入了竞赛之门,让他们掌握一些基本的解题方法,让他们对竞赛充满向往与信心,但还不足以让他们过关斩将。

据我了解,很多教练直接将这两本书作为培训教材使用,我个人觉得这是教练对这两本书的定位失当。这两本书正确的使用方法应该是在第一轮讲解教材、练习同步辅导的过程中,由学生同步阅读。

遗憾的是,程老师后来无暇顾及当初的写作计划,以致原计划中的《中学奥林匹克竞赛物理教程·热学、光学和近代物理篇》《中学奥林匹克竞赛物理教程·实验篇》的出版变得遥遥无期,我常在期待中心生遗憾。

在我早期的竞赛培训过程中,为了弥补"程书"在热学、光学和近代物理这一块的缺陷,我选择了程老师的《中学物理奥林匹克竞赛讲座(第2版)》一书中的相应内容作为补充,但其内容略显单薄,不足以满足专业竞赛生的需求。

基于"程书"出版多年仍无《热学、光学和近代物理篇》出版的迹象,中国科学技术大学出版社不失时机地推出了《高中物理竞赛辅导:热学·光学·近代物理学》,编者为中科大的崔宏滨老师。目前该书已经修订,推出了第2版,已印12次。在目前的竞赛资料体系中,本书应作为热学、光学与近代物理部分的首选教辅。

据悉,程稼夫老师虽已年近八旬,至今仍未放弃《热学、光学和近代物理篇》的写作计划,恐怕这是广大物理竞赛教练和学生最期待的新书了吧。

◇《奥林匹克物理》(1~3),舒幼生主编,湖南教育出版社。

这是一套类似于竞赛杂志的图书,可惜只出了三本。

这套书设置了不同的栏目,每个栏目下均有多个专题,既有方法技巧,也有专题讲座;既有学生之窗,也有赛事报道;等等。

由于它的杂志性特点,没有系统的约束,不论是理论探讨,还是实验辅导,都能做到能长则长,是短便短,但论述到位。

这套书能扩展学生的视野,激发学生的兴趣,提升学生的能力,更为重要的是,学生通过阅读这套书,能够模仿"学生之窗"的内容,尝试写作小论文与命题。故我对这套书给予强力推荐。

之前很长时间这套书只能上网淘旧书,或者购买复印本。中国科学技术大学出版社正在组织出版这三册书的合订本,预计2019年9月面市。据了解,合订本按栏目将三个分册合成一本,并作了合理的取舍,使图书更具实用性和针对性。

◇《物理竞赛解题方法漫谈》，江四喜编著，中国科学技术大学出版社。

我是本书的编者，毫无疑问，我向竞赛生极力推荐本书。

其实，每一本竞赛书中都肯定会涉及一些解题方法，教练在讲解每一道例题时，也都可能涉及解题方法的讲解，但都是零零碎碎的、不系统的，实用性稍差。

我在十多年的竞赛培训中，尽可能地收集、整理了各类竞赛书中涉及的解题方法与相关的解题理论，供学生使用，在学生同步使用的过程中结合自己的理解，不断完善，最终形成此书，其涉及的方法全面而系统。自我感觉是，就目前已有的论述解题方法的图书而言，无论是深度上还是广度上，都还没有超过此书的，以至于我曾在网上放言：读过此书，无须再读其他有关竞赛解题方法方面的书。但我并不是解题方法与理论的专业研究者，甚至在我的学生面前，我都算不上一个解题的高手，只是我带过的学生在阅读这些内容后，感觉他们在处理问题与解题能力方面确有一定的提高，所以我才斗胆推荐给大家。

本书在方法归纳的同时，对每道例题涉及的方法都作了详细的要点点评，以帮助读者理解。在每讲的后面都配有相应的方法应用的练习题，难度也不是很大，同时配有解答。

作为一本方法归纳类的参考书，我建议在第一轮结束全部的课程并有了一定的解题经验积累后阅读。换句话说，在你上完新课，阅读了"程书"后，即可阅读本书，相信随后你的能力会有明显的提高。

◇《高中物理奥林匹克竞赛解题方法大全》，陈海鸿主编，山西教育出版社。

本书是竞赛早期关于竞赛解题方法的指导书，最初它仅注明主编者是《奥赛试题》编写组，除此之外没有任何编者信息，直到后来修订时才给出编者姓名。

本书的编写体例也很怪。早期的版本只有解题方法部分，后来可能是因为内容太少，又增加了一个基础知识部分，从体例上看有点不伦不类了。

本书对于解题方法只有简单的概括,所选的例题是高考与竞赛夹杂不分的,也没有具体的说明与点评,估计编者中从事竞赛培训的专业教练并不多。

本书的解题方法部分在网上可以搜索到电子版(word 版本)。在这一领域没有相应参考书的时候,它肯定产生了一定的影响,因此本书有一定的卖点,也是一印再印。

但本书除了书名比较吸引人外,似乎并没有太多实用的地方,故不作推荐。

(3) 冲刺类。

◇《物理竞赛专题精编》,江四喜编著,中国科学技术大学出版社。

回顾我在培训过程中与学生的交流,提出问题与解决问题是一个非常重要的环节。每当学生向我提出一个问题时,我都会思考:与此问题相关的还有哪些类似的问题,可以通过什么样模型、知识与方法来化解这类问题,通过什么样的训练来达到这一目的。在长期的培训过程中,我注意到不论哪一届的学生,都会在某些节点上产生相同的问题。于是我便开始收集、整理与问题相关的试题,供学生使用,也就形成了一个又一个或与模型相关、或与知识点相关、或与方法相关的专题训练。学生通过相应的专题训练,不仅较好地突破了这些障碍,而且使得专题内容逐步得到补充与完善。

现在市面上已经有了很多物理竞赛的辅导书,其中有许多优秀的辅导书亦使我受益匪浅。教练应该努力选择与准备能让学生的学习变得轻松而卓有实效的参考资料。我所辅导的几届学生到了后期,特别是复赛的冲刺阶段,都落脚到我为同学们编写的这本《物理奥赛专题精编》上。在我看来,这本书至少有如下几项功能:

练习功能。虽然本书没有覆盖竞赛所要求掌握的所有知识点,但几乎覆盖了学生易出错、易混淆的节点,而这些正是需要强化训练的部分。通过使用本书中的练习题,学生能有效地突破这些障碍,特别是书中一些学生自编的试题,其针对性十分明确。

题典功能。本书虽然只收入了约 600 道习题,并将其编入 96 个专题中,但这些习题基本上都属于奥赛的经典试题,是同学们查阅得较为频繁的试题。同时,通过对一道试题的查阅,学生能很快见识到同类习题的特点,起到事半功倍的作用。

归纳功能。学习障碍的产生,往往是因为学生对模型结构、解题方法及知识点的认识存在障碍,且任何一点都会产生大量的问题习题,而解决一个问题往往就会产生多米诺骨牌效应,化解众多与此相关的问题习题。本书中归纳的每一个专题,不论你查阅到其中的哪一题,往往都会让你对此类问题有一个全面而清晰的认识,从而化解你的障碍。

对于本书,我自然强力推荐。完成了本书的训练,学生基本上就能应对复赛中的各类问题了,所以我建议竞赛生将此书作为复赛冲刺阶段的首选用书。至少我的学生是这样的。据我了解,目前全国一线的中学物理竞赛教练基本上都将此书作为冲刺用资料的首选。

◇《奥赛物理题选》,舒幼生编著,北京大学出版社。

舒老师是物理竞赛培训方面的大家,他编写的《中学物理竞赛指导》《物理竞赛集训精编》《国际物理奥林匹克竞赛题解》《国际物理奥林匹克史话》等都是引导我进行竞赛培训的入门用书。

舒老师曾是我国物理奥赛国家集训队多年的主教练与领队,借此平台,他收集、整理并推出了国内外大量的竞赛试题,推动了我国中学物理竞赛教学的全面展开。

同时,舒老师也是命制竞赛试题的大家,其命制的试题已成为我国物理竞赛试题特点的标志之一。

近十年来,舒老师一直参与中学竞赛的培训,其于寒、暑假在各地授课的讲义是我重点收集的资料之一。可以看到,舒老师每年在各地授课时都推出了不少新题,日积月累,内容十分丰富,这些试题也被我用于培训中。

2014年,舒老师将多年授课的试题集结,推出了这本《奥赛物理题选》,让我兴奋不已。

正如舒老师在书的前言中所说,本书的作用在于:训练和提高学生运用物理理论解决具体问题的能力;训练和提高学生解决物理问题中包含的非物理性疑难因素的能力;通过讲述处理具体问题的思想、方法,让学生构建自己的思想方法。

显然，本书并不是入门书，它既是一本题典，更是学生用于冲刺的一本高端训练题集。对本书的学习，本人建议分为两轮，阅读一轮，认真而规范地练习一轮。在目前复赛与决赛试题以运算与规范要求见长的背景下，本书所表现出的实战性很强。

本书最初的版本后面的附录中有舒老师每年在富阳培训时组织的"联谊赛"试题，每套题总分 140 分。据说，能在现场测试中达到 90 分者，即为当年决赛金牌水平。而我测试的结果是，80 分足矣，可见试题的难度与信度。现在，"联谊赛"试题改由另一本《奥赛物理试题选》出版。

我肯定把此书作为冲刺阶段的重点推荐书！对于希望冲刺省队的学生，此书更是必读书。

此外，在冲刺阶段学生肯定是需要模拟训练的，而在众多的资料中，基本上没有训练资料能保持长久而不被学生事先练习的，因此，对于训练方面的书，本人不作推荐。大家手上如有训练用书，就把它保留好，不要浪费了它的测试功能即可。当然，教练在冲刺阶段更应该在模拟试卷的编制上下功夫。

(4) 数学微积分类。

◇《微积分在物理学中的应用》，[美]Richard Dalven 著，徐志东、袁玉辉译，西南交通大学出版社。

竞赛学习要求学生必须提前学完高中数学的全部内容，包括必修与选修的内容。这一点很多学校在教学安排上难以做到，多数情况下只能是学生自学或另辟蹊径了。

虽然中学物理竞赛不应涉及微积分的应用，但我们作为教练非常清楚，竞赛学习到一定程度后，基本的微积分应用就无法绕开了，很多学生就直接读大学的高等数学教材。这不仅不符合中学生的学习规律，还加大了学生的学习负担，不说别的，单说时间就够呛。

我一直在这方面作相应的筛选，直到后来在网上淘到了这本《微积分在物理学中的应用》的复印本，没有任何出版信息，但我阅后大喜，深感这本书非常适合竞赛生用，且完全能够满足物理竞赛复赛对微积分的要求。高一的竞赛生在微积分的补充学习方面，就直接选它吧！

竞赛生在第一轮(大体指高一)的学习期间,因学习时间有限,且还需要补充大量的数学知识,即便是专业的竞赛生也未必能完成上述书目的学习,但我觉得,无论如何,学习过程不能偏离了上述书目所包含的主线。如果学生试图在进入高二时便冲击复赛,我给出下述资料组合,作为大家第一轮竞赛学习时使用资料的框架:

《高中物理学》(含详解)+《高中物理竞赛辅导教程(新大纲版)》(含解答与点评与模拟试题)+"程书"系列(含崔宏滨编写的《高中物理竞赛辅导:热学·光学·近代物理学》)+《物理竞赛解题方法漫谈》+《物理竞赛专题精编》+《奥赛物理题选》+《微积分在物理学中的应用》+ 若干模拟训练 = 第一轮复赛 + 决赛

对于这一轮的学习,你也许不能照单全收,但要择其精要。

7.2 第二轮用书(提升部分)

经过第一轮的学习,参加过刚进入高二时的复赛的同学喘口气,接着再战。已是高二的你一定是勇敢者了,因为这时你会发现,高一期间的许多战友已回到了教室的座位上,变身为高考大军中的一员了。

有了高一的学习基础,高二的学习自然会提高一个层次。此时,你已经学完了竞赛所需要的知识点了,你需要的是知识面的扩展与解题能力的提高。而后者则是你进一步学习的主攻方向。

到了此时,你也许才真正明白,对物理竞赛学习的兴趣只是你入门的拐杖,功利性的目标才是你坚持下来最为重要的理由,责任与意志才是你向前走的动力。认识到这一点,你的成功大有希望。

其实,学到这个层面,就该以阅读与训练为主了。我也没有太多的书可推荐,但有几本书是必看的。对于第二轮的学习资料,我作如下的推荐。

教材类

◇《高中物理奥林匹克竞赛标准教材》,郑永令主编,中国科学技术大学出版社。

进入第二轮的学习了,如果你没有实质性的斩获,就重新开始学习一切吧!

建议你从阅读郑永令老师的《高中物理奥林匹克竞赛标准教材》开始!这是一本以竞赛为目的,但更接近于普通物理的教材。学习这本教材,既是对物理竞赛内容的复习与巩固,同时也是向普通物理内容过渡的阶梯。书中的例题与习题基本上是复赛层面的试题,使用它既是合适的起点,也为后面的进阶学习打下了良好的基础。

在第二轮学习中,不要再奢望教练一点一点地对你讲解相关的知识,你必须自主阅读教材内容。

竞赛学习到了这一阶段,就不可能不接触普通物理内容了。早期我以赵凯华主编的《新概念物理教程》的 5 本普通物理教材为蓝本进行竞赛培训。但随着竞赛培训的深入,在后期的培训中,对普通物理教材的选取更倾向于以下述教材为主。

力学:《力学》《力学习题与解答》,舒幼生编著,北京大学出版社。

热学:《热学》,刘玉鑫编著,北京大学出版社。

电磁学:《电磁学》《电磁学习题分析与解答》,梁灿彬、秦光戎、梁竹健编著,高等教育出版社。

光学:《光学教程》,姚启钧编著,高等教育出版社。

近代物理:《原子物理学》,杨福家编著,高等教育出版社。

高等数学:《高等数学(物理类)》,文丽、吴良大编著,北京大学出版社。

由于中学物理竞赛内容并不涉及整个普通物理内容,建议学生根据竞赛大纲的内容有选择性地学习,以加深对知识的理解。我觉得教练也可以选择自己较为熟悉的教材让学生阅读,譬如自己在大学阶段使用的教材,这样更有助于自己培训、答疑。我在培训的最初阶段,采用的就是这种方式。

学习普通物理的过程中,绝对不可放弃对竞赛内容的巩固与练习,学习普通物理是在熟练应对竞赛内容的基础上进行的,学习者必须掌握好一个动态的平衡点,千万不要以为学好普通物理就能应对竞赛了。要知道,普通物理的学习只是加宽了知识面,并不代表你的能力提高了,特别是模型的认识能力、运算能力和规范表达的能力。

由于学习了普通物理,加之学习时间与学习内容的相对自由,很多学生由此上升至对理论物理中四大力学的学习。笔者在此特别提示,若你在高二期间还没有获得比较满意的签约,加之你并没有十足的把握冲出复赛的瓶颈,就不要在四大力学上投入过多的时间,不然,你很可能由"大神"秒变为"死神"。

强化辅导类

◇《物理竞赛集训精编》,舒幼生编著,上海辞书出版社。

◇《物理素质强化训练》,金嗣炤主编,安徽科学技术出版社。

◇《国际物理奥赛培训与选拔》,郑永令主编,中国科学技术大学出版社。

对于我来说,第二轮基础辅导资料除了我编辑的《第二轮辅导讲义》外,学生首先必须认真对待的就是上面这三本资料了。

有必要介绍一下这三本书的背景:早期的物理竞赛国家集训队由北大、中科大、复旦大学和南京大学四校以4年为一个周期,轮流举办负责国家集训队的培训,经过一轮的培训后,其中北大、中科大、复旦大学便有了上述三本竞赛辅导书。虽然南京大学集训后也有一本《物理学奥赛教程》出版,但此书层面相对较低。

《物理竞赛集训精编》是最早的中学物理竞赛辅导书之一,由前国家队领队、北大教授舒幼生老师编写。我认为,它是《物理学难题集萃》的竞赛版本,时至今日,里面的试题仍然陆续被其他的竞赛书拆分、引用,以至于在现有的竞赛指导书中难见此书,但其经典性毋庸置疑,且现已绝版,我使用的亦是复印本。好在已有《奥赛物理题选》替代,但两者的难度不在一个层面上,后者远高于前者。

《物理素质强化训练》是中科大负责国家集训队培训的几位老师编辑出版的一本竞赛辅导书,作者不包括程稼夫老师。本书包含综合素质培养篇、理论篇、实验篇、附录(三套国际奥赛试题及解答)四部分,其中理论部分以习题为背景进行概念讲解。这一部分体例独特,简洁明了,适合学生由竞赛物理向普通物理过渡,是本书的最大特色。

全书只有例题,没有习题,是一大遗憾。但本书非常适合学生在学习普通物理的过程中同步阅读、学习,或是通过阅读本书向普通物理过渡。由于它能通过具体例题解答学生在普通物理学习中产生的问题,应该是竞赛生的必备书之一。

《国际物理奥赛培训与选拔》,由郑永令老师主编,是复旦大学负责国家集训队培训的几位老师事后编写的竞赛辅导用书。

本书实际上是一本题解书,既可用于练习,也可作为题典阅读。

从本书的书名,你即可感觉到本书的难度。本书中的习题整体难度较大,综合难度达到了决赛及集训选拔的难度。本书中的模型以及涉及的解题方法是值得学生认真学习的。

但本书的热学部分似乎超出了复赛要求的范围太多,即便学生阅读了普通物理中的热学部分,对问题的理解也颇感吃力,学习这一部分内容时,应注意选择。

本书实验部分的例题也是难得的练习内容,建议阅读、练习。

◇《物理奥林匹克竞赛实验教程》,青一平编著,湖南师范大学出版社。

本书先是单独出版发行,后来纳入《奥赛经典》系列中改名为《物理奥林匹克实验教程》。

由于湖南省物理学会一直参与中学物理竞赛的培训,而且形成了一整套理论与实验的培训班子,青一平教授就是最早从事中学物理竞赛实验培训的教练之一,本书即是当年的实验教材。

本书全面而系统地阐述了中学物理竞赛实验的理论知识和实验设计的众多方法,提供了许多经过检验的实验试题,并给出了解答,供同学们练习时参考。此外,本书还提供了许多的实验真题,供同学们学习。因此,它是一本竞赛实验必备的书。

本来,学生在第一轮学习中就应完成实验的培训,但考虑到时间的约束,深入的实验理论与操作实际上是在高二阶段完成的,所以我将本书的推荐放在第二轮中。

◇《更高更妙的物理·冲刺全国高中物理竞赛》,沈晨编著,浙江大学出版社。

本书简称"高妙",受到众多自学者的热捧,发行量也很大。

本书最初以专题(共 27 个专题)的形式连载于《中学物理教学参考》杂志上,其行文的专题性与杂志性特点十分明显。后来在专题连载的基础上,补充了专题练习(小试身手)、17套CPhO递进测试和13套CPhO模拟题及相应的解答,构成此书。

由于本书是杂志上连载的专题,因此在知识的系统性上不可能做到完备,故不能作为竞赛的入门教材。

但很多自学者直接将此书作为入门教材,估计是因为书中每个专题都有一两道远高于常规教学内容的难题,其解法也较为独特。一名自学者能弄懂这种题目,将极大地满足他的成就感,也会在一段时间内强化他的兴趣。

由于本书最初在《中学物理教学参考》杂志上连载供中学阶段使用,因此它回避了微积分的应用,但伴随的是大量地运用复杂的微元法,以至于让人感觉到它将微元法用到了变态的程度。

本书后面的递进测试与模拟试题基本上是各类赛题的随机组合,以国内奥赛与国际奥赛的试题为主,难度忽高忽低,让人有点儿无所适从,虽能让学生在其上消耗一定的时间,但针对性确实存在问题。

我曾问过在高一阶段阅读过此书的学生有何收获,回答让人十分意外:好像没有收获。由于此书的内容构成不了系统,学生无法将所学的内容融合起来。虽然当时能弄清楚一些难题的解法,但由于没有相应的知识与能力作铺垫及巩固,事后学生也不会有什么印象,就像很多人学习相对论一样,当时也许弄清楚了,要不了两天,就好像没有学过一样。

本书吸引自学者的另一个因素应该是后面的套题了。对于自学者而言,他们太缺乏这类资料了,有了这本书,他们自然是喜出望外。就目前的资料状况而言,他们也确实没有其他的选择了,悲催!

但我绝不让自己的学生在高一阶段接触此书,不能让他们在高一阶段所学的知识支离破碎,不能让他们在没有基础的情况下在难题上下功夫,白白耗去大好时光。当然,在有了一定基础的高二阶段,本书各专题的内容是值得同学们仔细研读的。

我建议,不论是专业选手还是业余选手,都应到高二接触此书。

◇《力学小问题及全国大学生力学竞赛试题》,高云峰、蒋持平、吴鹤华、殷金生主编,清华大学出版社。

本书是《力学与实践》杂志上的"小问题"栏目的文章与"全国周培源大学生力学竞赛"试题的结集。

我认为,这应该是一本理论力学与材料力学方面的辅导书,而就中学物理竞赛而言,我则看重它在模型方面的突出特点。本书的难度设置大体是向着模型、过程和运算三个方面发展的,而我认为其模型难度更贴近于中学物理一些。

与本书类似的还有《大学生力学竞赛与建模》等。

本书在桁架结构与运动方面的模型值得竞赛生认真研究,故给予推荐。

◇《物理学原理在工程技术中的应用》,马文蔚、苏惠惠、解希顺主编,高等教育出版社。

这是一本工科院校普通物理教学的参考书。

我们知道,命制竞赛试题的都是大学教授,他们很多时候都努力将普通物理的内容和大学所涉及的模型进行初等化处理,即在尽量不必运用复杂的高等数学手段的基础上让学生来处理相应的问题。而本书避开了技术细节,将实际问题抽象成物理模型,并用物理原理进行分析与研究,提出合理或近似的解决办法,而这正是竞赛命题人要做的工作,因此本书肯定可作为中学物理竞赛用书。

我向竞赛生强力推荐此书。

◇《物理学难题集萃》,舒幼生、胡望雨、陈秉乾主编,中国科学技术大学出版社。

本书被学生称为"难集"或者"砖头",编者有三人,但竞赛生可能只记得舒老师一人。

这本书原本应是物理专业本科生的教学参考书,但物理竞赛生比本科生更喜欢这本书。

本书中有大量的竞赛试题,解答详细,让许多竞赛生感觉自己能"突破"难题,他们因此有一种成就感。很多教练也希望学生能通过此书冲向高端。

但高端并不好冲啊,没有基础,何谈冲高端啊?!

对于本书,我并没有要求学生人手一套。

我觉得，那些只需要冲击省队的学生并不需要阅读此书。本书是为冲击集训队的学生而准备的，那些连赛区全国一等奖都觉得玄乎的学生，一上来就抱着"砖头"啃，那是在建空中楼阁！看上去高大上，实际上华而不实啊！

这里，我只对那些有志于冲击集训队的学生推荐此书，并且此书是这类学生的必读书。

此书现由中国科学技术大学出版社再版，被拆分为上、下两册。

冲刺类

到了后期，你在进行高强度的模拟训练的同时，还请重新打开《物理竞赛专题精编》与《奥赛物理题选》，因为这两本书的冲刺功能至少目前还没有其他资料可以替代。除此之外，我还作如下推荐。

◇《大学物理竞赛精选详解350题》，刘家福主编，国防工业出版社。

本书是历年理工类非物理学专业的大学生物理竞赛的试题精选，其内容基本上与中学物理竞赛重合，里面许多赛题的特点与中学物理竞赛极度吻合，作为学生复赛冲刺前的练习，比较合适，故作推荐。

◇《奥赛物理试题选》，舒幼生编著，北京大学出版社。

2017年，舒老师将"联谊赛"的试题单列出来，加入一些北大物理科学营的试题，编成了《奥赛物理试题选》。这同样是一本难得的好书，只是试题难度总体上偏向决赛，冲刺阶段的学生认真对待后面的试卷为好！而有机会参加北大科学营的学生则必须认真对待本书中的试题。

以上便是我为第二轮学生推荐的相关用书。看上去第二轮推荐的书目似乎比第一轮还少，这就有点儿不正常了。其实，你在阅读这些书的时候，也许还要重新阅读第一轮的书。比如，到了后期，你无论如何还会将《物理竞赛专题精编》与《奥赛物理题选》再重新读一遍。而且，第一轮的许多用书其实是你到了第二轮才开始阅读的。

当然，你还得进行大量的模拟训练，这就得向你的教练要模拟题了，自学者就只好在真题与"高妙"后面的模拟题或者校外培训机构的模拟题中打滚了。

当然,有些书即便是我不推荐,想必你也是会去读的,譬如《全国中学生物理竞赛实验指导书》等。

同时,对于超前学习的同学而言,第二轮列出的普通物理内容,在第一轮的学习过程中也应有所接触。

7.3 江四喜编写的物竞资料简介

前面我已经说到,我在培训学生的过程中,是非常注意资料的收集、整理和编写的,自己编印后发给学生的资料也有十余种。当然,其中很多都是临时性的,如很多知名教练在外讲课的讲义也被我整理后发给学生,作为学生学习的补充。到目前为止,我已经出版了四本竞赛辅导书,它们分别是《高中物理竞赛辅导教程(新大纲版)》《高中物理竞赛辅导教程(新大纲版)·解答与点评》《物理竞赛解题方法漫谈》《物理竞赛专题精编》。另外还有两本与竞赛及自主招生相关的教辅书《高中物理难、趣题88例》《重点大学自主招生物理讲义》,它们也是在竞赛辅导过程中产生的。

我的竞赛辅导书实质上构成了一个辅导系列,《高中物理竞赛辅导教程(新大纲版)》和《高中物理竞赛辅导教程(新大纲版)·解答与点评》可作为教材与基本训练,《物理竞赛解题方法漫谈》用于提升能力,《物理竞赛专题精编》用于冲刺,《物理竞赛教练笔记》可作为竞赛生学习过程中的指导用书。这些虽然不能成为竞赛生学习的全部,但已为竞赛生搭起了学习的框架,以这个系列为核心进行学习,至少是不会走弯路的;虽然它们还不足以让你冲到竞赛的最前面,但有可能让你站在赛区全国一等奖的位置,甚至跻身省队行列。

但它们的出版顺序是倒过来的,主要是因为在我编写资料的过程中根本就没有为出书做准备,只供自己使用。2012年,以前我教过的学生回到我这儿时,我让他们对过去在竞赛学习中使用过的资料作一些评价,说说哪些比较实用。没想到他们对我发给他们的《物理竞赛专题精编》一致地给予肯定,加之我看到市面上刚出的一本质量很烂的竞赛书,这才有了出版的动机。当时,我在计算机中复制了30页的样章,分别发给了中国科学技术大学出版社与浙江大学出版社,在很短的时间内,我便收到了两家出版社接受出版的回复。我非常感谢这两家出版社的编辑们为我的书出版所付出的努力。我不仅以前不知晓他们,甚至直到我的书上架,我也没有与他们见过面,连接我们的是简短的邮件、短信、电话、QQ等。

上述图书都是在2013年以后出版的。那么,大家会不会认为我这几年就只在编书了呢?《物理竞赛专题精编》《物理竞赛解题方法漫谈》两书出版后,百度物理竞赛贴吧中就有学生对我的书提出了一些具体的问题。为此,我专门给予了回复,从回复中你便可以看到我编书的方式与目的。不仅如此,你还可以从中看到我出版的每本书的素材都准备了很长时间,但整理出版的时间却很短。当时的回复如下:

关于江四喜的《物理竞赛专题精编》与《物理竞赛解题方法漫谈》

我是中国科学技术大学出版社出版的《物理竞赛专题精编》和《物理竞赛解题方法漫谈》两书的作者江四喜。

第一,我非常感谢在近一段时间里,物理竞赛吧的朋友对这两本书的关注,特别是中国科学技术大学出版社的编辑在吧里对这两本书的推介。而且,我非常高兴很多同学在书出版后的第一时间里购买了这两本书。

第二,作为作者,我必须再次申明一点,我在一年内推出这厚厚的两本书(实际上这一年内还有一本《高中物理难、趣题88例》,由湖北教育出版社出版),但千万不要以为这些书是本人在这一年内编写的。事实上,在这一段时间内,对于这几本书,我只是抽时间梳理了一下文稿和条理,校对了一下清样(其中一本还是由学生帮忙校对的),这些书稿实际上是我多年的教案或讲义。换句话说,这些书稿我曾多次打印给学生使用,每一本书稿的写作时间都在十年以上。当然,每一轮都会有一些修订与完善。所以,这两本书都不是我刻意为了出版而编写的,只是我将自己培训学生时使用过的资料呈现给大家而已,这一点我在两书的序言中都说到了。

第三,必须说明,我的这两本书都不是竞赛的入门书。对于优秀的中学生而言,市面上有太多的书只要拿起来,都可作为入门书,它们都能为你提供足够你刷题的题量,而且有些书上的试题,其解答能撩起你成功的喜悦,毕竟是一般中学生难以完成的难题！然而，竞赛不仅仅只是刷题，也不仅仅是要求你在某一题上获得一点成就感，你必须将刷题所积累起来的经验转化为你的能力！我的这两本书在努力牵引着你往这个方向走。换句话说，如果你将这两本书作为入门书的话，肯定无法前行，而当你有了一定的刷题经验后，这两本书将是助你腾飞的翅膀。

第四，我承认，我的这两本书还有诸多方面的不足，除了打字方面的问题外（非常感谢中国科学技术大学出版社对书中的问题及时更正），更多的则是我的选择问题。因为我用来培训学生的自编资料的种类很多（自己随意清点了一下，有十多种自编资料），不同阶段用不同的自编资料，从最初的新内容，到最后的冲刺训练，都有不同的功能。所以，即便是这两种资料，由于使用的时段与功能的重叠，其内容也有重叠的地方，同时也有刻意回避其他资料中已作重点说明的地方的缘故。我把这些资料交给出版社时，也没有时间去刻意地补充、完善，所以专题与方法的不足是可想而知的。

第五，我认为这两本书多多少少弥补了市面上的资料的不足。《物理竞赛专题精编》是对模型、知识点的归类训练，你也许会觉得它基本上是你做过的习题，所以我并不要求你一题不漏地刷它，只是想让它牵引着你内化这些模型与知识点。用我的学生的话说：如果老师你不去做这个工作，我们也许会花大量的时间去做这个工作，而且还不一定做得出来。至于《物理竞赛解题方法漫谈》，我认为这是市面上关于竞赛解题方法的最全面的书了。看过此书，无须再看其他有关物理竞赛解题方法的书。也许你会觉得我的话说大了。而我想表达的则是，仅就我收集的书目而言，目前市面上有关解题方法的书，似乎还没有比本书的内容更全面的。恕我目光短浅，如你能提供更全面、更实用的关于解题方法的书，我将让我的学生拒绝使用我的这本书。

第六，这两本书上重题肯定是有的，有多少，我没有统计过，但我相信，肯定不多，因为平时为学生选题时，我肯定是刻意回避重题的。我认为，不论是高考还是竞赛，代表某一方面的试题都只有500道左右，《物理竞赛专题精编》可能不到700道题，而《物理竞赛解题方法漫谈》可能不到500道题，前者重训练与模型比较，后者重方法的使用与讲解，即便是同一道题目，在不同的书中，其功能也绝对是不相同的，相信阅读了这两本书的同学能体会到这一点。我相信你也不会因为同一道题让你付了两次钱而抱怨江老师,毕竟你两次的收获是不一样的。

第七,我也说一点我的自信。目前竞赛书的作者尚没有如同我这样面对读者的,也没有多少像我这样愿意做你的吧友的。如果你有兴趣,你还可以加入"江四喜物竞交流群"QQ群,让我们一起来讨论物理竞赛问题。

第八,我还要再一次地感谢你购买《物理竞赛专题精编》与《物理竞赛解题方法漫谈》两书。

上述内容,大家可以在百度贴吧中搜到。

2013年初,我在第一时间阅读了将于2016年使用的《全国中学生物理竞赛内容提要》的内容,感觉变化有点儿大,至少从要求上就突破了原来的中学物理与大学物理的分水岭,允许在竞赛中运用微积分了,于是我就着手编写《高中物理竞赛辅导教程(新大纲版)》。也就是在这个时候,浙江大学出版社的杨晓鸣社长专程从杭州到我这儿来征稿。想到当初我曾将《物理竞赛专题精编》的稿子投给他们而最终又交由中国科学技术大学出版社出版,我内心就有一种欠了一份人情的感觉。我是一个比较念旧情的人,所以当杨社长来到我的办公室时,我便答应了将手中还未成型的书稿交给他们出版。

当《高中物理竞赛辅导教程(新大纲版)》交稿时,其中"过关练习"的解答文档其实也已经完成了,只是因为《高中物理竞赛辅导教程(新大纲版)》一书的容量有限,才没有将解答以附录的形式附到原书的后面。但我知道,读者是肯定需要这些解答的,出版本书的解答也就成为计划中的事情了。而且,我只需要将书稿的文档稍作整理,就可以交给出版社了。

但我迟迟没有交出解答的稿子。

我在《高中物理竞赛辅导教程(新大纲版)》一书的整理与编写过程中,在面对计算机屏幕的同时,大脑中也浮现了我在培训学生的过程中处理相关内容的情景。我回忆起知识点的阐述要点和习题处理的心得,而这些都是不可能通过简单的知识呈现与习题解答的呈现来让读者领悟的。当时我就想着,该为这本书的习题解答增加点什么,以期读者能有更多的收获。

事实上,我在多年的竞赛培训的过程中,在阅读与讲解习题时,已养成了对习题进行综合评价与相应点评的习惯。每一道习题呈现在我面前时,除了解答,我也会想到这些试题在解答之外的一些要素:除了涉及的知识点外,还涉及哪些解题方法类型,审题过程中的易错点,解答过程中模型的建立,题目中的模型、方法与哪些习题相呼应,运算的复杂程度与技巧有哪些,是否是过往的竞赛中涉及的热点内容,习题可以由哪类题目衍变而来,习题本身还可以向哪些方面拓展,等等。我想,是不是应该将我的这些想法也一并呈现给读者呢?我知道,我对习题功能与特点的判断并非全面,也不是很到位,有的甚至还是不正确的;我也知道,随着时间的推移,我对这些习题的看法会发生改变,或者慢慢地遗忘。也就是说,我对习题功能与特性的评价都具有阶段性、局限性。但即使如此,我也认为,我现阶段对习题的看法,对竞赛的学习者而言,应是一种有益的参考,或许能成为读者思考问题的引子,我有必要毫无保留地将这些呈现给我的读者。于是,《高中物理竞赛辅导教程(新大纲版)·解答与点评》中与习题同步的点评便产生了。

如果说关于习题的解答我原本就有的话,那么,每道习题的点评则是我用了将近一年的时间在计算机上慢慢敲打出来的。敲打每个点评之前,我都重新阅读了习题的解答,必要时还需对关键的步骤进行重新推演,完善题目与解答的表述。

《高中物理竞赛辅导教程(新大纲版)》的读者应该多是刚接触物理竞赛的新同学。在学过知识、阅读例题之后,完成相关的"过关练习",也是学习的必要步骤。从应试的角度看,规范的"过关练习"是体现学生对知识掌握的最佳方式,也是展示学生对知识掌握的最佳途径,所以我希望每位初学者都不要漠视"过关练习"的功能。

坦率地说,学习物理竞赛的知识对一名优秀的中学生而言并不是难点,但你学会了知识并不等于你就适合进行竞赛学习。换句话说,我在竞赛培训过程中,从不鼓励那些在我看来并不适合竞赛的学生坚持将这条路走下去。所以,我在对习题的点评中,间接地暗示了这一观点,目的是想让你通过阅读点评,思考一下你是否适合物理竞赛学习,是该坚持下去还是转身而去。我希望那些连完成"过关练习"都感到极为困难的学生千万不要用对物理的兴趣作为你坚持的借口。因为,就物理竞赛学习而言,仅有兴趣是远远不够的,你还得具备必要的天赋、锲而不舍的精神、过人的学习品质等。

当然,我的点评更想让一个物理竞赛的初学者能从中体会到该怎样进行物理竞赛学习。要知道,竞赛学习对学生而言,不仅仅是知识的扩充,更是能力的提升,那些认为竞赛学习就是高中学生提前学习大学物理的人无疑没有领会到竞赛的真谛。诚然，新大纲显示竞赛学习需要掌握很多高中阶段不需要掌握的知识内容，但这些知识本身并不是甄别学生的主体，而是考查学生对这些知识运用的能力。对所有的竞赛生而言，对知识的学习应该不是问题，问题是运用知识的能力如何。在我的点评中，我力求给出解答习题所需的能力要求，供读者思考。

本书后面另附的 8 套竞赛模拟试题及参考解答，其特点在前面已作介绍，这里不再说明。

不过，让我始料不及的是，浙江大学出版社的出版速度较慢，特别是《高中物理竞赛辅导教程(新大纲版)·解答与点评》，从交稿到出版几乎用了两年的时间，一时让很多读者心急如焚，好在此书出版以来，大家的反响都不错。

8 近年预、复赛理论试题分析

物理竞赛的试题命制，实际上没有固定的班子。其命题采取的是承办地负责制，即某省承办某一届物理竞赛时，这一届从预赛到决赛的理论试题均由该省负责命制，同时负责本届全国决赛实验试题的命制。而复赛的实验试题则由各省物理学会自行命制。

近二十年来，本人一直关注物理竞赛的试题特点，尤其是复赛试题。我的感觉是，虽说有《全国中学生物理竞赛内容提要》作为竞赛命题的依据，但不同省份、不同届别的命题老师对《全国中学生物理竞赛内容提要》的理解不可能做到一致。另外，考虑到这些命题老师都是大学的物理教授，他们对中学物理教学的现状并不一定十分了解，所以试题的难度看上去是没有统一的标高的，常出现某届的预赛试题比其他届别的复赛试题难，而复赛试题又比其他届别的决赛试题难的现象。这也是我被学生或教练问到某道题是复赛难度还是决赛难度时，我一律用"呵呵"回复的原因，因为这两者是没有界限的。所以，我经常对学生说，做好了复赛试题，也就等同于做好了决赛试题。虽然全国中学生物理竞赛委员会近年来成立了负责审题的技术小组，但从近年的试题难度波动情况看，审题也似乎只起到形式上的作用，并没对试题的难度进行有效的调控。当然，出现问题更大的可能是命题经验不足导致的。

下面我主要就预赛与复赛理论试题的特点，从个人理解的角度谈一点看法，供大家参考，其中肯定有很多不成熟或错误之处，还请各位谅解。

8.1 预赛试题的特点

优秀的学生对于学科竞赛有一定的天然的热情,加之很多省份将学生报名参加预赛的人数与复赛的名额关联起来,很多重点中学便会大规模地动员学生参与预赛,从而导致预赛涉及面很广。考虑到学科竞赛的基础性和参与者众多等特点,在兼顾普及与选拔功能的前提下,预赛试题的整体难度不是很大,介于高考难度与当年复赛试题的难度之间,但试题的难度不可作纵向比较,也就是说,某些年份的预赛试题中的某些题目可能比其他年份的复赛试题还要难。

由于竞赛报名并不受学生所在年级的限制,很多高一乃至初三的学生也报名参加了预赛。然而,试卷只有一套,涵盖的内容为《全国中学生物理竞赛内容提要》所规定的部分,这些内容超过了整个高中常规教学所要求的物理内容,其中大部分都是高一学生尚未学到的。譬如,正常情况下,高一学生参赛时,基本上还不能完成高中电学内容的学习。所以,有些省份在原有的全国通用试卷的基础上,为高一的学生又加入了部分力学试题,以保证高一学生在竞赛中能完成更多的内容。

近年来,预赛试卷的结构已经基本定型,即全卷共 16 题,满分 200 分。我们可以从试卷结构来看预赛试题的特点。

(1) 选择题:本题共 5 小题,每小题 6 分,共计 30 分。在每小题给出的 4 个选项中,有的小题只有一项符合题意,有的小题有多项符合题意。把符合题意的选项前面的英文字母写在每小题后面的方括号内,全部选对的得 6 分,选对但不全的得 3 分,有选错或不答的得 0 分。

显然,竞赛中的选择题为多选题,但选择题涉及的知识内容基本上都在高考要求的范围内,不过试题解答涉及的过程与运算量都比高考的要求高。对优秀的高考生而言,选择题并不是高不可攀的。

(2) 填空题:本题共 5 小题,每小题 10 分,共计 50 分。把答案填写在题中的横线上。只要给出结果,不需写出求得结果的过程。

相比于选择题,填空题的难度更大一些,内容与模型更倾向于竞赛内容,有些试题则是直接针对竞赛生的。完成选择题的内容,就已经能够区分高考生与竞赛生了。

(3) 计算题:本题共 6 小题,每小题 20 分,共计 120 分。计算题的解答应写出必要的文字说明、方程式和重要的演算步骤,只写出最后结果的不能得分。有数字计算的,答案中必须明确写出数值和单位。

在 6 道计算题中,一般都有 3 道或 4 道题的内容超出了常规教学大纲的要求,只能由竞赛生完成,这些试题将高考生与竞赛生作了有效的区分,使得能进入复赛的学生基本上都是经历了竞赛培训的学生,淘汰了非竞赛生,突出了选拔功能。这也是多年来,预赛学生中绝大部分的得分在 100 分以下的主因。

由于预赛不考实验,近年的预赛试题的计算题中都有一道与实验设计及原理分析相关的试题,这一特点非常明显。

另外,从填空题与计算题的分值分布我们可以看出,试题的赋分并没有依据试题的难易程度,这一点似乎有点粗暴。

由于预赛的功能主要是筛选出参加复赛的选手,而一般学校的教练可能会通过弹性策略使其种子选手顺利参加复赛,所以有的学校并没有认真地对待预赛,各地也常有预赛试题泄露的传言出现。

8.2 复赛理论试题的特点

由于竞赛的功利性目标实现与否取决于复赛成绩的好坏,那些从事竞赛学习的竞赛生都会全力备考复赛。而且,只有在理论考试排名靠前的学生(一等奖人数的 1.5 倍)才有可能参加后面的实验考试。但实际上,由于各省实验器材数量的限制,不少省份并不能严格执行这一政策,而是根据实验器材的数量压缩实验人数。能进入实验环节的学生,基本上都是各校的专业竞赛生。从这种选拔机制看,大家对复赛高度关注是完全正常的。教练也应重点研究复赛试题,以从中找到规律性的内容,从而有针对性地进行培训。

虽然每年的命题是相对独立的,但我们集中分析一下多年的复赛试题,从试卷结构到内容热点,仍然可以从中窥视试卷的一些基本特征以及命题教师具有的一些共性思维特征及偏好,毕竟命题教师对物理学科的知识结构的认知是基本相同的。如果教练明确了这些特点,就能有针对性地对学生进行应试备考培训。

下面我将近8年的复赛理论试题赋分及所涉内容作一归纳,得到表8-1。依据表中的内容并结合历年来学生的参赛情况,我们可以看到复赛试卷具有共性的方面。

(1) 从试卷结构上看,近年来,物理竞赛的复赛试题的数量基本上稳定为8道,内容全面覆盖力、热、电、光、近代物理等各个板块,没有选择题,少有填空题。

(2) 从2017年起,试卷的总分改为320分。近几年,复赛分值按题平均赋分。复赛另有实验考试80分,这一分值比例由全国竞赛委员会仿照国际中学生物理竞赛的分值比例确定,与命题人无关,但具体到每道题的赋分,应该是由命题人确定的,个人觉得40分/题的赋分方式有点简单、粗暴。

说明一点:不论是预赛还是复赛,其结构与赋分方式都存在变化的可能,所以,前面所说的试卷结构与赋分方式也许只是暂时的。

(3) 近几年来,虽然整个卷面的题量均为8道,但某些年份夹杂的小题数量较多,且小题的内容间是彼此独立的。以我个人的经验,学生在规定的时间内能完成整个内容的人数不多,可见全卷的题量仍然是较大的。

(4) 从各年考查的内容分配上看,基本上都考虑到了知识点的均衡分布。总体来说,以力学内容为主,但有少数年份并没有兼顾知识点分布这一点,如第32届就有两道电磁感应方面的试题,占比很大。

(5) 在比例较大的力学内容中(一般为3道大题),抛体运动、天体运动、振动、能量守恒与角动量守恒均出现在大部分的年份中,占有很高的比例。另外,以杆连接物体的碰撞、运动模型近年较为常见,值得注意。

(6) 每年都有一道热学试题,而且以热力学第一定律的应用为主,还涉及绝热过程、气体做功的计算、气体的各类变化过程等。也有的年份单独考查了液体、固体的性质及热传递等内容。

(7) 每年都有一道光学题,既有光具组成像,也有光的干涉的计算,但有两年有关光学成像的题以填空题的形式出现,其思维难度虽然不大,但其计算量都很大,几乎没有学生能在规定的时间内完成,加之填空题没有过程

表 8-1

题号	一	二	三	四	五	六	七	八
35届 2018年	（40分）本题是一道经典力学试题，涉及开普勒定律、万有引力作用下的天体运动问题，小物体沿地球轨道运行与扫过的面积计算，微积分知识的应用	（40分）不完整的简谐运动的过程计算，是一个典型的简谐运动问题，其过程分析与计算有较大的运算量	（40分）本题是刚体转动的动力学问题，也是典型转动模型运动的背景下的运动问题，涉及动量守恒定律、能量守恒定律、角动量守恒定律、质心运动等的应用，是竞赛要求的基本问题	（40分）本题涉及电流磁场的计算，矢量合成运算，小量运算，整体运算，其束缚的计算超出了竞赛要求的考试大纲的要求	（40分）原子发生康普顿效应光子的计算，涉及洛伦兹变换参照系的科氏力计算。在竞赛大纲中明确对氏力运动有要求。对小量的能力处理有较高的要求	（40分）基于热传导与热辐射的模型计算，涉及过程的物理与相关计算，不同的复杂计算样有较大量	（40分）DNA 双分子螺旋结构的X射线衍射图像的分析与计算，这是历年竞赛中第一次涉及衍射的计算，难度显然较大	（40分）原子核无反冲共振吸收效应（即穆斯堡尔效应），涉及原子核发射过程中的能量守动特征，能级特征，多普勒效应，相对论效应等的分析与计算
34届 2017年	（40分）本题是一道行星绕太阳（中心天体）运动的模型，涉及开普勒定律，有心力作用问题，行星轨道的分析与计算，微积分知识的应用	（40分）本题是一道多过程模型涉及运动牛顿运动定律、动量定律、能量定律关系以及运动定律的关系分析用过程的典型模型的运推高难度的试题	（40分）本题是电磁感应的应用试题，涉及动电电势的计算、电路电流计算，安培力的计算	（40分）回旋加速器模型，考查带电粒子在电磁场中的运动	（40分）弗兰克-赫兹实验的研究，涉及气体原子的能级特点，同时也考查微观粒子间碰撞时发光的动量与能量守恒	（40分）基本的热循环过程，涉及气体吸热、放热的分析与计算，做功、吸热、内能的变化等	（40分）本题涉及菲涅耳透镜（同心圆阶梯透镜）的研究，是一道模型比较特殊的几何光学试题	

(续表)

题号	一	二	三	四	五	六	七	八
33届 2016年	(20分)由牛顿环延伸出的柱面薄膜干涉,考查学生的空间认知能力	(20分)考查气体的性质、液体的平衡及气体做功的计算	(20分)在万有引力背景下讨论物体的运动,涉及开普勒运动定律、牛顿运动定律、能量反轨道性质的研究与计算	(20分)本题是一道以蹦极为背景的力学试题,是一道有争议的试题	(20分)线圈中的磁场的电流的计算,电阻定律的应用	(20分)光电倍增管模型,考查带电粒子在磁场中的运动反几何约束特性	(20分)刚体的角动量的计算,物体的受力分析与计算	(20分)粒子碰撞下的问题、粒子的能量变、相对论的能量的分析与计算
32届 2015年	(15分)太阳内部的核反应循环、核反应方程、核能的计算	(15分)有连杆的系统的碰撞下的动量、角动量守恒、能量守恒的计算、系统物体的运动分析	(20分)角动量定理的应用、非弹性碰撞的计算、临界分析、抛体运动与物体的分析与计算	(25分)空间背景下的运动分析与计算,并在此背景下的多普勒效应(频移)	(20分)以电磁感应为背景的电路网络的计算,包括感生电动势与动生电动势计算,基尔霍夫定律的应用、电功率的计算	(23分)电流、动生磁场、动生电动势的计算,物体的受力分析与计算,力矩的计算	(22分)理想气体的热循环过程,涉及热力学第一定律的应用,热容的计算、过程中的吸放热的计算、循环效率的计算	(20分)光波导薄膜中的传播,本题明显超纲,基本上是一道无效题

190

(续表)

题号	一	二	三	四	五	六	七	八
31届 2014年	(12分)以"天宫一号"中水滴在失重状态下的脉动为背景，考查表面张力作用下液滴的形状、振动的形式和量纲法	(16分)理想气体的绝热过程、等容过程，容比气体的热容比的理解与计算	(20分)空间背景下一般物体的静平衡	(24分)以圆周运动(转动)为背景的能量、角动量及非惯性系下牛顿运动定律下的临界问题	(20分)光学透镜成像的计算，光路的分析与计算，光阑下光现象的分析	(22分)电容器的连接，电容器的能量计算，交流电路的计算	(26分)电流的磁场及安培力的计算，对称分析及应用	(20分)以星系为背景，考查原子发光的多普勒效应，光的红移，哈勃定律等
30届 2013年	(15分)物体运动过程中的能量守恒、角动量守恒，极值问题分析	(20分)杆件的碰撞模型，涉及能量、动量、角动量、牛顿运动定律的应用	(25分)以转动的转动模型为背景，涉及牛顿法、质心运动定理、函数极值的应用	(20分)带电粒子在电场中的运动，涉及电容器、电势能与能量守恒的应用	(25分)不同参照系中的电场与磁场的转化问题，电容器的应用	(15分)热胀冷缩在双金属片上的应用	(20分)多光束的干涉问题，涉及光程的计算，透镜成像，光的干涉计算	(20分)考查康普顿散射及相对论能量

(续表)

题号	一	二	三	四	五	六	七	八
29届 2012年	(17分)湖面上浮子的振动,考查的不完整的谐振模型的多过程问题	(23分)万有引力背景下太空电梯的设计与计算	(25分)杆状连接体的碰撞问题,角动量守恒的应用及运动分析	(21分)电容器网络的计算及电容器的能量问题	(25分)这是一道与电磁感应相关的综合试题,涉及感应电动势、磁场、电流、电路的感应中电量的计算等	(15分)热学内容,涉及绝热过程、理想气体的方程的应用、理想气体的内能的计算	(16分)光具组典型模型题,考查成像问题,逐次应用,但计算量超大	(18分)电磁场背景应用下的问题,涉及电场与磁场相对论效应的计算
28届 2011年	(20分)哈雷彗星运动的研究,涉及普勒定律、能量守恒,直角坐标或极坐标下椭圆的性质	(20分)杆的静平衡问题,涉及平衡的临界状态分析,是典型的计算型难题	(25分)卫星的"消旋",涉及机械能守恒、系统的角动量守恒,运动分析与计算	(20分)带电粒子在匀强电场与匀强磁场中的运动,涉及运动的合成与分解、轨迹是中学竞赛中研究得比较清楚的摆线	(15分)二极管的特性研究,题型为填空题,是一道给予信息题	(20分)热学理想气体的内能计算,热力学第一定律的应用,绝热过程的分析与计算	(20分)光成像逐次问题。题型为填空题	(20分)以核反应为背景的核能的计算,动量守恒量分析

分,导致得分率极低,几成废题。对于光的干涉,几乎全部是对普通物理背景下的模型进行一定初等化的处理,其难度在于对模型的理解与运用上。

(8) 以原子物理为背景的试题,近年来也是每年一题,总体难度中等偏上。由于核物理中的模型很多,且各有其功能,因此这类试题基本上都有一定的信息量。很多年份都考查了原子的发光与多普勒效应。

(9) 每年的电学试题基本上稳定在2道题上,多与电磁感应相关,其次则是带电粒子在电磁场中的运动。

(10) 少数年份的试题也有超出物理竞赛考试内容要求的,主要在电磁场相关试题中。这种以超纲推高难度的试题只会让那些专业的竞赛学生占尽优势。

从上面的内容分析中,我们显然可以看到复赛内容的热点所在。从一定意义上讲,由于热学、光学、近代物理三个板块的内容相对独立一些,其综合程度也低一些,总体难度也自然要小一些,而且每年都必有一题,因此这些内容自然也就成为竞赛生重点投入的知识点,其学习的性价比自然会高一些。

以万有引力为代表的力与距离的平方成反比的天体运动及类天体运动在整个物理学中也是一个相对独立的板块,对规律与模型的应用指向也十分明确,涉及牛顿定律、开普勒定律,以及在库仑力作用下的类开普勒定律、动能与势能的守恒、有心力作用的角动量守恒等。平时加强与之相关的内容的学习与训练,有助于我们在考试中对这一方面的试题解答进行突破,而且这一知识点显然也是考试的热点内容。还必须强调的是,对于这一知识板块,较多地涉及二次曲线性质的理解与应用,特别是椭圆在直角坐标与极坐标下的研究。

由于做简谐振动的物体的运动规律具有广泛的代表性,对其研究的方法也广泛地被用于其他领域的研究,如波动光学、交流电等,几乎只要是周期性变化的物理量的研究都可能涉及相关方法的运用,可见其研究方法的普适性,以致这一内容也成为竞赛的考试热点。但这一内容并非只在力学背景下出现,热学、电磁学、光学及近代物理背景下都有可能出现相关的试题。这类问题的研究方法是具有普适性的,可以说是知其一而知所有,因此对此热点内容,我们也应加大相应的投入,以期提高学习的性价比。

力学的核心规律是牛顿运动定律、动量守恒定律、能量守恒定律、角动量守恒定律,串接这些内容的典型模型是与转动或圆周运动相关的模型,所以我们在学习中应加强这类模型的研究与学习。

与空间问题相关的背景模型也高频率地出现在复赛试题中,熟练地处理空间问题也是竞赛生的基本功,这也是《物理竞赛专题精编》中仅有的为同一问题设置两个专题的原因。

另外,对于近年的物理竞赛复赛试题的瑕疵,我提出以下几点意见:

① 物理竞赛不应该是简单的知识竞赛,而应该是能力竞赛,特别是思维能力在竞赛中的作用是不可低估的,学生因能解决有一定思维难度的试题而更具成就感。但近几年的物理竞赛试题中,能体现超常的思维能力的试题较少,这应该是一个全国性学科竞赛的遗憾。

② 基于学生的学习范围与学习时间,学生不可能像某个领域的专业研究者那样研究一些特殊的物理模型,命题者应回避将专业研究者才能接触到的模型用于中学学科竞赛,不然试题会成为废题。

③ 中学生物理竞赛的大纲是竞赛命题的纲领性文件,我们不应使用超出大纲约定的范围的知识来考查学生,否则有可能将学科竞赛引向歧途。遗憾的是,我们能从近年的试题中找到超纲的试题。

④ 作为中国物理学会主导下的中学生物理竞赛,不应该在试题的科学性上频繁地出现失误。遗憾的是,我们常能从复赛试题中发现一些科学性的失误,甚至可以说是一些常识性的错误,让考生在考场上纠结不已。

⑤ 试题背景、物理量的条件描述应该是清晰而准确的,而有的试题在表述上过于粗糙。有时候,学生读不懂题,并不是因为模型与涉及的知识内容难以理解,而是题目并没有表述清楚。

关于复赛试题的难度,我认为这一点不应从不同的年份进行纵向比较,而应从当年预赛、复赛、决赛的情况来进行比较。我个人的经验是,从预赛的起步难度看复赛的难度,然后从复赛难度看决赛难度。我们相信,虽然不同年份的试题难度无法进行比较,但同一年份的难度从预赛到决赛还是有一定的递进特征的。

另外,我一向不太关注决赛试题与学生对试题的反馈,原因是我认为,我们做好了复赛的备考,在知识点差异不大的情况下,也就是做好了决赛的备考。而且,一旦学生突破了复赛这个瓶颈,由于复赛与决赛的间隔时间只有一个月,教练对学生的培训已经不再是以知识培训为主了,而是针对复赛与决赛间的差异,进行一些知识补充、模拟训练与阅读,并进行一定的心理辅导。

9　物理竞赛实验

物理竞赛的预赛并不涉及实验操作,但几乎每年的预赛试题都有涉及实验内容的试题。

中学物理竞赛的复赛分为理论考试与实验考试。

目前的竞赛机制是复赛总分 400 分,其中理论考试赋分是 320 分,实验考试赋分是 80 分。复赛时,学生首先参加全国统一的理论考试,然后根据全国中学生物理竞赛委员会的规定,各省至少按当年本省的一等奖人数的 1.5 倍划出参加实验考试的分数线,实验考试后,根据"理论成绩 + 实验成绩"进行排序,给出省级赛区全国一等奖与省代表队的名单。

但受各省的实验条件的限制,这一规定并不具有约束性。譬如,假如某省赛区全国一等奖的人数为 80,那么参加实验考试的人数应至少为 120,若考试按两道试题计算,该省就得为每个实验准备至少 60 套考试用实验器材,而物理的实验仪器与耗材并不具备类似于生物一台显微镜、一套解剖用器材便可通用的特点,这导致各省物理竞赛委员会至少在财力上就无法实现这一分组要求。所以,大部分省份参与实验的人数都会打折扣,实际参与实验考试的人数大多少于规定的人数。

复赛实验的试题命制及组考、阅卷均由各省、自治区、直辖市中学生物理竞赛委员会组织进行。实验考试的时长与理论考试的时长一样,也是 3 小时,一般省份的实验试题都是两道试题。实验具体的考试日期由各省自定,但全国竞赛委员会要求,最终结果必须在 9 月 30 日之前给出。

能进入实验考试环节的学生基本上都是本省竞赛学习的专业选手。这些选手在理论成绩的分数上并没有太大的差别,大部分学生理论分数的差距都在 10 分到 20 分之间,特别是在一等奖的分数线附近,学生分布是相当密集的。所以,我们不能因为实验的赋分只有理论赋分的四分之一而小瞧实验的重要性。实际上,对众多的专业选手而言,实验较之理论更具有杀伤力,因为总分为 80 分的实验考试中得分差距很多都在 40 分以上,实验完全可以颠覆理论成绩的结果。加之很多省份的实验考试不存在查分、复核的环节,且实验考试也不存在具有说服力的参考答案,所以每年实验考试的不透明性与模糊等特点,让许多在实验中落败的学生,既心有不甘,又无可奈何。

实验成绩对竞赛总成绩的影响之大是显而易见的。各省物理竞赛委员会在对待实验考试的态度上是大相径庭的,如湖南省物理竞赛委员会每年都会对湖南长沙四大名高的竞赛生进行系统的实验培训;山东省在考前也会组织全省的竞赛生进行全面的实验培训;有的省份会在理论考试成绩出来后,对能参与实验考试的学生进行相应的培训,然后再进行实验考试;而有的省份则根本不顾及中学对实验方面的培训,如湖北省原来在复赛前由武汉大学、华中科技大学、华中师范大学轮流对竞赛生进行相应的培训,而近年却因故取消了,学生也就失去了复赛前在本省进行有效的实验培训的机会,且湖北省在理论考试后的第二天便进行实验考试,完全无视了学生的情况,那些在复赛前没有进行过实验培训的选手也就等于直接被清理出去了,组织方可谓任性得不得了。

于是,理论上进行了系统学习的竞赛生若想在竞赛中有所收获,对实验培训只能另辟蹊径,寻找相关的实验机构进行超前培训。

所以,如果我对物理竞赛实验吐槽的话,作为一名中学物理教师和竞赛教练,我自然不会说物理实验对于物理学习并不重要这类话,但我会直截了当地说,中学物理竞赛的实验考试对竞赛生而言,就是一个坑,而且是一个很大的坑。

指导中学生物理竞赛实验的是由全国中学生物理竞赛委员会组织编写的《全国中学生物理竞赛实验指导书》。前面我们说过,这本书原是《高中物理学》的实验分册,但我们不要被这本冠有"中学生"名称的书迷惑,这本指导书中给出的 34 个实验(包括实验误差理论与器材的使用),其内容一点儿也不"中学",整个内容就是对北京大学物理学院物理实验教材进行了选择性的复印,里面涉及的内容、实验器材基本上与中学物理常规教学内容无关,完完全全是大学普通物理的实验内容。而物理实验所需的器材又不同于其他学科,如生物实验是使用显微镜和解剖器材进行操作的实验,化学实验是使用试管、烧杯、滴定管、天平等器材进行操作的实验,生物和化学的实验内容可能不同,但使用的器材大体相同,物理实验基本上是每个实验都有对应的专用器材,这些实验器材都不是中学实验室所具备的。如果让中学教练进行竞赛实验培训,就相当于要给中学配备一个简装版的大学实验室,且不说一般中学的财力不允许,实验教师也不可能达标啊!在全国的中学中,除了类似人大附中的名校外,有几所中学具备如此条件呢?所以,一般的中学教练就不要奢望自己来对学生进行实验操作培训了。

当然,全国中学生物理竞赛委员会也允许各省物理竞赛委员会根据本省的情况对指导书中的 34 个实验进行简化,可从中挑出 20 个左右的实验作为本省复赛的备考实验。即便如此,也改变不了中学无法进行相关实验培训的实质,再加上各省在实验命题时的无约束性与实验教师命题的任性,整个中学物理的实验竞赛简直就是一场大学生物理实验竞赛。所以,每年实验考试过后,教练都会听到一片哀号声。

显然,如果竞赛生不超前进行实验培训,意味着理论考试后,等待他的就是被直接清理。所以,无论竞赛实验是多大的坑,教练、竞赛生与家长都必须直面它的存在,并努力跨越它,而不是任由自己葬身于此。

决赛同样有理论考试与实验考试,分值分别为 280 分和 120 分,这与国际奥赛的分值比例一致,试题由全国中学生物理竞赛委员会命制,所有决赛选手均须参加实验考试。

虽然竞赛实验是大学普通物理的实验内容,但不等于中学教练可以对实验培训放之任之,中学教练必须将实验培训渗透到自己的整个培训过程中。那么,教练该如何指导学生应对物理竞赛实验呢?

9.1 实验操作的培训

每个物理实验都有与其对应的原理独特、操作独特的实验器材,熟悉这些实验器材的功能与熟练操作它们就是一个较为复杂的训练过程。要熟练地使用这些实验器材,学生必须事先走进大学实验室进行相关的操作训练。不要相信实验考试说明中的会给你提供器材使用说明书这类话,因为一个实验从进场阅读题目、设计原理、组装器材、实验操作、记录数据、处理结果、分析误差到书写实验报告的总时间只有 1.5 小时,别说让你去看实验器材的使用说明书,就算你非常熟练地直接操作、书写、计算、分析,你也未必能完成整个实验。而且,对于很多实验器材,如果事先你完全没有使用过的话,即便给你说明书,在 1.5 小时内将其调整至可以使用也不是一件容易的事,更遑论熟练使用。所以,竞赛生在考前走进大学普通物理实验室是必要的。而且,为了达到对所要求的实验器材熟练使用的目的,一般的竞赛生都在大学普通物理实验室进行过 2~4 轮的实验培训。

中学物理竞赛的实验培训必须借助大学实验室进行,所以我们平时所指的中学物理竞赛教练多指理论培训方面的教练,基本不包括实验方面的教练。对于实验,我们是几无例外地都将学生送到相应的大学或培训机构进行培训,且最好是将来负责本省中学生物理竞赛实验组考的实验室,这样便于学生了解实验器材,掌握相关理论,熟悉实验环境。

而这种由承办实验竞赛考试的学校进行培训的方式,明显有一种让省会城市的竞赛生"近水楼台先得月"的味道,一般县中以下几乎无此可能性,使得决赛的选手几乎全部来自大中城市,从而影响了广大农村学校的学生参与竞赛学习的可能性与积极性。

就我个人的培训经历而言,从接手培训开始,我就着手准备学生的实验培训。在高一阶段,超前学习的学生在升入高一当年的 10 月,便陪同省代表队的同学开始练习实验,如有可能,当年寒假会进行一次实验操作培训,次年也会寻找机会进行操作培训,次年暑假还要进行相关的实验操作与理论的培训。到了高二,除了操作方面的培训外,还可能会进行更高层面的实验模拟考试方面的培训。

目前,有些省份的竞赛委员会为了避开竞赛培训组织上的麻烦,直接将竞赛的实验培训交由校外培训机构进行组织,这无疑又加大了学生家庭与学校的经济负担,且难有针对性与质量保证。至少从目前的情况看,实验培训处于一个较为尴尬的状态。

9.2 实验理论的培训

如果你认为实验培训仅仅只是操作问题,那你就大错特错了。

将学生的实验能力归结为动手能力的强弱是对实验最肤浅的认识。实验的操作固然需要学生有一定的动手能力,但理论设计才是实验的根本,不过这一点并没有引起多数教练与学生的注意,甚至很多大学实验培训的教师对学生也只要求按设定的步骤完成实验操作即可,让实验培训在一种肤浅的层面上运行。

就目前已有的实验考题来看,几乎所有的实验考试内容都是测量性的实验,而且是间接性的测量。实验的问题就是要求考生根据给出的器材,测量出某个物理量。

能进入实验阶段的学生,绝大多数都是专业的竞赛生,他们在学习过程中基本上都进行过若干次的实验操作培训,对于相关的器材已经能够熟练使用了。事实上,每次实验考试完毕,我们很少听到有学生说不会操作某个仪器,较多的是不知如何去测量相关的物理量。换句话说,学生不能根据器材设计出测量待测量的过程或程序。说得通俗一点,就是学生在考试现场编制不出一道从已知量(需要从器材中进行分析、提取)到未知量具有最优过程的试题来,然后再对实验结果作出必要的判断与误差分析。

所以,对专业的竞赛生而言,在完成了一定的实验操作培训后,提升实验考试成绩的首要问题,本质上是测量程序的设计问题,而不是操作问题,这一点是教练必须注意的。

所以我认为,学生实验考试的主要障碍仍然是学生对理论的掌握与运用的问题。实验考试相当于要求学生根据给出的实验器材,提炼出已知量,按照相关的要求,寻找一些合理的路径,包括可能的临界状态或极值条件,再设计出一道可操作的试题来,这与理论命题是相对应的,而且是从结果到条件的逆向命题思维。

此外,实验数据的处理(表格法、作图法、公式法、逐差法、最小二乘法作线性拟合等)、实验的误差分析(《全国中学生物理竞赛实验指导书》中的实验一)、有效数字及运算等实验的基本理论,中学教练都应在学生进行实验培训前作一些基本的讲解与指导。

所以,中学教练虽不负责学生实验器材的操作培训,但必须对实验理论进行必要的培训,对学生进行实验原理、实验操作程序方面的培训,通俗地讲,就是要教会学生根据实验器材编制实验试题,然后进行解答。

9.3 实验试题解答例析

目前,实验竞赛辅导书在市场上有许多种,但我在前面竞赛教材与资料的选择部分仅推荐了湖南师范大学青一平老师编著的《物理奥林匹克竞赛实验教程》一书和《国际物理奥赛培训与选拔》后面的实验内容。因为众多的实验竞赛辅导书都只是对实验理论及部分实验器材作了相关的介绍,而对实验试题的解答都是用参考答案的方式给出的,偏重于资料呈现。而《物理奥林匹克竞赛实验教程》一书归纳了众多的实验方法,通过对试题的分析来引导学生处理具体的实验问题。

在此,我也给出两道实验试题解答的分析示例。

例1 题目:测量一个大教室的容积。

实验器材:一卷铜导线、一架天平(带砝码)、一个蓄电池、一只伏特表、一只安培表、物理手册一本、导线及鳄鱼夹若干、架梯一部。

原理分析 要比较精确地测量一个教室的容积,就必须比较准确地测量教室的长、宽、高,这自然让我们想到了米尺。然而,非常遗憾,器材中没有这一项,这就需要我们将所给器材转换为尺子。显然,这一任务应该由铜导线来承担。

我们可以先取一段铜导线的长度等于教室的长,由于电阻与其长度相关,我们可以利用所给器材,用伏安法测量出这段铜导线的电阻。设电流表的读数为 I,伏特表的读数为 U,铜导线的长度为 l,横截面积为 S,其电阻率为 ρ,有

$$\frac{U}{I} = \rho \frac{l}{S}$$

另一方面,我们可以用天平测量出所取铜导线的质量 m,则利用 l、S 及铜的密度 D 可得

$$m = lSD$$

上述两式相乘可得

$$\frac{mU}{I} = \rho D l^2$$

由此得到

$$l = \sqrt{\frac{mU}{\rho ID}}$$

注意到式中 ρ、D 均可从物理手册中查到。我们再利用同样的方法可以测量出教室的宽与高了,进而可得到教室的容积。

上述的原理分析就告诉了我们,实验时若完成了上述理论方面的推导,相信步骤的设计、数据的记录与计算也就顺理成章了。

当然,我们在设计用伏安法测量铜导线的电阻时,要考虑到伏特表的内、外接法,若取得的铜导线的电阻太小,我们还得考虑选取数倍于所取长度的铜导线接入电路。这些都需要在具体的操作中完成对步骤的调整。

例2 题目:有一包含了图(a)所示的复杂电路网络,请测量图中各电阻的阻值。

实验器材:一个蓄电池、一只伏特表、一只安培表、导线若干。

原理分析 伏安法测电阻,大家自然是很熟悉的,但遇到了图(a)所示的问题,很多人恐怕就无所适从了。

由图(a)可知,三个电阻具有对称性,如果我们找到了其中一个电阻的测量方法,那么另两个电阻的测量也就可用相同的方法解决了。

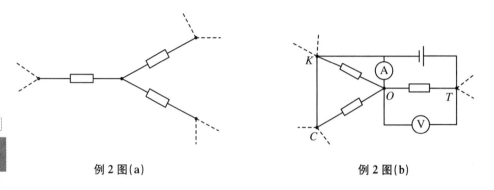

例 2 图(a)　　　　　　　例 2 图(b)

我们可以尝试将题目所给的器材与电路连接成如图(b)所示的电路,因为安培表的内阻是极小的,以至于它上面的电压是可以忽略的,故图(b)中的 O、C、K 三点的电势相等,因而 O 与 C、O 与 K 之间连接的电阻中均无电流。这样,安培表所示的电流仅仅是通过 O、T 两点之间连接的电阻中的电流,伏特表所指示的电压值也是这个电阻两端的电压,由此便可由电阻的定义得到 O、T 两点间连接的电阻的阻值。据此,其他两只电阻的阻值亦可通过此法测出。下面的工作就只是根据上述的分析写出相应的实验步骤。

当然,本题还有其他的解法,但难度会大一些。

我们仅通过上述两例就不难看出,只要弄清了测量的原理,则系统的组装、电路的连接、步骤的设定、数据的测量都不应是竞赛生的难点了。所以,我们完全有理由说,要应对好实验竞赛考试,学好、用好理论知识仍然是关键。

另外,在实验案例方面,我建议在实验培训过程中让学生阅读《全国中学生物理竞赛 1~20 届试题解析(实验分册)》一书,以扩大学生的实验视野。

10 竞赛教练的成长

对于竞赛教练的成长,我想还是从我自身的情况说起为好。而且,前面所述的培训经历在一定层面上也是在描述作为教练的我的成长过程。

我在中学物理教学领域工作了近四十年,在学科竞赛领域也耕耘了近二十年。当年,在中途接手学校的竞赛培训任务之前,在常规教学上,我肯定已是学校教学骨干类型的教师了,但从未进行过系统的竞赛培训。而且,那时的我已是年过三十六的中年大叔了。如果说最初走上竞赛培训之路是对领导安排的服从,那么中途希望退出竞赛而没能实现是对领导压力的屈服。而现在的我可以说是一名老教练了,也是一名专职教练,虽然有准备随时退出竞赛培训的打算,但在一定程度上已经是安于也乐于学科竞赛教练的工作了。

作为一名竞赛教练,在成长过程中,我尝遍酸甜苦辣,历尽喜怒哀乐。我常常感叹,相对于做一名常规课的教师而言,做一个学科竞赛教练真的很不容易,如果有机会让我从头再来,我很难会说继续选择做学科竞赛教练。即便是今日,每每想起当初的艰辛,我仍然难免泪水盈眶,有一种强烈的不做学科教练的念头,只是受制于学校的需要、领导的信任、家长与学生的信赖,再加上自己的工作责任感、对目前学科教练工作的认同及培训过程的得心应手,才继续战斗在学科教练的位置上。但最终淡出学科竞赛培训也是必然的。也正因为有如此的经历与平静的心态,我对一名学科教练的成长条件与所需具备的素养才有更清醒的认识,哪怕有些素养自己也无法拥有。

10.1 教练与教师的差异

几乎没有任何来由，人们自觉地将从事学科竞赛培训的教师与从事常规课教学的教师用"教练"这个称谓将他们区别开来，可见人们是认同他们之间存在差异的。

同为教学，常规教师与竞赛教练有什么样的差别呢？

首先，一名学科教师能被学校认定为学科教练或教练的后备人选，他一定是学校领导再三筛选过的优秀教师，其人或出身名门，有较高的学历，或有较深的学科根基，如现在很多名校储备的教练是北大、清华的博士，其豪华程度可见一斑。某所名校的一位教练曾对我说，他们的身后就站着北大、清华的几位博士，如果竞赛培训出了问题，换人是必然的。另外，学科教练已是学校学科教学的骨干，在常规教学上"有一两把刷子"。

其次，几乎所有的教练在具有扎实的专业基础的前提下，还有着相应的吃苦耐劳的精神。换句话说，学科教练也许不是人人想干的，但也不是哪一个教师想干就能干上的。能干上教练的老师，基本上都是学校内有潜质的教师、优秀教师、骨干教师，抑或是热爱竞赛培训的教师。

再次，竞赛教练很多时候是外表风光，因为他们所教的多是学校的优秀学生，而且一旦取得了相应的成绩，正常情况下，他们便会获得相应的荣誉与对应的待遇，所以他们往往被看作学校的台柱与门面。但他们承受的压力，唯有自知。

对常规教学而言，教学压力（主要表现在高考升学成绩上）由班级所在的多位高考学科的科任老师共同分担。当然，其中班主任的压力更大一些，班级成绩的好坏虽是看整体情况，但班主任是领队的，作用自然要大一些。而对科任老师而言，即便班级整体成绩不佳，但单个学科肯定还是有一些亮点的，比如某个学生在某个学科方面表现得特别突出，或平均成绩并不差。况且，重点中学优秀班级的高考重点率可达到90%以上，教学中的问题往往都会在高重点率下被遮掩掉。所以，即便班级整体成绩不尽如人意，也不会让某个老师特别纠结，压力可以得到必要的释放。

而竞赛教练就不同了。竞赛培训是单科独进,成功了,可认为是大家共同作用的结果;而不如意时,责任则由教练一人承担。而竞赛的成功率相对于高考要低得多,其结果是不可预测的。加之参加竞赛学习的学生都是优秀的学生,学校、家长、班级教师、学生本人对结果都充满了期待。学生一旦失手,从功利性的目标来看,几乎等于前功尽弃,方方面面的压力便可想而知。从教学方面来看,这种压力全压在教练身上,无人分担。于我而言,每一届结束,不论结果如何,那段时间里,我不曾为成功者高兴,反而更为闯关未成功者痛苦,其情难以言表。在与我校的教练交流时,我曾说,我们的竞赛成绩不是用汗水浇灌出来的,而是用泪水浇灌出来的。套用一句歌词来形容便是:

别人只看你飞得高不高,从不管你飞得累不累。

教练就是那只奋力飞翔的小鸟。

最后,教练相对于教师而言,还有一点特别之处,那就是教练的备课是独立的,上课的地点是偏僻的,学生的群体往往又是与整体隔离的。教练工作的过程很容易被他人忽视,以至于有的教师认为,竞赛培训就是让学生自学,带学生外出考试就是游山玩水。说出来也许你不相信,这些年来,去北京的次数我自己都记不清楚了,但我至今未去过长城、八达岭、十三陵、香山这些令我神往的景点,不是不想去,而是没有时间,或是没有心情。

10.2 教练的素养

一名教师想要成为一名合格乃至优秀的学科竞赛教练,必须具有相当的专业功底,有较强的抗压与抗挫能力。近几年来,我也接触了全国众多的优秀学科竞赛教练,与大家也有过这方面的交流。总体上讲,结合众多教练的观点与成长过程,我个人认为,一名合格的教练应具备如下的素养。

要有吃苦耐劳、勇于进取的精神

我想只要从事过教练工作的教师都应该有此感受。我在从事教练工作以前,对常规教学工作的驾驭能力应该是很强的,说句大话是游刃有余,但面对一个个智商高于自己的学生、一道道自己无法把握的习题,要让自己不在学生面前显得过于尴尬,作为教练,通常要以几倍于常规教师的备课量去备课,要将自己并不擅长的竞赛物理内容或者大学普通物理教得有模有样,还要将中学数学(不存在选修与必修之说)乃至高等数学运用娴熟,好像自己就是一个全能教授似的。

教练为了适应自己的教学,为了让学生在竞赛中取得好的成绩,要以几倍于常规教学的训练量、解题量去训练自己的学生,而且这些"量"的本质不是数量,而是难度。通常情况下,为了适应这个"量",教练只好将自己的工作时间推向极限,一天工作十多个小时,逢年过节在家解题是常态。没了节假日,没了正常的娱乐,不管身体是否有病,都要风雨无阻,坚持辅导,而且还未必能看到预期的回报。而几乎所有教练的培训结果都会低于自己的预期。

举个例子:我在竞赛培训的最初阶段,曾经有十多年根本没有时间看电视。在那段时间里,由于家里的住房比较拥挤,为了安静备课,家中连闭路电视的网线都没有安装,不仅我自己没有看电视,连家人也没有电视可看。直至今日,我家都不怎么开电视。在那段时间里,我更没有利用节假日在外进行有偿家教,赚一点外快来补贴家用。家人为了我的工作付出了很多,虽有怨言,但能理解。

教练能坚持这么做下去,没有吃苦耐劳的精神肯定是不行的。

要有良好的心理素质

竞赛培训并不是只要付出就会有收获的,其巨大的压力要求教练有良好的心理承受能力。

相对于常规教学老师的压力而言,教练的工作压力是巨大的。我在从事常规教学时,几乎没有感觉到升学方面压力的存在。由于竞赛的成功率很低,结果又是不可预测的,加之参加竞赛学习的学生都是优秀的学生,一大帮与之相关的人对其结果充满了期待,但竞赛并不是一个水平考试,最终能获奖与进入省队的人数都是有限的,且学生能否获奖,除了自身的实力外,也需要看对手的实力,甚至有运气和机遇的因素。如果成功,最大的受益者当然是学生的家庭与学生本人。若学生在复赛中稍有疏忽,不能实现自己预期的基本目标,前面说过,从功利性目标上讲,这几乎等于前功尽弃,这不仅对学生是一种打击,对教练也是一种心理折磨,因为这些学生在与教练接触的两年中,对他们的付出教练也是一清二楚的。

我培训的第1届复赛时,由于成绩不是很理想,与自己的预期差距很大,与常规教学相比较,付出与结果完全不匹配,我无法接受,无所适从。那时,我就开始觉得自己处于亚健康状态了,说夸张一点,当时跳楼的心思都有,压力非常大。

讲一个大家也许不相信的秘密:以前每到复赛时,我都是亲自为学生去复赛报名点(武汉大学)报名。有那么几年,报名之后,我便去寺庙上一炷香,以此来为自己泄压。我知道这种做法无法帮到学生,但的确能帮我缓解些许压力。

回过头来看自己走过的竞赛培训之路,我深深地觉得,一个好的教练,必须具有承受压力与挫折的良好心理素质。只有具备了良好心理素质的教练,才能带出心理素质良好的学生。事实上,随着我心理状态的改变,比如,我后期培训目标的功利性已不像我初期培训时那么强烈,与学生的交流也不再是以结果为中心,我发现学生的心理状态也有相应的变化,这明显是一个正反馈现象,是一个良性循环。

教练在培训时还有一个心理转变过程。作为竞赛教练,我们都非常清楚,我们面对的学生的智商是超出常人的,换句话说,学生的智商高于我们的智商,他们的理解能力、记忆速度、运算能力、知识综合程度都比我们强。最初,我们凭借超前的学习与经验教导他们,但到了后期,学生一定要全面超越教练,而且越早超越越好。在这一点上,很多教练觉得学生超越自己会导致自己没面子,这显然是没有摆好自己的位置。我们不仅要觉得学生超越教练才是正常现象,而且还要鼓励学生超越。在学科问题的处理上,学生将教练甩得越远,我们应该越高兴。如果直到学习后期,学生还没有超越教练,那么学生基本上不会有什么大的收获。为了促使学生尽早超越教练,教练必须注重培养学生的自学能力。这个过程是一个教练引导,学生自律、内化、规范的过程,是学生自我总结、归纳、反思的过程。自学能力是学生学习品质的重要方面,相信从事竞赛教学的教练在这一方面都有自己的心得体会。

要有过硬的专业基础

竞赛培训不只是苦和累的问题,更需要教练具备扎实的专业功底与科学的培训方法。只有教练将这两者结合进行培训,学生才能渐入佳境。

在竞赛培训之初,我面临的最大障碍是面对一道道竞赛试题,自己无从下手。我在《高中物理竞赛辅导教程(新大纲版)》一书的"写在前面"中对此作了一个简单的描述:"在接触物理竞赛辅导之前,我已从事了十多年的中学物理教学,自认为对中学物理内容是烂熟于心的,特别是在解题能力上,有着回答学生提出的问题能做到'难题目三分钟,简单题目三秒钟,不难不简单的题目对答如流'的'霸气'。然而,一接触竞赛内容,我便立刻感到自己的脑力不足,各种障碍扑面而来,别说三分钟,就是三天三夜也未必能找准解答问题的切入点。而当我给出了自认为完善的解答时,学生往往会用更为奇妙的解答秒杀我的解答,结果是让我用更多的时间来研究学生的解答。而有时我为了讲解一个问题,虽做了很长时间的准备,自认为有那么一些新意,不料,未等我讲上几句,他们已经能将问题的来龙去脉说得清清楚楚,让我无话可说。"在如此优秀的学生面前,如果教练真的没有"两把刷子",特别是在解题方面没有两下子,是很难"镇"得住学生的,师生间也就很难形成互动。较强的解题能力是一名理科教师必备的素质,对学科竞赛教师更显重要。

虽然到了培训后期,至少在解题能力方面,教练注定是比不过优秀学生的,但是教练的专业素养绝不仅仅体现在解题能力上,更体现在对知识的讲解、辅导资料的选择、测试卷命制的针对性、学生个性化学习的设计与引导、学生心理障碍的疏导等方面。

比如,在高二阶段,集中培训和个别指导就需要教练掌握很好的尺度。这时跟随教练学习竞赛的也就只有10名左右的学生了,每个学生的优势与劣势各不相同,为他们提供什么样的资料,给他们布置什么样的作业,都对教练的专业素养提出了很高的要求。

再如,对学生进行单独辅导时,教练不仅要辅导知识、解题的方法,还要进行心理与决策的辅导。对学生的作业、试卷当面批改时,教练应指出他们的优点、问题及努力的方向。

教师的专业化素养其实也是教师综合能力的体现。

我们有理由相信，任何学校在教练的选取上都不是随意的，一般都是从在常规教学上有"两把刷子"的教师，对常规教学内容掌握得比较透彻、解题能力很强的骨干教师中进行选择的。

准备开展竞赛培训的学校在招聘学科教练时，很多都希望教练在中学阶段有竞赛经历，如今更有直奔相应学科的博士而去的倾向，可见各校对学科竞赛教练的专业知识的要求之高。

在提升专业素养的过程中，我觉得一个教练除了有永远保持学习状态的行为，教学之后对自己的教学过程进行反思与总结外，还应该有良好的资料收集和整理的习惯与能力。我这个人自认为有一个优点，便是对教学相关资料的收集与整理做得比较到位。在我的计算机中，我所教的每一届都有一个独立的文件夹，里面存储着这一届培训所使用的各种资料与文件的电子文档，一届培训下来，往往会产生大大小小数百个文档。这些记录着培训过程的文件成为我后续培训的资料库。

另外，利用一切机会与全国各地的教练进行交流，吸取他们的长处，借鉴他们好的、行之有效的模式和做法，再将其与本校的实际相结合，做到既有借鉴，又有创新，更有针对性，努力提升自己的专业培训水平。

要具备全面管理学生的能力

一名好的学科教练，一定是一名好的班主任。

一般来说，学科竞赛培训的地点是相对独立的，每一个学科小组的活动也是相对独立的，这就需要教练负责学生的学习与活动的安排，特别是在停课以后，更应注意学生学习与活动的方方面面，学生的思想状态、心理状态、到校情况、活动安全、重大活动的协调等，事无巨细都得考虑周全。譬如，在学生外出培训期间，教练需要沟通的方面就包括交通、住宿、缴费、安全责任、相互交流、任课教师的协调等。

虽然每个竞赛小组的学生数量并不是很多，但教练对学生的管理可以说与班主任没有任何差别，而且在与学生接触的时间上，比班主任更长。

同时，教练也担负着教书育人的任务。竞赛教练所教的对象基本上都是以后的社会精英，教练的行为与世界观在一定程度上会直接或间接地影响学生的成长,这些也都体现在教练对待工作的态度、对待生活的态度及对学生的管理之上。而要做好这些工作,教练就应具备全面管理学生的能力。

说得更直白一些,要做到这些,一定意义上,教练必须关注学生的成长,有为师的仁爱之心。

要有淡泊名利的奉献精神

在学科竞赛领域中,优秀的学科教练显然是稀缺的。既然稀缺,也就自然能衍生出一定的名与利。

作为教练本身,搞学科竞赛培训,希望学生获取赛区全国一等奖,进入省队,夺得金牌,这都是再正常不过的事情了。而许多学校为了在学科竞赛上有所突破,不惜重金或高福利吸引优秀的竞赛生或学科竞赛教练,这肯定也是无可厚非的。

但是,我认为从事教育工作的任何人都不应该唯利是图。而很多竞赛教练便难过此关。取得成绩的教练合理地流动,在我看来是再正常不过的事情。但我也见过一些教练,利用自己取得的成绩,抬高身价,以待遇为唯一条件,远投他方。当然,也有教练"因地制宜"地开发自己的家教平台。教练一旦走到了开发家教平台这一步,他的工作重心往往会自动地转移到校外。我在潜心研究竞赛培训的日子里,就从未进行过有偿家教,假期也从未走出校门,而是一心一意培训自己的学生。

当然,作为体制内的教练,回报是难以与付出相匹配的。那么,随着时间的推移,教练离开学校的竞赛培训岗位也是必然的。

利益关难过,荣誉关也同样难过。

一般来说,体制内的教练,成绩与荣誉应该是相伴随的,但在现有的社会背景下,也有许多无法言说的现象产生。很多时候,你会发觉,本应该有的荣誉,却总是与你无缘。加之荣誉也是与一定的物质待遇相关联的,比如特级教师、各级名师、政府津贴等,这些荣誉不仅是对你工作成绩的肯定,而且都是有一定的物质奖励的,离开具体的背景空谈"淡泊荣誉"是不正常的。对于取得成绩的教练而不授予相应的荣誉,在认同感上对相关教练就是一种伤害。此时要求教练要有"淡泊荣誉"的心态,在我看来是一种不道德的思维。当然,教练也应该知道,教育领域的荣誉数量与级别是有限的,我们也不应奢望自己有了成绩后,一切荣誉都应是自己的,甚至超出常理地去索要。我的观点是,对于荣誉,我们不要刻意地去追求,但也希望它如期而至,这也是我对教练"淡泊荣誉"的理解。

在荣誉获取这一点上,我也是有较多教训的。最初,我完全不在意荣誉,但后来就明显地感觉到在各类评选活动中处于劣势位置了,因为在量化的评选中,荣誉占有相当的权重分值,而这一分值至少不会弱于你的业绩分值,此处就不细说了。我只是提醒年轻的教练,在教育领域,荣誉有着滚雪球的效应。譬如,你要评市级学科带头人,一般情况下,你应先评上区级学科带头人。再如,你要参评特级教师,这一荣誉对你的基础荣誉的级别也是有硬性要求的,一般情况下,你若没有市级以上政府或党委的荣誉证书,是不能参评特级教师的。所以,正常情况下,教练不要拒绝荣誉的获取,并且要明白,荣誉要有,但同一级别的荣誉并不需要很多。

10.3 教练的成长途径

教师的业绩是群体性的(班级的整体效果),但每个教师的工作过程却是独立的。而学科竞赛的业绩与教学过程几乎都是独立的。因此,作为教练,我觉得他的工作能力更倾向于独立性方面。譬如,我就认为自己并不是一个适合团体活动项目的人,相对于团队活动,我更喜欢独立、安静地工作。不过,要成长为优秀的教练,其实说起来并不难,以我的经历而言,无非读书、解题、沟通、写作,仅此而已。

但读什么书?如何提高解题能力?怎样与方方面面进行有效的沟通?如何提高自己的写作水平?这些问题还真不是一两句话能解答清楚的。

读书

我觉得,一个与未来精英打交道的教练,如果不读书,就无法与这些优秀的学生进行有效的交流,教练与学生之间也就难以形成必需的亲和力。最终,教练也很难成为优秀教练。

这里的读书是一个泛指的概念,它包括:阅读经典,以提高自身的人文素养;阅读专业书籍,以保持自身的学科优势;阅读时事新闻,以引导学生正确地面对社会环境,寻找共同的话题。

比如,我除了比较喜欢阅读一些经典的散文、小说外,还非常喜欢阅读武侠小说。在我的书柜里就有全套的金庸武侠小说。即使再忙,我也会保持每月阅读一部长篇小说或散文集的阅读量。

一位教师对阅读的喜爱与取向,也彰显了教师的格局。

解题

作为理科老师,没有过硬的解题能力,想要"降服"学生,几乎是不可能的。教师的解题能力的提高与巩固,绝非一日之功,而是长期积累与训练的结果。

我在竞赛方面的解题能力没有在高考领域那么强,但我一有空闲时间,便解上几题,以强化解题的感觉。如同要求我的学生系统地完成某个习题集的解答,我自己也曾系统地完成了某部习题集的解答,同时也系统地阅读了部分竞赛习题解答类的辅导书,强化自己的解题能力。

在竞赛培训之初,我把很多的时间都用在了解题方法的研究上。随着时间的推移,我对一般的竞赛试题也能做到得心应手,稍难的题也能迅速指出题目的方向以及题目在哪本书中能找到。时至今日,我仍然坚持着解答试题的习惯,不论是单位的办公桌上,还是家里的书桌上,都放有解题用的草稿纸,不敢有任何的懈怠。

现在,学生来询问试题时,很多题目我都能指出题目是由什么基本模型衍变过来的,有什么样的拓变方式,题目的原题可以在什么资料上找到,等等。这样,学生有了收获,他们自然就愿意与你互动了。学生在高一阶段,往我办公室里钻的频率很高,课间有时简直是络绎不绝,但我也乐在其中。

如何在学习过程中进行有效的阅读与解题训练?我经常对学生说:向我学习!我是有这方面的底气的。

沟通

应该说课堂教学是师生间最为直接的沟通形式,师生间的各种问题基本上都会在教学过程的互动中得以呈现。但教练不仅要会讲课,还应是教学领域的多面手,特别是情感方面的沟通能手,而且是可以根据不同对象采用不同方式、不同内容的沟通能手。总之,教练的沟通包括以下几方面:

与学生沟通。教练在有效地实施教学的同时,还应了解学生的学习及心理状态,发现学生的问题,引导学生锲而不舍地进行高效的学习。

与科任教师及班主任沟通。为学生营造良好的竞赛环境,减轻学生的课业负担,了解学生的综合表现。

与家长沟通。赢得他们的理解与全方位的支持。

与领导沟通。构建良好的竞赛环境,争取优良的竞赛条件。

譬如,如果说学生的竞赛学习与常规学习一点冲突都没有,那肯定是不可能的。一方面,竞赛生都是学校的优秀学生,科任老师并不希望竞赛学习影响到自己的教学。另一方面,常规教学中大量重复性低效的作业无疑要占去学生大量的时间,因此教练要与科任老师在对待竞赛生的要求上协调好,既要让科任老师不放弃对竞赛生的管理,又要让科任老师对竞赛生的常规作业不过分地要求,这就需要教练与科任老师随时进行沟通,以保证学生能合理地处理好长远目标与短期行为之间的关系,不顾此失彼,不走极端,也不苛求完全的均衡。

再如,很多家长让学生参与竞赛,实际上有一种两难的心态:一方面,希望自己的孩子能在竞赛中取得成绩,实现自己的功利性目标;另一方面,知道这一途径存在风险,也就希望不要因此而影响孩子对常规内容的学习。然而,学生不是天才啊!这就需要教练与家长们进行沟通,让他们有所选择,这样做是为了给自己的队伍"瘦身",不要让他们的孩子拖了竞赛培训的后腿。要做到这些,教练必须掌握良好的沟通技巧。

写作

写作的含义实际上是多方面的。譬如本人,以前就尝试过散文写作,也重点写过教育方面的时评,还做过网络写手,在网络上留下了近百万字的文字碎片,甚至本人还在本地的一家晚报上写过连载系列的广告评论。但我这里所说的写作,是作为教师针对自己的教学内容的写作。

坚持教学写作既是教师又是教练成长的有效途径之一。

教师写作的内容也是多方面的,可能是教师生活的记录,可能是教学过程中的一点感悟,可能是教法上的一点心得,可能是解题上的一点收获,可能是学生成长的一点描述,等等。但不论是哪一种,其写作过程都是教师进行自我总结与反省的一个过程,是一个课题研究的过程,是一个自我提升的过程。

在我看来,教师的写作过程,是一个总结、思考的过程,是一个对知识体系理解的过程,是一个取长补短的学习过程,是一个对知识专题进一步深化认识的过程,是一个形成自我教学特色的过程,是一个输出教育思想的过程,是一个完善自我的过程。

教师有写作,便有进步,便有提高。

前面说过,这些年的竞赛培训,让我最感欣慰的不是我培养了多名全国决赛与国际奥赛的金牌选手,而是通过物理教学与竞赛培训,我有了不断地思考、积累与提升的方向。正因为在这一过程中不断地写作,我成为一名物理教学类、竞赛类畅销书作者。

当然,一名优秀的学科竞赛教练也必然是一名优秀的常规课教师。也就是说,当一名优秀教师是当一名优秀教练的前提。

那么,怎样才算是一名优秀的教师呢?

多年前,我根据自己做教师的成长感受,在网络上写过《做教师的二十二条"军规"》。在这篇网文中,我较为全面地阐述了作为一名教师应遵循的基本原则。从网上搜索到的信息显示,该文被众多的教师培训机构作为教师培训资料使用过;被大学教授作为讲座的素材逐条宣讲过;在《人民教育》杂志上被教育大咖称为当代"经典的教育散文";被多家教育刊物无偿发表或摘录过;被大量的网友转贴、传播过。当然,该文也被《中国教育报》刊文辩驳过。一位专家依据此文,将其扩充为一本销量极大的教师培训用书——《教师走向成功的 22 条"军规"》。还有一位专家将其扩充为《成功教师必知的 22 条"军规"》的专著。网上也有许多教师在看过此文后撰写的心得类文章,收获了许多好评。即便是十多年后的今天,此文仍不时被人改头换面,重新发布在网络上。现将该文附录如下,供教练们参考:

做教师的二十二条"军规"

自古以来,国有国法,行有行规。如今做教师的,毕竟不同于以前的私塾先生,从政策面上讲,做老师的规矩是时常在变的。当然,如今的规矩也不叫"行规"什么的,而叫"职业道德"或者"行为规范",或者"公约"什么的,但这些都不重要,只是它的行文过于官样化,摆在老师面前是当不了真的。事实上,这些东西对老师也无法起到实质性的约束作用,因为那规范过于道德化了,一个"爱"字就几乎把一切都掏光了。再说那贴在墙上的规范多是闭门造车的产物,只是一块招牌而已,看到它就像是在被人领着宣誓似的(我常常将宣誓称为赌咒),又如何让人当真?

笔者从教二十余年了,从一个毛头小伙,到如今头上白发点点,虽没有公开违反过官方所颁布的"职业道德",但也没有将其作为自己的行为准则,倒是将自己这么多年的经验或者说是教训铭记于心,作为自己的行为准则,现将其整理出来,说给大家听一听,共计22条。我曾经读过一本名为《第二十二条军规》的小说,于是将其夸大为《做教师的22条军规》,虽然明知这两者不是一回事,只是想以此为噱头,供大家批判。

第一条　明确你自己的职业特点

刚走出师范院校的大门的时候,我们每个人脑子里应该装有教师职业是"阳光下最灿烂的职业"和我们是"人类灵魂的工程师"的观点,但当我们真正从事教师职业以后,很快会发现实际情况远非如此。我们的职业只是三百六十行中普通的一行,无所谓灿烂不灿烂,更谈不上是什么"人类灵魂的工程师"了。我们之所以从事这份工作,只是借此养家糊口、赖以生存而已。与其他的热门职业相比,我们所从事的职业有时还显得不体面。

降低你对职业状态的期盼,工作起来你就会有一个平和的心态,这样你就会脚踏实地做好自己的本职工作。

第二条　永远不要说校长的坏话

虽然我们的工资是由财政拨款的,但你不要忘记实质上是校长签发的。更重要的是,你的岗位是校长安排的。一般情况下,一个校长的作为不可能让你事事如意。你时常会用自己的长处与校长的短处相比,你会觉得校长不如你,最常见的比法就是校长教书不怎么样。但校长却有你永远也比不过的特长。如果只用自己的长处去指责他人的短处,除了说明你的无知外,就只能说明你在干着努力压缩自己生活空间的蠢事。特别需要提醒的是,当你希望有人与你一同说校长的坏话时,你大概已无药可救了。

第三条　尽量避免与"工作狂"教同一个班级

作为老师,虽然我们都非常不愿意与不负责任的教师共教一个班级,但我们同样也应该尽量避免与"工作狂"同教一个班级。

我绝无贬低那些对工作负责的同事的意思,但我们确实应该努力避免与那些视时间就是质量的同事共教一个班级,这倒不是因为他们很优秀,而是因为他们可以毫无节制地挤占学生的学习时间。

学生的学习时间是一个常数,他挤占了更多的时间,必定是以牺牲你所教学科的学习时间为代价的。到头来,学生的总体成绩不大可能很理想。

第四条 每年资助一名贫困生

在你的学生中,一定会有一些相对贫困者,你每年可从中选择一名予以资助。用不着全额资助,你可以不用花费太多,提供学生的学习用品,哪怕只是一些草稿纸也行。当然,你也可以选择一名学生作为你重点辅导的对象,是纯粹义务辅导的。请你不要将你的行为理解为仅仅是一种资助,实际上,这种行为能让你更多地关注你的学生,增强师生之间的交融性,在这种"资助"过程中,你会发现你的很多恶念都被你的善行掐灭,这样一来,你的收益将远大于你的支出。

第五条 永远不要低估你眼中的差生

这世界原本没有差生一说,只是评价标准的差异导致了我们眼中差生的产生。但我们不论什么时候都不要低估了眼前的差生。因为眼前的差生轻则能够让你的讲课无法进行下去,重则能让你整天因为他的纠缠不休而生活在烦躁中,你完全犯不着如此。而差生的未来也许是你永远也赶不上的。所以,不要用言语去讥讽他们,不要用行为去激怒他们,以免激发他们的叛逆。况且,任何人怀中都还有一把杀人的刀。

第六条 别与他人攀比

不论你是与中学同学还是与大学同学相比,可以肯定的是,作为教师的你是比上不足,比下有余的。但你却很容易只将眼光盯着那些在事业、爱情以及拥有的财富比你强的同学身上,而这种比较既让你感到浮躁,同时也让你失掉信心,让你的心情灰溜溜的。

也不要与你的同事比。教育领域内,职称、荣誉都是非常有限的,你的某些同事或许只是由于某种机遇,他在职称、荣誉的获得上走在了你的前面,并由此滚起了雪球,如果你由此而生嫉妒,那么你就会生活在别人的阴影中。

其实,你虽不是最成功的,但你肯定不是失败者,用不着灰心丧气。埋头走自己的路,也许你就是他人的榜样。

第七条 别让自己成为新文盲

你以知识为载体,让一块黑板、一支粉笔成为你驰骋空间的缰索。但这世界的变化比我们想象的要快得多，也许你昨天才将 Windows 98 操作熟练，他人今天使用的却是 Windows XP。经过一段安稳而平静的教书生活后，我们不仅对新知识会感到欠缺，而且对新知识还有一种习惯性的拒绝，这是教师的通病。

在这个知识爆炸的时代，为了我们不落后于这个时代，我们应做"学习狂"。

第八条　将教师视为你的终身职业

也许你还没有走上教师岗位的时候，就已经想到了要跳槽，为此，你也许会作各种努力，但成功的可能性并不是太大。如果你在 30 岁以前还未成功地跳出教师队伍的话，那么你就必须将这一职业视为终身职业。又由于你跳出的可能性并不是太大，因此，即便是 30 岁以前，你在尝试着跳槽的同时，也请你不要放弃手上的工作。

30 岁以前的教学积累是你后 30 年教学的基石。

第九条　坚持阅读

经常阅读报刊、浏览网页，能够让你对世界保持一种新鲜感。经常阅读经典书籍，能促使你不停地思考。对世界保持新鲜感，能够使你的观点不至于落后于学生的观点。同时，你会从这个世界的时事、体育、娱乐新闻中找到与学生交流的共同话题，从而增加彼此的交融性。阅读经典书籍能在无形中提升你的品位，强化你的人格魅力，从而在无形中影响你的学生。

第十条　在床头准备好笔与本

做一个善于思考的老师。思维的火花往往会在你上床后的那一瞬间，或者是在你醒来的那一时刻产生，有时甚至是在凌晨乃至你的睡梦中闪亮。人生中的这种亮光往往是一闪即逝的，因此在你的床头放一本记事本和一支铅笔，迅速地记录思维的火花，将有助于你提高自身思想水平与认识水平，最终提升你整个人的素质。

第十一条　要学一点幽默

幽默是生活的润滑剂。谁都不希望自己面前站着一个整天板着面孔的人，学生更是如此。

虽然教师不是段子手，但掌握一点幽默的艺术，既能放松学生的心情，同时也能让学生走近你。但幽默应止于讥讽，因为讥讽会伤害学生，同时幽默也应止于无聊的调笑，因为这样会导致学生"乐"而不学。

第十二条　在考试前许一个愿

我们不是有神论者,但我们也应该清楚天意难违。所以,我们不要忘记在大考前对学生许个愿:上天会保佑你,这上天是神可以,是菩萨也可,是上帝也可,但不论是什么,你的心都必须保持敬畏、虔诚。

上天会保佑每一个勤奋的人。

第十三条　学会原谅自己与别人

学生用他的无知与偏执让你生气,家长因对孩子的偏爱与袒护让你动气,领导因对你的误解让你怄气,而你有时也对自己无端地不满意,低着脑袋生自己的闷气,这些汇集到你身上就是恶气攻心。

气生了不少,但问题没有得到一点解决,所以你得学会原谅,学会宽容,原谅让你生气的人与事。

第十四条　让学生摸得着你的关注

你不一定爱你的学生,但你既然从事了教师这一职业,就应承担起你相应的责任。你得关注学生的学习与成长,而且你不要将关注仅仅停留在意识层面,而应让学生摸得着,感觉得到。你拾起学生掉在地上的橡皮,耐心回答学生浅显的提问,常与学生单独谈心,甚至只是在走道里的一声问候,这些都是能让学生摸得着的关注。学生会感激并回报你的关注。

第十五条　不要吝啬赞赏的语言

即便是成年人,也希望得到别人的赞赏,何况是尚未成年的学生呢?所以,对待尚在成长过程中的学生,你不要永不满足,你要学会发现学生的特长与其成功之处,并给予充分的肯定;同时,当学生正确地回答了你的问题,或者提出了一个好的创意,甚至做出一个小小的善举时,你都要用愉悦人心的语气对他给予真诚的赞赏。

你赞赏学生的成功,学生会再还你一个惊喜。

第十六条　将惩罚进行到底

对学生进行赏识是教育的组成部分,但并不是教育的一切。没有惩罚的教育是不完整的教育,不要相信爱与赏识能解决一切问题的教育观点,而应该坚持惩罚是教育不可缺少的组成部分。

对于顽皮的学生,不要轻易地放弃,对其违规的行为,不要听之任之,应当给予合理的教育,这时批评与惩罚应是不可缺少的教育手段。但一定不要将惩罚上升为体罚。

第十七条　学会控制自己的情绪

当你准备批评你的学生时,你要学会控制你的情绪,千万不要让情绪左右了你的言行。事实上,只有你完全控制了自己的情绪,你才能在面对让你生气的学生时,仍面带微笑;而你在学生面前暴跳如雷时,你更应该清楚如何控制自己,事实上,此刻的你应该是心静如水。

这不是虚伪,而是一种心理战,好的老师肯定会如此这般地与学生"斗智斗勇"。

第十八条　不要高估了自己的作用

考试分数公布后,人们关注的是考生的总分,这实际上是告诉我们,教育的效果是有一定的群体性的。所以,在任何时候,你都不要夸大你在教育学生过程中的作用。再说,优秀的学生并不完全是靠教师教出来的,在很大程度上,学生的成功取决于他先天的素质,就像牛顿、爱因斯坦后来取得的广为人知的成就绝不是他们的老师教出来的一样。

几乎所有夸大自己作用的人都会被他人蔑视。

第十九条　每天一片"金嗓子"

警察腰间总别着一支枪,医生脖子上总挂着听诊器,老师的口袋中应装着"金嗓子喉片",其用途当然再清楚不过了。另外,你每天最好喝六杯水,用30分钟的时间在球场上跳动一下,在幽静的小道走动一下,舒活舒活筋骨,抖擞抖擞精神,放松自己的躯体,其作用也不必多言。

第二十条　承认衰老

人总是会衰老的,但对教师而言,衰老对教学状态的影响太明显了。

教师不同于当医生的,医生是越老越吃香,而教师,哪怕曾经是非常优秀的教师,等到他临近退休时,他的教学则可能难以受到学生的欢迎。究其原因,面对病人,医生有足够的时间来诊断、分析,丰富的经验能帮助他对病人的病情作出正确的判断;而面对学生,教师的讲授应该是行云流水,回答学生的问题应该是对答如流,而衰老显然会让人力不从心。

尽管你会想方设法延缓你的衰老,但你必须明白,教师在某种意义上也是吃"青春饭"的。所以,你年轻时,无论如何都得尊敬老教师。

第二十一条　不要奢求额外的回报

教书作为你的职业,薪水就是你的回报。你也许在正常的教学工作之外还付出了许多,这也只是体现了你是一位将责任放大的老师,你并不能因为放大了责任而又追求更多的回报。就像农民不应奢望穿上自己种植的棉花织成的衣服、建筑工人不要奢望住上自己建筑的房子一样,老师不要奢望学生今后会对你有额外的回报,哪怕只是一张小小的贺卡。

第二十二条 做快乐的教师

做老师的心情常常是压抑的,但你应该努力营造快乐的环境,让学生快乐,这样你也得找到让自己快乐的窗口,让你每天都快乐,因为快乐载体的核心就是你自己。只有你真正快乐了,你才不会在这世界上留下太多的遗憾;只有你真正快乐了,你才无愧于你的职业。

上述二十二条"军规"并不能代表教师所要遵循的所有规则,其中也许有你认为纯粹多余的,那么就请你向它扔砖头。你也许有你自己的"军规",那也请你自己列出来。总之,我所列的《做教师的二十二条"军规"》,你说是我精心制定的可以,你说是我的游戏之作也可,你说是我胡说八道也行,我只希望你细细体会之后,觉得当执行的就一定要执行。当然,我列出了这二十二条军规,也不代表我对每一条都在认真执行,有的甚至是我经常违反的,但我也从违反中体会到了相应的惩罚,正因为这惩罚,我才更希望你能遵守。

此"军规"的生效日期由你自定。

10.4 教练的流动

我们应该清楚,影响学科竞赛培训的因素或许有很多,如领导的重视程度,单位资金投入的多少,培训体制是否科学,班级教师是否支持,家长与学生是否认同,等等。但我觉得最根本也是最重要的两个因素应是教练的培训水平与生源的质量。

细观现在各地的竞赛名校,有的是依赖极为优质的生源而高高在上的,有的则是依靠著名的教练执掌大旗而将本校的竞赛推到一定高度的。有的学校是哪个教练都能出成绩,而有的学校则只有某个教练才能出成绩。由此也可见,生源的质量与教练的水平是相互依存的。没有优质的生源,教练难为无米之炊;而没有优秀的教练,学生最终也可能难以登上较高的平台。但对多数重点学校而言,它们缺乏的不是优质生源,而是优秀的教练,这也是目前全国中学学科竞赛教练稀缺而最终形成高流动性的原因。

大家不妨看看,身边有多少学科竞赛教练在流动。

比如说我,就有很多教练当面问过我为什么不调动一下。事实上,也有很多学校主动联系过我,希望为我换个环境,其待遇也不能说不丰厚,但考虑再三,我都拒绝了。

每个人的流动都有各方面的原因。一个教练在单位做出了成绩,若没有得到相应的认同与回报,选择流动再正常不过。再说,一个教练的投入是远超常人的,如果在一个经济条件较差的地区与学校,他得到的回报与付出不可能是成正比的,如果他通过调动来兑现相应的付出,为何不可呢?要知道,一个优秀教练所带来的附加值是很高的。特别是,如果通过调动能让自己获得一个更合适的教学环境,或者让子女获得一个更优良的教育环境,那为何不调动呢?我想,只要教练不唯利是图,其流动就是正常的。而且,我们也不难发现,改投他方的教练虽然有的从此默默无闻,但众多的教练依然闪耀四方。只要是这个领域里的同行,这种情况想必大家都很熟悉。

我的教学生涯是比较复杂的,中途也有过多次调动,这些调动有我主动而为的,也有被动安排的,其原因也是方方面面的。现在我不愿意再调动了,其原因大体如下:

一是我当初进入武汉二中,是我主动联系的,是有很大的难度的,经历了很复杂的过程。在这一过程中,学校领导给予我足够的帮助与宽容,以致我不再提出调动。事实上,中途我曾有过离开教学一线的机会,但我放弃了。

二是我从事竞赛培训的时间较晚,取得理想成绩的时间也较晚。我是工作了近二十年(36岁)后才被学校领导推到学科竞赛教练位置上的,一切从头开始。当我的学生获得第一枚亚洲中学生物理奥赛金牌时,我也终于获得一点可以印证自己实力的成绩,而那时我已经43岁了。当学生获得首枚国际金牌时,我已经46岁了,这时已经错过了调动的最佳年龄。当然,那时的我也根本就没有想到过调动,而是一门心思地想做好本职工作,应该说在工作上心无旁骛。虽然直到现在,仍然有单位来联系我,但我已经不再有调动的冲动与可能了。

　　三是我深刻地认识到竞赛培训在培养资优生方面的作用是巨大的。在近二十年的竞赛培训工作中,我积累了大量的一手培训资料,需要静下心来总结一下过往的培训经验,并希望能为竞赛的推广与普及做一些工作。中学学科竞赛在我国总体上还处于受打压的尴尬境地,我国中小学的高端的精英教育还处于半遮半羞的状态,以至于我国的中学各学科竞赛还处于散养状态,没有形成必要的教学与教研气候,更无人在这方面作系统的研究、推广与普及。若我此时调到一个新的环境,可想而知,就必须深入培训的一线工作中,那么我总结过往培训经验的环境便不复存在了,而这不是我所期望的。

　　最后,我还想给年轻的教练一点提示——

　　可以想象,一般刚开始从事学科竞赛教练工作的教师基本上都是 30 岁刚出头的青年教师,他们上有父母需要赡养,下有孩子需要照顾,而此时的工作压力也是巨大的,但我要说的是,不论工作多么繁忙与重要,你都得为自己的家庭腾出一定的时间。毕竟,工作只是你养家糊口的载体,你在工作中获得的快感与成就感永远也比不过你对家庭应负的责任。

　　你不能因为工作而忘记了对父母的孝敬!

　　你不能因为工作而放纵了孩子的成长!

　　我认为,为了父母的健康,为了子女的成长,为了家庭的和谐,工作可以暂时放一放。不要认为,没有了你,地球就不会转动了。

　　请记住:再努力地工作,都应该是为家庭的幸福服务的。

11 漫谈与记忆

　　从事了近二十年的学科竞赛培训，从最初的不了解、不认同，到如今成为学科奥赛坚定的支持者，这中间发生了很多的故事。在我翻阅过去的记录时，如不是文字的存在，很多事情恐怕是不会再在我的记忆中浮现了。但我对学科竞赛的感触却依然在沉淀，以至于我近年也写下了一些漫谈奥赛的文字，算是有感而发。现将我对学科奥赛的一些观点性文章与当初对学生成长过程的一些记录性的文字夹杂在一起，让大家既能了解我的一些观点，也能看到我在培训中的一些案例。必须说明的是，我当初写的关于学生的文字大体都是让学生阅读过的，因此没有任何虚拟作伪的成分。

11.1　漫谈：奥赛，绝不是毒品[①]

　　高中学科奥赛在20世纪进入我国的初期，得到了政府及民间的大力支持，从而得以迅速普及。由于在优秀人才培养方面所表现出的明显的促进作用，高中学科奥赛得到了那个对人才渴求的时代的极大认同，进而对中学学科教学，特别是数理学科的教学产生了极大的影响，与此同时，也产生了

[①] 本文是作者编著的《高中物理竞赛培训教程（新大纲版）》一书的序言《写在前面》的节选。

相应的认识分歧。因为奥赛培训在为优秀学子提供恰当的教育环境的同时，也为其中一部分学子在升学方面带来了功利性的收益；当然，也让部分学子的结局偏离了人们的预期。当竞赛生中的优秀者享有保送名校的资格时，奥赛自然会触及他人的利益。于是，奥赛的利弊与存废便进入了无休止的争议状态。

实际上，媒体对奥赛的唱衰与奥赛的兴盛是分道而行的，基本上是你走你的，我行我的，似乎彼此并无太大的纠葛。而真正影响它们的则是全国几乎所有的重点高校对竞赛生的青睐与接纳，特别是新的自主招生政策出台后，几乎所有享有自主招生资格的高校均将学科奥赛获奖作为自主招生的门槛，这等于它们用脚直接将唱衰者踢开。而这无疑是在告诉我们，今天从竞赛中走出来的学子，将来大概就是社会的精英了。而在现代社会，没有精英教育的教育，是不能称为教育的。坦率地说，那种撇开精英教育的所谓教育，充其量只能定义为扫盲或科普。而真正的精英，无疑产生在教育这座金字塔的顶端，显现出他们突出地位的正是那庞大的基座。其实，教育自古都是如此，圣人孔子有弟子三千，而人们知道的也就八九人吧！

奥赛学习进行到一定的时候，一定是一个小众化的群体活动，因为有很多试图进入这个领域的学子，尚未迈过门槛，便被横亘在面前的能力要求阻挡在圈外了，却被抹黑奥赛的人夸大为"全民奥赛"。其实，即便是我所在的这所以奥赛见长的省级重点中学，真正接触过奥赛的学生也不足 20%，而能走到最后的则不足 10%。如果考虑到更大范围的学生，能有 5% 的中学生接触过奥赛就已经不得了了。所谓全民奥赛，只是反对奥赛者的臆断而已。

还是说说我所经历与感受到的物理竞赛吧！

我已记不清是哪家报纸或杂志在第 1 届全国中学生物理竞赛（1984 年）结束后，刊登了一则短讯报道这一赛事，但我记得那次经选拔参加全国决赛的总人数为 73 人（现在是 360 人）。我当时的感觉是，这肯定是中学物理学科的最高赛事了。那时的我还只是一所偏远农村中学里的物理教师，感觉这赛事虽与中学物理教学相关，但自己只能远远地观望而已。换句话说，一般县中及以下的学生，大多没有机会接触奥赛。

2000 年，我已在目前所在的这所省重点中学工作了一段时间，直到在学校领导的安排下开始担任学科奥赛班的班主任及物理竞赛教练，才正式接触学科奥赛，同时也开始大量接触那些资质超群的学生。而在此之前，以各类媒体为代表的社会各方面已开始对学科奥赛进行责难与围剿了。那时,我脑子里也产生了"奥赛培训对学生而言是拔苗助长,是扼杀学生天性的教育行为,对学生的成长有负面影响"的意识。我没有让本该有机会接触奥赛的女儿去学习奥赛,这实际上就是我当时对奥赛的观点。所以,最初我对竞赛培训是拒绝的,只是迫于工作上的要求,才走上了竞赛培训之路。而一经接触,我便很快明白,原来我对竞赛的见解是错得很离谱的。

我在竞赛班的教学中很快发现,这群在竞赛中享受学习乐趣与体验成就感的学生整体的优秀程度是很容易与一般学生进行区别的。他们也许还称不上是天才,但总体来说,他们大多有着超强的记忆力、过人的悟性以及不一般的执行力。说直白一点儿就是,别人要读上十遍才能背下来的内容,他们只需读上两三遍;别人需要反复听上几遍才能听懂的内容,他们也许还不等你讲完已经心领神会了;他们有着清晰的学习目标;他们在学习过程中能做到心无旁骛。这些素质决定了他们对常规教学内容的学习是轻松自如的,是学有余力的。其实,他们中的部分同学在某些方面的特别才能,用"天赋异禀"来形容并不为过。说得更直白一点儿,就是他们的智商超出了一般人。

他们的优秀让他们不屑于耗费过多的精力去学习常规教学所指定的内容,虽然那些内容对很多同龄人来说,可能难以跨越,但对他们来说,却是一种很低的要求。如果让他们按部就班地学习常规内容,则对他们无疑是一种摧残。于是,我们看到了许多优秀的青少年在学习阶段的叛逆行为,他们中多数学生由于没有找到适合自己的发展方向(没有人引导,甚至不允许他们发展),只好用叛逆来发泄自身过剩的精力。所以,问题来了——

我们该用什么样的方式来满足他们强烈的学习需求呢?用对他们来说是稀松平常的知识内容来消磨他们的时间,这对他们是否公平?我们将更宽广与更深刻的知识传授给他们,对他们真的是拔苗助长吗?他们的潜质该用什么样的方法来予以激发与引导?说得通俗一点儿,我们给予他们什么样的学习环境才是真正的因材施教?

从我多年竞赛班的教学、班主任工作及物理竞赛培训的经历来看,对这群资优学生而言,学习奥赛的目的中虽然不可避免地包含了一定的功利因素(即便如此,我也认为是一种积极向上的功利因素),但更重要的是他们的兴趣、学习品质、对目标的追求、个人的责任意识等,是这些因素让他们将奥赛学习坚持到底。当然,其中也少不了他们智商的支撑。

关于竞赛生的智商,这一点的确是很重要的,也是不得不说的。学习过程中的很多问题对我们一般人而言,其难度也许是难以跨越的,但对于那些资优生而言,也许只是小菜一碟。我个人的经历大体能说明这一点。在接触物理竞赛培训之前,我已从事了十多年的中学物理常规教学,自认为对中学物理内容是烂熟于心的,特别是在解题能力上,有着回答学生提出的问题能做到"难题目三分钟,简单题目三秒钟,不难不简单的题目对答如流"以及"问题随便问"的"霸气"。然而,一接触竞赛内容,我便立刻感到自己的脑力不足,各种障碍扑面而来,别说三分钟,就是三天三夜也未必能找准解答问题的切入点。而当我给出了自认为完善的解答时,学生往往会用更为奇妙的解答秒杀我的解答,结果是让我用更多的时间来研究学生的解答。而有时我为了讲解一个问题,做了很长时间的准备,自认为有那么一些新意,不料,未等我讲上几句,他们已经能将问题的来龙去脉说得清清楚楚,让我无话可说。我深刻地体会到,在他们面前,我的智商不够啊!所以,这么多年来,与其说是我在辅导学生进行奥赛,倒不如说是学生引导我逐步认识了奥赛,我非常清楚自己与学生之间的差距。虽然我也有连续三届带出国际中学生物理奥赛(含亚赛)中国队队员和众多学生进入国家集训队的经历,但能站在他们的教练的位置上,并不是因为我强于他们。事实上,每一届培训中,我除了对他们作一些基础知识的系统讲解外,更多的只是凭借自己的一点教学经验,来组织他们自我学习,为他们提供相应的素材,引导他们解决问题、提升能力而已;或者是将往届学生的学习经验、对问题的处理方法再传播给他们而已。可以肯定地说,我是在学生们的成长过程中得以成长的,这一过程正如舒幼生教授所言,是"青出于蓝而胜于蓝,蓝在青中更被青染"的过程。

的确,奥赛对于醉心于其中的学生而言,绝非那些根本不了解奥赛的媒体所妄言的那样,什么摧残人格,什么无视教育规律,什么破坏教育公平,什么浪费教育资源……一句话,他们中的大多数是在用自己平庸的智商与行为能力去揣摩资优生的智商与行为能力,然后再加上一些莫须有的断言。

如果让我评价奥赛于竞赛生来说是什么的话,我觉得这种富有挑战性的学习应该是他们中学学习大餐中的一份甜点、一份适合他们个性口味的冷碟、一杯润肺的红酒……总之,绝不是毒品。

11.2　漫谈：高考生与竞赛生

高考的利弊，竞赛的存废，这似乎是最近几年来媒体讨论教育领域的问题时无法绕开的话题。

对高考利弊的争论，已让争辩的双方打了一个死结。因为大家心里都非常清楚，利弊之争是不会有什么结果的，原因是我们无法找到一个满足所有需求的选拔方案，而社会对人才的选拔又是不可避免的，在没有找到更好的选拔方案之前，高考即便有再多的问题，也是目前最好的方案。而且，利与弊，很大程度上只是因为你的视角不同而已。但在高考这一领域几十年来所谓的改革从未间断，但大家看到的几乎都是"播下龙种，收获跳蚤"。别的不说，原本就是选拔人才的高考，经过近二十年的改革，已主动放弃了选拔功能，承担起社会的维稳功能了。理由也是很充分的，那就是如果高考考难了，那些考不好的学生就会产生情绪，社会就不稳定了。你如何让命题人敢出一道难一点儿的试题，去区分那些未来的后代？

高考试题难度的降低，虽然不能证明这个社会的整体智商在下降，倒实实在在地证明了中学生的智商水平在整体上升。因为我们可以看见的是，高校（特别是名校）每年的录取分数线一个台阶一个台阶地向上迈进啊！这难道不是学生智商上升的标志吗？话虽这么说，但高校（特别是名校）似乎并不乐意学生高考分数的增长，它们都在利用教育部给它们的一点自主招生的权力，打着自己的小算盘。它们是怎么做的呢？举个你看得见的例子：2017年北大、清华两校在某教育强省共招录了354人，其中只有27人是高考裸分上线的。你看了这个数据，就没有觉得他们是用脚将高考狠狠地踹开吗？它们这是在无视人们极为看重的高考啊！与此同时，它们却一起将目光投向了——

竞赛！竞赛！竞赛！

别的先不说，仅看北大、清华为竞赛生打开的大门就有暑假前针对竞赛生的飞行签约、暑假中针对竞赛生的学科营、竞赛签约、全国决赛前的秋令营、全国决赛时的现场签约、决赛后的学科体验营等。这些只为竞赛生开设的招生活动,其名目别说大家看不懂,即便是我这个长期做竞赛的教练也无法看明白。这不,北大、清华还不满足,北大、清华、复旦大学、上海交大、南京大学等高校翘楚,又各自开设了一个冬令营,目标同样直指竞赛生。此外,在其他的诸如"领军计划"之类的自主招生中,竞赛生明显更容易通过和获得降分优惠,哪怕是在高考后的自主招生测试中,也有很大一部分参与者是竞赛生。而且对所有竞赛生的签约几乎都是一本线录取。至于一本线,这对竞赛生意味着什么?你懂的。谁还会说竞赛没有保送啊?是谁还在说一考定终身啊?

事实上,不仅北大、清华如此,而且几乎所有的名校都将自主招生的目光投向了竞赛生。还是用数据说话吧。你可以翻看一下近年来拥有自主招生权力的名校(除了少量的艺术类和财经类的院校外),虽然它们不具备北大、清华那么大的自主招生比例,但它们几乎无一例外地将竞赛获奖作为自主招生的门槛,将自己仅有的一点自主招生名额都奉献给了竞赛获奖者,以致人们已经形成了一个观点:学科竞赛获奖已然成为学生进入名校的敲门砖,进而衍生出用"高考生"与"竞赛生"的称呼来区别不同群体的考生。

那么,高考生与竞赛生之间究竟有哪些差别?也许我们无法找到一个量化因子。若让我这个从事高考教学近四十年、竞赛培训近二十年的老人来说,我会非常直白地告诉你,他们本是同一个学生群体,但其中的竞赛生群体——

更——聪——明!

如果用粗暴或不屑的口气来说,则是:只有聪明的学生才会去学竞赛。

这种聪明并不是用考试分数作为唯一标准的。若用综合考试的分数说话,他们或许并不突出,当然,他们也不会很弱,但如果你与他们有过交集,你会明显地感到他们在记忆力(包括选择性记忆)、对某些学科的领悟与理解能力、逻辑推理能力、对问题处理的创新意识、学习品质等方面的表现,大多比常人优秀太多。只是他们中的部分人并不擅长形象思维与语言表述,或者具有某种思维的选择性,以致在高考的综合表现上,若以700分为录取标准,他们囿于自身短板的存在,加之理科天花板的低位设置,穷尽他们的努力,或许也只能达到670分,从而在高考这一途径上无缘他们心仪的位置。

但他们的聪明是有目共睹的,那些研究型的院校和工科院校更青睐他们,这些院校需要为迎接这些聪明的学生开设一条通道,它们需要高智商的生源。好在,有竞赛!

当然,我并不否认在高考生这一群体中不乏聪明者,特别是那些在文学、艺术,或者在情商上表现得极为聪明的学生,但若让他们去挤占研究型院校和工科院校的录取名额,恐怕对谁都是一种浪费。而更可怕的是,这种做法可能是对社会未来精英的慢性扼杀。

还有那些出于种种原因无缘参与竞赛的优秀学生,我只能说,在这个教育并不平等的社会里,你没有经历过竞赛生那种超前的学习过程,那么在未来你落后于他们也属正常。当然,天才除外,机遇眷顾者除外。

是的,高考生与竞赛生的群体差别摆在那儿,他们的去向差别也摆在那儿,你用不着去指责那些名校过于偏爱竞赛生。如果你足够聪明,就更不要抱怨学不逢地,没有竞赛环境与竞赛教练。

11.3　漫谈:竞赛生的十二条"军规"

能被称为"竞赛生"的你,虽未必是人中龙凤,但也足以告知他人,你有他人不及之功力,已是群中翘楚。

一般来说,你在竞赛学习这条道上能从小学走到初中,直至走进高中,一定有天赋簇拥着你,有父母推动着你,有老师指引着你,有同学陪伴着你,有环境滋润着你……

然而,竞赛这条路一进入高中,你会发现它变得更加陡峭,更加曲折,荆棘更多。

当然,你会说,你有浓厚的兴趣做基础,你有远大的志向做目标,你有坚强的意志做后盾,你有不达目的誓不罢休的决心,你会不畏艰险地砥砺前行。

但是,我还是希望你不要让信心爆棚,先请你冷静、冷静、再冷静地看完我为你立下的这些"军规":

第一条　自学者慎入

我知道,在学科竞赛这条道上,涌现出一大批翘楚,其中不乏自学者的身影。

作为自学者,他们一般都来自各级重点中学,个人的思维特点明显地偏向理科特征的逻辑思维,并且对所从事的竞赛学科本身也有着浓厚的兴趣,甚至在小学或初中阶段有过不俗的学科竞赛成绩。但他们目前就读的学校可能不重视学科竞赛,没有开展相应的学科竞赛辅导;或者他们在学校不被相关教练看好,而不能跟随专业教练进行相关的竞赛学习。他们对竞赛学习极为虔诚,也有家长的支持,他们在疯狂地自行阅读与刷题的同时,也奔波于各种培训机构接受相应的培训,但他们的学习过程总会给人一种病急乱投医的感觉。

坦率地说,自学者中的绝大多数最终都只能处在竞赛学习过程中的阅读与刷题的基础阶段,无法得到本质上的提升。每年在各学科竞赛的全国决赛人群中,难以寻觅到自学者的身影便是佐证。当然,这并不排除即便是竞赛强省,也有自学者最终冲进省队,乃至国家队,最终夺得国际金牌的案例。不得不说这类学生的天赋是超强的,只是这种概率实在太小了。

一名自学者在自学过程中所承受的压力是巨大的,风险也是巨大的。所以,我在与那些独立的自学者交流的过程中,面对他们信心满满的状态,却极少用鼓励的语言去支持他们从事竞赛学习,而是心中在不断地喃喃:

不要去尝试!不要去尝试!不要去尝试!

如果你坚决要撞南墙的话,那么,你就去撞数学吧,至少它不需要实验。

第二条 女生慎入

如果一说女生不适合干什么就有歧视内涵的话,那么,我承认,我建议女生慎入学科竞赛,可能涉嫌歧视。但我坚定地认为,不能有过多的女生参与学科竞赛。这么说吧,一百多年来,自然科学领域的诺贝尔奖获得者的男女比例,基本上就是竞赛优胜者中的男女比例。如果不信的话,你就试一试吧!

不要对我说,不是每年都有女生在学科竞赛中获奖吗?还是那句话,这是一个概率问题。不是你不能获奖,而是概率太小。以我熟知的物理竞赛,虽然在决赛中设置了女生单项奖,但决赛人数中,女生的比例通常只有1%~2%吧。数学决赛中女生的比例虽高一点,但那是因为数学竞赛为鼓励女生而设置了一个女生竞赛的特别通道啊!

我们应该承认,在思维上,男女之间的差异是非常明显的,优秀的男生中多数更偏重逻辑思维,而女生则更偏重形象思维与条理表述。在现行的高考领域,女生与男生几乎平分秋色,甚至要优于男生,并不是因为女生的逻辑思维能力强于男生,而是现行的高考要求的不是逻辑思维能力,而是条理性。

但理科院校更喜欢逻辑思维能力强的学生,而现在的学科竞赛又恰恰对学生的逻辑思维能力作了有效的区分与选拔,所以目前中学学科竞赛的优胜者们被知名高校认同是必然的,这也使得竞赛学习具有了巨大的红利。

如果竞赛所具有的巨大功利诱惑着你,你也想据此一搏,那么,建议你去试一试生物与化学两学科的竞赛,这两个学科对逻辑思维能力的要求似乎要低一些。

当然,如若你的天赋本身也是偏逻辑思维的,且能得到教练的认可,你尽管学下去就是了。

第三条 非重点高中(省级示范高中)的学生莫入

这一条说多了,你会说我蔑视你、歧视你,如果不说,我又觉得对不住自己的良心,故只在此留下只言片语。路在你的脚下,行止由心。

第四条 做好最坏的打算

到了高中,你若仍然走在学科竞赛这条路上,那肯定已经不是"有兴趣"那么简单的一件事了,它一定包括明显的功利性目标,而这也许就是你所说的志向了。

此时,你的队友(也是对手)都已经不是泛泛之辈,你想冲击名额有限的赛区全国一等奖、冲击省队、冲击决赛金牌,注定困难重重。只有当你拿到金牌时,你才有可能淡定下来。至于金牌之后的路,才能真正地交给兴趣与志向了。

不知你是否理解,冲击目标的难度可能远超你的想象。你在冲击目标的过程中的任何一个环节出现一点意外与失误,都有可能让你跌落谷底,让你之前所有的付出在功利方面毫无收获。那时,你也只能用不甘心却又无奈的心情,看着那些平日里明显不如你的队友迈步向前,攀向高峰,而此时的你只能用盈满泪水的眼睛目送他们越走越远。

而这一切又不可从头再来。

这种现象在学科竞赛领域是再正常不过的了。历年来,有太多的优秀者被复赛这道坎绊倒,以致跌落,成为那些攀上高峰者的垫脚石。坦率地说,跌落者与登峰成功者的比例可能远超你的想象,你也许见过很多登峰成功者的笑容,但凝固在我头脑中的则是更多的跌落者失落的面容。

所以,在你走进竞赛圈子的时候,就应做好跌落的准备。千万不要以为跌落者不可能是你。

第五条 竞赛学习从学会逃作业开始

既然你是群中翘楚,那你就一定是学有余力的。这里所说的学有余力,便是你能轻松地应对日常学习内容,用少量的时间便能背诵长篇的文章,做少量的练习便能轻松地应对相关规律的应用,每一次测试,你可以"毫不费力"地处在别人可望而不可即的位置上。

但现行基础教育的教学模式不是为翘楚们设计的。日常的教学中,老师们为了自身的整体教学效果,很难顾及这群人的学习需求。为了能让那些在学习上觉得困难的大部分学生向上迈一个台阶,大量的基础训练显然是有效的手段。由于教学标高的制约,大量训练试题中的很大一部分对于翘楚们而言无疑是无效训练。而这些无效训练,你肯定不会承认自己不会做,但你也肯定不敢说每次都能全部做对。当用这些无效训练来填充翘楚们的青春时光时,那种感觉不知有多少人能忍受得了。细究起来,恐怕这才是我们的基础教育最令人遗憾的地方。

竞赛学习是常规教学之外的活动,如果竞赛生们认真地完成那些无效训练,那么,无疑表明你在与平庸为伍,我的直觉便是你已经堕落了。

竞赛生们应该跳出无效训练的包围圈,将消耗在无效训练上的时间,用在更能促使你成长且对你更具挑战性的竞赛学习上,从而让你的青春富有激情。这一切的前提,是需要从大胆地逃作业开始的。所以,请你记住并主动践行——竞赛学习从逃作业开始。

第六条 别指望教练一直教你

前面说过,自学者慎入竞赛之门,因为如果你没有教练,那么你基本上玩完;但如果你一直跟在教练后面,那么你也肯定玩完。

如果将俗语"师傅引进门,修行在个人"用在现行的中学教学中,恐怕最适用的领域就是学科竞赛了。首先,各学科竞赛所包含的知识内容,或多或少,甚至全部都是大学的教学内容,而这些内容的教学在大学是由多个教授共同完成的。正常情况下,你是不能奢望一个中学教练能将这些知识全部讲解透彻的。其次,作为竞赛生的你,智商一般高于你的教练,哪怕你的教练有研究生、博士生的学历,原因就不必在此细说了,你比一比自然就会明白。最后,教练早些时候能对你实施教学,只能说明他对新的知识点比你更为熟悉,解题的经验比你更丰富。而一旦你的知识架构搭了起来,并积累了一定的处理问题的能力与经验,加之你远超教练的知识面与分析问题的能力,整体上超越教练实属必然。所以,如果你一直都在依赖教练讲解的阴影下学习,你的结果必然只能是无功而返了。

所以,你不能奢望教练能自始至终地对你实施教学,你要尽快地超越你的教练,特别是在解答问题的能力上,而且是越快越好,将教练能甩多远就甩多远吧!

话虽这么说,事情也的确如此,但你也得时时向教练汇报学习状况。因为教练有一项工作是你永远也无法做到的,就是教练会根据自身积累的经验对你学习的内容与学习的方向进行指引,以及对你进行阶段性的测试。同时,教练还要协调各方维护你的学习环境,消除或者疏导你在各个阶段的心理障碍,避免你在现阶段的学习过程中偏离了方向。要知道,当你在错误的方向上奔跑时,你越努力,离目标就会越远。

第七条 尽量压缩宽泛的兴趣

优秀者与天才是有差别的。简单地描述这种差别便是优秀者兴趣广泛,各方面都不错,而天才则是优秀到极致!

如果你是天才,咱无话可说,你爱咋咋的。如果你达不到天才级别,那么广泛的兴趣会摊薄你的优秀,要知道——

当你心安理得地手握着游戏的操纵杆,从传奇到DOTA,享受着"快乐学习"时,别人却在通往目标的道路上默默前行!

当你在动漫、八卦新闻中流连忘返时,别人却在公式推导与逻辑推理中自得其乐!

当你在球场上风一样地奔跑时,别人却在书桌上整理当天的得失!

当你与人卿卿我我时,别人却在用心灵与智者对话!

……

当你想去触摸你的目标时,却发现别人与目标已携手立于高峰之上,你只能仰望。

所以,如果你想达到目标,就请你在现阶段将兴趣集中在通往目标的道路上吧！请不要相信"艺多不压身"之类的自我安慰之语,而应坚信,只有艺精才能碾压人。

第八条　做主动的学习者

相信大家都明白,大多数的学习任务对我们而言,都是被动进行的,尤其是一些重复性的通识教育。但学习一旦在目标下进行,我们就必须做一个主动的学习者。竞赛学习尤其如此。在竞赛学习的过程中,我们应该主动做到以下几点：

主动阅读。竞赛学习的容量是巨大的,依赖教练的讲解不可能达到目的。学习中,我们必须主动地阅读相关教材与教辅书,阅读相关的经典著作,阅读他人的学习感悟。根据自然学科的属性,人在阅读中必须手脑并用。只有海量的阅读,才能搭建起你完整的知识构架。

主动刷题。很多人错误地认为学习过程中刷题便是题海战术,但理科学习刷题是必需的。任何一门学科,你的刷题量少于3000道的话(这还得剔去你在低端完成的一些重复性的习题),无论如何都是不能让你搭建的知识构架丰满起来的。竞赛生在常规学习的背景下,如果不去主动完成这些,结果就不言而喻了。

主动思考。阅读与刷题让你的知识体系完整而丰满,但结实与否则依赖于你的思考了。知识间的联系,解题方法间的互通,学习过程中问题产生的原因与处理,个人学习的得失,等等,每一方面都需要你进行相应的归纳并提炼出相应的解决方案与提升的对策。思考是你拧固知识体系的螺丝。

主动讨论。局限于个人的认知,每个人的思考并非全面的。你应该明白,学习是相互促进的,所以,一有机会,就与你的同学、教练进行相关的讨论吧。你很快便会发现,对待同一问题,每个人的视角可能都是不相同的。从这些不同中,你会得到更多的启示,让你的认知自然而然地上升到了一个新的层面。这便是合作学习。合作学习是让你的知识架构溢彩的明灯。

总而言之,阅读、刷题、思考与讨论是你进步的阶梯。

第九条　拒绝虚假的努力

每个人在学习的道路上向前行进时,都可能会遇到相应的瓶颈,或者说是饱和值。一个人要想突破自身学习的饱和值,仅有时间上的努力是不够的。此时,你若不寻找自身能力上的缺陷与学习方法上的不足,一味地用时间与汗水去冲破瓶颈的话,看上去你当然是很努力的,但这种努力是没有实效的,是虚假的努力,因为你一直都在你能力的饱和值下行走,这样是不会有提升的。

主动寻找自身的缺陷,在教练的帮助下,努力修补它,是你面对瓶颈要做的主要工作。

打破阶段性的瓶颈,站在原有的饱和值之上,是每个竞赛生跃升的标志。

第十条 你必须知道进退

竞赛有巨大的魅力,也有巨大的风险。是否适合竞赛学习也不是听教练的几节辅导课所能鉴别出来的,它与你个人的能力、品质、思维属性、志向目标都有着极大的关联。譬如说,当教练还在讲授新课时,你觉得教练讲授的内容你无法理解与消化,而你的同学基本上还能轻松应对,这说明你与同学之间已有差异了。如果这种差异不是源于在学习上的投入,那么,你不应奢望教练在授课上降低难度或减缓速度,正确的选择是你应该回避竞赛了,因为你与他人在能力上有差异。不要用自己"努力不够"来遮掩自己能力上的不足。再譬如说,竞赛学习不可能没有枯燥的过程,这又可能与你的某种天性是不相容的,而这对你而言是不可忍受的痛苦,继续走下去,说不定留给你的不是成功的快感,而是折磨的阴影。所以,如果你觉得自己无法忍受竞赛的枯燥与寂寞的话,那么可以考虑退出竞赛。

退出竞赛,或许你能找到属于你的另一片灿烂天地。

但我们也应该明白,竞赛过程本身对人就是一种煎熬。熬出来了,出众;熬不出来,出局。这种结果也许残酷,但同样有魅力。

第十一条 要注意释放心理压力

天才与疯子之间,有时是没有界限的;心理正常与心理障碍之间,更是混沌一团。当一个人的心理上出现了偏差时,他是不会轻易承认自己有心理障碍的。

但是,在一定时期内,压力导致的心理障碍是会主动地攻击竞赛生的。

毕竟,竞赛生超常规的、单一特征的竞赛学习所需的投入是巨大的,在这一过程中,你将既怀揣美好的希望,同时也承受巨大的压力。更重要的是,你那美好的希望中承载着一个更为核心的功利性目标,而实现这一目标的唯一载体,便是产生省级赛区的排名,是真正的毕其功于一役。所以,伴随着竞赛时间的到来——

焦虑来袭了。焦虑是在你不知不觉中慢慢产生的，它让你睡不安神，它让你饮食无味，它让你学而无趣，它让你神不守舍，它让你变得健忘，它让你觉得自己的智商在变低，它让你妒忌乃至敌视学友……当然，列举的这些并不一定都会被你遇到，但每一种表现都有可能被你放大，于是——

恐惧来袭了。被你放大的焦虑会让你的恐惧滋生，也许你表面上仍显得无所畏惧，但你那颗脆弱的玻璃心可能早已稀里哗啦了。此时的你可能变得非常敏感与暴躁，难以与他人相处，等等。

所有这些，都是压力之下产生的心理障碍。虽然不同的人面对的压力或轻或重，但若任由其滋长，显性的表现就是这段时间内你的智商会下降，恶果是让你的希冀化为泡沫。

承认并主动应对自己的心理障碍，寻找释放压力的途径，作用是非常有效的。

第十二条　感恩竞赛

不论你最终是否成功登顶，竞赛学习为你所带来的红利都会是你的终身财富。这不仅仅是通过竞赛学习，你学到了同龄人所学不到的知识与方法，更重要的是它磨炼了你的意志，提高了你的品质，丰富了你的人生。为此，你应感谢你的父母多年来与你共进退，感谢你的同学与你共写人生，感谢你的教练为你呕心沥血，感谢你的学校为你提供了相应的平台。总之，你应——

感恩竞赛。

11.4　记忆：靖礼印象[①]

在带 2007 届高三学生的竞赛期间，我已下定了不再带下一届竞赛生的决心，无奈校长、书记双重施压，最终的结果是我违心地接下了竞赛培训这吃力但不能预见结果的任务，说白了，就是吃力不讨好吧。

[①] 本文写于靖礼入选第 41 届国际中学生物理奥林匹克国家队之后。

在当年的 3 月我接下了 Q 同学(注：一名优秀的竞赛选手,后来改学数学竞赛)的竞赛培训任务。在 5 月,我又接下了为分配生提前上课而组成的班级的常规课的教学任务。事实上,这些都是在为竞赛培训做前期准备。

我还记得在给由分配生组成的班级上第一节课时的情景。在那节课结束前的最后一分钟,我对班上的同学说,有希望今后参加物理竞赛的同学请举一下手。我之所以在班上这么说,是因为我当时认为提前来高中上课的分配生应该是初中阶段最优秀的学生,后来才知道并非如此。其时,最优秀的学生已经在我还不确定是否带竞赛生的春节前就去参与化学与生物的竞赛培训了。令我感到非常意外的是,当时全班 60 多名学生,有且仅有坐在第四组倒数第三排靠中间走道的一名学生高高地举起了手。我环视全班,确认只有这名看上去较为清秀的学生举手后,多少有点儿意外。我让他随我到办公室去。

在我的办公桌前,我问这名学生的名字。他回答了一遍,我没听明白,于是再问一遍,对"敬礼"这个发音我不能确认,只好让他在纸上写出名字——"靖礼",字迹不是很有力,但很工整、清秀。

这是我第一次知道靖礼并与其当面接触。

很快,我知道了靖礼在初中阶段的学习状况及事先在高一年级学习的情况。考虑到分配生组成的班级是临时性的,事后还要将学习过的内容再学习一遍,于是我让他离开了当时的班级,与 Q 一起,主要进行物理竞赛的学习。

对于他们两个,我并没有系统地为他们讲解竞赛内容,只是根据进度要求,给他们布置相应的任务,由他们自学,然后进行答疑,再就是对每一个单元进行测试、评讲。当时,Q 对竞赛内容的学习已经走在了靖礼的前面,靖礼进来时,Q 已经学完了光学和牛顿运动定律。我用测试过 Q 的试卷再去测试靖礼,对应的测试卷靖礼比 Q 大体上要低十来分,给人的印象是靖礼要差一些。

但靖礼很快有一特点引起了我的注意,就是我给他布置的任务,不论多少,他从来没有出现过完成不了的现象,而且基本上都是提前完成。最让我意外的是他在那个假期的学习。当年,我们高三年级在暑假期间去西藏旅游。在旅游的十天时间里,我给 Q 和靖礼布置的任务是自学热学内容并阅读一些相关内容,我为他们密封好了测试卷,同时希望靖礼尽可能地补上与

Q 在内容上的差距,以便我在今后能统一进行培训。虽然我这么布置,但我对靖礼完成这些并没有抱太大的希望,因为内容不仅有点儿难而且有点儿多。但靖礼让我把光学的测试卷也给了他。

从西藏回来后,令我感到意外的是,Q 还没有完成热学部分的内容,而靖礼不仅完成了热学与光学的学习与测试,还补上了其他内容上的差距。我看靖礼的眼神一下子亮了许多。

高一入学后的 9 月份,我安排他们同时参加全国中学生物理竞赛的复赛,Q 与靖礼分别取得了全省八十多名和一百二十多名的成绩,他们的成绩都是超出我意料的好成绩。当时我想,他们如果携手走下去,一定会取得更好的成绩。遗憾的是,从那时起,数学天赋更为突出的 Q 决定退出物理竞赛,主攻数学竞赛了。这当然是后话了。

新的班级组成了,我开始物色班干部。

带过几届竞赛班后,我知道竞赛学习投入较多的学生没有过多的时间去从事班级事务性的工作,更重要的是,他们在后期将会离开班级,所以我在对班干部的选择上基本回避竞赛的主力选手。这既是客观实际,也是对他们的一种保护,如在初中阶段几乎集所有班干部职位于一身的 Q 同学,我也只安排他担任学习委员一职,这在我的班级管理中是一个虚职。

本班的生源主要是二中初中部的学生,我希望在二中初中部的学生中物色一名班长。最初我并没有想到让靖礼去担任,换句话说,如果今天让我来确定班长,我也不会确定由他来担当。我当时私下在来自二中初中部的学生中征求意见,第一名学生推荐了靖礼,第二名学生也推荐靖礼。第三名学生同样推荐靖礼,而且理由相当地雷人,她说靖礼初中就想当班长,现在还想当班长。当时我们谈话的地点是在教室外的走道里,那名学生没经过我同意,就直接从教室里喊出靖礼,直接问他愿不愿意当班长,靖礼没有任何犹豫地说:可以。我无法回避了。于是,靖礼成了武汉二中本年级竞赛班的班长。

客观地说,在我看来,靖礼并不是一名出色的班长。语言上不善鼓动的他,很多时候都是用文字而不是用语言来传达相关信息,这自然使得相关的活动缺乏凝聚作用。为此,我与他私下交流多次,不过效果似乎并不理想。但这些并没有影响他认真而全面地完成作为班长的工作职责。事实上,很多班级工作都是在我不知情的情况下由他主动完成的,但他从未主动向我汇报过。只是我认为,如果他能在语言表达上多加锻炼,将会出色得多。不知他今后在这一方面能否补短扬长。

到了高二下学期,由于竞赛学习任务越来越繁重,他的班长工作逐步转交给了XYZ同学,他也逐步脱离了班级。

自然,靖礼对竞赛的投入是相当大的,虽然他父亲常说,他的学习成绩还有潜力,但在我看来,他在学习方面的自觉性已经足以让我放心了。很多次都是他主动地向我索要测试题和当周的进度要求,然后不折不扣地完成它。每一次测试之后,我会对出现的问题提出自己的意见,而他也在努力克服暴露出来的问题。

在高二那一届物理竞赛的复赛中,理论考试时虽然靖礼自认为在解答中出现了较大面积的不应有的失误,但最初公布的理论成绩仍然高居全省第四。这一分数使得我与他都有了冲击省代表队的信心,但实验考试成绩公布后,他最终没有入选省代表队。出结果的那个晚上(周日),我一直守在武汉大学等待结果,直到晚上12时左右结果才出来。当我将电话打给靖礼时,电话的那一头立即接通,得到没有入选的结果,想必靖礼的心情是相当失落的。靖礼的母亲后来回忆说,靖礼接到电话后,默默地放下电话,一句话不说,直接回房去了。

令人感到极为欣慰的是,靖礼并没有因此抱怨什么,更没有萎靡下去。我清楚地记得,第二天早自习后的课间,靖礼便自己来到了我的办公室,我们很快重新订立了后面的学习计划,并投入新的学习中。

很显然,高二冲击省队的挫折并没有击垮靖礼,这让我看到了靖礼坚强的一面,也许就是从那时起,我更加坚定了让他冲击国家队的信心。虽然在后来的常规测试中,很多次靖礼的成绩都不在最前面,但从来没有动摇过我的信心与希望。

作为竞赛班的班长,在高二即取得学科竞赛赛区全国一等奖的靖礼,理应比他人获得更多的荣誉。事实上,在高一、高二期间,除了学校专为竞赛而设置的"启迪奖学金"授予他以外,那些"市优秀学生""优秀学生干部""十佳学生"等各种荣誉并没有授予他。我相信他相比于某些学生更有理由获得某种荣誉,只是我不想让这些小的荣誉过早地挡住了他的视线,我也希望能够培养他对人对事的气度,所以我并没有主动地为他去争什么荣誉称号。

我多次与他交谈过荣誉观念,在交流时,往往是我说他听,但我仍然感觉到他对较高荣誉的向往。这是应该的,也是人奋斗的动力之一,只是不计较荣誉的得失,才是优秀品质的体现。

我也常说,当一个人取得了无可争议的成绩时,荣誉也会如期而至。以靖礼现在取得的成绩,我相信荣誉也就属于他了,衷心地祝愿他,但同时我也希望他能淡化它,去追求更高的人生目标。

我想,以后每次说起第 26 届物理竞赛的复赛,我的心都会隐隐作痛——赛区全国一等奖的结果与我的预期相差太大了。我至今认为,出现这样的结果,责任不在我的学生身上,甚至也不在我的身上,而是这次复赛的试题太离奇了、太偏了。大量的普通物理内容将我的第二梯队几乎全部抛下。好在靖礼与其他四名学生一起拿到了决赛的入场券,但他们的成绩在湖北省都不怎么靠前。

在准备决赛期间,靖礼被保送到了北大。但因为有着名次靠后的阴影,这段时间,我谨慎地给他讲了上船渡河的道理,即乘坐同一条船渡河的人,第一个上船的人与最后一个上船的人,是同时到达彼岸的。我是想告诫他,我们虽然上了船,而且还不是最先上船的那一个,但我们都还没有到达彼岸,我们还是有机会的。事实上,我对复赛的成绩是不甘心的,因此对靖礼向前冲的希望就更加强烈了。我对靖礼能够进入国家队的信心从没有动摇。

靖礼也似乎知道后期的重要性,一如既往,继续认真地做题、阅读、归纳、思考。我相信,挫折与阴影没有挡住他的希望,更没有浇灭他的信心。

靖礼、胡琦、林思成、陈思睿他们结束在北大进行的国家集训队的学习回武汉时,我到武汉站去接站。见面时,我自然会问一下他们表现如何、是否有可能进队之类的话,但他们都顾左右而言他,不正面回答。

第二天返校后,我又将他们隔离开来,具体地询问了他们各自的情况。后来我十分惊讶地发现,他们对自己的状况都有着十分精准的判断,让人不得不由衷地佩服他们的优秀。我现在还十分清楚地记得与他们每个人的对话。譬如,我与靖礼有如下的一段对话:

我:有希望进队吗?

靖礼:有!有!有!……

我(有点儿小激动,又有点儿怀疑):是国家队啊!?

靖礼:是!是!是!……

……

后来的事情我就不多说了,靖礼如愿进入了中学生国际奥林匹克竞赛中国国家队,我由衷地为他感到高兴,当然也为自己高兴,相信他仍然会扎扎实实地准备未来的考试,我坚信,金牌最终一定会属于他的……

11.5 漫谈:坚持与放弃

一名学生从小学开始奥数学习,到最终参与高中学科奥赛,是一个长达十多年且贯穿整个学生阶段的艰难跋涉的过程。这一过程开始是所谓的全民奥数般的大众活动,到最后则是寥寥无几,甚至是孤军作战的小众奋斗。对每一个参与其中的学生、家长而言,最初的参与是随波逐流也好,是功利引导也好,是兴趣使然也好,一路走来,与之伴随的便是坚持与放弃的纠结了。

学生最初进入奥数这一学习领域,并不取决于学生本人,而是由家长决定的。原因:一是幼小的学生并没有学习奥数与否的判断力与决定权;二是参与这类学习一般都是要掏真金白银的,而这些都掌握在家长的手里。

也许,在所有家长眼里,自己的孩子就是最优秀的,当邻家的孩子在学习奥数时,只要条件允许,自家的孩子哪有不学之理呢?显然,这种行为的背后是自我认同与从众心理的诱导,也正是这种跟风行为构筑了奥数学习的庞大基座。

那么,我们是不是应该指责甚至鄙视这些跟风者呢?

不论你承认与否,从奥数学习中脱颖而出的成功者,是被以培养精英为目标的大学名校认同与接纳的。就像金字塔需要有庞大基座一样,处于社会精英层面的佼佼者们也同样是在庞大的基座上产生的,没有这样的基座,他们的高度也就少了一个重要的参照。在金字塔面前,我们仰视塔尖的同时,能无视基座的存在吗?因此,我们不仅没有理由指责与鄙视当初的跟风学习者,相反,我们应该对他们投以敬重的目光,是他们簇拥着塔尖。

退一步讲,假如你是一位有能力且愿意为孩子的学习进行投入的适龄儿童的家长,即便你知道自然人群中只有不到5%的人适合奥数学习,你是否会觉得,如果孩子在常规内容的学习尚可,那么不论成功与否,都得让孩子先试试呢?我想,如果你不是被那些推广"奥数无用"者成功洗脑,你怎么都会试一试的,否则,你就是生得糊涂了。

所以,我们关注的应该不是参不参与奥赛学习的问题,我们需要讨论的是该如何理智地对待学习过程中的坚持与放弃。因为经过一段时间的学习,学生是否属于那5%的群体,会逐渐在他的学习过程中体现出来。也正是基于这个5%的要求,奥数在小学阶段如潮水般涌来,到初中也就如潮水般退去,也就是说,大多数家长并不是不理智的。而且,在初中阶段,最初的奥数学习者也开始了向其他学科的分流。不论怎么说,每一个放弃者都可能经历过坚持与放弃的纠结。

我从事高中学科奥赛培训多年了,一直与资优生群体打着交道,这群学生都经历了上一轮的潮水洗礼,因此,我就更加关注他们是该坚持还是该放弃的问题。

坦率地说,在我所培训的群体中,每经历一定的学习过程后,我都会一方面引导那些有潜力的学生奋力前行,另一方面动员那些不适合继续学习的学生退出,直至拒绝他们参与培训。如果你问我有什么量化的标准来进行相关的判断与操作,这个我肯定是没有的,但我会明确地告诉那些应该退出而又希望坚持下去的学生——

兴趣不是你坚持的理由。在学习的过程中,很多研究者将学生的学科兴趣推至学好本学科至高无上的位置。虽然我不否认兴趣有助于学习,但将兴趣作为学好专业的前提,这一出发点本意也许是好的,不过结论却是不正确的。譬如,我们每个人都可能有一项运动爱好,如乒乓球呀、足球之类的运动,有的甚至可以用酷爱来形容,但你能成为该项目的专业运动员吗?你具有成为专业运动员的天赋吗?所以,相对专业而言,兴趣的作用实在让人不敢恭维!再说了,你对某件事情有着浓厚的兴趣,往往并不是因为你对此事有兴趣就能做好这件事,而是因为你能做好这件事而逐渐对其充满兴趣。因此,当你在我的竞赛课程上完全听不懂我的讲授,无法解决必须完成的问题时,你不要奢望我降低难度,你的正确选择是退出竞赛。

努力不是你坚持的理由。你非常热爱学习,你非常遵守规范而又刻苦地学习,你的认真甚至让我不忍心劝你退出,我害怕伤及你的自尊。但理智告诉我,你已无法跟上同学们的节奏,作为一名资深教练,我看不到你跨越障碍的可能性，与其将巨大的痛苦留到最后，为何不促使你早早省悟？我们应该明白，在学习上，仅有努力是不够的。说得更直接一点儿，"成功＝99％的汗水＋1％的灵感"这个公式是用来励志的，正确的解释应该是：99％的汗水只能让你处在你所在层面的上游，而在不同层面上，再多的汗水，也只有被上一层面那1％的灵感秒杀的可能。

"聪明"也不是你坚持的理由。这里有两种方式印证你聪明：一是你在整个常规学习过程中表现优秀，综合成绩在你所处的这所名校中名列前茅。但竞赛所需要的不是你的均衡，而是你非一般的学科特长，哪怕别人视你为"白痴学者"，也不影响你的优秀。所以，很多时候，那些教室内的"聪明"同学只能眼睁睁地看着"不如自己"的同学通过竞赛达到了自己难以企及的高度。当然，更多的竞赛生在面对常规内容时，内心常常是"呵呵"的感觉！二是你思维敏捷，善于表述，面对他人的问题，当同学还没有反应过来时，你已有了不错的解决问题的方案。但更多的时候可能你是胡言乱语，胡思乱想，不求甚解，无心钻研，以自我为中心，不听劝导，避难趋易，竞赛学习只是你缓解常规学习压力的避风港。通俗地说，你是那种"聪明面孔笨肚肠"之类的人，用我的话说，就是"小聪明，大糊涂"，竞赛与你无缘。

那么，哪些同学应该坚持下去呢？其实，很简单，即具备"能力＋努力＋兴趣"的学生，这其实也是优秀学生的标配。对于努力，自不必多说；对于能力，这里主要是指理科所需要的记忆力和逻辑思维能力等；而对于兴趣，在中学阶段，我认为学生应具备的并不单是学科兴趣，而是更广泛的学习兴趣。对于那些具备相应能力的学生，中学学科内容并不会构成他们的学习障碍，竞赛学习也是他们未来成为社会精英的前提，而且竞赛的成绩只是向我们表示，他们有跨入精英层面的资格，根本就不能因为他们是学数学竞赛的，就将他们的未来定位于数学家；学物理竞赛的，就将其未来定位于物理学家。现阶段，只要他们对学习充满了兴趣，我们就可以通过学科竞赛让他们获得更好的教育环境，至于他们今后从事什么，或在哪些方面做出成绩，与今天的学科竞赛并无因果关系。

对于上述表述，你可能觉得我仍然没有回答你的坚持与放弃的问题，那么，我就说得更直白一点儿吧：竞赛坚持到高中，已经足以说明你是同龄人中的佼佼者了，你们中多数人的梦想是北大、清华，然而，这个过程中的难啊，不说，你也懂的。不论是高考还是竞赛，哪个途径没有风险呢？两者相比,对于那些具有理科思维特长的学生而言,恐怕竞赛的诱惑更大一些。所以,如果你权衡自己的实力,在能确保自己考入本省最优大学的前提下,为何不搏一搏呢?人生能有几回搏啊?况且,各省最优的大学都无一例外地为本地区的高分考生腾挪出了极大的录取空间,比如广东的中山大学,山东的山东大学,福建的厦门大学,湖北的武汉大学、华中科技大学,天津的南开大学,浙江的浙江大学,重庆的重庆大学,等等。这些高校的录取情况,你只要略加搜索,便知其状态。如果你能确定通过高考,无论如何你也在本省这类学校的空间内。然而,你若向往更高层面的院校,那么以现有的情形,恐怕竞赛学习是你最大的支撑点了。如果条件允许,如果家长支持,如果教练同意,你为何不坚持呢?

如果你还没有看懂我说的这些内容的话,你直接退赛就可以了。

最后,作为一名教练,我对所有参与竞赛的学生,总想说一句:

感激你的坚持,欣赏你的退出。

11.6 记忆:说说胡琦[①]

前面写了一下对靖礼的印象,接着就该说说胡琦了。

武汉二中的网招是从我们这一届开始的,名额是 15 人,但实际上并没有招满。所谓网招,即是省教育厅认同部分重点中学在全省范围内招收一定量的学生,如多年来,华师一附中就有向全省范围招收学生的权力。胡琦便是我校当年的网招生之一,来自武穴市实验初中。据他后来对我讲,他报二中纯属偶然,因为暑假期间来武汉走亲戚,看到了武汉二中的招生宣传,于是便报名了,然后被录取了。

第一次接触胡琦是在高一开学前的假期补课里。因为 2007 年湖北省的国际物理奥赛(第 38 届)的金牌得主来自武穴,当知道班里有一名来自武穴的学生时,我也就多出留意的心思。那是在一堂自习课的时间里,我特意来到这名看上去有点儿清瘦的学生的座位旁,彼此间进行着一问一答式的

[①] 本文写于胡琦入选第 11 届亚洲中学生物理奥林匹克国家队之后。

闲聊。他知道来自武穴的那名物理奥赛金牌得主,希望今后能从事物理竞赛,我也希望他今后多多努力。

于是,在分班时,虽然班额很紧,依成绩他未必能进入我班,但我坚持将他留在了本班。

如果从综合成绩来看,胡琦并不突出,只能排在年级的 50～100 名。制约他成绩的是文科方面的内容,其理科成绩大体上还是靠前的。

客观地说,在高一阶段的物理培训过程中,胡琦虽表现出一定的物理学习的天赋,但他固执地不按要求进行的学习过程,不规范的表述方式,不按时完成任务的行为,以及个人极端投入的行为,矛盾地交织出现在他身上。所以,高一期间胡琦是我在物理小组中单独谈话次数最多的学生,而对我的批评,他多以沉默相对抗。

转机出现在高二的复赛结束后。

尽管他身上存在一些毛病,但我内心一直将其作为我的第三号种子选手,排在靖礼与林思成之后。但是,在高二复赛前的停课复习,我只安排了靖礼与林思成,我担心胡琦会在考试中出现问题。

事实证明,我的担心是有道理的。

高二复赛理论考试后估分,胡琦估分在 120 分以上,这是相当高的,而第二天早上的结果是他的成绩肯定在 70 分以下。因为他没有达到 70 分的查分资格线,他连查分的可能性都没有。这一结果当即让其泪水外涌,也着实让我紧张了一阵子,加之他是外地来武汉的住读生,那个上午我寸步不离地专心陪护他。由于其他学生的得分与估分相当,我认为也就没有查分的必要了。事实上,当时我也没有精力去管其他学生的查分了。结果有家长认为我不关心其他学生,这当然也是后话了。

这一届靖礼、林思成与 Q 三人一起获得了湖北省赛区全国一等奖,这一成绩在我校是一个突破,但胡琦与此无缘。

从后面的情况看,胡琦应该感谢那次失利,我想他那时也明白了,我以前指出的种种问题在这次复赛中基本上都兑现了。

高二复赛的失利让胡琦在学习上有了脱胎换骨的转变。他学习的主动性明显变强了,我再也没有因为他的学习未到位而与其单独谈话了;卷面的规范与以前已经是两个天地了;学习的内容也基本上是按照要求进行了。

于是,他很快加入靖礼、林思成的学习阵营,在竞赛这一块,他们携手高速起飞了。

说到后来胡琦的主动学习,我举一例即可看出他对竞赛的投入。在去年的暑期,胡琦因气胸在武汉市第二人民医院进行手术。术后,我去医院看他。事先我并没有打招呼,通过护士的指引来到他的病房,病房里的病人及陪护有躺着休息的,有聊天的,只有他借助病床上的一块桌板在阅读我所指定的辅导书。从病房里出来下电梯的时候,我脑子里突然冒出"这小子不错,会有出息的"的感叹来。从那一刻起,我对胡琦的期冀一下子变得极为明朗了。

还有一事值得一说,胡琦原本是想进入北大物理学院的,但在家长的要求下进入了清华的数理基础科学班。当然,在决赛期间,他是有机会更改志愿的,但他没有提这一要求,足见其心胸的开阔,是有大气度的表现。

在本次物理竞赛中,胡琦如愿获得赛区全国一等奖,如愿进入省队,如愿获得决赛金牌,如愿进入国家集训队,最终入选由8人组成的亚洲中学生物理奥林匹克竞赛中国国家队。

相信胡琦的未来是大有作为的。

11.7 漫谈:奥赛——是柄标杆,亦是柄锤子

我首先要说的内容,在你看来,也许就是一个网络段子:

一场满分为100分的考试,结果甲得100分,乙得99分,请问他们的差距有多大?

也许很多人会认为,他们就差1分,差距不是很大嘛!

是的,如果考试是针对被测试者某个方面所要求达到的水平进行测试(如考驾照的科目一测试),且90分即为达标,那么这1分确实可以说明他们在所考查问题上的差距的确不是太大。

但是,如果这是对一个人的能力极限进行的测试呢?其差距恐怕就不再是简单的1分之差了。因为99分说明你只能得99分,而得100分者可能会诉:"你的试卷怎么只有100分呢?我还有很大的得分空间啊!"的确,在没有区分度的情况下,难道两人都得100分,彼此间就没有差别了吗?所

以,上述甲、乙两人的差距绝不是用1分就能说明的。

如此一来,在上述考试中,如果用1分的差别来说明甲、乙之间存在的差距,显然于甲并不公平。究其原因,则是主持考试的命题者为考生设置了一个能力的天花板,这个天花板无疑对甲实施了扼制,相应地也抬高了乙的位置。

上面这条段子其实说的就是众所周知的高考。

数据表明,在高考这个总分为750分的"选拔"考试中,全国各省众多理科考生的得分都在700分左右(文科类则低得多),考虑到如作文之类很少得满分的情况或偶然失分的因素,这实际上说明,他们都已经齐刷刷地站在了触摸天花板的位置上。在这众多的触摸着天花板的同学中,他们之间的差别有多大? 究竟是什么呢?

我是1977年恢复高考后参加高考的,工作后一直在中学从事物理教学,最初有着"学好数理化,走遍天下都不怕"的理念与感受。尔后,随着高考的改革,我逐步感受到了高考在放弃选拔功能的同时,也一步一步地逼迫众多的学子弃理从"文"。当然,如果你不认同科学技术的传承与发展是推动社会进步的主要动力的话,我们便失去了讨论问题的基础,对本文你也不必再阅读下去了。

我们知道,人的思维大体可分为形象思维与逻辑思维两大类型。对理科内容的学习,具有严谨的逻辑思维者更具优势,而理科院校也更青睐具有严谨的逻辑思维者。事实上,人的逻辑思维能力的强弱,也是其智商高低最重要的标志。那么,为高校选拔人才的高考,理应为理科院校选拔出合适的学习者。然而,我个人认为,目前高考科目与分值的设置并没有满足理科院校的这一需求,相反,高考试题对理科思维设置了较低的天花板,对理科思维强大者的升学产生了抑制。

在我看来,高考的科目设置及命题为逻辑思维强势的理科学生,至少设置了如下的两类天花板:

一是分值天花板。稍有常识的人都应该知道,物理是理科的根,几乎所有的现代科学技术都与物理相关。然而,它在总分为750分的理科高考中只占110分,甚至更低。与此相反,高考对偏重于形象思维的学科语文与英语赋予了极高的分值。对科研促进并不明显的语文在高考中被赋予了150分,且谣传有可能向200分发展(我为此深感无奈与恐惧),而以记忆为主打的英语学科的分值同样高达 150 分,而且正在向"一年两考,取其高分"的方向发展。我虽不屑于在此评论这两门学科在理科学习中的重要性,但其在学习过程中的偏记忆、偏形象思维的特点,大家也不至于否认吧？而我感到恐惧的是,在这种分值的背景下,学生在物理上再怎么具备优势,考得再好,也无法压倒语文与英语在分值上的优势啊。在高考这根强有力的指挥棒的驱使下,我们有理由相信,学生势必将学习的主要精力向分值高、机会大的学科倾斜,从而降低对其他学科的学习,亦即弃理从"文",这就等同于降低了理科学生的优势。

说得不好听一点儿,搞科研是需要智商的啊！是不是会说英语的人的智商就高啊？是不是英语国家的人的智商普遍比中国人的智商高啊？

有人大代表基于我国中小学生在开设英语课程的 10 年中,将五分之一的时间用于英语的记忆,提出在高考中彻底废除英语考试。话音未落,新东方教育集团的董事长俞敏洪立即呛声,这"有点儿仓促""比较鲁莽"。既然这呛声是由从事英语教育校外培训发家的俞敏洪先生说出来的,那么原因你自然会懂的。

二是难度天花板。我从事了 30 多年的高考物理教学,除了感受到知识系统被撕裂、所教知识点在不断地萎缩等与科学发展相悖的教学现象外,更体会到考试难度一再被降低,直至几无选拔功能的怪象。我只是一名中学老师,我明白应试是教学的主要功能之一。当下我在教学中,时时将所讲授的内容与头脑中储存的高考考点相对照,然后再不停地对学生说,这个知识点不考、这种难度不考、这种综合不考……总之,高考物理中要求掌握的知识点越来越少,难度越来越低,其结果是:纵使理科思维极为优秀的学生考了 110 分,别人也能轻松地考 100 多分,绝对已经到了无法区分学生思维能力的程度,学生的理科优势在这种难度下也就荡然无存了。

说实在的,有了上面的两种天花板,我们的社会也确实收获了一些喜感。譬如,在我国顶尖的理科类研究型院校中,原来以形象思维见长的女生占的比例不足 5%,而现在几乎要超越 50% 了。据说,新的高考背景下,将会出现因文科生具有分值优势而最终去理科专业挤占座位的可能。这当然也会让某些人充满喜感,只是在高考这种零和游戏中,有人收获喜感的同时,必定会有等同的人收获恐惧。

然而,首先对这种天花板进行冲击的不是中学,也不是中学生与其家长,而是那些需要具备逻辑思维能力、高智商的学生来支撑的研究型理科院校。

近年来,拥有自主招生权力的各类名校(除了少量的艺术类和财经类的院校外),在自主招生中,几无例外地从中学生学科竞赛切入,将学科奥赛获奖作为优秀中学生申报自主招生的门槛,再从中选取自己所需的人才。读者如有兴趣,可以查看一下当下拥有自主招生权力的院校,它们几无例外地将奥赛获奖作为报名的条件之一。之所以如此,我想可能是因为所有中学生学科奥赛都是由大学主导的,它们十分清楚,能在中学生学科奥赛中获奖的学生,一定在逻辑思维能力上有过人之处。它们有理由认定,奥赛学习是判断中学生优秀与否的一柄标杆,奥赛获奖是反映这批学生的高智商的重要标志之一。

也正是在这柄标杆的引导下,一大批具有较强逻辑思维能力的理科学生积极投入奥赛学习,用奥赛成绩当锤子,去撞击头顶上那块罩着自己的天花板,从而争取到自己所向往的名校的青睐。

诚然,那些用奥赛这柄锤子去撞击天花板的学子,在撞击的过程中,难免产生误伤,难免砸中自己,难免无功而返……但是,天花板一旦破裂、坍塌,举锤者便有一种脱胎换骨的感觉,如同重生。这正是奥赛的魅力所在。

11.8 漫谈:金牌选手与高考状元的对话

从教三十多年来,我见过了许许多多的中学排名。

对中学进行排名,于官方而言,应该不是不屑,而是不敢。故各类排名自然是民间的。然,既是民间,便含民意。老百姓是不会与你玩虚的,排起名来,是实打实的,一切用硬数据说话。而纳入统计的数据,基本上都是大家看得见的:重点率,考上清华、北大的人数,学科奥赛获奖情况及金牌数,是否有高考状元,等等。老百姓大概不会看学校的名头。黄冈中学的名字虽响亮,但近十年的排名就很滞后。老百姓不会看你是否垄断了教育资源。都在说衡水中学垄断了河北的教育资源,没见过在排名时要扣分,排名依旧靠前。况且,即便认为它垄断了教育资源,那全国对自己所在省的教育资源进行垄断的中学也绝非只有衡水中学。老百姓不会看你是不是素质教育的旗帜。没有前面的数据，这类学校根本入不了老百姓的法眼。老百姓也不会看学校是不是所谓的改革先锋，这类学校基本上是中看不中用的。总之，你要进入老百姓的心中，上面所列参量的数据优良才是门槛。

别对我说，以此排名不科学。在我看来，它科学得不得了。

重点率：代表了这批毕业生未来进入社会中、上层的概率。

考上清华、北大的人数：代表了未来进入社会精英层面的可能人数。

学科奥赛获奖：代表了未来在专业领域里领先与拔尖的可能，这自然也是精英。

高考状元：所包含的要素也很多吧。

一所学校，如在上述几方面领先于他人，站在未来的角度看，其学生便有了较清晰的奋斗目标，如以基础教育的功能、作用为前提的话，当地老百姓巴不得将自己的子女送入这类学校接受教育。

好了，话归正题。

有一天，学校过往的一名高考状元与一名国际物理奥赛金牌选手在我这儿不期而遇，两人高谈阔论，从过往轶事到明星八卦，从校园生活到国家大事，从私人情感到家国情怀，从专业学习到学科遐想，从当下状态到未来目标……他们无拘无束，随性而聊。我乐于旁听，间或插嘴，受益颇多。我总觉得我们所聊的内容对大家了解高考状元与奥赛金牌选手或多或少会有帮助。于是，趁记忆尚存，我将聊天内容回顾整理，并将高考状元与奥赛金牌选手的成长过程以及对未来的向往记录于此。也许这些记录多有偏差，但大体相差不大。所以，本文虽不敢说是实录，但也可能有你想了解的轮廓。

关于家庭

奥赛金牌选手（下称金牌）：我们家应该称得上是书香门第了！祖父有良好的教育背景，父母中学与大学均毕业于名校，现均就职于国企。父亲属国企高管，中间有过一段时间的大学教职经历；母亲也处于单位中层。家庭的经济状况良好，父母关系和睦，而且我在家是独子，大家对我的学习都比较关注。

高考状元（下称状元）：我的父母均来自农村，是"文革"后恢复高考后考入大学的,应该是现行高考制度的既得利益者。父母均就职于国企,虽无背景,但经过这些年的奋斗,也都在中层站稳了脚跟。现在家庭的经济状况较好,家庭成员间的关系也很好,作为家里的独生女,从小到大我没有受到父母特别严厉的打骂,也知道他们十分疼爱我。我是小公主。

我插个嘴(下称插嘴):从我三十多年的工作经历来看,金牌也好,状元也罢,个人先天的基因条件良好,父母有良好的教育背景,家庭有良好的经济状况,有和谐、民主的家庭环境等,这些应该是成就优秀小孩的重要因素。当然,也不是说这些是成就他们的必备因素,但他们至少在某个方面有着比较突出的优势。

现在社会上经常讨论"寒门难出贵子"的原因,不管别人怎么说,如果撇开小概率事件,我认为这句话肯定是正确的。不说别的,在现在的教育环境下,寒门就很难负担得起当前校外培训的额外费用,除非孩子足够优秀,引来赞助,而这本身也是小概率事件。

小学阶段

金牌:小学时期的事情已经记得不太清晰了,但上过小学奥数是肯定的,而且成绩一直都还可以,后期记得还比较清楚,在奥数培训班里的成绩应该总在前面吧。因为在那个机构办的培训班里,基本上是按成绩排座位的,而我基本上都在前排。当然,也有很多比我更强的。

我上培优班并不是刻意想去学什么,也不存在什么目标,主要是能与大家一起去玩吧。周末如果不上培优班,爸妈都上班了,一个人在家挺闷的!反正,上培优班时我没觉得怎么累,那时与小伙伴们一起讨论问题、相互逗闹,倒是觉得很有趣。

现在回想起来,小学培优期间,老师教了不少好的思维方法,后来竞赛中用到的很多简捷、巧妙的方法都有那时培训的影子,而且这些方法好像都不是课堂教学中的内容,我的很多思维习惯就是在培优班里养成的。

总之,在小学阶段,我对在培优班学习的内容的印象要深于在班级里学习的内容的印象。当然,这并不代表我对小学的同学与老师没有印象,很多同学都是一起从小学读到高中的,后来也经常相约去看以前的老师。

状元:我小时候,父母都挺忙,没有太多的时间来管我的学习,寒、暑假基本上都会回爷爷、奶奶的农村老家住上一段时间。

其实,在小学阶段,我也上过奥数、作文之类的培优班,但父母的工作地点变动过几次,家庭住址也在不停地变,培优也就时有时无。后来,我养成了自己在家阅读的习惯,好在父母还有一些藏书,我在家也不会觉得太闷,于是没去上什么培优班,反而为家里节约了一笔开支。小学时,我已经读过了很多的书。

但小学的成绩在班里也就一般般吧,不是那种特别牛的学生,但也还过得去,总之不是很突出。好在那时父母对我的成绩不像后来那么关注。

不过,在小学阶段,我常常随父母外出旅游。他们随单位旅游时,基本上都会带上我,我去过很多的地方,增长了不少的见识。

金牌:好像从三年级开始吧,我每年也要到外地旅游一两次,也出过国。每次出去前,爷爷都要在家给我讲解目的地的风土人情。每次旅游我的确增长了不少的见识,我的地理知识基本上是在旅游中学会的。

插嘴:人到了成年时,往往都会淡化对小学阶段的成长经历的记忆。但小学毕业前,人所获得的信息量,大约占人一生信息量的三分之一甚至一半,让品质优秀的孩子在此阶段接受正规的训练,应该是有益的。有人说,别让孩子输在了起跑线上,看似充满了压力,甚至感觉恐怖,但也不是毫无道理的。

金牌与状元对小学阶段学习的描述,体现了家庭环境的差异,抑或父母教育观的差异。家庭对他们的课外培优采用了不同的方式,其实就是家庭背景与父母教育观点的间接反映。

很多人以小孩的学习兴趣为理由,对孩子的培训随意而为。其实,小孩在这一年龄段还没有形成自我的决策能力,也不享有支配经济的权利,因此,学生是否参与培优,参加什么样的培训,基本上还是父母说了算数。那种以孩子不愿意学为借口的家长,基本上是在推卸自己的责任,同时这类家长的知识、社会层面也值得怀疑。

好在金牌与状元的家长都给了他们适度的空间,特别是旅游的机会,但显然金牌家长的计划性要强于状元家长的随意性。

作为一名资深教师,我一直认为,只要家庭条件允许,在小学阶段,选择合适的培训班应该是理所当然的。不要相信那些培训无效的训导,你只需问问那些教育部门的工作人员,他们的子女中有几个适龄者没有进行过校外培训。答案不言而喻。

初中阶段

金牌：在初中阶段，课堂上的学习内容对我来说，已经很轻松了。虽然在一般的考试中，成绩排名不在最前面，但在校外的学科竞赛中，我基本上都能取得较好的成绩，特别是数学，初一、初二都获得了全国初中生数学联赛的一等奖。

在初二末或初三上学期，学校基本上学完了所有初中的内容，再往后便是中考的应试复习，也就是在那个时候，由于竞赛成绩突出，我非常幸运地被高中提前录取了，于是没有参加中考，提前进入高中阶段开始了新的学习，与我一起的还有很多的竞赛生。

很快，我选择了跟随老师您进行物理竞赛学习，在进入高中前，我几乎就学完了高中数学、物理所有的内容。

我记得进高中前的那个暑假，您出去旅游，却给我布置了那么多的学习内容，以致我放弃了那个假期的旅游。

插嘴：记恨吗？

金牌：哪里话！我现在的旅游早已对那一次进行了多少倍的弥补。反正那时我还是挺拼的，硬是抢在高中开学时学完了所有的高中理科内容及物理竞赛所要求的相关内容，虽然学得很粗糙，但也掌握了基本轮廓。

一进高一，在您的安排下，我参加了当年物理竞赛的复赛。虽然那次竞赛只取得全省一百多名的成绩，但对我的鼓励还是蛮大的。毕竟，一同参加竞赛的有高三与高二的学生，都是全省的尖子生，而我还是一个高一的学生，他们应比我多学了许多的内容。

状元：我的初中就有点儿惨了，虽然在重点班学习，但总有一种赶不上节奏的感觉，校外的补课也还是要上的，这种补课谈不上是培优，因为总体上并没有脱离教材，不像金牌他们，课外全是竞赛内容。当然，也不是那种补差，总体上是对课堂内容的强化与平衡，以防止在中考中有大的跌落。

其实我非常羡慕金牌他们这样被提前录取的同学，他们是我们学习的榜样，他们进入高中时，我们还在为中考拼博。

好在我在中考中发挥还可以，也进了这所重点中学的重点班。

中考之后，我出去旅游了，那次去的地方较远。能进入重点中学的重点班，应该是件高兴的事儿。

插嘴:恕我直言,优生与特优生其实在初中阶段已显示出了差异性。

由于金牌们在竞赛上的优势,他们已经被高中学校与教练给予了重点的关注,脱离了那种令人厌烦的中考备考复习。他们有了较高的起点与相对优越的学习环境,同时也有更为优秀的老师为其教学。

此时的状元们并没有受到老师与学校的特别关注,学习是按部就班进行的,他们的成长还要看他们后期的表现。

高中阶段

金牌:到了高中,我的学习环境相对就要宽松很多了。由于常规的教学内容对我来说并不是太难,加之教练非常明确地要求我不要在常规学习方面投入过多的精力,要求我不去考虑考试后的学校排名,对我的常规作业也最大限度地减免,于是我摆脱了那些简单低效的学习过程,将大部分精力投入竞赛内容的学习中。

那时的学习从时间的投入上看,我还是蛮拼的。我在完成基本的常规学习任务后,仅一年的时间,又将竞赛内容强化了一遍,同时学习了大学普通物理和高等数学的相关内容。那段时间里,我一有空便往老师的办公室里跑,您烦不烦啊?

插嘴:哪里话!我烦不烦你不知道啊?我那时可是每个课间都在期待你到我的办公室来啊!

金牌:我当然知道您不烦,我也是一有问题便去您的办公室,无所顾忌。

在刚进入高二时的全国中学生物理竞赛中,我如愿地冲进了省队。在全国物理竞赛决赛中的表现也还可以,与后来的大学签了约,高考一本线就可以录取了,这种优惠条件不就等同于保送了吗?遗憾的是当年没有一次性冲入集训队。

高二决赛后,我进一步系统地学习了大学物理专业理论物理的课程,即通常所说的四大力学及相关的数学内容,在老师的指导下为国家集训队做准备。这一年由于没有了升学的压力,学习的弹性也很大,相对于高一阶段,学习的自由度也更大。

状元:你们那时的自由状态可羡煞我们了,感觉你们天天都像玩似的。

金牌:要说玩也谈不上,四大力学的学习可不是轻松的事儿,没有不一般的韧劲是学不下去的。那时只是看上去很轻松,虽然整天在想事儿,但也是乐在其中啊。再说高二暑假时,要冲刺省队,学习强度也是很大的。

好在高二我又冲进了省队,在决赛中进入了集训队,获得了保送资格,最后幸运地冲进了国家队,在国际竞赛中获得金牌。

状元:进入高中后,我可没有半点儿空闲啊。

其实我们班的牛人也是很多的,和他们比,我还真不具有什么特别的优势。我平时就很少进入年级的前五名,偶尔进一次,还要兴奋好一阵子。

当竞赛生独立学习时,我们在教室里按部就班地学习常规内容,一个知识点一个知识点地进行理解、训练、强化,反正大家都在那儿学,也不觉得特别累,但自由度肯定不大。

到了高三,就比较紧张了,同时也比较枯燥。紧张是因为离高考越近,觉得时间越紧,而总有一些东西达不到考试的要求,也就只能与大家一样,拼命地进行一些相关的训练。说枯燥:除了每天学校、家里两点一线的生活外,更让人受不了的是循环而又机械的模拟训练,明明是自己知道的知识点,但题目变一下花样,总会出错,于是又要进行下一轮的模拟,反正高三后期对训练都处于麻木状态了,感觉真的是十分枯燥。现在回想起来,我都不知道当时是怎么挺过来的。

最后感觉自己是迷迷糊糊地进考场的。

插嘴:两位能不能说说当初高考与竞赛出结果时的感受。

状元:在整个高中阶段,我很少进入年级前五,当然,也基本上守住了前五十,别说想考状元,对能否考上自己向往的大学都不自信。老师,您难道就想过我能考状元吗?

插嘴:嘿嘿!

状元:所以,坦率地说,在高考中考了个状元,纯属偶然,结果出来时,好长时间我都不认为是真的。我也知道,实力比我强的人多着呢!换句话说,在高考的大军中,具有状元实力的人应该有一大排,我只是在高考这个一次性的考试中比较幸运而已。

金牌:对于我获金牌,我也曾仔细回味过,觉得整个过程既充满期盼,又是一步一步脚踏实地走过来的。

且不说从预赛、复赛(理论+实验考试)、决赛(理论+实验考试)冲进集训队,单说在集训队内,老师在两个月的时间里,几乎讲完了整个大学阶段的物理专业课程,还要进行约10场的"理论+实验"的考试。这一路下来,不论在哪个环节出现问题,都极有可能被淘汰,仅凭一次的超常发挥便始终处于领先的位置,在我们的选拔过程中是不存在的。当我们的选拔结束时,我内心充满进国家队的希望。

插嘴:金牌的这一点我是能够体会的。当年金牌集训结束时,我私下地问他:有没有希望?他坚定地连说"有!有!有!",以至于我都有点儿不确信了,又追问了一次:是国家队啊?他说"是!是!是!"。那一刻之后,我突然变得淡定了!

金牌:再以后,大家对我获金牌这件事可能就没有太大的怀疑了。不获金牌,对我们国家队而言,就成为小概率事件了。

插嘴:金牌,你能不能顺便说说你的竞赛实验?

金牌:我觉得中学物理竞赛不论是复赛还是决赛,实验部分不论是理论还是所用仪器,均与中学没有丝毫的关系,都是大学实验教材中的内容,整个就是一个大学实验竞赛。

我在中学阶段,为了应对实验考试,前前后后进行了好多次实验培训,都是老师您安排我到大学进行的,这个您应该清楚啊。

当然,在实验培训过程中,我的收获还是很多的。

另外,在国家队的选拔过程中,10场考试大约有一半是实验考试。

状元:唉,虽然我们是重点高中,但整个高中几乎就没有做过实验,这没法比啊!

插嘴:金牌与状元的成绩看上去都是学生在中学阶段取得的,但实际上这是一个漫长的教育过程的延续。我们且不说这一成绩的取得与学校、老师有多大的关联,单从他们前面的叙述,我们大概也能感觉到金牌与状元之间存在较大的差别。

在高中阶段,当状元还在忙于学习高中的知识点,忙于反复训练时,金牌已经在高中读完大学内容了;当状元对未来的学校还不明确时,金牌已经淡定地在为未来布局了;虽然高考状元与奥赛金牌选手都是各自领域的佼佼者,但状元的获得有着太大的偶然性,而金牌普遍被认为是实力的彰显,没有人说金牌的获得是偶然的。所有这些,实际上就已经说明他们早已不在一个层面上了。

但媒体与民众对状元的关注却明显地高于对金牌的关注,原因不是一时半会儿能说清楚的,以后有机会再说吧。

大学与未来

金牌：我与状元所读的大学是同一所大学。

其实，到了大学，没有人太关注你的高考成绩，只有你表现得相当优秀，同学们才会关注你的曾经。像我们这些学过竞赛的同学，对大学的基础课程基本上都是比较熟悉的，所以，课程对我们来说是轻松自如的，我们有很多的时间从事一些其他的活动或选修一些其他的课程。同时，在本科的科研活动中，竞赛生也占有很大的优势。

状元：大学的牛人真是太多了，在我们班内和竞赛生比，我虽然说不上很弱，但肯定没有他们强，我们专业里的状元也不止我一人，但总体上看，金牌是明显强于我们的。特别是在专业课上，金牌们是秒杀状元们的。说起学院的牛人与大神，几乎都是他们金牌选手。况且，到了大学，谁还管你当初是不是状元啊！唉，不说这些了。

金牌：至于说到未来，我也不止一次说给您听了，如今我已经在美国这所常春藤学校就读了，中国每年通过正常途径进入这类学校的名额是十分有限的。我能进入，多少还是沾了当年奥赛金牌的光，对这种成绩，大家都是比较认可的。目前，我还是在从事我所喜爱的专业，我的老板就是当年的诺贝尔奖得主。每周我都要与多位诺贝尔奖得主相遇、讨论，如不出意外，我还将沿着这条路走下去。现在，我比较担心的是将来或许一事无成。

状元：将来肯定是要出去的，但对于常春藤类的院校我是不敢想的，也不奢望有高考那样的运气，毕竟这是要靠实力说话的。能找到一所排名比较靠前的学校，我就比较高兴了。

插嘴：对于两位在大学的学习，特别是在专业方面的情况，我多少还是有一定的预感的。在金牌签约一本线录取后，我就没少督促金牌进行大学相关内容的学习。至于高考生，这方面是想都不敢想的事情了，老老实实地做那些重复性的作业吧。

我也常常在想，中学阶段产生的状元与金牌的本质差别究竟是什么？我将过往优秀的高考生与优秀的竞赛生作了一些对比，发现他们的关系似乎就是高原与高峰的关系。

应该说，在中学生中，成绩排名处于前5%（重点中学这一比例要高很多）的学生都是非常优秀的学生，他们共同构成了同龄人的高原地带。然而，高原不等于高峰，但高峰却产生于高原。在我看来，状元只是高原上偶然绽放的一朵吸人眼球的花朵；竞赛生原本也是高原的一部分，但出于方方面面的原因，他们从高原中脱颖而出，最终成为众人仰望的高峰。

我们也可以从另一方面来看问题。媒体其实非常关注状元的未来，有人做过一些大数据的分析，对过往的状元进行相关的追踪分析，发现他们的事业与成就并没有达到人们所期望的高度。其实，如果冷静地分析一下状元产生的偶然性，这样的结果并非不能被接受的，因为处于高原位置上的人很多。

相反，我们却很少看到媒体对金牌作相应的数据分析。我毕竟从事竞赛培训很多年了，算是比较关注这一点的人了。从本人了解的情况看，过往的金牌大多在自己所从事的领域处于领导地位，并在自己的专业领域有所建树。当然，我真心希望能看到这方面的大数据分析，不要仅从个案来赞同或否定什么。

记录完金牌与状元的漫谈，再回到文前的排名问题。

对中学依据简单的几个数据进行排名，看似粗暴，实则简洁，老百姓喜欢简洁啊，别让排名将老百姓送到了云里雾里。只是将金牌与状元放在一起时，不要弄错了层面。在我看来，没有竞赛背景的状元，与金牌相比，状元最好还是自己背上一副架梯，努力爬上一个层面再说。

11.9　记忆：亲，让我带你们再看看那些碎片

2013 年 7 月 14 日 20 点 54 分（北京时间），我收到了锴从丹麦哥本哈根发回的短信，寥寥几字：结果出来了，我金牌，我第二。那一刻，我心中的石头终于落地了。我清楚，这一届"收官"了，谢幕了。

了解我的人都知道，最近几届竞赛，在每一届结束前，我都会为这一届的同学写点儿什么，既是总结，也是反思，更是纪念。然而，这一届我却迟迟未动笔，一来是有札记在那里放着，回头读一下，你就明白，我当初的记录是真实的，也饱含真情；二来是这一年，我真的是太忙了，虽然几次想动笔写写大家，但面对屏幕，打开的却是竞赛方面需要完成的文档，然后就忙其他的

了。当然,你完全可以理解为,我这一年过得很充实,呵呵!

在欢迎锴载誉归来期间,锴的父母提到了我当初写的靖礼、胡琦,希望我也能写写锴。这已是我第三次面对这一届的家长类似的要求了,加之这几天,过去三年多的许多影像不停地在我的脑中晃动,我担心若是时间久了,这些影像会越来越模糊。比如,我的记录显示,三年前,如下这些学生依次投到了我的门下。这是一个非常优秀的群体,但如今,他们中的某些人从我眼前晃过时,或许我都认不出来了,这便是时间的功能。最初跟随我的20名学生,走到最后的仍有13名,在此,我首先要对你们说的是——

谢谢你们啦!

于是,我忍着,不再打开别的文档,记录一下曾发生在你们身上的模糊碎片吧!

我犹豫了半天,不知从谁写起……

好,还是从珉开始吧!

珉

珉是最初进入我视线的学生群体中比较突出的一个,他的思维灵活,给人一种开朗的感觉,学习上他还有一种难得的主动性,特别是他对问题规范而有逻辑的表述,在中学生中是少见的。他在进入高中前的那个暑假里,正赶上靖礼获奖回来。在去机场迎接时,我安排接机的四名学生中就有他,可见我对他的期望。他的确是我喜欢的那种类型的学生,给人的感觉是聪明活泼、无拘无束,只是多了一点儿对他人的排斥。当时我并没有在意,以为那只是聪明少年所体现的一种轻狂而已,慢慢会好的。后来我才体会到,这一点才是他的问题所在。

他的问题很快便摆在了我的面前,除了不断地有科任老师向我告状外,在我的培训课上,他的不安分也让人越来越难以忍受。竞赛培训的过程中,自习课自然是很多的,加之最初的一段时间里,我必须对后来加入的同学讲授新课,所以珉他们这些学生就陪同当时高二物理竞赛小组的同学自习了。

也许是我与他没有缘分吧,每当我抽查他们的纪律表现时,多数时候,他在与人讲话。私下里,同学们对他的不满也就多了起来,这自然慢慢地引起了我的不满。我们私下里也为此不断地交流。但在科任老师那里,我还在对他大肆褒扬,只是对他的督促更紧了。

我们的"冲突"发生在那个寒假的实验培训之前。我知道，在没有我陪同的日子里，他一定会起干扰作用。于是，我开始挑起"矛盾"。学生要去培训，必须得经过我同意，我故意将珉排除在我的实验名单之外。他一下子就急了，冲进我的办公室，将我堵在办公室的隔间里，强硬地不让我从隔间里出来，从恳求，至咆哮，再到大哭着问我为什么，但我始终不为所动，我也咆哮着说他的种种不是。最后，他写下保证书，承诺不在实验过程中干扰他人，我才同意他去做实验。

珉啊，你可能不知道，当时你在哭喊，我在咆哮，但我内心其实高兴得不得了，我需要的就是对你的触动。事实上，那个实验培训阶段，你兑现了你的承诺。我几次去抽查，你都是远离那几名玩伴，在一旁做自己的功课，我以为我挑起"矛盾"的目的达到了。

然而，我过于乐观了。回校后的培训中，珉很快又回到了原有的状态，而且有过之而无不及。甚至，随着学习难度的增加，他原有的学习主动性也慢慢地在消失。

坦率地说，我对这一届同学在高二的表现并不满意。虽然当时锴走到了最前面，但A组里却没有第二个人获赛区全国一等奖，这肯定出乎我的意料。我知道，虽然我在去英国之前，为学生们那一段时间的复习做了充分的准备，这一点大家从我的札记中看得到，但我的遥控器肯定失灵了。不仅我在英国期间就收到了投诉，而且后来在驰的总结中得到了肯定性的说明。我知道那个群体失控了，我知道珉在其中"功不可没"。即便如此，我当时并没有对珉松手的想法。

仔细回想起来，我对珉的松手可能源于一次观察与思考。学校在操场上举办了一场球赛，这在场地有限的武汉二中是少见的。当时有没有(1)班的同学参加我不知道，我在办公室里看到操场上的同学都在观看比赛，只有珉一个人从一个球场到另一个球场打着球。很长的时间里，没有一个同学加入，我一直在窗前观看着，直到比赛快结束，才有两名学生参与他的活动，但他随即离开了。也许就在那一时刻，我感到珉可能是孤独的，这种孤独应该是他的问题的根源，而要化解这一问题，我担心我的精力不够，也担心达不到目的。从那一刻起，我意识到，我对珉可能无能为力了。如果我再坚持下去，那么，我的这个团队无疑还会继续受到干扰。对于珉我得放弃。

后来，我就将他从A组调到B组。再后来，他妈妈打电话说珉决定退出竞赛了,那一刻,我没有丝毫的反悔,即便心中有那么一些遗憾。

我并没有放弃对珉的关注,我向(1)班的科任老师不断询问珉的状况,向他们说明珉的优势,我认为他仍然是高端分数的有力冲击者。但我也遗憾地看到,不会有人像我那样去接触他了。当得知他花巨资去校外补习时,我知道我认为他在高考中还有可能得高分的想法又错了,他已经不再具备冲高的可能了。再后来,高三的复赛报名时,他又想回到竞赛中来,我毫不犹豫地拒绝了。我知道,他已经不可能实现他原有的目标了。

写珉似乎写得太多了一点儿,下一个写儒。

儒

儒来自七一中学,高高的个子,亮亮的眼睛,略带腼腆的表情。他的腼腆,导致他与老师对话时,便经常性地将头左右摇摆。老实说,我与他初次接触的印象已经不记得了。

可能不会有人否认,儒是他们这个群体中最为勤奋的,以至于当我用他作为学习榜样与某名学生对比时,得到的回答竟是:如果像他那样学习,那还有什么意思呢?但我知道,儒并不认为学习是枯燥的,而且他也在努力地参加一些活动。只是他在球场上的动作,我现在想起来都要不停地发笑,他动作的协调性太差了,从这一点看,他今后可能不太适合做实验研究。

同时,儒还不太善于与人沟通,但对人相当宽容。有一段时间,他成为小组里另外几名学生捉弄的对象,比如,他的笔袋就常常不知所终,他执着地寻找,直到最后发毛了,笔袋都未找出来。还有几次,我都觉得另外几名学生太过分了,我在阻止他们的过程中还指责了他们。这几名学生的行为显然令他烦躁,到后来,他可能真的不高兴了,情况才有所改观。

毫无疑问,儒是聪明的,他对物理问题的理解与领悟能力超出了一般人。但他偏执型的思维方式让我头痛不已。他的思维特征表现在,一旦思考进入了死胡同,即便是在墙上撞得头破血流,他也不会回头。最初,我认为可能是他过于重视目标的心理因素,导致他在思考问题时直奔结果,而忽视其他的原因。我试图从这方面进行疏导,但效果不佳。我们之间的对话大多是直来直去,他提出的问题的水平忽高忽低,在卷面上对内容的表述始终跳上跳下,让人感觉他的思维总是飘忽不定。

儒的第二个问题是卷面的规范问题。我记得,我首次就这一问题将他请进我的办公室的情形,当时还有祥与瑞。儒的书写速度并不慢,甚至可以用快来形容,但书写的速度无论如何也赶不上思维的速度啊。然而,他无法调整自己的思维速度,所以他的卷面是凌乱的,表述的逻辑是不连贯的,因此他考试得高分的概率并不是很大。

对于他的这种现象,我曾刻意求教了几位知名教练,似乎没有谁能处理好这种现象。后来,我从人大附中的刘彭芝校长的论述中似乎找到了答案。刘校长是国务院的参事,是从奥赛培训中走出来的。她描述了一名优秀学生,他的特点与儒十分相似,灵敏的思维是跳跃的,许多在常人看来需要一步步推导的结果,在他看来就像 $1+1=2$ 那么直接与简单,自然,许多步骤对他来说,真的是可有可无。然而扣分又是必然的,而一旦出现了一点小的失误,整道大题也就别奢望得分了。他的这种思维方式似乎与"白痴学者"类似,在"白痴学者"的脑中,一定装有许多常人不具备的结论,而在他们的眼里,我们才是真正的白痴。

事实上,儒表现出的问题丝毫没有影响我对他的肯定。虽然因为他身上的问题,我总在与他做斗争,但他也总是在我的面前将头左右摇摆着朝我指定的方向前行。特别是在高二期间,我让他与锴并肩学习,一同负重前行。锴当时已经被保送了,儒的后顾之忧自然要比锴大许多,但他没有丝毫的畏缩,其行为与他在球场上抢球的情形判若两人,在球场上抢球,他是有人上,他就让,而在学习上,他没有一点退让。我现在想到这一点,一种感动就包围着我。

大家对儒都有一种期望,但儒的"运气"看上去总是不太好。高二时,他与赛区全国一等奖擦肩而过,高三时,再一次差点与一等奖无缘,后来还是没有进入省队,他一定很失落。但我的心情与他一样。

后来,我与他一起去北大参加科学营,这一次他的发挥应该还是不错的,虽然他不断地说自己考砸了,但还是取得了科学营第四名的成绩(营员基本上是其他各省省队的成员)。然而,"运气"再一次与他开了个玩笑,由于北大在志愿的选择上为科学营的学生挖了个坑,不知不觉中,儒掉进了坑里。虽然我尽力争取,而且北大在科学营中录取了三四十人,但儒最终还是出局。

在得知出局的那一刻,儒急忙拦住我,打住我要说的话:"不说了,不说了,我们回去,一心一意地准备保送生考试,没什么大不了的。"说这话时,他眼睛平视前方,有一种茫然的感觉,但这一次他没有摇头。不过,我觉得,那是我与他接触的三年中他面对我时说得最为坚定的一句话。他说话时的场景,我想,一定会长久地铭刻在我的记忆中。

正所谓好事多磨,儒被保送至北大的结果就不用我多说了。

如果说儒没有走到集训队是我的一个遗憾,那么,乔是我的另一个遗憾。

乔

乔有许多儒的思维特点,对许多问题的处理简洁而明了,在我出版的《物理竞赛专题精编》一书中,有一道难题的简洁解法就来自乔。但由于乔是后来才进入竞赛圈子的,无疑,从进度上他已经晚了一轮,他们这一组后来被我称为 B 组。

经过一段时间的观察,在 B 组,最先被我特别约谈的两位中,一个是驰,另一个便是乔。我首先为这两位描述了一个长远目标与短期目标的具体实施方案。在学习的过程中,我没有长期目标的执行方案,只是学生完成了一个短期目标后,我才会对其前期的学习作一个判断,再让后一个短期目标登场。但一开始,他的进度就比我预期的要慢一些。不过,当时我并未多想,因为很多学生,哪怕是非常聪明的同学,在竞赛之初,其步履可能都是缓慢而艰难的。但很快我发现我错了,乔进步缓慢的缘由可能是他对游戏的过度投入。那一段时间,班内的同学评出了几位"职业"游戏选手,乔便是其中一位,知道这一背景后,我没少与他交流,情况也有一定的好转。

与儒一样,在思维方面乔是优秀的,但在卷面的规范与表述方面却是一塌糊涂。很多次,我希望他能上台讲解自己的思路,但他最终往往是抄写,而不是讲解,足见他在这方面的缺陷。说到卷面,我一直怀疑他是不是购买了特制的签字笔,笔迹如头发丝般细小。整个试卷纵看是大写的 S 字母,横看是小波浪。为了这件事,我单独与他交流了不下 20 次吧,但我们一直苦恼到最后。

我觉得乔有一种天真的本性。他常常一个人在教室拿着扫帚或拖把模仿一些武打动作,口中还念念有词,极为投入与陶醉。我估计这些可能是玩游戏的后遗症。还有,那个在课堂上写的"橡树国际招生啦"的独幕剧,同样也显示了乔天真的一面。后来,我常常回忆起里面的句子,忍俊不禁。不过,现在仔细想想,那些句子也许透露出他对学习的厌倦吧,只是我当时丝毫没有往这方面想。

乔中途生了一次病,而且不轻,全麻的检查过后,一定是难受的,他在网上留言"全身疼痛啊"让我也感觉到一种痛的体验,不知他现在是否好彻底了。

乔是这个群体中最先跨越十八岁的。我当班主任时,一向不赞成学生搞什么生日纪念活动,但同学们说要为乔献上生日蛋糕时,我不仅赞成,而且愿意凑上一份子。点燃生日蜡烛,在乔双手合十许愿的那个时刻,我想,我能猜得到他想的是什么。那天的生日歌唱得整齐而完整,蛋糕吃得丁点不剩。

乔那次过生日的照片,我一直保留在手机中,没有删除,不知他是否想留作纪念。

在复赛前的几次测试中,乔始终处于前列。是不是一种急于求成的心理让他崩溃于考场呢?我一直没有机会就这件事与他交谈。乔啊,如果你看到了这篇文章,如果你不是太在意去揭起这块疤痕的话,你能否给我这方面的一个答复呢?我的邮箱你知道。

璇

璇能走到今天的位置,得益于他的机缘。

璇来自武汉中学,相对于其他来自二中初中部、七一中学这类名初中的同学而言,他的初中出身并不是很好。如果仅凭成绩,他并没有达到能让我特别重视的程度。

让我对他特别注意,缘于我与他的那次偶然相遇。

大约是在高一上学期的一个周日的上午,我受一个朋友的督促,为他的小孩讲解一下高中物理学习中应注意的问题,并解答一些疑惑(绝对是义务的哟),地点就在教学楼三楼的物理竞赛培训的小教室中(后来这个小教室被挪作他用了)。当辅导结束时,时间已近 12 点,就在我关门的那一刻,璇从隔壁的那间空教室里走了出来,手里还捧着物理竞赛书。对此我颇感意外,同时也是格外高兴。

我知道,璇的家虽在武汉,但他是住读的,星期日应该是回家与父母团聚的时候,而他一个人躲在了学校的一隅,默默地读着竞赛书,这让我有一种感动。我当时就想,我一定要善待璇,我没有理由不善待那些用行动支持竞赛的学生。这也是高一下学期 B 组停课的三位同学中有璇的主要原因,当时,如果仅以成绩为标准,还似乎不足以让我决定对他予以停课。但我想,像他那样付出,结果不会差到哪里去。璇、雄、驰这三名当时被我给予停课的学生,不论过程有什么样的波折,结果证实我当时的选择是正确的。

我想,璇在高二的下学期,应该纠结了很长时间。他努力地学习,然而进步却不是特别明显,单元测试成绩多处于小组滞后的位置。我感觉他甚至有点儿害怕测试了,因为有多次预定的测试,被他因故回避了。而且,其心态也开始显得特别烦躁,这种现象一直到高二的那个暑假都没有大的改观。那段时间我没有少找他谈话,他也能清晰地诉说自己的苦恼,但障碍似乎并没有消除。而且,我也感觉到他开始着急了,他在网上搜了一些往届的试题,好像在给自己加码,其结果是让他经常"睡过了头"。直到进入最后的冲刺测试阶段,他的测试状态才有所好转。事实上,考试越来越近,除了一些测试加上一些叮嘱外,我们也没有时间再做其他的了。到了最后,我也没有多想了,不论如何,我们得闯关了。

还好,他过关了。

再后来,璇参加了清华大学的物理营。而当年清华大学物理营的测试题居然是我带的上一届的学生胡琦命制的。当然,我事先并不知情,但这多少说明我们之间是有缘分的,算得上是一段佳话。

最终,璇如愿进入清华大学。

祥与瑞

我一直认为我是一个犯有脸盲症的病人。这种病的特征,一是只打过几次交道且不是十分熟悉的人,若在街头偶遇,根本就记不起这人姓甚名谁,所以,如果有哪位家长在校园或街头遇到过我而我不予理睬的话,绝不是我冷漠,而是我有病啊;二是当面对两个长相近似的人时,就根本区分不了谁是谁。对于那些一看明星画报便能说出明星名字的人,我感到他们真的是超人,在我看来,那些明星都是一个面孔啊。这一病症让我无法识别祥与瑞。

今天我来告诉大家我是怎样来辨别这两位的。如果在教室内,我通过座位来判断;如果在公开场合,当要辨别谁是谁时,必定会先喊一下其中一位的名字,然后再对号入座;如果两位同时近距离地出现在我的面前,我则通过他们面部的一个疤痕加以判断,瑞的右眼角的下面比祥多了一道疤痕。

由于这种病症,我对祥与瑞的记忆可能是交互混淆的,是错位的。好在他们是兄弟俩,就算是脏水也不会泼到外人身上,是荣光也不会花落旁人,我容忍了你们很多回,你们就容忍江老师这一次吧!

我一直认为这两位对物理的悟性并不亚于锴。我记得第一次单独给不同的人下达短期目标的附加任务时的情形。第一位自然是锴了,给锴下达完任务后,让锴回教室带的话就是让祥与瑞到我的办公室来接受附加任务。从这一点上,就可以想象到我对祥与瑞的重视。当锴交回任务并领取后续的附加任务时,我却迟迟不见祥和瑞交来他们的任务。可见,从一开始,他们与锴也许就不在一个层面上。

他们在一些科任老师那里几乎就是问题学生,反馈到我这里,不是上课睡觉,就是上课看小说,再就是作业不完成或胡乱地应付。应该没有特别看好他们的科任老师吧!但我还是从他们完成竞赛的常规要求的速度与提出问题的深度,感觉到他们的实力。当时,我是非常看好他们的,并为他们描绘了一个长远的目标愿景。

当然,他们在我这里的问题也是非常突出的,不过,瑞相对于祥要自觉许多,问题多数出现在祥身上。最为突出的是他们阅读小说、漫画以及游戏技法之类的东西,这些内容在我看来,已经不再适合他们阅读了。我从他们那里不停地收缴这类东西,为这事,我自然没少"虐待"他们。然而,那段时间,他们的书包中这类东西从来都不缺乏。终于到了我无法忍受的时候了,于是我准备请家长了。我编辑了这样的一条短信:"据观察,瑞最近在大量阅读课外书,以致他在校睡意绵绵,请关注其学习状态与学习内容。我为他保管着数十本游戏技法及小说、漫画书,如有可能,请家长来学校领回。"

由于我在教学与班级管理中没有随意请家长的习惯,在发送短信前,我还是找到正在做实验的瑞,让他看看我准备发送的短信。瑞看后一言不发,只是用泪水阻止我的发送动作。所以,上述短信就一直待在我的手机草稿箱里,至今都没有发出。

祥在课外阅读方面肯定也是不示弱的。那次,我特意在他们班体育课的时间里巡视他们的教室,祥在埋头阅读电子小说。我先是站在他身后陪他阅读,后来是趴在他身上阅读,他居然只歪了歪身子,根本没管趴在身上的是谁,沉迷于他的阅读,时间当然不长,大约也就十分钟吧!于是,他又受到了我的"虐待"。

他们兄弟之间的互掐也是毫不留情面的。一次,我发现他们两人的手臂上都是斑斑血迹、累累伤痕,一看便知道它们的来历,于是在教室里便将他们教训了一顿。没几天,同样的现象又被我看到了,他们的手臂上旧痕未退,又添新伤,于是,我把他们叫进了办公室。他们坦然承认是对掐的结果,我于是申明,若让我再看到类似的现象,必打屁股。让我感到意外的是,这两次这么明显的外伤,家长居然都不知情。联想到家长对学校的要求,我表示无语。

还有一次,在暑假,我进行了一次无预约的家访,用较长的时间敲开了他们的家门。已经是下午3点多了,当我进入他们的房间时,看到的是窗外开阔的长江景观和床上并排躺着的两人。学校给他们的待遇太好了。当然,那次也许只是偶然。

除了上述方面,他们与我斗争了很多之外,其他方面他们倒是极为配合的,至少,在学习的大方向上,基本是我指向哪里,他们便冲向哪里,这足以证明我们之间还是有一定的缘分的。

我一直觉得这两位之间存在感应现象,这一点不仅表现在两人的情绪波动相似上,更重要地表现在他们的测试里。整个竞赛学习过程中,他们80%左右的测试只相差几分。很多次,我都抱着他们的试卷进行详细的比对,都做对了的题自然没有什么特别让我关注的地方,但他们的错题基本上是重合的,而且错的思路也大体相当。对这种孪生子之间的感应现象,我原来不怎么相信,但接触他们之后,我多少有点儿相信了。

令我没有想到的是,复赛后他们产生了相当大的差别,瑞进了省队,而祥却与一等奖无缘。我一直在问,他们的感应呢?这也许就是天意吧!

宸

无论如何我都得写一下宸。

宸不是那种各方面都表现得十分优秀的学生,但却是一个极有个性的学生,对很多问题的看法是有别于其他学生的。

在我们这个群体内,宸从未体现出特别的优势。但他在物理竞赛方面的学习上,总是不急不缓地向前走。他按照我指定的线路,一步一步地前行。

宸平时并没有太多的问题,测试名次虽不靠前,但也不至于十分滞后。多数时候,他因为书写速度慢,在规定的时间内无法完成相应的题量。宸写字是一板一眼的,十分规矩与工整,会做的题基本上是滴水不漏,这一点与远是十分类似。那时候我曾想,如果将远与宸的作业或试卷中错误的部分删除,出一本影印的习题解答集,一定是非常漂亮的。只是远后来退出了竞赛,而宸又名落孙山,让我有遗憾啊!

宸是少数曾让我在现场感动过的学生之一。有件事我写在了札记中,就是有一次,科任老师向我投诉,说宸在上午第一节课上睡觉。这当然不是好现象,于是我将他约到了走道里说这件事,他望着我,一脸无奈,但十分真诚地对我说:我真的是作了最大的努力,但我确实坚持不住啊。那一刻,我为他的真情表述感动了。

也许是从走出复赛考场的那一刻,他的后悔就开始了,好几个他不该出错的地方无缘无故地错得离谱,这让他觉得与一等奖无缘了。结果是他离一等奖有一段距离,这让他忍不住在我面前泪流满面,更让我不忍看到的是他用力掐着自己手臂的动作,那时我的泪水几乎就要涌出。

不过,基于我们两年多的相处,我知道,虽然宸遇到挫折,但他内心一定还有动力,他坚强着呢!

晨

竞赛的魅力表现在哪里?我个人认为,主要表现在两个方面:一是让那些对物理充满兴趣的学生能有一个巩固特长、向前发展的基石与平台,这是一个激发学生潜能、提高学生能力的过程,或者说,只要是参加过竞赛培训的学生,他的学习能力与综合素质一定会得到某种提高,当然,多数时候,这种提高是隐性的;二是让那些再怎么努力,通过高考都可能无法进入自己向往的名校的学生通过竞赛迈进自己向往的学校,从而最大化地实现自己的功利性目标。换句话说,在湖北,正常情况下,高考只能拿到640分的同学,就算他不吃、不喝、不睡地努力学习,最终也可能只有641分,虽有进步,但改变不了最终只能在家门口上武大、华中科大的命运。因为在武汉,一般的年份,从590分到650分的学生,几乎只有选择这些学校的可能性。而竞赛的成功则完全让他们远离了家门口的名校,让640分达到了660分的效果。

这也许是竞赛功利化的最大魅力所在。

晨的成功展示了这方面的魅力。

如果用高考的标准来测试晨,在(1)班,他肯定不具备特别的优势。有几次,班主任田质疑我,说:"你让晨跟着搞竞赛,只怕他将来连一本都考不上,那就不好搞了。"我只好笑笑。在这方面,我自信是有判断力的,也是理性的。现在,晨走到了很多人梦寐以求的位置。当然,这里面肯定有一定的偶然因素,比如,在竞赛方面与其旗鼓相当的曦就被无情地拦在了一等奖的门槛外。

最初晨给我的印象是特别阳光,见人时笑容满面,说话谦逊而带有自信,是我喜欢的那类学生。

竞赛从进入到走出,是有几道障碍的,不能越过障碍,就意味他有可能得退出,越过了,就会是另一番天地。越往后,障碍越高,当然,我们跨越障碍的能力也越强。晨差点就倒在第一道障碍外。

物理竞赛的第一轮应该是快速地学完相应的知识点,接着是进入一些方法的学习了。我为学生选择的是"程书"。这是一本比较全面、起点又并不是很高的辅导书,但它能体现常规学习与竞赛学习之间在方法上的巨大差别,让人有一种耳目一新的感觉,很多学生并不会在学习本书的过程中遇到太大的障碍,很快便冲向了下一轮。但晨在这一轮学习的过程中便觉得出现了巨高的障碍。

我记得在写札记的第一天便写到了那个时候的晨,当时没有点名,想必晨现在不会介意我说出来。晨当时向我诉说自己的苦恼——在家抹掉了桌子上所有的书,觉得自己的竞赛搞不下去了。我现在已经记不起我当时怎么说的了,反正他跨过了那道障碍。

其实,晨后来的学习之路也不是十分平坦,对他来说,真是压力非常大。在高二复赛前的日子,我不断地与他交流,那段时间与他单独谈话的次数是最多的。那时,我希望能从后面把他往前推一推,让他越过障碍,同时也释放掉他身上的一些压力。

还有,晨真正的竞赛老师可以说并不是我,而是雄。任何一个年级,到了竞赛的后期,我已经很少给同学讲什么知识方面的问题了,不是我偷懒,而是他们基本不需要我了,绝大多数问题,彼此一讨论,结果也就清楚了。当然,很多问题,即便是问我,我也无能为力了。但晨的问题相对来说多一些,很多时候他都要求雄为他讲解,雄似乎从未拒绝过,以至于当时我都觉得他的问题过于频繁了,所以我曾对晨说:"你今生要记住雄对你的帮助。"

愿晨今后的人生如同他的笑容,永远阳光、快乐!

雄

雄是我们中的一个传奇。称得上是传奇的人,总会有影响其他人的地方。单就他不停地为晨讲解的精神,我不仅要感谢他,更多的还是很佩服他。驰在他所写的竞赛总结中,就说到了雄对他的影响。

雄是B组的一员,起初我并不是十分看好他。刚开始的那段时间里,雄不断地提问,但他提出的问题有时显得十分"笨",很多次,他的问题一出口,大家的笑声便让他知道了答案。显然,他在进入竞赛行列之前,并没有真正接触过竞赛内容与方法。但雄是执着的,不论问题在他人看来多么浅显,只要我一下课,他往往都是第一个冲上讲台,问题也随之而来。得到答案后,他还会用他那特有的语气、不急不缓的语速说出自己原来的想法,让我在他的表述中知道了他的障碍,但他并不在意别人怎么看他。雄的这种精神很快引起了我的注意。有一次,我以要回办公室为借口,执意不回答他的问题,但他一直追了我很远的距离,当时我在心里说:这小子可造化。

雄的学习自然是刻苦的,是努力的。锴是他学习的榜样,也是他的目标。为了与锴交流,他常常在回家时多绕一段路程,目的是能与锴多交流一会儿。

雄的进步是神速的。

雄是B组在高一时率先停课、期末免考的三人中的一员,这三人分别是璇、雄、驰。

雄是第一个被我从B组调到A组的人。他比驰还早一段时间。

雄刚到A组时,与其他的同学可能还有一定的距离,但很快就不落后于他们了。

雄的故事很多,有几件事被我写进了札记,譬如在黑板上表演左右手互搏之术,一米八的个子却经常跪在地铁里做物理竞赛题等。此处就不再重复了,有兴趣的话可以读一读我的札记,里面有很多雄的故事。

雄并没有如我的预期一样进入省队,这是遗憾,但这并不是他实力的彰显。在几乎都是省队成员组成的北大科学营里,他便以理论成绩第一最终进入北大物理学院,实现了他的梦想!这一成绩表明他有全国决赛金牌的实力。他也因此成为我们小组第一个完成高中学业的人。

雄与北大签约后,帮我认真地校对了《高中物理难趣题88例》一书,我也将我的感谢写进了该书的《写在前面》中。后来,我在送给他的书上写了一段话——

你的"愚钝",是你智慧的饰品;
你的努力,是你进步的阶梯;
你的大气,是你品格的亮光。

另外,雄的身体不是太好,好像是过敏性哮喘,这一病症会随着年龄的增长而好转,愿他健康、快乐!

壮

在写你们的时候,我并不想忽略壮曾经在我们中间存在过。

壮是跳级上来的,那么,他的聪明就不用多说了。

坦率地说,我并没有看好他的竞赛,这一点,相信壮及其家长也看得出来。原因有两点:其一,壮表现出的思维特征是数学明显强于物理,这可能与他一直在搞数学培优而物理并没有进入实质性的学习有关;其二,由于受功利性目标的影响,他个人及家人没有将竞赛学习作为他的目标,表现出来的则是家长全方位地为他安排了各学科的补习,使他在竞赛内容的学习上一直无法根据要求向前进,他对物理竞赛的学习兴趣表现得不冷不热,换句话说,他的兴趣不在我这里,这给我的感觉就是,他到我这里来,无非寻求一个补习而已,这也可能是让我对他不冷不热的原因所在。

要学习竞赛,兴趣虽不是主要因素,但却是入门的基石,而目标才是你真正的动力,在我看来,壮缺乏这两点。

也许是我的不冷不热,导致他认为我们在排斥他。在札记中有一段我的聊天记录,对象就是壮。但真心地说,我没有对他进行特别督促倒是真的,没有排斥他也是真的。

顺便说一点,即便是很有潜质的学生,如果不专注于竞赛学习,要走到最后,估计也是不可能的。同时,竞赛也不排斥学习的均衡,而且成功的竞赛学习一定是成长在均衡这个高原上的高峰。但我认为,壮在搞物理竞赛的那段时间里,目标只是在夯实高原,而非希望成长为高峰。

所以,当壮考上中科大少年班,家长礼貌性地征求我的意见时,不用说,我当然非常明朗地支持他了。

后来,我在网上无意间看到了中科大少年班军训的照片,我一眼便认出那个站在第二排从左往右数第三位的小子是壮,昂首挺胸,很有精神气。

我真心地希望壮最终将目标确定在高峰上。

还有,我知道壮很怀念我们这个群体,几次回小组,我都没有认真对待。那个时候的我,不希望有太多的因素干扰了大家的学习,因为他的奋斗方向至少在现阶段与我们显然不同,壮当时的位置并不是同学们的目标。现在回想起来,在这一点上,我可能冷漠了一点,愿壮能够理解。

锴

原想本文只写个三五千字的,回头一看,可能已经把你读累了。

下面我就只写锴了,毕竟锴是不能不写的。

一说到锴,我就想说:缘分啊!

我所理解的师生缘分并不是简单地由好老师与好学生构成的,好老师与好学生之间水火不相容的事例我见过太多,他们之间没有缘分;缘分也不是师生之间简单地和谐相处,笑着走向毕业,那样,他们之间可能只是好朋友,却未必是好的师生。师生之间的缘分表现在他们之间的互动能否促进学生健康地成长、快速地进步,提高学生的综合能力,能否最终将学生送到一个更高、更适合其成长的平台。

我与锴的缘分开始于那个下午。

锴是在二中初中部读的初中,当时已经很有"名气"了。在选择高中时,本来锴最初决定报考华师一附中,毕竟他家与华师一附中是有渊源的,他父亲当年毕业于华师一附中。再说,就目前华师一附中在湖北省的强势地位,对于高端学生群体,其吸引力无疑强于武汉二中。然而,就在那个下午,在我目前办公室对面的会议室里,我与锴有了第一次见面,那次见面的时间并不是很长,但锴决定改报武汉二中了。我觉得,这就是我们之间的缘分啊!

记得锴与驰在南开大学集训时,在完成了集训队的考试后,我对他们说过,这一届竞赛班是我带得最顺利、最高兴的一届。其实,我当时还想说的是，这是与我最有缘分的一届。

在锴进入高中前的一段时间，包括锴在内的 A 组同学就已经开始跟随我有序地向前学习了。那一段时间里，由于当时学习的内容还很基础，彼此间还不存在多大的差距，只是锴本身就是他们的中心吧，很多任务都是经他向其他同学传递的。A 组的同学在升入高一时，已经基本学完了竞赛物理所要求掌握的知识内容，在那个预赛中，他们都取得了不错的成绩。

一进入高中，锴就明显地开始发力了。锴的教室与我的办公室在同一楼层，锴那时带着问题进入我办公室的频率非常高，有时甚至是每个课间都来，常常是上课铃响了，他才匆匆地返回教室，把问题留给我，我也就得在这一堂课的时间内，将问题弄清楚，等着他下一个课间再来。那时，我校所有的学科教练都在一间大办公室里办公，课间在我办公的隔间旁，常常有物理小组的同学围着我，排着队等着提问题，而其他的教练只能用羡慕的眼光看着我。那种景象我以前没遇到过，我们学校的教练也没有遇到过，那是一种难得的风景。当时就有教练预言：像他们这样的学法，将来一定会出成绩。

我非常怀念那段时光，我常常半开玩笑地说，我的肚腩就是那个时候凸起来的，因为那一段时间，我虽然只上两个年级的竞赛课，但基本上是一上班就坐到办公桌前，整天都在那里准备资料，回答问题，不曾有过活动，不起肚腩起什么？

那段时间，也许是我教书生涯最累的一段时间，但我现在仍然能体会到等待同学们来办公室的心情。我觉得，这就是我们的缘分啊！

在锴载誉归来之时，多家媒体记者向我问起几个相似的问题，譬如锴在竞赛学习的过程中遇到了什么样的障碍，有没有什么样的波折，有没有其他学科教练来抢学生之类的问题。我只能说，锴在这三年多的时间里，一步一步地向前走着，回首看过去，总体上是坚实而平坦的。

是的，这三年多的时间里，锴在学习过程中，虽然时常脱离我的约束，甚至有几次还多少有点儿让我不放心，但我们总在可以相顾的范围内，没有过高的障碍横亘在我们面前，更没有跌倒过。所以，在我与锴之间并没有媒体记者所期待的，可以大书特书给人励志的故事。我觉得，就是因为我们太有缘了啊！

在锴如愿进入国家队之后，他写了一个总结，详细地叙说了他的学习过程与学习内容，特别是他写到了许多竞赛书的学习要点，具体明确，显然是为我后续带的学生而留下的。这份总结里面散发的,就是我们的缘分啊!

　　写到这里,我想起了锴之前的靖礼。在锴出征丹麦之前,靖礼特地从北大到南开,向他讲解了参加国际物理奥赛要注意的事项及训练要求,而这些都是在我不知情的情况下进行的。锴获奖后,靖礼的父亲向我发来祝贺的短信,我用这件事回复了他父亲,我还说:"我感动啊!"靖礼的父亲也说不知道这件事,不过,他说:"这是你们师生间的缘分啊!"

　　哦,忘了说明,写本文时,我已经好长时间没有读札记了,所以这些纯粹是记忆里的东西,算作是札记的补充吧!如果有与札记不符的地方,以札记为准。

　　以前我约定,我贴在群里的东西,大家尽量不要外传,你们都做到了,我很感激!今天这个东西,大家想贴就贴吧!

(2013年07月18日—2013年07月23日)

11.10　漫谈:竞赛生从奥赛中收获了什么

　　近几年来,中学生的奥赛学习一直都处在舆论的风口浪尖,虽然有毁有誉,但在我看来,毁者,要么盲人摸象,要么不怀好意,且大多数都停留在增加学生学习负担、摧毁学生的自信、有违教育规律、学而无用等浅表层面的描述之上,明眼人一看便知其对奥赛的无知;而誉者,也基本上是避重就轻,不得要领,多数情况下,只是展示一下成绩,甚至只是在学生获奖后,由本地媒体发一则近似于广告的新闻了事。至于什么是学科竞赛,学生从竞赛学习中学到了什么,基本上无人言及。为了让大家今后少对学科竞赛拍砖,特从本人所能目及的范围,向大家普及一下竞赛生通过奥赛收获了什么。

学知识

　　对于这一点,如果笼统地说,竞赛一定学习了新知识,恐怕就不用普及了,因为大家都是知晓的,但我仍然要介绍一下其中你可能还不知晓的地方。

　　我们通常所说的学科,大体专指与国际中学生学科奥赛相对应的数学、物理、化学、生物、信息学五个学科的奥赛。中学生从事这五个学科的竞赛学习,且不说解决问题的难度远超中学常规学习所要求的难度,其学习的知识范围更是远超中学教学大纲要求高中学生需要掌握的内容。

数学:除了要求掌握所有常规教学内容外,还要增加大量的组合、数论、不等式、几何等方面在中学常规教学阶段不要求掌握的内容,而且难度也是常规教学无法企及的。但并不要求学生掌握高等数学的内容,甚至连基本的微积分也不作要求。相比于其他学科的情况,数学竞赛增加的新知识点并不多,而"思维体操"的属性却有较明显的体现。

物理:要求掌握的内容对高中的知识范围有明显的扩充,而且要求学习高中阶段的所有数学内容(不存在必修与选修的差别)及大学数学中的微积分、矢量等相关部分的内容。中学物理与大学物理有一个十分明显的分水岭,便是微积分的应用,2016 年启用的竞赛大纲允许在竞赛中运用微积分,说明中学物理竞赛已明显突破了原来所理解的中学物理的范畴,但对内容的系统性远没有达到要求学生全面掌握普通物理内容的要求,只能说物理竞赛在知识的学习方面处在中学物理与大学物理的分水岭上,因此,物理竞赛要求竞赛生必须学一定量的普通物理内容。

化学与生物:这两门学科的竞赛所涉及的知识内容与中学教学内容的关联度就不大了,奥赛的内容几乎完全是大学内容,不夸张地说,让这两门学科奥赛强省的省队队员去参加当年相关专业的研究生考试,若满分为 100 分,恐怕这些学生的成绩不会低于 90 分。所以,如果仅从知识的角度看,化学、生物学科的中学奥赛简直称得上大学知识竞赛了。

信息学:竞赛所考的内容也不是中学教学内容,而且对计算机的编程语言有较高的要求,对语言的掌握达到 C++ 的层面上,这一点可以说超过一般大学本科的要求,但整个竞赛内容并不涵盖大学本科内容,如数据库等,在中学信息竞赛中便不涉及。

我知道,有人一看到上述的内容,便会认为让中学生超前学习这么多的内容,这是对学生的摧残,是没有人性的。但让他们意外的是,大批的竞赛生不仅没有觉得这是摧残,反而乐在其中。所以,大家完全没必要用学生所学知识内容的范围及多少来诋毁学科奥赛。

养自律

优秀的人才,除了自身智力超群外,他们对个人人生目标的规划与运筹,在追求目标过程中的自我约束与执行能力也是超出一般人的,也就是说,他们的行为都有着较强的自律性,而这一点对其成就的取得的影响是巨大的。而几乎所有的竞赛生在逐步学习的过程中,都养成了很强的自律性。我还是通过下面的案例来说明这一点吧!

学生靖礼跟随我经过两年多的竞赛学习,幸运地同其他几位同学一道冲进了物理竞赛国家集训队,那时他已经被保送进了北大。而当年负责集训队培训的也正是北大物理学院,集训时间为两个月。

北京大学的校园面积并不是很大,不论从哪个方向横穿北大的时间都在半小时左右吧!大家所熟悉的北大门楼是北大西门,北大令人神往的景点是未名湖与博雅塔。而物理集训队的学习地点在靠近东门的物理学院与理教楼。靖礼当时是第一次去北大。

我将靖礼护送到北大物理学院报到,安顿在北大东门外的中关新园住下后,因学校还有教学任务,我便迅速返校了。两个月的集训学习时间虽不是很长,但其中还是有不少由学生自主安排的自习时间。但在这两个月的时间里,靖礼硬是过着教室与寝室两点一线的生活,围绕着集训内容发奋学习,没有抽出一点时间去西门仰望一下门楼,或去未名湖、博雅塔看看景色,直到集训考试结束,他才与同学一道游览了北大校园。靖礼最后冲进了国家队并获得国际物理奥赛的金牌。

多年后,当靖礼从 MIT 回校与我聊天时说起这一经历时,我怀疑自己听错了,追问了一句:"直到集训结束你才去西门?"靖礼肯定地说:"是的。"然后,他略带沉思地补了一句:"那时我们真的是蛮拼的。"

靖礼的这句"我们真的是蛮拼的",不仅让我是夜无眠,也让我每每想到这件事时,都有一种莫名的感动,为这些优秀者的付出、努力与自律而感动。

其实,即便是在日常的学习中,竞赛生的自律也是看得见的,他们有规范的作息时间;他们在复杂的学习环境中有着极强的抗干扰能力;他们并不是不接触电子游戏,但他们绝不上瘾;他们有着非常明确的目标,并能在长远目标与短期行为间作出合理的学习安排,在这一过程中,他们会毫不犹豫地抛弃那些于优秀学生而言只是一些低效的作业,而不会在意老师不公允的评价;当他们的兴趣与目标相冲突时,他们会理智地选择让兴趣为目标让路;他们在各种行动中有着坚定的执行力与长久的毅力。所有这些,他们都可能以竞赛学习为载体,得以体现。

竞赛生在日常的学习与生活中所表现的超出一般人的自律特性,让他们的人生更加精彩。靖礼便是竞赛生群体中的一个典型代表。

提学力

在中学阶段,如果用"师傅引进门,修行在个人"来形容学生的学习过程,恐怕用在竞赛上是最为贴切的了。毕竟,在高考的常规教学过程中,老师几乎为学生铺好了每一个台阶。而竞赛则不然,虽然最初老师在知识的讲解、方向的指引、方法的引导上起到很大的作用,但在一定的时间后,学生会在很多方面开始对老师"置之不理"了,将老师抛在了身后。特别是在学科领域,无论是对问题的理解还是对知识的应用,学生都有可能将自己的教练甩几条街。此时的教练虽然仍在约束学生的学习方向,提供必要的资料,间或有一些交流,但大量知识的学习与应用几乎都是由学生独立或彼此间合作完成的,而完成这些内容所依赖的便是通过竞赛学习培养起来的自学能力。

说实在的,如果一个教练按部就班地进行知识讲解,同时要求学生跟着自己走,学生最终基本上会玩完。实际上,教练的教学只是借助知识的讲解,来培养学生的学习热情,传授学习方法,让学生保持学习的温度,指引学生学习的方向,引导学生自己探索知识内容与方法的应用,推动学生跨越老师的讲解,超越教练的教学进度,让他们尽快地进入学习的快车道。所以,教练所进行的教学工作应该更贴近于教学理论中经常提到的"教是为了不教""授人以渔"。

作为资深教练,我非常清楚,优秀的竞赛生绝不是单靠教练的授课而培养出来的,竞赛所需的大量知识与方法运用基本上都是学生在自学中掌握的。

竞赛生的自学能力其实在高中阶段就已发挥作用。由于竞赛生在平时的学习过程中将学习的重心放在竞赛上,且在冲击省赛之前,基本上都会有三到五个月的时间停止常规课的学习,用来冲击竞赛。相对于高考生,他们必然会落下一些必学的教学内容,但在竞赛结束后,即便是在没有补习的情况下，经过一到两个月的自学，很快便会填补由于竞赛时间投入而产生的空缺，这个弥补过程便是学生自学能力的体现。

真的，不论是为了今天的竞赛还是为了今后的人生，我们都应立足于培养学生的自学能力。毕竟，人的学习是终身的，而竞赛学习为这一点奠定了较为坚实的基础。

促合作

在很多人看来，竞赛学习是独立的，其实不然。

作为在一起共同参与竞赛学习的学生，每个人都会在学习过程中遇到很多的障碍，需要克服许多的困难。但同一层面的学生在同一环境中学习相同的内容，许多的困难与障碍都是相似的，如果每个人都独立地去攻克这些障碍，不仅难度很大，而且在时间的需求上也无法得到满足。

一个竞赛生，在整个学习过程中，需要阅读与练习 40～70 本厚厚的相关辅导书，这些书虽然各有特点并各有侧重，但内容的主体基本一致。在学生开始摆脱教练进行独立学习的时候，我为小组里每名学生安排的独立学习的内容、阅读的资料并不相同，但彼此互补。在首轮的独立学习过程中，我要求每名学生尽力攻克本人学习内容中的障碍，这样在以后学习其他内容时，先行学习者便理所当然地成为后学者的"老师"，这样，学生之间不仅有了相互的交流与讨论，对问题的解决也必然会快捷许多。这种相互合作的学习，必然会提高彼此的学习效率，促进大家快速提高。

当然，合作学习并不仅仅限于彼此间解答问题，还存在多种相互促进的学习方式，如共同研究某个专题，合作撰写相关论文，个人总结专题在组内进行讲解，同学分组命题进行对抗赛，等等。

而一旦合作学习成为学生的自觉行为，则相互的促进与影响就不再仅仅是知识问题了，更是人生品位与格局的体现。我再重复一下这个案例吧。

前面所说的靖礼的学弟张成锴也幸运地进入了国家集训队，他们这一届的国家集训由南开大学承办，张成锴亦如愿入选国家队。在张成锴集训期间及入选国家队后，尚在北大物理学院学习的靖礼专程到天津，向自己的学弟传授集训期间的学习要点以及与国际物理竞赛相关的要求及注意事项，而这完全是在我这位教练不知情的情况下进行的，那么这种合作就不再是简单的相互促进了吧，而是他们的人生格调的体现。

触科研

一位教授在朋友圈中说,科研从本科生开始。我当即评论说:科研从竞赛学习开始。我这么评论并不是随口乱讲,而是中学生学科竞赛学习本身就包含科研过程。

在中学理科教学一波又一波的教学改革中,我是不屑于搞所谓的探究性学习的,因为中学阶段所"探究"的问题的结果几乎都是已知的,这种对已知结果的探究实质上是将验证包装成探究的"伪探究",是在培养学生游戏与娱乐科研过程,是促使学生淡化科研过程中的原创思维及求实精神的浮躁行为,这是有害的。

而竞赛学习则不同,他们在学习过程中遇到的问题可能是未知的,为了得到正确的结果,他们需要完成相关的实验,查阅相关的资料,建立正确的数学与物理模型,同时还需要验证结果的正确性。而这一套流程走下来,难道你会说他们不是在做科研吗?本人曾引导学生研究一个柱体落地时位形的概率问题,同学们都充满了研究的热情。这项研究后来发展为不同学生建立的不同模型间的协调问题,虽然最终没有定论,但过程中的讨论、对比分析、研究方法、模型建立的依据、实验验证与模型间的差别及处理方法的总结,让同学们受益多多。这一过程既培养了学生的学习热情,也让他们体验了科研的过程。

当然,科研并不是竞赛学习的主体,学生多是结合自己的学习所做的专题研究,将研究的结果用小论文的方式呈现出来。在我的计算机中,有近百篇近几年学生所撰写的小论文,内容涉及物理竞赛的方方面面,如《对称性原理在物理学中的应用》《竞赛中高次方程的求解研究》《关于物理理论及模型的局限性的讨论》等。这些专题的内容也许不是那么高大上,但学生在这一研究过程中会弄清相关问题的本源,收获研究的乐趣,获得相应的成就感,积累研究问题的方法,为后续的学习打下坚实的基础。

此外,物理、化学、生物三学科的竞赛实验培训全部都是大学实验课程的内容,竞赛的实验考试也不再是中学常规教学中的纸上谈兵,而是实打实的操作竞赛,它不仅要求学生能熟练地操作各种实验仪器,还要求学生能根据实验条件与实验目的,设计出合理的实验原理。熟练地操作仪器,分析相关的数据,做出正确的实验报告,而这些科学的研究方法,即便是优秀的大学生也未必经历过。学生实验能力的培养,无疑为学生提前进入科研状态夯实了基础。

从另一方面看,在一流大学参与本科生科研活动的学生中,有竞赛背景的学生明显多于无竞赛背景的学生,由此可见一斑。

抗挫折

几乎所有的竞赛生在进入高中竞赛学习之前,在学习上的表现都是优秀的,在老师那里获得的都是不尽的赞赏。但一进入高中学科竞赛,教练反馈给他们的往往是对学习过程不断的催促,对学习结果不尽如人意的质疑,加之每次测试后那让人不忍目睹的分数及与身边优秀同学间的差距,这些很容易勾起他们对初中阶段那种优秀的怀念及对当下能力的怀疑,其挫折感油然而生。在我过往所带的学生中,有因竞赛成绩不理想而焦虑得无法入眠,进而拒绝参加测试的;有因看不懂竞赛内容而一气之下将竞赛书从楼上扔下,然后又默默地拾起,接着继续阅读的;有感觉自己学不下去而退出竞赛,而后又哭着要求返回竞赛小组的;等等。

这其中的原因其实是很好理解的。中学阶段的各类常规测试都是针对大纲而设定的水平测试,而竞赛生这群优秀者的水平基本上都在这个要求的天花板之上,如用大纲的标准来看待他们,他们的优秀也就是显然的了。然而,竞赛学习却不一样,竞赛测试是以选拔功能为主的测试,它是没有天花板的,竞赛生的竞争对手基本上是全省乃至全国的相关高手。他们若只满足于自己的现有水平,就必然会被他人甩下;他们若想赶超对手,就必然会迎来挫折。而他们面对挫折的方式应是不断挖掘自己的缺陷,时时看到自己的不足,并努力弥补它,以此来努力赶超对手。

当然,竞赛生经受的最大挫折并不是学习过程中的挫败,而是冲击赛区全国一等奖及省队的落败。由于竞赛功利性目标的实现都取决于复赛的成绩,而考试又是一次性的,许多经过了两年多准备的竞赛生,从实力上讲,或许具备进入省队乃至国家队的实力,但可能只因一点儿偶然的失误而名落孙山,进而与自己向往的大学失之交臂,那种挫折感是无法用言语来描述的。

在复赛中落败的学生,那一刻,他们或许都有一种天塌下来的感觉。但令我感到欣慰的是,在我过往所带的学生中,虽不乏极为优秀的学生在复赛中落败,但他们很快能从失落中振奋起来,迅速恢复到最佳的学习状态。在常规内容的学习过程中,他们能以最快的速度恢复和超越参加竞赛学习前在本年级的相对排名。换句话说,在我担任几届竞赛班的班主任期间,没有哪名从竞赛中落败的学生的高考成绩在整个学校的排位低于当初入校时的排位。你说竞赛会影响高考吗?我的回答当然是会影响,不过是正相关的影响。

可以毫不夸张地说,竞赛生的整个学习过程就是与挫折为伴的过程,是一个饱受挫折浸淫的过程。我常说,高考生是在褒扬中长大的,竞赛生则是在批评声中成长起来的。我的一名多年前的学生曾对我说,他现在仍将当年的竞赛用书摆放在书架较为显眼的位置,每当他遇到挫折与困难时,都会回忆起当年在竞赛学习中所经历的艰难过程,有了那种经历,还有什么困难克服不了呢?这不由让我想起一名曾经从竞赛中跌落的学生对同样在竞赛中跌落的学弟说过的一句话:经历过竞赛的人,还会怕高考吗?

是的,竞赛的经历是他们人生的财富。大凡经历过竞赛的他们,不论成功与否,都具备很强的抗挫能力了。

攀高峰

如果让优秀的中学生回答"在中学阶段最令人讨厌的学习内容是什么",恐怕绝大多数会认为是初三和高三期间那令人厌恶而又无止境的重复性的备考复习了。作为一名高考教学的资深教师、一名长期与资优学生打交道的教师、一名奥赛教练,我非常清楚一般中学教学所谓的知识强化性教学,多是针对一些基本的知识点进行重复性的训练,对于其中任何一次测试,优秀的学生大体都不会承认自己无法应对,但也不会肯定自己能全部做对。由于每次训练都会有一些不经意的失误,也为教练进行下一次的强化训练找到了理由。学生作为受教育的一方,他们找不到规避的方式,也不具备强势对抗的实力。坦率地讲,高考前那种无休止的训练对于那些中等及偏下的学生,确实增长了他们的应试能力,提高了他们的考试得分。但长此以往,优秀学生会在这种长期、低效、重复的训练中,消磨了自己的大好时光,磨掉了自身的锐气,被吞噬了原有的学习热情,被浇灭了思维的火种。更重要的是,优秀学生的能力得不到应有的提高。这才是中国基础教育中一颗真正的毒瘤。

好在有竞赛。

中学阶段为优秀的理科生开设学科竞赛课程,让他们能有效地避开那些为应试而进行的低效训练,从而将有限的学习时间用来学习适合自己特长且感兴趣的学科,让他们的学习热情得以释放,让他们的思维火种得以燃烧。

当然,并不是所有的中学生都适合参加竞赛。理智地看,只有那些在学习成绩上一直处于高原地带的学生(同一年级综合学习成绩前3%左右的优秀学生,在重点中学则处于10%以内),或者在某个学科上一直明显地领先于他人的学生,才适合走竞赛这条路,这显然是一个小众的学习活动。

竞赛是基于学生在某个学科方面的天赋而进行的学习活动,这一学习过程有教练的引领,有自己的投入,加之内容超前的学习,竞赛生较之同龄人更快、更广泛、更深入地接触了某个学科的知识内容与体系,再加上他们在方方面面受到的锻炼,使得他们有更多的机会走向学科的前沿,最终从"高原"中脱颖而出,成为众人仰望的"高峰"。

挣红利

学科奥赛的显性红利是大家有目共睹的,它是巨大的。即便是撇开早期的赛区全国一等奖的保送政策不论,单看眼下所谓取消竞赛保送后的各类保送及自主招生的政策,就足以让许多优秀考生眼馋得不得了。每年五大学科国家集训队队员(共计260名)几无例外地被北大、清华两校包揽,另外还有数百名在复赛与决赛中表现优秀的考生被北大、清华签约一本线录取或降60分录取,其优惠程度让人瞠目结舌。对于优秀的竞赛生而言,这种签约不就等同于保送吗?

若再看一下原来的985院校或211院校,或者说现在的双一流院校,它们是有自主招生资格的名校,而这些学校,除了少数艺术类和人文类的专业外,几无例外地又将学生申请自主招生的资格门槛设定为在学科竞赛中获得相应的奖项(大多数为赛区全国一等奖),而大家只要估算一下就不难得到一个结论,即全国985院校和211院校所有自主招生人数的总和大体与全国五大学科竞赛赛区全国一等奖的人数相当。有了这个数据,也就不用多说什么了,我只是提醒大家,这自然也是竞赛生的红利。

所以,想读名校,请学竞赛。

我认为升学固然是显性的红利,但毕竟只有部分竞赛生如愿获得,还会有大量的竞赛生在这方面不能如愿以偿,那么,他们是不是没有从竞赛中获得相应的红利呢？当然不是。其实，竞赛生获得的隐性红利也不在少数。

除了上述所说的自律习惯的养成、合作意识的形成、自学能力的提升等隐性红利之外，竞赛学习的另一大隐性红利就是对高考学习的促进。

也许有人会说，学生参与竞赛学习，必然耗去大量的时间，这些难道不影响高考常规教学吗？怎么反倒会促进高考学习呢？

是的，如果单从时间的消耗上看，竞赛学习需要投入大量的时间，而这些时间在我们看来，几乎都是从高考学习的时间中挤出来的，这对高考的影响则是必然的。问题是，即便学生不用这些时间来学习竞赛，他会将这些时间用于高考学科的学习吗？答案显然是否定的。依据多年竞赛班的班主任经验，我可以明白地告诉大家，学生若不将这些时间用来学习竞赛，他们少不了用这些时间去与同学聊八卦、去与异性同学交流、去发挥自身喜欢的旁技。总之，他们是不可能用这些时间完全按照你的想象来进行高考备考的。

即便如此，我仍然得承认，竞赛学习终究要挤占一定的高考时间。那么，竞赛是从哪些方面来促进高考学习的呢？

我们让竞赛生回到高考的路上时，家长、科任老师乃至部分学生都会担忧一个问题，那便是由于竞赛学习落下了许多常规学习的内容，而离高考也不到一年时间了，能赶上去吗？事实上，学生不仅会赶上去，而且还会超越，而这种超越所依赖的便是竞赛生在竞赛学习过程中形成的高效率的学习能力与刻苦努力的学习品质。

还是用事实说话吧！本人担任过4届长达十多年的竞赛班班主任的工作，每一届都会有学生在相关的竞赛结束后回到高考学习的路上，而最终的高考结果无一例外地都达到或超过了从初中入校时在校内的排名，这大概是很多人想象不到的结果吧！所以，我将竞赛学习对高考的促进作为竞赛的隐性红利并不是凭空想象的。

享自由

我们所处的社会是充满竞争的，在竞争的环境下，在某个阶段，我们都有必要约束自己的某些天性，如在学科竞赛的学习过程中，竞赛生就必须将自己的主要精力放在相关的学习上，而暂将其他的个人爱好放在一旁。

但竞赛生最终必然会享受到因竞赛投入而带来的自由，比较突出的当然是保送生了。学生提前获得保送资格，这相当于为他们在高中阶段节约了近一年的学习时间,没有将大好时光消耗在无休止的、重复的低效训练中。他们可以利用这一时间自由地开始全新的学习。

阅读经典。囿于中学应试的压力,一般中学生在学习阶段,对经典名著基本上不可能做到系统的阅读,而他们完全可以静下心来阅读经典,丰富自己的知识体系,提高自身的品质。

旅游长见识。走出去,在行走中感受自然之美,在行走中解读文化、历史,这不仅可以开阔自己的视野,更可以丰富自己的阅历。

超前学习。保送了,未来的学习方向也就明确了。不停地向前走,应是优秀学生的基本品质,而超前学习会为他们进入大学后带来更多的充裕时间,去从事其他方面的学习与活动。

拓展兴趣。每个人都可能有一个别人不具备的兴趣,如雕刻、绘画、集邮、某种棋类、某项球类活动等。在这段时间里,你可集中精力,在这些兴趣方面做得更专业,这样也更能夯实你的兴趣。

学习某项技能。艺多不压人,这是大家都知道的。对于保送生,这段时间你完全可以学习某项技能。譬如,我对已经年满18岁的保送生或签约生,就希望他们能借此时机,考个驾照,为今后的需要作储备。

那些没有被保送但享有一本线录取的学生享受到的自由也是很多的。对于这类学生,如果不需要通过高考成绩来确定专业,那么,实质上也是等同于保送,他们享有的自由度与保送生几近相同,毕竟一本线对他们来说太小儿科了。有些人也要求那些享有一本线录取且专业也确定了的签约生高强度地专注于高考前的备考,我认为这些人如果不是对资优生学习过程无知,那就是心理有点儿阴暗了。

即便是那些没有在升学中获利的竞赛生,由于他们在中学竞赛培训阶段已经超前学习了大量的大学内容,当他们进入大学后,同样会节省大量的学习时间,享受到更多的学习自由。

对于竞赛生的学习内容以及他们在竞赛学习过程中的收获,肯定不是用这篇短文所能全面描述的,但至少我们可以从中大致了解他们的付出与所得。竞赛的确不是所有的学生都能进行到底的,但凡能将竞赛进行到底的学生,或许他们还有这样或那样的不足,但他们肯定还有别人不具备的过人之处。更重要的是,他们从竞赛学习中收获的东西,很多将与其终身相伴,成为其终身财富。

12　第28、29届物理竞赛培训札记（摘录）

　2010年7月起，我接手了准备参加第28届与第29届物理竞赛的高二与高一两个年级的物理学科竞赛的培训，而我校当时准备参加第28届物理竞赛的学生出于各种原因，在高一阶段基本上是放养的，我接手后，又将学生进行了分层处理，每个年级各是两个层面的团队，这样一来，我的繁忙就不必多说。即便如此，从2011年5月起，为了便于与学生、家长深入沟通与交流，我在由我创建的"武汉二中物理竞赛"QQ群内，除了发布与物理竞赛相关的信息并解答问题外，在不到两年的时间里，还写下了大约20万字的培训札记以及与竞赛培训相关的文章，这些文字大都是在节假日、深夜乃至凌晨完成的。现将培训札记中的内容，在隐去学生姓名、删除一些特定语境下的文字以及一些与竞赛培训关联度不大的文字的前提下，摘录其中的一部分列于此。当初写文档时，我是按编号分段的形式书写的。本次整理时，我按保留下来的文档顺序，重新进行了编号。这些文字你读起来也许不连贯，但多少也能窥视到我竞赛培训工作的要点。

2011－5－10

001. 在本群新开的《竞赛培训札记》文档中，我将不定期地记录与谈论我们物理竞赛小组的情况及本人的一些想法，供同学们及家长们参考。

002. 上周在群内贴出了两道试题，是想试探一下同学们的解题热情如何。但从目前的情况来看，并没有我预料的那么好。

我在群里推出《难题征解》，是想从另一角度推动同学们的竞赛学习，让同学们对竞赛有更多的参与方式。在同学们解答的过程中，我是拒绝提供帮助的。同时，我也希望同学们并不是只想着讨论，而是首先尽可能独立地解答它们，最后再进行讨论。

我希望同学们能用邮件或书面的方式向我递交自己的解答，邮件可以发到我的QQ邮箱中，书面解答可直接寄给我。

对于完成了《难题征解》的同学我不承诺什么，但如果解答方式奇妙，也不排除从我这儿得到某种奖励的可能。

另外，我推出的难题很多可能只是针对高一的同学的，这一点是因为高二的同学已基本上完成了常规"难题"的学习与训练了，对他们来说，这些"难题"可能并不难。

我尽量做到每周一题并不断更新本文档。

当然，如果同学们的确没有了兴趣，这种方式也就不可能维持很久，但愿它不会夭折。

003. 到目前为止，上周的《难题征解》只有张成锴同学发来了解答的邮件，ZC同学通过其家长发来了解答，LCX同学递交了解答，XMZ同学口头对我说了下解答思路，直接反馈到我这儿来的仅此而已。虽然我也知道有部分同学参与了讨论，但总体来说，同学们的参与度比我预期的差了很多。

004. 期中考试结束了，物理小组的同学们的成绩虽然我了解得还不是很全面，但就知道的情况看，比我预想的好，而这不是我所期望的，我并不希望你们在常规内容的学习中考得特别好。

005. 高二的TC提出停课，我同意。但我不会同意其他的同学现阶段停课，请不要再提相关的申请，一切等高考结束之后再说。

006. 下周要竞赛报名了，准备好报名费10元。

2011 - 5 - 16

007. 每到竞赛期间，让老师纠结的事情都会接连不断。譬如，经过了竞赛培训的同学，如果不参加复赛，就等同于没有参加培训，因为只有经过复赛，你才有可能获得被高校认同的省级赛区全国一等奖及以上的奖项。物理竞赛的辅导老师在这方面已经纠结得不得了了，不说大家也都明白。

各学科竞赛都有复赛与初赛，但参加初赛与复赛的比例各科却不相同。

数学:复赛人数是初赛人数的 20%。化学:复赛是初赛报名人数的 8%～10%。生物:没有确切的比例,但全省大约有 5000 人参加复赛。信息学:我校采用的方法是参加培训的学生每人报 50～100 人的预赛,即按比例争取一个复赛的名额。唯独物理,每年全省物理竞赛报名的人数虽然很多,但规定全省参加复赛的人数不超过 650 人,这一总额按预赛报名人数分摊下去,比例不足 1%,分摊到武汉市就只有 100 多人了。早先还有全市考试划线,这样,专业的竞赛生还比较占优势,现在却按比例分摊到区、校,就算我校全部学生报名,大概也分不到 20 人的复赛资格,保证不了所有的竞赛生参加复赛。

当然,还有一些通过其他途径获取的名额,但肯定不能保证所有参加培训的学生都能参加复赛。请部分高一的学生做好今年不参赛的准备吧!

我很是纠结。

2011-5-24

008. 最近,由于忙着整理有关的竞赛资料,我整天坐在办公室里几乎没有动弹。

星期六我外出了一趟,路上堵车时,我想到了一个问题,星期天便上传了一道与堵车相关的难题征解。虽然是大家都熟悉的运动学问题,但估计不会有人在第一时间里正确地完成它。从反馈的结果来看,第一时间回复的结果都是错的。我在群里说,该题的第一次正确率不好意思说出口,实际上是 0。

目前,高一已有同学正确地完成了它,大家交流吧!

009. 昨天,高一物理竞赛小组有两名学生(LCJ、LSY)申请退出了物理竞赛,LCJ 同学在竞赛方面的投入明显较少,我事先也与他本人及家长交流过,昨天其家长也打来电话说明了情况,谢谢这位家长的理解与扶持。

LSY 的退出是在我进入教室,发现他不在,然后询问了同学及班主任后才知道的。这让我有点儿意外。

010. 本群是我们物理竞赛的内部群,LCJ 事先已申请加入了本群,如果他愿意,本人将保留他在群中的位置,如有什么物理问题,我欢迎他在此提出来。

2011-5-24

011. LCJ 同学在说到他退出的原因时,说到了一点:到后来,我讲的课他基本上听不懂了。

我在这里要说明一下,竞赛和常规教学的最大区别在于:常规教学要求保证绝大多数同学能学好教学内容,所以教师的教学是针对大多数同学的,而竞赛则反过来,竞赛的教学是不保证所有的同学都能接受与理解的。

对于竞赛这只木桶,老师所做的工作是将那块长板拉得更长一些,不在课外投入而听不懂老师的课是非常正常的。当然,这种情况下,更正常的是你应该退出竞赛。

所有的竞赛,一向如此。

012. 非常感谢今天主动找我谈话的一名高一的同学。看似阳光得不得了的你,也有你几乎承受不了的苦恼。

竞赛是有许多道槛的,每跨过一道槛,你就获得了一次重生,你就会见到一片新的光辉。竞赛走到了一定的时候,就必然会滋生苦恼,这也是你遇到槛儿的症状。所以——

不在苦恼中灭亡,就必然会在苦恼中腾飞。

你是有腾飞的翅膀的。

013. 当然,这两周我也找了几名学生谈了相关的问题,若我谈的问题能被学生接受与理解,那便说明我们有缘了。

顺便说一下,上周五,高一家长会后,有家长在办公室寻我不遇,以为我走了,其实是我在教室还未回办公室。后来,我在办公室就遇到了另外的家长。

遇不遇到是无所谓的,学生都有我的电话号码,家长也不难要到,在电话中沟通一下,情况应该是一样的。

014. 昨天高一的测试结果出来了,按照分数靠前的同学负责当周清洁工作的原则,本周扫地的同学是 HRX、ZX、ZC。我一直有点儿奇怪,有些学生看上去是有扫地的资格的,却一直没有扫过地,譬如 WZQ 同学。

昨天高二的测试结果还没有出来,我一上午屁股都没有离开过椅子,却只批改了一个小组的试卷。当然,我也用一节课的时间回答了一名学生的若干问题。

015. 高二各个学科竞赛小组都开始讨论停课问题了,家长与学生都开始关注了,夏金旺校长今天也问了,我还是那句话,高考以后再说。

说着说着,高考就快到了。第 28 届物理竞赛也快到了。

2011 - 5 - 25

016. 今天高二的热学试卷批改出来了,直白地说,不理想。

但我还是看到一部分同学在学习上的进步。比如 SHL 同学,最近我觉得他除去了稍许的浮躁,扎实了许多。高二同学的学习劲头是十分足的,但愿他们能用后一段时间的努力学习来冲抵基础方面的不足。

017. 放学回家,我顺便逛了一下学校对面的三燕书店,并没有新的竞赛书上架。我建议同学们分别购书,彼此交流着看。有些绝版书已经无法买到了,我只好给大家复印,希望大家能理解。

我的竞赛用书在小教室是任由同学们翻阅的,遗憾的是很多书有去无回。我的柜子里的书很多都是往届的学生留下的,同学们在翻阅时应该很清楚。同时,感谢某位家长为我复印了多种竞赛书备存。

2011 - 5 - 30

018. 找 CJ、HRX 要了征解的解答,却没有时间整理,答案也就一直放在我的包里。每天上午我要准备讲课的内容,教材是要重新读一下的;要准备考试的内容,一道试题比较了又比较,选了又选,总是要耗时间的。加之每节课间都有同学到办公室问问题。而且,有的学生宁可不上课,也要不停地提问,这让办公室的教师也感到非常意外,二中还没有出现过这种景象。我中途也还得思考学生提出的问题,真的是有点儿忙不过来。

但我高兴啊。

019. 我原想星期天再贴一道难题,但又想去逛一逛书店,不料,在图书城又被高一的家长给拦住了,回答了若干问题。

我又买了几百元曾经买过的竞赛书,放在小教室里,大家今后有时间就用一下吧!

最后我没有贴题目,请原谅。

020. 坦率地说,高一同学之间的关系我是比较满意的,高二同学之间的关系我不满意,我以前带的学生之间从未出现过高二的这种状况。

请所有的同学理解我所讲的"水落石出"与"水涨船高"的哲理。我们的竞争不是来自我们自己。

021. 本周说到了高二的同学高考后停课,还需要校长同意,这个问题不大,但同学们的压力是不是更大了呢?

022. 准备安排没有做过实验的同学在高考之后进行相关的实验,还没有正式确定下来,但都要做好准备。

2011-6-3

023. 不论是高二还是高一陪同高二学习的同学,在基础方面的教学,我是有"欠账"的,换句话说,在他们对基础进行学习的阶段,我并没有仔细进行教学、训练及辅导。

在本轮的学习过程中,我希望通过测试,带出相应的知识点与方法上的缺陷,所以我将认真地对待每次测试后的情况,哪怕是同学们都会的内容,我也会详细讲解,因为方法的总结总是需要过程的。

024. 两个年级同时上课,我是很累的。最近,每天下午的培训时间里,我基本上都是要讲三小时以上。所以,希望同学们能够理解,我将以高二为主,毕竟他们马上就要……兑现了。同时,我希望所有的同学尽量能让我在课间有一个喘息的机会。

有几次,我刚到高二的教室,高一的同学就追过来问问题;而我刚到高一的教室,高二的同学也接着追了过来。我理解。

其实,我在同学之间几乎没有坐下来的时间,我在不停地走动,目的就是努力提供给每个人提问的机会,让他们用不着那么追赶。

025. 我是希望同学们在上午课间来提问的,这实际上为我了解大家的情况提供了信息,也分散了我下午的压力。

昨天上午我不在学校,今天就有学生问我去了哪里。

026. 我非常高兴,今天我在高二讲课的时候,高一的同学自发地开始了主讲,并且弥补了我在教学中的一个漏洞,我向 LCQ 同学说声"谢谢"!

也许正因为题目运算有难度,我提示后,同学们才开始了新的思考,才有了 LCQ 同学的那句话,后一种方法"要简单得多"。

这种话,我听了高兴,只有这样,同学们才会有实质性的进步。

027. 高一的同学,努力呀!

028. TC 今天交来了他的命题试卷,谈到其中一道题,他开口便说:"这道题你肯定不会做。"这种自信让我由衷地感到高兴。只有达到这种高度,他才能自由地思考。

当然,TC 的问题也是因为他在考试中过于自信,这一点我希望他能真正体会,而不是随意的。

029. 对于 CW 与 TC 两名学生前一段时间的学习,我基本上是放开的。这段时间,我收集了我所能收集到的猫眼(门镜)交给他们,让他们研究。他们对猫眼的研究是非常具有意义的,同学们以后看他们的试题吧。

030. 最近,我经常会遇到一些学生,或作短暂交谈,或专门地长谈,刚才就在网上遇到了一名学生,作了如下交谈(我处理了交谈的对象信息及部分内容):

老师:?

学生:是江老师吗?

老师:对。

老师:是×××吧!

学生:是的。

老师:昨天 11 点过后你还在网上,今天又在上网,时间可是有点儿长啊!

学生:一般只是挂着,偶尔来看一看。

老师:哦!

老师:×××,你应感觉到自己在竞赛方面与他人的差距吧,这个差距的形成你觉得是什么原因?

学生:感觉自己似乎有点儿受排挤。

老师:回答我!

老师:根本不靠谱。

学生:也许与我的性格有关吧!

老师:你的性格是什么特征?

学生:比较内向吧。

老师:你不开朗吗?

学生:不是不开朗。

学生:而是不太爱讲话。

老师:你妈妈在身边吗?

学生:不。

老师:让她出来看看我们的对话。

学生:她不在家啊。

老师:回头你让她看看我俩的谈话记录。

学生:知道了。

学生:我要学习了。

老师:我觉得你最大的问题是目前缺乏学习热情。

老师:因为如此,你才落后于他人。

学生:当初,我也挺有热情的。

老师:去吧,学习去吧,但要注意自主学习。

学生:知道了。

老师:不管你及家长的目的如何,但我真的希望你能保持饱满的学习热情,否则将会浪费你的天赋。同时,我代大家回答你一句:"大家真的没有排挤你。"

031. 高考期间,物理竞赛培训停止,但不等于你的学习停止。

2011-6-7

032. 此时此刻,2011年高考第一天刚刚结束,董校长正在操场为高三学生们加油,学生们也用最响亮的吼声予以配合,相信今年的高考成果不会差。祝福他们。

033. 高考期间,高一与高二的学生休息三天,我也休息三天。可能大多数的同学都不会闲着。事实上,很多同学都自觉地进入了冲刺阶段,不用老师在这方面再提什么特别的要求了。我担心的是在冲刺阶段,你所用的方法是否正确,你是否明白你的优点与不足,你是否能针对自己的特点进行有效的学习,你是否能客观地评价自己的实力,你是否能合理地调整自己的心态,等等。

034. 放假前,我已向两个年级的同学都交代了相关的学习任务,高一常规小组的群体我准备逐一面谈(还有几名同学没来得及)。总体来说,同学们都有努力的动机,但也存在一定的担忧,特别是高一常规小组的群体,他们担心无法赶上前面的群体。其实,这并不是一个问题。前面群体的学生的优势将会随着第一轮学习的结束而被逐步消化,而且,后面群体的学生在第一轮的学习方面还要比前面的学生学得扎实一些。毕竟,在前面群体的学生的学习过程中,老师并没有详细地讲解,同时速度又非常快,好在他们基本上也都是非常努力的。

035. 高二的同学就要停课了,我更担心你们是否做好充分的准备,是否有落实的计划。

高一的同学的心情可不要受到什么干扰哦!

2011－6－8

036. 学校的竞赛实验室也要开放了,没有做过实验的同学,可要多熟悉一下实验器材。虽然竞赛委员会说今年只考规定的实验,但怎么考没有先例,况且实验命题者是否执行这一规定还是很大的问题,我还是很担忧的。如果他们还是按老的方式命题,学生和老师都没有办法,毕竟实验考试并没有什么章法可循。

实验是我们的弱点,也是别人的弱点。

2011－6－8

037. 昨天,XMZ同学贴上来一道自编习题,虽然直觉告诉我题目还不成熟,但我还是作了润色处理。果然,在随后的讨论中,题目的问题就逐步暴露出来了。

我觉得XMZ同学带了一个较好的头,能将自己的收获展示给大家,这就是我要求同学们"展示自己的优势,吸取他人的长处"的意思。

XMZ同学走出了第一步,希望其他同学能跟随其后,到时我们也可来一个命题接龙的活动。

038. 命题的过程也是一个学习的过程,它涉及很多方面,需要我们全面地考虑问题,同时我们在命题过程中也会学到很多东西。但同学们不能沉迷于此,毕竟这是很费时间的活,如果你的基础内容学习还有许多没有完成,千万不要在这方面过度钻研。

我希望你能记下你在学习过程中的一些奇思妙想。

039. 今天是高二学生停课的第一天,我去学生自习室查看了几次,知道刚开始他们是比较自觉的,我主要是想给他们提问的机会。

SHL 同学对一个问题纠结了一上午,原因是他对解答过程的理解不透彻,最后导致他对结果有疑问,我的回答不知他是否满意。后来,我又发现另一名学生也纠结此题大半天。这是一道决赛题,必要的时候需要讲解一下。

希望高二的同学一如既往,不懈地努力。

2011 - 6 - 9

040. 前天,我去前进四路买了一台打印、扫描、复印一体机,今天在办公室安装试用了一下,感觉很爽。近五年,我已经用坏了两台打印机,至于耗材就不好计算了,基本上都是竞赛单独辅导时,为学生打印份数较少的资料。至于费用,全部由我掏腰包,大家千万不要以为是学校为我提供了好的办公条件。

041. 昨天是高考休息的最后一天,我特地去了一趟陪读公寓,好不容易找到了几名学生的住处,条件不错。几名学生的学习情况有喜有忧。

2011 - 6 - 10

042. 我向学校申请将物理奥赛实验室的钥匙交给我们一把,最终校长没有同意,但同意随时开实验室的门,这就够了。只是高一的学生中午要做实验的话可能麻烦一些。

实验的命题方式不明朗,实验问题或会成为今年竞赛的陷阱。

043. 今天我翻看了上届申请竞赛的停课报告,是当年 6 月 23 日写的。其实,上届停课是期末考试复习结束的时候,大约是 7 月初,而今年的学生与家长有点急不可待了。但我担心,停课到了最后,反而感到更疲惫。

2011 - 6 - 13

044. 上周五两个年级的考试试卷,我利用周末休息时间去学校加了一下班,今天也都发给学生了,关心成绩的家长可以直接从学生那里了解。

试卷不难,但得满分也确实有点儿难,不过两个年级居然都有得满分的学生。当然,也有分数很低的。

045. 今后的考试不可能不出现陈题,但试题中小小的变化也容易让学生在考试时忽视,最终导致出错而丢失大分。在正式的考试中,这才是令你最后悔的地方。

高一的试卷在陈题中将 20 Ω 改为 10 Ω,让几名学生出错了;高二的试卷在陈题中加上两根导线,同样导致多人出错。希望同学们注意总结。

请注意,考试不是考你会不会做,而是考你能不能做对。

不要因审题出错而原谅自己的失误。

046. 昨天,我收到中国地质大学物理实验中心《关于 2011 年度暑期物理奥赛实验培训班的通知》的邮件,已经发在群里了。

以前我们要求武大与华师进行假期的物理奥赛实验培训,今年在武大进行实验考试,原则上是不允许武大进行培训的,所以移到了中国地质大学。

高二的学生已经进行了多次实验培训,而高一常规小组的学生还没有进行过实验培训。由于实验培训是必不可少的环节,我建议同学们参加。

当然,如果华师假期举办实验培训班,那么我们无疑要参加华师的培训,因为明年在华师举行实验考试,我们不能错过机会。

047. 经过一段时间的日夜努力,我终于将《物理竞赛辅导第二轮例题参考解答》整理完毕,补上了以前没有解答的部分,供同学们复习时使用。

至此,今年我已整理出《物理竞赛专题精编》《物理专题讲析集锦》《物理竞赛辅导第二轮例题与测试题集》《物理竞赛辅导第二轮补充练习题集》《物理竞赛辅导第二轮例题参考解答》五种资料,这些资料是我在这几年培训过程中积累下来的,几乎全部都是我亲手录入计算机的。特别是例题,选题、解答、录入、作图、排版、校对,全部由我完成。

希望这些能对同学们有所帮助,很多常规问题都能从这几种资料中找到处理的方法。

048. XMZ 同学今天又出了一道试题,我已经将其收录到我的计算机中了。WW 同学昨天就说出好了一道试题,今天又说不满意,还在修改中。

事实上,命题涉及很多方面,不断地修改就是不断地学习与完善的过程。事实上,每一届学生中都有命出很好试题的同学。其他的同学也会从这些试题中受益。

049. 本周的《难题征解》公布后,在同学中只冒了个泡泡,而上周的《难题征解》连泡泡都没有冒。哈哈!

2011-6-15

050. 昨天,高一的辅导进入磁场这部分内容了。屈指一算,离期末考试的时间也很近了,能不能在期末考试前结束还是个问题,如果不能结束的话,后期的学习就有点儿被动了。我希望同学们近期在竞赛方面多投入一点儿精力。

051. 关于高一同学参加实验的情况,今天有家长打电话询问,其实昨天我已经在课堂上对同学们讲了。

湖北物理竞赛的实验考试由武大、华师、华科三校的物理实验室轮流举办,今年在武大举行,明年的考生(现在的高一)将在华师参赛。湖北竞赛委员会要求,举办考试的学校当年不得举办竞赛实验培训活动(有时又没有严格要求),今年武大组织的实验培训移到了中国地质大学大概与此有关。

由于竞赛教练一般都希望参赛的学生对考场及实验器材有所熟悉,一般情况下中学竞赛教练往往都会在头一年里要求次年主持实验考试的学校组织一次培训,让学生了解考场环境及可能要使用的器材(不同学校的器材型号并不完全一样)。同时,教练也希望学生能集中到高校进行实验培训,因为历年的实验考试内容都是大学物理实验内容,与中学物理实验中的内容与器材完全不同。也正因为如此,我校去年特别购买了几十万的物理实验器材,专门用于物理竞赛培训,但这还远远不够。

如果华师今年组织培训,不用说,我们将弃武大而去华师。

052. 高二的同学已经有了四次实验培训的经历,高一超前小组的同学也有了两次培训的经历,无论如何没有必要再参加武大的培训了,毕竟理论成绩决定了你能否参加后面的实验考试,相比较而言,理论要重要得多。况且,我们从本周起,就已经开放了实验室,让你们熟悉实验操作及相关器材,以备考试。

万一实验考试的要求有变,我们也只能勇敢面对。

053. 对于高二年级的英语课,我是坚决要求同学坚持上的,我不赞同某些同学放弃英语学习的做法。为了便于同学们学习英语,我已经建议学校将高二(1)班的英语课调至上午的第一节课,估计下周有可能实现。

2011-6-15

054. 我还是忍不住要对高二的同学提几点要求：一是希望你们能在自习时尽量保持安静。你们的讨论尽可能不要影响他人，同学之间，当你干扰了别人，他也不好明说。二是不允许课间上操场打球。关于安全问题，我已经强调过了，在此再强调一次。三是一定要保持教室的环境清洁，星期一我指定两名学生作了半次打扫，今天我走到门口只想往后退，教室里太脏了，坐在教室里简直像坐在垃圾堆上，难怪你们自己也往外跑。四是你们一共才九名学生，已经在一起奋斗了近两年，希望你们能精诚团结，相互促进，相互提携，抱团取暖，形成合力，共同闯关。

不说了。

2011-6-17

055. 昨天，高二的同学主动打扫卫生，教室内干净多了，大家也从分散到集中了，表现不错。其实大家只要在一起，应注意尽量不要影响他人，这样才有利于形成学习氛围，便于彼此交流与讨论，有利于整体提高。

056. 对高二自习的同学，我重申一下：

自习期间，中途不要去操场打球，利用好你们的体育课吧。

对于英语课，反馈回来的消息并不是十分理想，说有的同学在上英语课时还在做物理作业，我很郁闷。

学科竞赛停课已经不止一个学科了，物理学科的同学要上英语课，其他学科的同学也许不上，大家不要攀比，各学科的特点不同，各教练的要求不同，没有可比性。

057. 高一的实验培训如何操作还没有计划，如果确定下来，我会在第一时间通知，大家耐心等待。

2011-6-18

058. 今天的雨下得真大，从早晨到下午没有停一会儿，上午我就没有到学校。下午我想去学校看一下高二的同学们，不料，出门就遇上暴雨，从家到学校就一拐角，结果是全身湿透。呵呵，老天仿佛在说"你别去了"。

其实，星期六与星期日我是可以不去学校的，因为星期六与星期日不属于我的约束范围,我只是放心不下,同学们的控制力不一定很强啊!

一到学校,我就直接去了自习教室,学生分为两处,好在他们都在自习,我的心也就宽慰了许多。我又瞟了一眼其他学科的学生,似乎有看小说的,有聊天的,等等。我这一学科的学生似乎还很淡定。于是我心里踏实多了。

059. 放学前 20 分钟再去查看时,情况也有了变化,自习门被反锁了,打开后,我看到里面的学生摆起了军棋,看我进来,一个个都挺尴尬。有了尴尬就什么都不用说了。

我强调一下,整天看一个学科的内容肯定是很累的,适当地休整一下也没有什么错误,但老师担心的是你们没有节制啊。

你们能不能约定一下,什么时间作为你们的休息时间?休息多长时间?

060. 晚上,WW 同学先在群内发了一个问题,不知我的处理是否能满足他的要求。我想,他给出的问题应该只有我给出的处理思路能解决了。

随后,他终于发来了他用时一周的命题,题目明显有改编的痕迹,但仍然不错,我已经将其作为难题征解发在群里了,大家可以看一看。

2011-6-20

061. 昨天我将高二的试卷批改出来了。客观地说,真的不理想。

自本轮考试以来,我记录了学生的成绩,并与上届学生的成绩进行对比。本次考试的试题与上届无太大的差别,上届是在 7 月 20 日考的,虽然本年级的考试要早一个月,但差别也确实太大了,至少平均分差 25 分。

今天的评讲,一一说明了种种问题,从审题到运算、从能力到信心,你们都还存在问题,望同学们能够领会。

努力吧,同学们!

2011-6-21

062. 学校安排给高二的培训教室在四楼,由于空调坏了一个小部件,师傅不修,只得移师三楼。今天一早,学生便报告,门被反锁了,我亲自观察了一会儿,无法打开,问了总务处,没有后备的钥匙,只得去七一中学门口,喊来锁匠,掏开门,花点儿小银子。

于是,我再三嘱咐他们不得再反锁了,当然,我也把后门的小栓打开了。

063. 晚饭过后,我不放心学生的自习,去了一趟学校,查看了一下高二学生的自习情况。果然,情况并不是十分乐观,有安静自习的,也有在聊天的。

当然,相对于其他学科的情况,我们还是比较理想的。

我又借机对同学们说了一大堆诚心诚意的"废话"。

064. 今天我向高一的学生介绍了实验的有关事项,还需与实验室联系。

关于购买《全国中学生物理竞赛实验指导书》一事,我委托了 ZC 同学办理。

2011-6-22

065. 昨天,高二学生的考试结果还是不太理想,居然是知识点上的缺陷导致的。看似是小问题,一说便懂,如果系统地讲,学生绝无兴趣听下去。这正是第一轮学习过程的漏洞产生的后果。

我说过,后一阶段,我们必须用试题带出知识点的漏洞,然后一点一点地弥补。

期末考试后,我们势必要加大考试的密度。

066. 经征求学生意见,我决定允许 7 名高一的学生不参加期末考试,当然,还得家长同意,希望家长能在我让学生带回去的信上明确表态。

高一超前小组的 7 名学生中有 3 名未被我同意不参加考试,这 3 名学生今天或直接或间接都找到了我。我是有准备的,因为这一行为对不考试的学生是减轻压力,也是一种鼓励;而对后面的学生则无疑增加了压力,而且心理上的压力更大,但我确实不希望他们都停课,希望他们能够理解。特别是那对双胞胎,一考一不考,都有压力。大双特地找到我为小双请示免考,我没有同意,但我欣赏这个做哥哥的魄力。

在应对压力的过程中,大家都会越来越成熟。

067. 这两次的《难题征解》在不停地冒泡泡,很好。

同时,很多学生都在反思自己的学习过程,更好。

068. 我心里记挂着退出物理竞赛的 LCJ 同学,他非常艰难地学了一段时间的物理竞赛,希望他今后在常规学习中物理也不至于落下。今天我特地把他喊到办公室,送给他一本我刚出版的书,希望对他的学习有所帮助,但愿他能天天向上。

2011 - 6 - 23

069. 高一3名希望不参加期末考试,但被我要求参加期末考试的学生及其家长在昨晚及今天上午都联系我了,这是我预料中的。

我非常详细地向他们陈述了我这么做的原因,希望能得到真正的理解。

我知道,我这么做,对这几名学生而言,压力不是三天后考试的时间问题,而是多方面的心理压力,我是希望用这种压力提示他们:在他们身上,有着这样或那样的问题,在今后的学习过程中,要多想想该怎样解决问题,从而更好地提高学习效率。

我也知道,我这么做有可能让他们放弃相关的学习,如果他们真的放弃相关的学习,就说明他们本身没有向更高层面冲刺的雄心。

一切随缘吧!

070. 高二的学生就没有这种纠结了。此时此刻,他们有的只是背水一战的雄心。

竞赛的偶然因素在那里横亘着,也许根本就不是问题,也许无法逾越,但无论如何,我们对这些勇往直前的同学都充满敬意,因为他们知道自己的不足,但他们无所畏惧。

近一段时间里,我非常感谢高二的学生在学习过程中与我的配合。他们中的每一名学生都实实在在地按照我所指定的内容学习,不断地提出问题,相互促进。

071. 经联系,华师物理学院今年暑假不进行实验培训了,可能在寒假进行(也可能不培训)。因此,高一的学生只能参加武大组织的培训。

072. 过去几届学生与现在几届学生的家长都曾问过我同样的一个问题,就是他们在这一段时间该如何配合学校来教育学生。我认为,这是一个很容易回答的问题。如果家长不从事与孩子所学的竞赛学科相关的工作,一般在这段时间里,主要注意三方面的工作:一是注意学生的心态,给孩子一个和谐的学习环境;二是注意孩子的身体健康,包括饮食、休息等;三是对孩子的作息时间与学习内容进行合理与适度的监督,既不要太放纵,也不要太苛求。

至于教学的细节问题,学习的内容与方法问题,那是我与你们的孩子之间的问题,你们不要过多地要求为好。

073. 我非常感谢昨天一位家长向我提供了他所收集的一些物理竞赛资料,这些本应该由我们老师来做的工作,不料家长也在做。家长的这种支持,我是从内心里感激的。我再次说声"谢谢"!

其实,我对家长的要求很简单:理解我的做法,相信我会为学生的可持续发展考虑,这就是对我最大的理解与支持,真的。

2011－6－25

074. 今天是高考出分的日子。高考结束的时候,有领导和媒体询问我对今年高考的预测,我给出了重点不低于560分,应在565分附近,清华、北大不低于670分的看似武断的说法,当初得不到认同,他们认为我预测得太高了。今日看来,我还是太保守了。的确,重点570分以上的分数线,真的让人有点接受不了。

075. 一位物理竞赛落下的同学考了669分。是物理竞赛影响了他而没有考得高分,还是物理竞赛促使他考得如此分数?谁能评说?

我的看法是:竞赛不影响高考。

076. 今天是星期六,上午我还是抽时间去教室查看了学生的情况,回答了学生的若干问题。相对于其他学科,我对他们在我这门学科的表现应该是非常满意的。

2011－6－27

077. 高考的所有数据都出来了,北大、清华的分数线在679分。想想看,这种成绩谁能有十分的把握?能达到这种成绩的人数,恐怕女生要超过男生了。

但竞赛保送到北大、清华的就几乎只有男生了。可想而知,高校不会放弃保送生的优势。

不说这一问题了,说多了就是悲剧。

078. 高一开始期末停课复习了,数学学科竞赛组的同学基本上都不参加期末考试,也不参加相关的复习,从我做班主任的经验看,这不太好。高一物理组的同学基本上按部就班地学习。

079. 预计7月8日期末考试结束,高一物理小组后面群体的同学7月9日即参加实验培训,日子很紧的,我已经代大家在网上报名了(共10位),到时大家按要求交费应该就没有问题了。如有不清楚的地方,请在群里下载《关于 2011 年度暑期物理奥赛实验培训班的通知》,里面交代得很清楚。

对于第二轮实验,学生如果从熟练的角度考虑,参加也无妨,特别是在没有经济压力的情况下。

2011-6-27

080. 家长期望实验培训有老师带队,对不起,实验是校外的收费培训,功能我已经在前面说过了,学校与教师都不会参加,学生参加与否是一个自愿的问题(虽然老师建议参加),也不存在带队问题。

以前的学生参加实验培训时,我偶尔去抽查一下,也只是在晚上或中午去,但那纯粹是义务,其他学科、其他年级、其他学校的教练可能连这种义务都没有了。况且,我在学校里还有高二的学生要带。

当然,他们做实验时,我同样会去抽查的。

081. 高二组的同学第一次综合测试的成绩星期天就批改出来了,比我预料的好,但问题还是不少的。今天下午我评讲了两套试卷,主要谈问题和注意的方法。

到达一定的程度后,心态决定了你的成败。

082. 我在培训教室内发现了《×幻想》《××绘》之类的无厘头杂志。这类东西偶尔翻翻无妨,集中在一起阅读,可能就是问题了。这类东西进入教室可能就会挨批了,还是把它们收起来吧。

棋可以走一走,杂志也可以看一看,球也可以玩一玩,这些都不会让江老师变脸,但若都来一下,就不是一下子的问题了,大家说是不?

2011-6-29

083. 如果让我预测这一届高二物理竞赛学生的走向,坦率地说,至今我还是模糊的,我说不准未来的情况如何。

今天有高二的学生问我:这一届高二的同学与我所带的上一届比较,状态如何? 我当时毫不犹豫地说:这一届与我的上一届相比,整体差距太大。

当时我没有细想,现在冷静下来,也不会改变我的说法。好在上一届有一位竞赛失误的同学在上大学后特意给我送来一个包裹,是他保留的竞赛培训资料,主要是第二轮的,这些资料与本届使用的大体相同,有练习与测试,在我办公室最上面一排的柜子里放着。如果你不服的话,可以将你的拿出来与之比较一下,剩下的我就不多说了。

当然,这并不等于我不承认本届学生也有相应的优点。比如,上一届的学生绝对没有本届学生所完成的习题量多,在高一阶段,你们在系统性上差一些,但完成的习题量是相当大的。参加竞赛学习的学生在高一阶段能完成"黑白砖"两本书上的习题,真的不容易。虽然我不赞同使用"黑白砖"。

084. 今天专门针对高二的同学评讲了一下上次考试的试卷,题目肯定是大家都见过的,满分为 160 分,但低分却过不了 100 分,你和我都得想一想为什么。是不会做吗?恐怕你有很多理由不承认,可事实呢?

有几位同学对不得分的情况似乎有点儿不服气,不过,不论你承认事实与否,你都得认真对待。真的,考试不是考你会不会做,而是考你在规定时间、规定地点能不能做对。你做对了,还得让阅卷老师能轻松地看懂。

考完以后,不论你如何向我解释当时的思维是如何地正确,请你相信,我也有扣分的充分理由。

请你堵住我扣分的理由吧!

085. 下晚自习后,我留 CW、TC 两名同学聊到很晚,我们谈了很多学习方面的问题,希望他们能有进步。

2011－6－30

086. 今天有两位家长到学校来,一位家长给我送来了他在网上所收集的竞赛资料,我深表谢意。

另一位家长则专门来谈了一下孩子的近况及期望。

这个时候,家长关注孩子的成长是非常必要的,我真的希望学生、家长、老师诸多方面形成合力,共促学生成长。

晚上我去查看了一下学生的自习情况,并批改了部分试卷。

2011－7－1

087. 今天上午,我从进办公室到中午下班,中途没有休息片刻。先是赶紧将昨晚没有批改完的试卷接着批改完,然后不间断地有同学来提问。再就是约谈几位同学。

088. 今天下午接着再考。

每一次考试,都会或多或少地暴露同学们的一些问题。同学们要从卷面失分的表象中查找失分背后的真正原因。这些原因可能是知识点掌握不到位,可能是方法运用不熟练,可能是自身的计算能力不足,可能是书写规范有问题,可能是审题出偏差,还有可能是当时的心理与生理方面的问题,不一而足。

譬如说 TC,我认为他在知识的广度和深度方面应该是比较好的,但他的考试成绩常常大起大落,为此事,我已单独与他交谈了好几次。我认为主要原因是他在考试中缺乏对题目的敬畏感,过于自信而小看题目,每次考试都不能仔细地审题,认真地运算,致使错误不断。但他总认为问题的出现只是一种偶然。今天又约谈了他,愿他能意识到问题的严重性。

再譬如说 WW,本次考试又犯了上次考试同样的错误,于是我在他的卷面上写下了"你若坚持不改,我就坚持扣分"的留言。

2011 - 7 - 4

089. 今天下午评讲了最近两次考试的试卷,总体来说,后一次比前一次考得要好一点。

最近一段时间,SHL 同学较以前进步了很多,我今天用"进步神速"给予了赞扬,同时也希望他能保持目前的状态。

努力就会有收获。

2011 - 7 - 6

090. 我批改试卷的习惯是批改完所有同学的第 1 题,再批改第 2 题,依次进行。

上次在办公室批改试卷,当批改到了第 5 题时,XMZ、SHL 两位同学进了我的办公室,想到 LHY 前面的 5 题得了满分,便随口说了句"LHY 这次考得很好"。不料,当场批改后面的 3 题,别人都做得挺好,他却莫名其妙地被扣 50 分。XMZ 当时便说:"江老师是个乌鸦嘴。"我当时无所谓地笑了笑。

但今天我就笑不起来了。

上次评讲试卷时,我看到 SHL 进步很快,给了"进步神速"的褒扬,昨天考试他就往后退了一大步。

这还不算……

连续 10 多次考试,CW 的成绩都不低于 140 分,可见其发挥水平是稳定的。上一次我也是为了鼓励大家,将这一成绩褒扬了一番,昨天的考试他就给了我一个下马威,考出 107 分的成绩,几乎垫底。

今天改试卷时,刚好 XMZ、SHL 两位同学又在场,XMZ 同学看到成绩后,当场脱口而出:"你真是个乌鸦嘴。"

我晕。掌嘴!

091. 乌鸦嘴的另一面也有显示。

前段时间,公开地与私下地,TC 受到了我的多次批评。但这两次考试,他的成绩就大有起色,且本次考试几近满分,有进步。(我知道 TC 不在本 QQ 群里,是看不到这段话的,不然我又会成乌鸦嘴。)

092. 综合上面乌鸦嘴的两面性,江老师将保持以往的一贯风格,对同学们的考试尽量做到多批评,少表扬或尽量不表扬,以发挥乌鸦嘴的正面效应。

还有,从现在起,同学们一定要遵守纪律,认真学习,不然的话,江老师将对你进行猛烈的表扬,直至复赛,让我这乌鸦嘴发挥名副其实的反面作用。

093. 说到纪律,今天发生的事就不得不再说一下。

上次教室门被反锁了,我掏钱给你们修了,当时我交代你们该如何防止类似的事情再度发生。然而,今天发现教室门被踹了,而且不是一般的踹法,是破坏性的,我的心中立即升起了一团火。结合家长指出的中午学生过度打球的情况,不难推测我不在你们身边的时候,你们肯定有诸多不守纪律的地方。

今后,如果再发生如此严重的破坏性事件,恐怕就没有今天这么容易过关了。

其实,江老师是一个情绪化特征很明显的老师。

2011 - 7 - 7

094. 今天既没有评讲试卷,也没有考试,同学们按计划自习。

上午最后一节课上课前,XMZ 同学到我办公室请示能否活动一下,我当即同意。其实,我知道在第四节课后,他已经与部分同学去篮球场了,他来请示时,我便明说了,肯定是在操场上的同学不想回教室。

我没有预料到的是,中午休息时,他们又去篮球场了,不过,他们发现我在窗口盯着他们时,便都快快地回去了。

我更没有料到的是,在下午上课前,XMZ同学将篮球送到了我的办公室,让我代为保管。不用多说,我懂他的意思。

篮球在同学们手里时,别说物理小组有我经常巡视尚且有无法控制的时候,其他学科小组甚至有同学基本上是抱着篮球不放的。有几次,我在教室里讲课,其他小组的同学冲进教室,抱上篮球便往外跑。球是从物理小组借出去的,一旦他们在打球的过程中出现了问题,物理小组的同学自然就脱不了干系。将球放在我这里,安全系数应该大一些。

玩球是我害怕的一种运动。

095. 高一竞赛小组不准备参加期末考试的三位同学,在按部就班地、扎扎实实地学习着。很好!

明天是期末考试结束的时间,请高一物理竞赛小组的同学考试结束后到我办公室来,我将说明物理复赛实验考试的要求,同时对后天外出的实验培训作具体要求。看到本内容的同学请相互转告。

2011-7-8

096. 今天期末考试结束了,召集去武大参加实验培训的同学开了一个短会,交代了一下有关事项,提出了相应的要求,也承诺实验培训中途会亲自去抽查纪律情况。

要求1:要注意团结,相互关照。

要求2:实验前要适当地预习。

要求3:实验中要有主动性,彼此提出问题,熟练实验器材。不可仅按实验步骤与要求完成实验,还要有一定的"破坏性",在原有的步骤上求变通。

要求4:写好实验报告。

要求5:不得私自外出,服从组长领导,有事请假。

……

学生实验培训今天下午报名、交费,据说所有家长都去了,而且也都将学生安排在武大内部住宿,这免去了每天来回奔走的麻烦。很好!谢谢各位家长对我工作的支持与理解。

097. 由于我校没有物理竞赛实验所要求的实验器材,有家长要求学生最好能在外完成两轮实验,如果家庭经济条件允许,这当然可以。

目前,初步安排参加实验培训的高一同学 7 月 22 日回校上课。

如无意外,两个年级的同学在 7 月 25 日至 8 月 7 日期间放暑假休息。假期中有外出活动安排的家长,请将活动时间安排在这一时间段内。

强烈建议高二的同学假期间不要安排外出旅游。

098. 本周高二小组的同学考了三次,起伏都很大,不是太理想,而且每次考试都有让人措手不及的问题出现。譬如,考题在原题的基础上稍作变化,同学们就无法应对了。有道题只改了原模型中一个小孔的位置,结果只有一位同学勉强支撑着完成了解答,其他的同学都卧倒了。如果在考试中遇到了没见过的试题,会是什么情况呢? 我真不敢想象。

099. 本周《难题征解》发布后,冒了几个泡泡,大家都以为是力学问题,实际上是道热学题。

2011－7－11

100. 今天早上读到靖礼昨晚发来的短信,说今天要到学校来,我回复他早一点,准备让他与学弟们见个面。上午靖礼如约来校,恰遇上 2007 届的 ZJT 同学也来到了学校,他们一起聊了一会,靖礼便与学弟们见面去了。靖礼与这些学弟们已经不是第一次见面了,我没有陪同,他们想聊什么就聊什么吧! 但中午结束时,同学们觉得时间太短,请他下午再去,靖礼爽快地答应了。

中午我与靖礼、ZJT 一起吃饭、聊天,直到 3 点多钟。然后靖礼又与同学们交流去了,直到快放学了才出来,中途我也只去教室看了一趟,参与了一下交流,插了几句嘴。

想必这样的交流对同学们是有益的。

放学后,我与靖礼、ZJT 又继续聊了很长一段时间,他们两位将一整天的时间都耗在我这里了。

ZJT 是 2007 届考入北大的,他原来也是物理竞赛小组的,但在复赛中出现了失误,这个假期过后便会去美国求学。在我整理的《物理专题讲解集锦》中就有他的文章,他看了后,明显地感觉到亲切,就索要了一本。

101. 同学们与靖礼交流时,不要在意他为你们解答了几个物理问题,关键要注意他所谈到的学习过程与态度,这才是最重要的。

靖礼在与我的交谈中,已流露出对你们的赞许与肯定,夸奖你们已经超过了当年的他。

努力吧,我倒是真的希望你们超过他!

102. 晚饭后,我去中国地质大学数理学院查看了在那里做实验的同学的情况。本次参与实验培训的人数不少,情况也还算正常。今天我校学生做的是用单摆测量武汉地区的重力加速度的实验。我将同学们召集起来,以本实验为例,说明该如何实现我所提出来的"破坏性"实验。

同学们都很努力。

2011-7-13

103. 先录一段靖礼讲的趣闻。

第12届亚洲奥林匹克物理竞赛于2011年5月1日至8日在以色列特拉维夫举行,中国队的8名选手全部获得金牌,并全部进入前十之列。

其他国家的亚赛选手多半会参加随后举行的国际中学生物理奥赛,一选手见中国选手如此强劲,便弱弱地问:"你们还会参加国际奥赛吗?"中国选手回答不参加了,他们的表情立马自然了许多。中国选手接着又说:"在我们国内还有5位比我们更强的选手,他们将会参加国际奥赛,我们是没有资格参加国际奥赛的选手。"

估计外国选手顿时懵圈了。

104. 高二小组昨天上午考试,下午大部分同学去我校实验室做实验。

考试成绩其实昨天就已经出来了,总体上不太理想。学生的问题有方法方面的,有知识方面的,有能力方面的,有落实方面的。今天评讲时,我强调了方法与知识方面的问题,回避了另外两方面的问题,但同学们要认真思考自己能力方面与落实方面的问题。

此次考试的最高分为130分,是历次考试的最高分中最低的。

105. 昨天与今天分别接了两位家长与一位家长的电话,聊了相关学生的情况及整体情况。

各位同学与各位家长,江老师的心情与各位应该是一样的,希望大家都能在复赛中取得满意的成绩,但江老师十分清楚,每位同学都取得满意的成绩是不可能的,但这并不等于我们的学习不努力。

我们虽然很努力地学习，但我们最终仍然可能会留有遗憾。但如果我们不努力，我们会注定是有遗憾的。两者相权，我们一起努力吧！

106. 昨天，余超(今年保送至北大经管直博，不少同学都感到遗憾，因为他的物理成绩在北大物理学院已经是很牛的了)和当年的几位学生来校，聊了很久。余超居然能从《物理专题讲解集锦》中指认出当年他写的所有文章，我很是惊叹他的能力。

因为与他们聊过安全问题，我今天便特地跟同学们谈了一下安全问题。假期缺少相关的监管，同学们的自由度大了，安全也就成问题了。安全问题不是玩笑，请同学们谨记我今天关于安全方面的要求。

107. 我说过，读物理专业的前景比其他专业更容易向其他方面发展，这是不错的。余超他们那届三位同学就读于北大物理学院(是二中第一次有学生进入北大物理学院)，今年毕业，一人去了美国，一人去了加拿大，余超保送，前景都很好。

108. 今天评讲试卷时，有一个问题如果发散开来，肯定是一道很好的竞赛试题，已有同学给出了不同的解答方法，如果整理出来，应该是这方面问题的一个总结。当时我就建议让一位同学对此问题作一下总结，但遗憾的是没有同学接挑子。不知是否有人私下在总结。

109. 今天下午，夏金旺校长召集学科竞赛教练，就假期竞赛培训的相关安排开了一个专题会，同时根据其抽查情况，指出了竞赛小组的一些问题，有些就是针对我们小组的，比如教室的清洁问题、课余活动的问题，希望同学们恪守纪律。

晚上去培训教室看了一下，情况一般，说不出有什么问题，但也觉得有问题。大家能体会这句话的含义吧！

110. 晚上查看了教室后，我与在校门口等着我的家人一起逛了一会江滩。其实，我很久没在外面逛了。

在回来的途中，正在读初中的侄孙女对路旁停放的小车品牌从奔驰到QQ，可以一一道来，什么别克君威、宝马X5等，大多是我叫不上名字的。正好路旁有一房屋在装修，堆有一排红瓦，我便问："这为何物？"答曰："砖头。"我说："看清楚一点。"侄孙女认真地看了一会，还是说："应该是一种砖头。"

其实，学生能识别各种豪华车辆，却不能识别头顶上的这片瓦(孩子来自农村，住过瓦房，对瓦有很多的接触机会)，这就是我们教育的现状。仰望星空与脚踏实地之间的距离太大了。我当时就想,竞赛的同学是不是也该思考一下这个问题,你的星空与你脚下的土地之间,你沟通过吗?

2011-7-14

111. 今天上午高二小组的同学考试,我便趁机去了一趟中国地质大学,看望了一下在那里做实验的同学。情况尚可。

2011-7-15

112. 今天 ZJ 同学的家长来校说明了 ZJ 退出物理竞赛小组的想法,我也如实地说明了我的看法。非常感谢 ZJ 同学及家长的理解。正确地认识自己的处境,总比盲目地前行要实际一些。

另有一位同学不愿意参加第二轮的实验。也行,没什么的。对高一的同学,理论学习比实验培训显得更重要一些。原本我并没有安排第二轮实验培训,但有家长不断地在这方面纠结,且学生参加第二轮实验培训,于实验能力多少还是有些好处的,也有助于学生对后续理论的学习理解,同时也可减轻我的培训压力,是不错的选择。只是在随后的理论培训方面,时间会显得更为紧张一些,但也可作适当的调整,希望同学们有所准备。

其实,我并不喜欢由家长来安排培训过程而由我来执行。

2011-7-16

113. 今天,有学生与家长反馈说,近期将有两位大牛级的物理竞赛教练来武汉举办物理竞赛培训班,咨询能不能参加培训。高一的同学与家长也许不太清楚,我曾对高二的同学与家长说过,每到假期,各类竞赛培训班多如牛毛,参加他们的培训,说没有收获肯定是假的,说有很大的收获肯定也是假的。

对于希望参加这类培训的同学与家长,话不多说,我既不鼓励,也不反对。至于希望我能将我的培训时间与学生外出培训的时间错开,对不起,不可能,我得按计划进行。

想想也是,学校其他学科竞赛小组在假期都将学生集中送出去培训了,我物理小组也可以啊,外面开培训班的都是牛人啊,学生出去了,学校也不少算我的工作量,学生花的也不是我的银子,而我又无须上课,要轻松多少啊? 而且,只要我开口,想必学生也会去的。

114. 高二小组的同学在我接手前,就外出参加过不少的培训,收获肯定是有的。不过,我曾将培训讲义中的多道例题设为考试题,大家还是不会做,我只得重新讲解。

115. 今天小组内有点插曲,写在本期的《难题征解》中。现将其中的一段抄在这里:

今天是星期六,虽然高二与高一两个年级的同学们都在学校自修,但教练周末是可以不到校的,考虑到我的两个竞赛小组的同学都在学校,上午我还是按时到校了。下午我就有点纠结了,既想到外面去透透气,又想在家上上网,还担心同学们在校是否出问题。左右为难之际,我抓起桌子上的一枚硬币,向上一抛,待其落地,心想:如果硬币的正面朝上,就去城外透气;如果背面朝上,就在家上网;如果它立着,我就去学校。

那枚硬币在地上翻腾了几下,滚到墙边,靠在墙上,硬是不倒。结果大家都知道了,我去了学校。

天意难违啊!

来到学校,果然有情况,有人在课间下象棋(这是不允许的),有人在球场玩得不亦乐乎,不知回教室。我在同学们的象棋中找出四只"车",带回办公室。不料,一只"车"中途脱手,滚了好远的距离才停下,居然也立着不倒,心中称奇。

……

于是,便有了《难题征解》中以硬币与"车"立着不倒为背景的那道题。答出题目者来领"车"。

下午,我还在黑板上出了一道难题,有同学当场做出,很不错。不过,黑板上出的那道题比较规范,有人解答出来也很正常,《难题征解》里的两道题就有所不同了,大家不妨一试。

116. 晚上我习惯性地去了学校,发现都放假了,才想起今天是星期六,学校不上晚自习。可能是因为今天思维一直在围绕问题转,我的脑袋有点发懵了。

2011 - 7 - 17

117. 今天是星期日,上午我在家上网,整理了一下资料,更新了群中的

《难题征解》的部分内容。下午我抽时间去了一趟中国地质大学,查看了一下做实验的同学。

118. 细心的同学可能已经注意到了,有一位大牛——靖礼加入了本 QQ 群,我希望大家若不是有特别的问题,不要轻易去打扰他。谢谢!

119. 最近贴的两道《难题征解》,泡泡不断。

2011 - 7 - 18

120. 今天早上我一进办公室,就有同学来说大家在讨论《难题征解》中的两道试题,遗憾的是还没有人给出恰当的答案,更没有人来领那四只"车"。晚上去教室,我给大家讲了冰山的那道题,而有关"车"的那道题还得放一放。

今天我还在教室里另出了两道试题,同时在 QQ 群中又贴出了一道难题。

121. 最近一段时间里,不断有同学生病,这是一个不好的迹象。希望同学们与各位家长都注意一下,不要因此影响到了学习,毕竟进入冲刺阶段了,任何意外都可能导致无法挽回的损失。

安全第一啊!

122. 今天上午我一进教室,就意识到两双昨天又血战了一场,两位的身上都是伤痕累累。一问,果然如此。之所以说"又",是因为离上次发现他们血战不出两周。上次我只是温和地批评了两位,心想,这应该是他们父母管理的事,这一次我就不客气了,将两位请到办公室。希望他们两位能理解我所作的要求。

当初我第一次找他们时,就聊过他们之间的战争,今天旧话重提,请两位记住,如果再让我发现,自己带一板子到我办公室来。

2011 - 7 - 19

123. 近一段时间里,我多次说到安全问题,昨天晚上我在教室里谈了安全问题,我还在群中高呼"安全第一啊"。也许我真是一个乌鸦嘴,今天就出了安全问题。

今天上午,WW 向我申请最后一节课能否活动一下(我曾答应每周给他们活动时间),我一想,今天才星期二,便拒绝了。接着,我又想到明天上午考试,说不定下午还得评讲,便喊回了 WW,同意他们活动一节课。随后,几名高二的同学与一名高一的同学(JNM)去操场打篮球。下午上课前,JNM 同学的家长打电话说,JNM 打球受伤了,医院检查出轻微骨折。我将此事在小组内通报后,一句批评都没有。下午放学,篮球就被同学自己带回去了。

不是老师神经质,而是每到此时,老师都是战战兢兢的,不怕一万,就怕万一,今天就是万一。

再次高呼:同学们,安全第一啊!

124. 关于我编的那道难题的解答,昨天就有同学按捺不住了,今天我将我的答案一说,争论便超出了想象,其热烈程度达到了我带高二小组以来的最高峰,TC、SHL 直说我的解答错误,并给出了自己的解答,而 CW 又认为我的解答正确,双方争论不断,衍生出了很多的问题,直到下午放学,我才给出了一个综合的评价。

其实,我们给出的都是某种极端情况下的解答。

我想,今天的争论,大家肯定是有收获的,反正我的收获不小。但我更希望大家在争论的过程中,能冷静地听取他人的表述,从中领会他人对问题的理解,就像江老师一样,在 TC、SHL 两位同学高喊"江老师,你错了"时,江老师能冷静地听他们表述,从他们的角度来理解问题。其实,最后的结果大家都知道了,江老师不一定错,他们也不一定对,但我们大家都有收获。

竞赛到了后期,谁敢说自己都是正确的? 江老师不敢。

但江老师想,即便是错误,只要大家从争论中获得收益,就胜过做几道正确的习题。

今天讨论的这道题是江老师命制的,尚且漏洞多多,如果让同学们命题,又当如何做到尽可能全面呢?

125. 晚上再次去教室,发现一"同学"在趴着睡觉,揭其盖着的衣服,同学们一阵大笑。原来,一位同学将两件校服和一个书包做成一个"人"的伏睡状,诱我上当。果然,我上了当,但我很快就知道是谁做的局。大家也很快便进入自习状态了。

2011－7－21

126. 昨天高二小组进行了一场考试,情况较好,考出了综合测试以来最好的成绩,而且试题的难度也不是太低。愿大家进步。

今天我又临时在黑板上出了两道题,大家肯定都没有见过,解答比我想象的快多了。当然,慢的也纠结了许久。

127. 高一小组参加实验培训的同学今天结束培训了,明天将到校上课。

高二小组的同学最近在校内也做了几次实验,情况不是很好。我要求同学们实验时带上以前的实验报告,几乎都没有执行。这样一来,学习效率自然就低了许多。

128. 最近我强调了许多次安全问题,祈望大家都不要生病。不料,我昨天突然不舒服了,根本不能站立,坐、卧都不舒服,看样子明天上课只能坐着讲了。

2011-7-23

129. 同学们应该很清楚,平日里,江老师在教室里几乎不曾坐过,一般情况下是在教室里不停地走动,以便同学们有机会提问,更别说坐着讲课了。但这几天不行,我身体有恙,坐在躺椅上讲了两天的课,有时还是躺着讲,感谢同学们的理解。今天下午我终于站起来了。

再次感谢将我的躺椅在教室与我的办公室之间搬来搬去的同学。

130. 今天我在教室里两次谈到了高二的同学近期的学习目标与重点。在处理物理问题方面,我们以前因为时间紧,需要学习很多内容,所以在考试中,我重点关注的是会不会,以能够解决物理问题为第一目标;由于马上就要面临复赛了,今后我在评卷中将以做得对、能得分为第一目标。伴随这种目标的转变,同学们就应更加注意审题、运算、书写、卷面规范、心理状态等看上去非智力的因素(其实肯定是某种能力因素)对考试的影响,以确保自己会做的题一定做对,做对了的能得分。

要明白我经常说的"考试不是考你会不会做,而是考你能不能做对"这句话的真正含义,能将自己会做的题都做对,且能得分,这才是考试的最高境界。

同学们,你们必须要有这样的心理准备,即到了走进考场的时候,你们肯定还有许多不会做的习题,在试卷上也一定还有你们不会做的试题。不过,这完全没有关系,只要你们将会做的题目做对,你们一定能获得赛区全国一等奖,乃至冲进省队。

131. 在高一小组里,我谈了后期的相关安排有哪些。只要你还没有放弃物理竞赛,你就要按我的要求努力下去。

据说中午休息时间教室里不太安静,希望大家能听懂我下午的要求,严格遵守相关的纪律,扎扎实实地努力。

你们未来的压力也是很大的。

2011-7-25

132. 今天,其他学科的竞赛培训都停了,高三年级也都放假了,只剩下我这一块的培训在坚持了。竞赛毕竟不同于高考啊! 高考是明年 6 月,而现在离竞赛时间不到两个月了,是冲刺阶段了,不能停啊!

有同学说我们物理小组是最勤奋的,我回答说:可能是江老师最勤奋了。如果我决定放假,恐怕大家也只能回家了,说不定还挺高兴。上午,分管学科竞赛的夏校长还特地去检查竞赛培训情况,恐怕他还不知道其他学科小组都已经放假了。反正,竞赛培训如何放假,是由竞赛教练自己掌握的。

送出去培训的有的还没回来,在校的也已经放假了,前后考虑,整个假期,物理小组的在校培训时间肯定是最长的(假期教练的劳务费是固定的,是不分时间长短的,是不分校内、校外的)。

我决定后天放假,时间至 8 月 8 日,我的安排明天统一交代,大家可作相应的安排,也可提相应的要求。

133. 今天,高二小组考了一次,所用试卷为"兴奥杯"第七届的决赛试卷,多数题目没见过,且有一定的难度,总分为 140 分,多数同学都考了很低的分数……

一遇到过多的新题,大家的问题也就多了。比较典型的是 LHY 与 HZY,新题一多,计算量一大,问题就自动溜出来了,两位请多思考这方面的对策。

有几位同学一动笔就错了,导致整题不得分。小心为妙啊!

134. DHL 同学说他昨天整理了一下过去的试卷,清查了相关的问题,统计了各种出错的比例。这样做很好,但若能思考一下相关的对策,其效果会更好。

DHL 同学的工作就是我的假期作业之一。

135. 今天上午考试中的两道附加题,是 TC 与 SHL 两位同学命制的,难度较大,而且 SHL 同学自己给出的参考解答是错的。下午,TC 与张成锴两位同学用了两节多课的时间为其验证、完善答案。为了加深印象,我激了 SHL 一下,提议由他给我们三人各买一瓶水。这个提议得到了响应。

136. 高一小组的电磁感应、交流电、电磁振荡与电磁波的内容已进入习题讲解阶段,明天结束,后天正好放假休息。

2011 - 7 - 26

137. 今天高一竞赛小组完成了本学期的培训内容,我布置了假期同学们应该自主完成的内容。

对于高一常规的同学而言,我知道你们的压力很大,因为你们身边就有看似很强大的 7 名同学,要想超越他们,除了实力有差距外,如何克服自己的心理障碍也是一个很大的问题。但我想说的是,你们的真正对手并不是他们,而且他们还将与你们捆绑在一起与我们真正的对手竞争。至于谁是我们真正的对手,我不说,想必大家都很清楚。至于身边的这 7 位同学,时间会削弱他们的优势,就像我所说的跳高极限一样,只要你们发挥正常,你们应该自信你们的极限并不比他们低,所以你们战胜他们的可能性也是很大的。

我知道有的家长会安排孩子在假期外出旅游,我不反对,但作为竞赛生,外出的时间不能太长,因为湖北省的中学生学科竞赛已基本上专业化了,在这种环境中,稍有松懈,就有被甩掉的可能。物理竞赛生在高中这两年的时间里,相当于多读了一个大学物理专业的课程,这是需要时间来支撑的。毕竟,同学们还不能用天才来形容。

对于十多天的假期,我也不再作特别的安排,相关要求在教室里也讲了,希望大家记住。至于练习,我不作硬性的要求,大家能做多少就做多少吧,只要不懈怠就行! 但狭义相对论的预习是必须完成的。

138. 高二小组的假期学习内容,个性化的那部分我基本上对同学们都单独讲了,希望好好领会,认真执行。

时间的紧迫性就不用我多讲了,想必你们很清楚。由于每个同学在校学习的内容并不相同,在家也缩小了可以共同讨论的空间,适合自我反思,请同学们在个性化的作业外,共同完成如下的内容:

① 认真阅读《物理专题讲解集锦》中没有阅读完的部分。

② 重新阅读并练习《物理竞赛专题精编》中对自己有针对性的专题,对每个专题的特点应有一定的认识,能处理相关的问题,熟悉相应的方法。

③ 预习狭义相对论的部分内容,完成相关的练习(第二轮培训的例题中有)。

④ 清理第二轮学习以来的试卷,从中发现自己的问题,并作归类分析,思考自己的应对策略。

⑤ 选择性地完成发下去的练习。

你可以根据自己的实际情况,在下面的任务中进行选择性作业,可选一项,也可选多项,当然也可以不做:

① 在学习物理竞赛的两年时间里,你可能对某个问题产生了较为深刻的认识,为此,你一定能写出一篇甚至多篇与问题相关的小论文,不在乎长短,而在于有你的观点,就像《物理专题讲解集锦》里的文章一样。

② 我在《物理竞赛专题精编》中列举了很多学习专题,而在你看来,一定还遗漏了什么,请补充。

③ 请独立地编制一份针对复赛的竞赛测试卷如何?如果你不能编制一份完整的试卷,编制几道自认为有特点的物理竞赛试题亦可。

④ 当然,你也可以用简短的文字写一下你参加物理竞赛学习以来的感受。

上述作业,不论你能完成多少,都不会有老师来检查,但江老师相信你们不会懈怠,而且一定会非常地努力。

顺便强调一下,高一跟随高二小组学习的同学也参照上述要求执行,但选做部分的内容可不参与,应以弥补你们的知识缺陷为主。

最后,如果你上网,你也可以到群里来看一看,或许也有你感兴趣的东西。

139. 祝所有的同学及家长暑期愉快!

2011 - 8 - 7

140. 假期结束了,也不知外出旅游的同学是否已经回家。

高三明天开始上课,竞赛培训也同步开始,作息时间与以前相同。

假期期间,我在群内上传几道题,但反应不是很热烈,也有同学上传了题目。也不知道大家是否完成了相关的假期作业。

新学期开始了,同学们,向着目标,冲啊!

2011-8-9

141. 昨天我安排了一天的时间答疑,原以为一个假期同学们可能会积累一些问题,但结果是,大家的进度比我想象的要慢一些,问题也不是很多。仔细询问了几位同学的假期情况,回答当然是按要求在做,但有几位在回答时又显得有点底气不足,不知道同学们是否真的完成了作业。

142. 今天,高一和高二都按预定的计划进行了一次测试。从批改的情况看,高一小组的情况比较理想,高二小组的情况感觉要差一些,难一点的陈题做不全,新题还是不会做,这就有问题了。下午评讲,以那道与频闪相关的题为例,阐述了我的一些观点,很多看上去容易上手的题要做对却并不容易。这也正是我在QQ群中指出的在考试中可能出现的状况。

希望大家不要再一心想着去做新的难题了,能将已经做过的题完全做对,能将类似的题完全做对,就像今天大家都能做对第4题一样,那就成功了。

143. 今天借机说了一下复赛参赛名额的事,有些内容我不能敞开说,只要大家心里有数就行了,没有必要对外宣扬。比较遗憾的是,今年我恐怕为高一小组的同学争取名额的机会都没有,确定复赛名额的那段时间我在国外,但我会争取在出国前将名额问题落实好。

祝我们好运吧!

2011-8-10

144. 今天上午,对高一小组的同学进行了交流电部分的测试,情况还比较理想,预计有可能出现问题的几道题,结果都有同学突破了,而且有同学满分。但没有让满分同学扫地,因为昨天扫过地了。

下午评讲了一下试卷,问题都集中在直线加速器的那道题上,评讲过后,相信大家都能弄清楚。

不过,WZQ同学的规范问题确实太大了,已经不止一次督促了,愿他能够领会并踏实改正。此外,不知道他是否还在用相当的精力玩游戏。他的基础不错;但如果他坚持每天都要玩一下游戏的话,相信不久就会被……不用多说,如能领会,就是我们的缘分了。

2011-8-10

145. 今天我约好了上一届物理小组的林思成同学明天来为大家讲解狭义相对论一章的内容。

林思成同学在高中阶段学习刻苦努力,最终入选当年物理奥林匹克竞赛的国家集训队(28人),在集训队中以一分之差屈居第十四名,没能进入亚洲中学生物理奥林匹克竞赛国家队,有一定的遗憾。且他进入北大物理学院的学习过程充满了曲折与惊险,体现了他良好的心理素质与不达目的不罢休的精神。目前他在北大物理学院学习,其专业课程的绩点很高,有时间我可以讲一讲他的故事。

明、后两天都用来学习相对论的内容。

2011-8-12

146. 坦率地说,对于相对论的内容,我是不太熟悉的。历年的培训,每到讲授这一内容时,我都必须像学习新内容一样,将其重新学习一遍,讲解起来还是底气不足,经不住学生刨根问底式的提问。对这一内容,若让我来理解并熟练运用,我觉得确实有点难。关于相对论的教学,在教师中流传着一个段子:如果老师讲清楚了,学生一定没有听清楚;如果学生自认为听清楚了,那么老师一定没有讲清楚。这说明相对论有点难以理解。

上一届,我便请余超与同在北大物理学院学习的JS同学在假期给同学们讲解相对论内容,反映颇好。

去年接手高二后,请靖礼给同学们讲了相对论的内容。那几天靖礼发高烧,但坚持讲了两天的时间,我很感动。今年寒假,我便开始预约林思成同学,让他暑假来给同学们讲一讲相对论,他满口答应了。不料,这个暑假他回武汉只有六天的休息时间,但他仍然安排了两天的时间来为我们讲课,我的确是很感动的。今天晚上,他坐九点钟的火车回北京。

林思成用两天的时间给同学们讲了相对论的内容,相信他对相对论的理解与讲解比我要清晰得多。

147. 相对论纳入竞赛内容以来,在复赛中已经考过多次了。在由大学教授主导命题的物理竞赛中,相对论估计是一道难以绕过的坎,希望大家多加揣摩,对时间与空间的相对性及相对论下的能量与动量的特征做到真正

148. 离竞赛越来越近了,希望大家能做到目标明确,行动一致。

今天,在高一小组又发现一同学出现了情况,而且已经不是第一次了,情况暂不多说,原准备发给其家长的短信也压了下来,只在这里做个记号,若再犯,决不轻饶。

2011-8-16

149. 当初高二小组的同学要求停课时,我一再表示不用急,原因是长时间地从事一门学科的学习,经过一段时间后,必然会疲倦,学习上表现出倦怠。从目前的情况来看,这一现象已经开始显现,不仅有人利用学习时间阅读课外书籍,利用我不在教室的间隙聊上了八卦,或者找时间听听轻松的音乐,更有甚者,居然玩起了手机游戏。假期过后仅一周多一点的时间,这些问题都冒出来了,还来势汹汹。而且,据我观察,很多同学假期学得并不是很投入。各位家长应当注意这种现象是否发生在您的孩子身上。

坦率地说,如按竞赛培训的要求,同学们还有很多书要看,但显然没有时间了。同学们对于各类习题的解答,还远没有达到要求的熟悉程度。说通俗一点,同学们能将会做的题都做对吗? 且不说还有你不会做的题。

150. 上周我就学生的课外阅读在群里说了一下,今天又就自习课聊天的事约谈了相关同学,至于自习课上玩游戏,我想是不是说了也是多余的,谁都知道这是什么性质的问题,如果次数多了,就等于是在逐步放弃竞赛了,那还用得着我大张旗鼓地说吗?

151. 对于我对同学们的要求,希望同学们能够正确理解。譬如我要求同学们必须认真对待《物理竞赛专题精编》一书,对于每个专题必须要加以练习,并且至少每个专题要做一题。我的本意是,如果你对这一专题的习题都很熟悉,那么只需选择性地做一题,作为练笔即可;但如果这些题你还不会做,那么,你就应该认真对待该专题中所有的题,通过解题来体验与模型、知识、方法相对应的解题特点,这比你漫无边际地做题的效果要好得多。据我观察,有的同学确实每个专题都努力地做一题,但对其他的题却不予理睬,这显然是误解了我的意思。

再比如,我让大家整理第二轮培训的例题,我猜想同学们一定会有一些问题,但到目前为止,只有一位同学找我查看过相关的解答。

你们真的没有问题吗？

152. 越来越临近竞赛了——

请所有的家长要注意孩子的生活与心理状态，注意孩子的饮食，既要保证他们有足够的精力，同时也要保证他们不会因为吃了自己不适应的食物而出现过敏现象，也不要对孩子求全责备。

请所有的同学注意自己的各种安全，在教室内专心学习，不要干扰他人，全身心地投入到复习备考中。

2011－8－17

153. 昨天晚上强调注意身体，今天就有人去了医院，说的真不是时候。但我总得说啊！

2011－8－20

154. 根据市教育局的安排，我将于9月初去英国接受培训，时间为1个月，这恰恰是物理预赛与复赛之间的一段时间。关于这件事，我已对学生作了说明。也请各位家长相信，我会根据竞赛复习的进度，对同学们这段时间的学习作好相应的安排。

155. 最近几天，找部分同学进行了单独谈话(主要是高二的同学)，既分析他们各自学习中的优势与弱点，又指明了他们今后学习的方向与方法，同时也对我将离开的这段时间的学习要求作了交代与说明。

希望被谈话的同学能认真领会谈话的精神，尚未被约谈的同学也会被一一约到的。

156. 学校的晚自习一般情况下是没有老师陪同的，虽然我也偶尔去查看一下，但基本上是在7点半以前，自习的后半段我就顾不上了。昨天，有人反映说我们物理小组在7:40后讨论问题有点乱，这是不好苗头，于是今天又重申了相关的纪律。

2011－8－22

157. 今天，学校的老师正式上班了。

上午两个年级的学生都进行了考试，高二的难度较大，同学间的区分度一下子拉大了。这是一个老问题，不再可能有大的改变，祈望今年的试题难度不要像第 26 届那样难得一塌糊涂。

高一小组今天是第一次进行综合测试,从目前批改的情况看,结果应该比预料的好。

2011 - 8 - 23

158. 今天批改完了高一的试卷,其成绩的确比预料的好,这是好的苗头,希望同学们继续努力!

今天又分别找了几位同学单独谈话。说实在的,从总体上讲,同学们的学习都是很努力的,所以对同学们的表扬相对来说就少了很多,因为用不着我为了学习的劲头而进行表扬,倒是更需要指出他们学习中的问题。所以,找他们谈话,多数时候是指正他们学习中的问题并给出努力的方向。

今天发了《物理奥赛小题训练》,对高一小组的同学交代了使用方法,高二的同学就只要看看即可,前面的部分比较简单,后面的则基本上是《200 道物理学难题》上的试题,而且有几题还明显超出了大纲要求的范围,好在答案都比较好找,也就用不着多说了。

159. 家长们,对孩子们来讲,复赛就等同于一次高考。家长这段时间里应全方位地关注孩子的学习状况、心理反应、身体状态等方面的表现,切实做好相应的服务工作。

2011 - 8 - 24

160. 今天让两个年级的同学都做了一套往届的复赛试题。去年参加过复赛的同学用的是第 25 届的复赛题,其他同学用的则是第 27 届的复赛题。考后很快便将高二小组的试卷批改完毕,试题里面肯定有同学们曾接触过的题目,但结果仍有 4 位同学没过 100 分,其中居然包括了 CW,这种不确定性想来都让人感到害怕。所以,下午我用了很长的时间与 CW 交流问题。

161. 高一小组的同学也不是很乐观,在一道看上去十分简单的习题上居然全军覆没,总分可想而知,也没好到哪里去,但相对于去年接手的现高二的同学当时的情况,还是要好许多。

同学们都还需要努力!

2011 - 8 - 25

162. 今天,一位同学生病了,这是我很担忧的问题,希望同学们及家长都注意,力争在后期保持良好的身体状态。

163. 今天,我借机与高一小组的同学进行了一场关于预赛后学习安排的交流。我在担任竞赛班的班主任时,不同意高一的竞赛生在本阶段全部停课,一方面是因为他们夺取一等奖的实力还不够;另一方面是 10 月上旬,他们还必须停课与省代表队的同学一起接受一段时间必不可少的普通物理培训,这些都是要耗时的。如果他们提前停课,恐怕对他们今后的学习不利。所以,我并不希望高一所有的竞赛生此时都停课备考。

但是,我也知道,即便是我不同意停课,他们的学习注意力也未必就放在常规学习上,这的确是两难。

164. 今天晚上将近 8 点时我去自习教室查看,结果不乐观,其他学科已经散场了,物理学科虽然没有散场,但注意力基本上都已经不在学习上了。我希望大家都向 HZY 同学学习,原因我不说,大家肯定都清楚。

没有老师的日子里,你们更应该自律。

2011 - 8 - 28

165. 没有老师的日子里,你们更应该自律。

下周一就是江老师外出的日子,最近与相关领导谈妥了复赛的名额,如不出意外,小组所有的同学都会有复赛的资格(当然,不到名单最后确定,是不会有最终结果的),希望大家能理解我的努力,同学们就在复赛的备考中努力吧!

166. 没有老师的日子里,你们更应该自律。

我外出后,同学们该怎么做?做什么呢?为此,我写了下面的这些文字,希望同学们能参照执行:

竞赛冲刺提示

同学们好!

当你拿到这张提示单时,你应该非常清楚,今年的物理复赛已经离你们非常近了。江老师本应与你们一起冲刺,却又不得不外出一段时间。在江

老师外出的这段时间里,对于同学们的复习备考,江老师作出如下的提示:

(1) 作息时间与纪律。在接下来的时间里,江老师希望同学们像假期一样,按时到校(包括晚自习,有事请向张成锴或 XMZ 请假),自觉复习,小声讨论,互相督促,相互促进,严格自律,配合学校的安排,营造良好的复习空间。

(2) 学习方法。从现在起,凡是你以前没有接触过的资料(江老师发的除外),你都应该弃之不顾,回到过去熟悉的资料中去,如你阅读过的书、做过的练习、老师讲过的例题、测试过的试卷等,最高效率地从中查找自己在过去学习中出现过的问题,思考纠正的方法;熟悉典型的模型,思考衍变的可能途径。

适当地完成江老师发的练习(不要求一定全部完成),认真对待中途的测试,做好交互评价。总之,按江老师与你的谈话要求进行相关的自习准备。

除此之外,同学们还要注意查找自己在规范方面的问题,按江老师的要求办。

(3) 资料使用。由于同学们手上的资料不全不多,在江老师外出的日子里,江老师将安排几位同学轮流到我的办公室里自习,目的是让同学们需要查阅资料时,能方便到我的办公室里查找,但请不要将资料带走。

(4) 安全第一。这一段时间里,同学们务必注意保障睡眠,注意饮食卫生,不参与剧烈运动,注意路途安全,同学间彼此尊重,防止因问题的讨论而引发矛盾。

(5) 心理调节。离复赛越近,同学们也将会越紧张,适度的紧张是有利于同学们的考试发挥的,并不是坏事。同学们应该有足够的信心与他人对抗;不要因为某种意外而感到过度的紧张,譬如考前不能入睡,事实上,作为青少年时期的学生,即便是考前整晚不能入睡,也不至于影响到第二天的考试发挥,这种情形只是将每天的兴奋期向前移了一点而已。

请相信,我们会受到护佑的!

(6) 专心考试。考前准备好笔(至少两支)、作图工具(直尺、圆规、量角器)、计算器、橡皮(注意考试卷面可能对涂改液的使用有要求)、纸巾、提神物品等;考中认真审题,小心计算,不要怯场,草稿纸不够,大胆地索要等(自己也可先准备一点草稿纸)。

(7) 歪点子。复赛时间长达三小时,一般人很难在这么长的时间内一直保持高度的注意力,同学们应根据自己的情况,准备风油精、人参片等提神物品,考试中途注意活动活动(记住我教的考试操)。

最后,祝同学们考试成功! 愿我回校之时,能见到你们喜悦的笑容。

你们的教练:江四喜

2011-8-30

167. 本周日就是预赛的时间了,我们并没有为预赛作特别的准备。

168. 昨天进行了一次测试,两边的情况都还不错。

今天发了一部分竞赛资料,主要是为我外出期间准备的。特别是实验内容,同学们不要急着一次性读完,慢慢地看吧!

2011-9-1

169. 开学了,高一小组有部分同学回教室上课了。

170. 预赛的准考证发下来了。

今年武汉市物理预赛报名爆棚,往年参加预赛的学生在9000至10000之间,今年陡增至19000人,突破了市政府的限制。仔细一想,原因大抵是费用问题。往年的报名费每生8元,上交省竞赛委员会5元,用剩下的3元进行组考、阅卷,肯定是要赔钱的。早几年,有初中竞赛贴补高中竞赛,后来初中不搞竞赛了,便没有了补贴,那么,高中参赛的学生越多,主办方拉赞助的力度就要加大,于是大家就不希望学生参加竞赛了。今年报名费增加到10元(这仍然是湖北省各学科竞赛中报名费最少的,恐怕也是全国最低的,不信可以在网上查一下),这样一来,组考的压力小了一点,于是报名的人数也就上来了。

171. 各校参加预赛的人数直接影响本校参加复赛的名额,所以今年参加复赛的名额相对于往年要宽松一些,加之近段时间我不断与相关方面交流、联系,如不出意外,大体会解决我们两个年级所有的复赛名额问题。

172. 今天将两部分学生集中在一起,强调了我外出后的一段时间里的纪律与学习要点。说内心话,我还是很担忧的,面对班主任田老师,我的拍胸保证多少是不硬气的,真希望同学们按我的要求做,让我的拍胸动作扎实一些。不要像某些学科小组的学习状况,同学们懂的,我不说。

2011-9-2

173. 今天是两个年级的物理竞赛生一并进行自主学习的开始。昨天反复重申了纪律,今天却不理想,早上两人迟到,中途未到休息时间,又有人出现违纪现象。虽然我说晚自习 8 点后可以自由活动,但 8 点后教室几乎成了娱乐场,声音之大,恐怕连对面的教学楼也能听得见。如果我不在,我担心会出问题,我是不是得考虑让部分学生回教室自习,明天与田老师商量再定。

174. 无论如何,希望看到上述文字的家长能督促自己的孩子遵守纪律。

175. 到今天为止,我已与所有的学生就我外出期间的安排进行了个别谈话,有的是多次了,希望大家执行约定。

176. 最近我要准备外出后的相关资料,实在是太忙了,但总算准备完毕了。

2011-9-4

177. 纪律是执行路线的保证。在江老师不在的日子里,同学们更应该学会自律。

最近两天还在不断地强调纪律,望同学们能认真地执行,也拜托各位家长能多叮嘱一下自己的孩子遵守纪律。

178. 为了让同学们在江老师外出的日子里能按规定的路线复习,江老师准备的资料也是按复习的路线进行布局的,大家注意按照顺序使用。

179. 今天是预赛的日子。

预赛试题的难度不大。但我在视察考场时,却发现了问题。

考前,我一再强调考试的规范问题,并对某些同学可以说是手把手地进行了约束,但一进考场,大家就忘记了,害得我在考场内发飙。在此再点若干同学的名字,一定要注意规范:LQB、LHY、SHL、TYQ、WZQ 等。

180. 从预赛试题的难度看,我预感今年复赛的难度不会太大。因为一般情况下,复赛试题的难度与预赛试题的难度是正相关的。这对高二的学生较为有利,望高三的同学在复赛时小心应对。

2011-11-5

181. 当你打开这份文档时,就等同于你已经听到了江老师吹起的集结号——

同学们,向着第29届全国中学生物理竞赛决赛,奋勇前进吧!

182. 我相信,我们这"6+8+1"结构的群体,是一个精诚团结的团队,是一个目标明确的团队,是一个努力向上的团队,是一个极具战斗力的团队。

我希望,我们在前进的过程中,不落下任何一名队员。

注:"6+8"即指超前学习的6位同学+紧随其后的8位同学,后面的那个"1"当然就是江老师了,他将在你们背后努力地支撑大家,而且在他的背后还有整个武汉二中。

183. 过去的一年我们是怀着希望走过的,其结果虽然有闪亮之处,但相信很多同学收获的却是失落与惆怅。但这种失落与惆怅是浇灭了还是强化了我们的信心与斗志呢?我相信你自己是清楚的。

184. 盘点一下我们这个团队过去一年里的收获:全国决赛金牌1枚(获明年进集训队资格),赛区全国一等奖2名,进入实验考试6人,进入理论查分10人。将这一成绩与第28届当时的情况对比一下:全国决赛银牌一枚,赛区全国一等奖1名,进入实验考试2人,进入理论查分3人。

这一比较,我们凭什么没有信心呢?

185. 对我们而言,未来的一年是充满压力的一年,看看今年全国决赛的金牌数目,再结合一枚决赛金牌奖励一名决赛名额的政策,你就清楚,我省明年省队的人数可能会减少。何况我们还存在着强有力的对手。

附第28届物理决赛各省金牌数:湖南10,浙江6,辽宁6,湖北5,上海4,北京3,四川3,陕西3,江苏2,山东2,河北2,天津1,山西1,吉林1,江西1。

186. 压力是有的,对手是强大的。说不清、道不明的因素还有许多,这些都是我们前进的障碍。但我们能屈服吗?

肯定不能!

我们还需要做什么呢?——当然是把我们做强!

187. 阅读这一札记的除了学生肯定还有家长,首先谢谢你们过去一年里对我的工作的支持!在随后的一年里,真诚地希望能给你们的孩子一个合适的环境与空间,希望你们能理解与支持学校的工作与安排,希望你们能在家安排好孩子的生活与娱乐,希望你们能关注孩子的身体状况与学习状态。

如果家长有什么问题,可随时拨打电话 027 - 8271××××,我非常乐意与你沟通、交流如何对待孩子们在学习过程中产生的问题。

188. 4 日从古城西安一回到武汉,就开始着手为 CW 同学的国家集训队做资料准备。今天是星期六,CW 踏踏实实地在学校补习了一天。在随后 50 多天的时间里,他将没有任何喘息的机会,希望他能挺住,为我校争取更大的光荣。

189. 我还在想,下周一是否有必要让我们的四位决赛选手(两名金牌、两名银牌)一起照相,在校园网上宣传宣传,毕竟我们的成绩还是不错的,没想到媒体已经在大张旗鼓地报道华师一附中第 28 届物理竞赛的成绩了。

今年我们省队的人数是 18 人,全国第一。在我省的复赛中,华师一附中以非常强势的姿态共 9 人入选省队。然而,我省只有 5 人获得决赛金牌,全国排第四,其中华师一附中是 3 金 4 银 2 铜,我们是 2 金 2 银。如从金牌数量看,这应该是我省近几年来较差的一届。坦率地说,这一成绩可能会影响到我省明年省队的名额。

报道中的 XC 和 HWZ 两同学是本次决赛的第一、二名,显示了很强的实力,在决赛现场我就衷心地祝贺了他们及其教练。但我觉得他们现阶段还处在一个过渡阶段,媒体如此高调地宣传,对他们的成长似乎并无太大的益处。毕竟,决赛对他们而言,只是整个竞赛过程中的一个阶段,在决赛中获得一等奖的 50 名高三同学在集训队中还有一轮更为残酷的竞争,集训队要从这 50 名选手中选拔出"5(国际队)+8(亚赛队)"共计 13 名选手,分别参加国际赛与亚洲赛,其激烈程度比决赛要大得多,而决赛的成绩在进入集训队后是要被清零的,不确定因素太多了,而华师一附中的目标不应只满足于决赛金牌。

我一向不太赞同高规格地宣传还在成长中的中学生。

记得有一届竞赛,某校的学生在决赛中取得了第一、二、三名的好成绩,最终却无一人入选国家队。还是冷静一点为好。

我衷心地祝愿今年集训队中的三位湖北选手最终能取得优异的成绩,为湖北省明年的省队争得更多的名额,那才是真正值得宣传与高兴的。

另外,华师一附中高二的 GF 同学与我校张成锴并列排全国第 17 名,这两位同学的成绩是此次全国决赛中高二年级的最好成绩,两人都取得了明年进入集训队的资格。所以,今年我省进入国家集训队的学生只有3人,而非报道中的5人。

190. 我们为CW鼓劲!愿CW努力!

2011－11－6

191. 高二期中考试的成绩出来了,大家都觉得有点意外,我亦是。年级前10名居然没有竞赛班的学生,这在历届的竞赛班中还是首次。班主任田老师特地将考试成绩送给我,科任老师们似乎都有点郁闷。

192. 本次考试前,我们停竞赛培训的时间还是较长的。我也叮嘱过,物理小组的同学在这段时间里应恶补一下前段时间落下的课程。我也明确说过,不希望HZY同学进入前20名之类的话,同时也强调过,希望综合成绩较好的同学能在70名左右,稍差的在150名左右即可,若做到了这一点,无论今后出现什么情况,都不会出现大的问题。但这次整个班级没有前10名,多少还是相当意外的,毕竟有的学科是非常重视常规内容的学习的,而且班里还有相当一部分同学没有参加竞赛学习,是主攻高考的。

193. 物理小组的14位同学除张成锴未考外,其他同学在期中考试中的表现是前100名7人,100名到200名之间几乎空缺(195名一人),250名以后2人。我认为本次考试最大的问题是太多的人不仅没有守住我要求的"150名附近"这道防线,而且还有250名以后的,应总结一下原因。

当然,我也详细看了一下年级的分数分布,感觉同学们的状况并不像名次那样严重,只是个别学科拖住了后腿,而且整体的区分度并不是很大。

即便名次如此,但我仍然强调,在随后的日子里,物理小组的同学仍然要在坚持两条腿走路的情况下,将其重心放在竞赛这一侧。

同时,我也想请同学们正确认识自己的状态,不要被一时的状况所迷惑,相信自己,奋力前行。

194. 班主任田老师根据期中考试的成绩状况,希望竞赛教练能动员部分同学退出竞赛。对于物理小组,复赛以后,我已经作了相关的说明。在此期间,YY与JNM两名同学主动退出了,虽然原因不同,但我觉得都是理智的。如果有同学根据此次期中考试的成绩,在今后主攻竞赛还是主攻高考的选择上出现了两难,进而产生了畏惧,希望能在正确地分析自己的情况下,作出慎重且合理的选择。

195. 竞赛与高考,在高二阶段,虽然应该有侧重,但绝不可有孤注一掷或背水一战的心态。如果是这种心态,我建议退出。

如何侧重,我在小组里讲得比较多,同学们领会、执行即可。

2011-11-7

196. 考虑到班主任田老师昨天可能与 LCQ、LCX 两位同学谈过话,故今天约谈了这两位同学。两位同学均无退出竞赛之意愿,那么我的要求就十分简明了:克服自己的缺点,鼓足劲,我们一起往前冲。

197. 今天上午,高三的两位银牌选手开始来帮我整理资料了。他们在整理资料的过程中,必然会将他们的学习体会融入他们的选题中,也同样会渗入以后我发给大家的资料中,给大家以帮助。

谢谢他们!

198. 今天下午是培训时间,轮流与高二的学生谈话,谈未来的目标,谈具体的学习过程。希望同学们能在明年的复赛中考出好成绩。

6人小组的同学通过抽签又分成了 A、B 两组。对于分组后的任务,可从发给他们的"分组命题表"中的内容看出来:

武汉二中物理竞赛分组命题表

组别_____ 日期_____ 组长_____

姓　名	内　　容	完成日期

说明:

① 每次活动用抽签的方式决定组别,分组后用推荐的方式产生本组的组长;

② 组长负责安排本组成员的命题内容;

③ 组内成员可邀请 A、B 两组以外的成员参与自己的命题,但应注意不同组别间的保密,命题期间本组内可以讨论,不同组别间的同学不得讨论;

④ 组长注意督促本组成员按时交稿,并交冬冬文印室打印;

⑤ 打印后,命题人应负责自己所命试题的校对工作;

⑥ 命题人应负责自己所命题的讲解；

⑦ 一般情况下,命题最多以三周为一个周期；

⑧ 如有问题,由江老师负责仲裁。

199. 按学校的要求,以学校办公室的名义为学校网站写了一篇《喜报》,算是对得奖同学的祝贺,也是希望明年有更多的同学取得相应的成绩。

喜　报

2011年10月29日至11月3日,第28届全国中学生物理竞赛决赛在古城西安举行,我校高三(1)班的程威、徐梦泽、刘昊杨及高二(1)班的张成锴四位同学作为湖北省代表队的成员参加了本次竞赛。

经过理论与实验两轮的角逐,程威与张成锴同学获得金牌(全国共50名),徐梦泽与刘昊杨获得银牌。

程威同学获得由北京大学主办的国际奥林匹克物理竞赛集训队资格,将参与亚洲中学生奥林匹克物理竞赛与国际中学生奥林匹克物理竞赛中国国家队队员的角逐。张成锴同学保留明年参加集训的资格。

目前,程威与张成锴已保送至北京大学,徐梦泽与刘昊杨保送至清华大学。

在此,向各位获奖选手表示祝贺！向他们的教练江四喜老师表示祝贺！同时希望获奖同学能戒骄戒躁,继续努力学习,争取更优异的成绩！

2011 - 11 - 8

200. 考虑到CW到北京集训需要一些书,上午让冬冬文印室复印了两本过往集训队的培训笔记,下午专程到大学城去买与集训相关的书籍,结果没买到。最后在网上搜到了一部分,不知星期五能否送到。

201. 今天为其他学科的一位保送生写了一封推荐信。

上午为学生的参赛费用如何报销的问题向学校领导汇报了一点想法,希望学校能解决学生的部分参赛费用,得到了领导的支持,还算有一个较好的结果。当然,也不一定能满足所有学生与家长的愿望。下午快放学时接待了一位高一的学生家长,放学后又与以前的一位竞赛生聚了一下,谈话的内容基本上都是与竞赛相关的。

2011 - 11 - 11

202. 对于"6"区域内的同学,外加"8"区域的 ZC 同学,从本周起,每周六、日增加一套综合测试题,你们将试题与答题纸领回家,自主完成解答,星期一再相互验证答案。江老师这里也有解答。

每周五,请同学们提醒张成锴领取试卷。

请上述学生的家长注意提醒学生独立完成相关试卷。

这一系列试卷较之前面训练过的试卷的难度要大,而且陈题较少,请大家认真对待。

203. 本周 XMZ、LHY 两位同学到校整理资料的同时,还为大家命制了一套测试题,到时同学们看一看他们的命题角度。

204. 说到命题,不知 A、B 两小组的同学的进展如何,也没有人来咨询,前天在培训时提醒了一下,总不至于流产吧。

2011 - 11 - 12

205. 星期五在讲解静力学的例题时,最后一道题是由 CX 同学讲解的。原因是在星期三培训的时间里,CX 已经看过我的例题解答,他自信地对我说:"我是用虚功原理解答的,方法比你的简单。"于是,我顺水推舟,让他来讲这道题,并给他布置了讲解虚功原理知识点的任务。

CX 非常清晰地讲解了例题的解答,遗憾的是他写出的解答过程却不符合我的要求;我让他讲解的虚功原理,也非常遗憾,他不能清晰地讲解。

206. 虚功原理在中学物理竞赛中有非常广泛的用途,事实上我的讲解只是粗略的,要详细地了解虚功原理,还得去阅读理论力学的相关内容。

今天,我在群里上传了一篇与虚功原理的内容相关的文档,希望同学们能抽时间阅读一下。

207. 今天晚上要送 CW 同学去北京大学参加国家集训队培训。

我非常希望明年能送更多的同学去集训队培训。

2011 - 11 - 14

208. 前天晚上与 CW 一起乘 Z78 次列车至北京,早上 7 时左右便到了北京大学西门,然后报到,入住,一路顺利。

去北京前,我一再叮嘱 CW 要多穿衣服,他豪言壮语,说自己冬天都不穿袄子,不怕冷。到北京下车后,他虽然比我穿得还多,但不一会儿便直喊冻得受不了。好在他还带了点其他的衣物。

209. 昨天中午,将靖礼、林思成、WWN、YY 约在一起吃了饭,并没让他们通知其他在北大的学生,主要是想请他们在随后的一段时间里能对 CW 给予关照,交流一下集训的心得与注意事项,同时也聊了一下过去竞赛的体会。我也说了一点过去学校对竞赛的关注,都是他们不知晓的事情。

210. 我知道靖礼他们自然会关注 CW 的培训。我对他们说了这样的一句话:今年只有 CW 一个人进集训队,相信明年就不会只有一个人,到时还得各位多多关注。当然是响应声一片。

从这句话里,同学们可以看到我的信心,但还需尔等努力啊!

211. 虽然多次去北大,但只在 2006 年认真逛了一次,昨天下午逛了北大的周末书市,买了几本书,然后就逛了北大的校园。

秋末的北大校园内,游人的确不少。未名湖畔游走,博雅塔旁转悠,寻找历史三角地,瞻仰他日红楼,不知不觉,半天就过去了。

北大真的美!

212. 北大物理学院负责此次集训,晚上在农园食堂三楼设宴招待此次护送学生的中学教练,我本想只去见见北大物理学院的几位教练与领队,不料在二楼学生食堂内就先后遇到了 2007 届的学生余超、YM、HD。

余超大家都很熟悉,物理亚赛的金牌得主,现在光华学院读研。

YM 就是我曾给同学们介绍过的,那位在我主持的抽奖活动中运气极差的同学。说是运气,实质上就是概率问题。

HD 高一跟我一起搞物理竞赛,高二时退出,但并没有离开我班,后考入哈工大,现在在北大读研。

他们说,平时大家都很难碰到,不想今天不仅彼此碰上了,而且还碰到了江老师。

这验证了那句话:缘分啊!

能碰上他们,江老师也收获了一份高兴。

213. 昨晚乘 Z77 次列车回武汉,先回家洗了澡,然后就直接上班了。进办公室后,一个鸡蛋还未剥完,张成锴就拿着周日做的卷子推门进来了。

214. 今天下午是培训时间,一部分同学在准备星期五的考试,一部分同学在订正、讨论星期日的试题。

我很高兴讨论的问题较之往届学生更具体,这说明大家在注意细节问题了,如此下去,深度自然会到位,这是很好的现象。

215. 在学习过程中,对于以前没有遇到过的问题,老师也只能与同学们一起在摸索的过程中寻找答案,我希望在我们的问答中逐步推导出结果来,即便我们最终没有得到结果,也必然会从质疑的过程中找到问题的成因。很多时候,这种收获比得到结果的收获更大一些。

2011-11-19

216. 周五,8人小组进行了一次检测,是运动学与静力学的内容。运动学是期中考试前复习的内容,由于时间的关系,没有检测,本次与静力学内容一起检测。

6人小组的命题大体已经完成,我代他们作了一些插图,试题文字只能到打印店去打印,我确实没有时间录入了。

217. 今天上午我去办公室将昨天的试卷批改了,非常地出人意料,160分的试卷,最高120分,低的不到40分,差别之大,多少有点让我无所适从。

同学间的差别应该是不可避免的,但如此之大,我想谁都会觉得有点意外。

218. 本周又上传了一道《难题征解》,很长时间没有更新这一内容,但这个内容我以后仍然会坚持的。愿同学们主动参与。

2011-11-21

219. 本周,我校高三年级进行了自主招生和保送生的选拔考试。

物理试题由我命制,总分为120分,结果是从几分到100多分都有,这才是选拔的目的,高校的自招选拔不是看你学的内容,而是看你的能力。

高考是不怎么看能力的。

220. 昨天(星期日)上午,冬冬文印室将A、B两组的打印试题和原稿都送到了我的办公室,我也用昨天下午和今天上午的整个时间对他们的试题作了一定的润色及补图,然后打印出来,交给他们各自校对去了。

试题的整体感觉虽不错,但真正的情况还得从他们的考试结果来加以判断。

221. 今天评讲了上周 8 人小组的测试卷,客观地说,总体是不太理想的。

试卷中有容易得出正确解答的试题,也有较难的试题,但结果都不令人满意。

在阅卷过程中,我对其中的一道题也犯了经验的错误。中午 LCX 找到我,纠正我的错误,我很是高兴,但这并不影响我对试卷的批改。

大家都应像 LCX 同学一样,敢于明示自己的观点。

222. 6 人小组今天开始核实各自命制的试题,再就是核实他们本周进行的亚赛第一届试题的测试情况。

相信同学们会有更大的进步。

223. CW 在短信里说,集训的难度不大。我倒为此担忧。

一般情况下,学生说难度不大,并不是好迹象。

2011-11-26

224. XMZ、LHY 两位同学在决赛结束后帮助我重新整理了《物理竞赛专题精编》的内容,重新选出了一些试题,最近一段时间,我便忙着录入、整理,相比原来的内容,肯定是要丰富多了。

我给予同学们的资料也在不断地积累与筛选。

225. 竞赛到了现在,在向前迈进的过程中,障碍已经不再是知识上的问题,更多的是能力、规范与心理上的问题。

如何克服自己在前面学习过程中的问题呢?我想到了余超当年的总结,他的总结全面而又具体,想必对同学们是有帮助的,于是将其放到了群中,希望同学们能读一读,认真对照一下自己的情况,找一找自己的问题。

说实在的,在后面的学习过程中,我们更多的不是发扬自己的优点,而是努力地寻找自己的缺点,并努力克服它。

226. 我很高兴 6 人小组的同学按时、高质量地完成了命题内容,在这三周的时间里,我目睹了他们在认真地编题、验证、修改。我也认真地阅读了这些题目,给它们配置了比较漂亮的插图,给文字作了润色,直到交稿的最后时期,我们还在讨论试题的属性。不管怎么样,这个过程是认真的,相信同学们是有收获的。

一位同学说:想将自己平时易错的问题通过试题反映出来。这很好,这既强化自己对问题的认识,也让他人获取教训;这既是给另一小组的同学设置考试障碍,也是促使他们提高。这样的过程就是一个相互促进的过程。

我希望同学记住:我们需要水涨船高,而不要水落石出。这句话,同学们是懂的。

对于自主命题,这是一个主动学习的过程,我希望8人小组里有更多的同学参与进来。

227. 昨天下午是培训时间,我被要求参加一个会议,不得缺席。于是,一部分同学考试(这是早就安排了的),一部分同学自习。

必须说明一下,竞赛到了后期,同学们的自习时间肯定要比老师的讲课时间多得多。老师以后的主要工作就是帮助同学们解答个别问题与查找相关资料,大部分时间要求同学们按照老师指明的方向进行自学。

228. 有一点,我还是比较高兴的,我们小组的同学的自觉性似乎比其他学科竞赛小组的同学要好一些。当然,昨天没有抽查,不知情况是否还好。

同学们需要遵守纪律。纪律是执行路线的保证,是胜利的保证。

2011-11-28

229. 今天原准备在8人小组里处理一下运动定律中的问题,不料同学们都已经跨过了这一内容,提问后,似乎又没有什么大的问题。讲动量与能量吧,相当部分的同学又还没有预习这一内容。于是,让大家提前做一下动量与能量这一专题的习题,准备星期三培训时再讲此内容,下星期一对运动定律进行测试。

230. 6人小组今天有两项任务,一项任务是处理星期六的第21届国际物理竞赛的试题,另一项任务就是处理上周五的测试卷。

今天,首先我对同学们的命题情况作了一个总结,坦率地说,对这一次的命题我是满意的,望同学们继续努力。

其次,对下一次的命题工作进行了重新分组。

再次,两小组互相批阅试卷。试卷在批阅过程中问题不断,居然出现了命题人的解答是有问题的,但答题者却纠正过来了,由此可见,大家肯定会在这种测试中提高自己的认识。

最后,命题人讲解自己命制的题目。可惜,一下午还没有讲完。

231. 已有一个小组交来了最后的结果,均分为60分,可见试题的难度了。

好像张成锴的成绩也只有114分,他今年的决赛理论成绩可是125分啊。还真没有想到如此难。

232. 给了他们一个惩罚与奖赏的标准:均分少的同学给均分高的同学奖一瓶水,如果均分接近,则由我来买水。

同学们说,这是让他们冤冤相报啊!呵呵……

2011-12-4

233. 我查看了最近上传到《难题征解》的两道题的下载量,明显不足,不知是有同学从没有进过群,还是不屑于下载。

《难题征解》中的题目,无论是模型还是解答的思维方式,都有独特的地方,一时难以下手也是正常的,多看一点,多思考一下,一定会有收获的,况且多数题目我都会在适当的时候讲一下解题的思路。

234. 本周,6人小组命题的相互考试结果出来了。我说过,如果他们的均分差别在2分以内,由我来请他们喝水,真没想到会立即兑现。两个小组的均分,一个是60分,一个是60.3分,我兑现了承诺。

160分的卷子,平均分只有这个数,足见他们彼此下手有多重。

235. 他们都认为通过命题,自己的收获不小。从我的观察来看,他们也非常珍惜自己所命制的题目。

命制一套题也许难不倒他们,如果到了第四、第五套还能坚持下来,并保持独创,那么,今后的他们,我只能说不得了,抑或了不得。

236. 星期五下午有一场考试,试卷还没有改,估计到周三才能讲解了。

237. 对于同学们反映的常规课上作业过多的问题,一方面我会与科任教师们沟通;另一方面也请同学们牢记我阐述过的短期目标与长远目标之间的关系,很多话我就不在群里说了,大家努力执行吧。

2011-12-6

238. 第28届物理竞赛的获奖名单和获奖证书昨天终于到了,现高二小组的学生只有一名学生获赛区全国三等奖。我非常高兴这名同学立即主动来办公室与我进行沟通。

一般来说,物理竞赛生只要在高二获得赛区全国二等奖,在高三就应该有获赛区全国一等奖的实力。但我们也必须明白,不经努力,不可能达到一定的层面。

239. 大家先认识一下张成锴与 ZC 两位同学的证书式样,希望明年大家都有一张类似的证书。当然,张成锴同学还有一张看上去与此相似的但放大了很多的获奖证书(证书上的"省级赛区"改为"决赛"),同学们还得为那样的证书努力(图片略)。

2011-12-11

240. 上周的竞赛培训按部就班地进行。

星期一,6 人小组核对补充试题的答案;8 人小组原本准备讲解动量与能量的后一部分习题,但一查看,基本上还没有完成,便让他们继续练习。

星期三,8 人小组评讲试卷,比较到位,试题讲解基本上都是学生自己完成的,我只是在学生讲解的基础上进行提问与补充。

星期五,8 人小组讲完了动量与能量部分的习题,并布置下周三测试;6 人小组这边到了交试卷的时候,但似乎都还在修改、验证、讨论,我也就没有特别地催促。他们都很努力。

241. 8 人小组完成练习的进度比我想象的要慢许多,在规定的时间内完成例题部分的练习都显得比较困难,也就不奢望他们阅读更多的相关书籍或完成补充练习了,这样下去是很危险的。

242. 从最近的情况看,CX 同学的习题完成情况要相对好一些。我已明确说明,他与 ZC 完成例题练习后,可以转入 6 人小组,与那边的同学一起讨论,那边的学习进度快、容量大。

2011-12-14

243. 星期六我花 300 元去听了一场有关物理前沿发展的报告。湖北省近年来在物理领域比较突出的几位物理学家分别介绍了自己的研究成果。同时,大会还特邀了南京大学的陆埮院士做了一场有关天文学的报告。我很有收获。报告中有三道例题,我整理了一下,今天上传到了群里,值得大家看一看、练一练。

244. 本次 6 人小组的命题今天正式上交,有几道题明显要用到微积分,这不是我希望看到的。对于复赛试题,我希望同学们多在模型、过程和运算能力的设计上下功夫。

245. 今天 8 人小组进行了动量与能量的测试,题量在我看来并不是特别大,但完成情况并不理想,反映出大家对解题方法的选择还不能达到最佳状态,运算也不是太熟练,希望大家注意。

每一次测试后,大家最好能思考一下自己哪些方面可能存在问题,怎样才能改进。

2011 - 12 - 19

246. CX 同学提前完成了第二轮例题的练习,并完成了部分补充练习,我已正式通知他进入自主学习状态了。具体的学习任务当然是由我来指定的大致的内容、范围及书籍。

希望 CX 更加努力!

也希望同学们自觉地向他学习。

247. 动量与能量部分的测试从得分情况看,比运动定律部分要差一些,主要是因为这一次的运算量要大一些。大多数同学在规定的时间内只能勉强做完,这说明同学们的解题速度还有待提高。解题速度也是竞赛必须具备的能力要求。

但同学们在自主评讲中的表现却提高了很多,条理比上一次要清晰得多,有几道题还给出了多种解法。也许是提前发了试卷的原因,但更多的可能是同学们的思考比之前更全面,这是好现象。

248. 今天,6 人小组进行了自主命题的第二次测试,完成情况如何尚不清楚,但考试中途似乎都在纠结对方试题的表述。有歧义的表述可能会让答题者找不到切入点。

249. 上周给同学们透露了一下,物理小组可能又不参加本学期的期末考试了,因为我校将期末考试的时间比武汉市统一考试的时间向后延迟了一周,而华中师范大学对竞赛实验培训的时间安排参照武汉市统一的放假时间,结果是实验培训开始了,我们还没有进行期末考试。

明年的实验考试在华师物理系实验室进行,这次寒假的培训可能是进入华师实验室唯一的机会,物理小组的同学必须全部参加,时间是 10 天左右。具体要求还要等对方的通知。

2011 - 12 - 20

250. 昨天，两个小组的人数变成了"7+7"，希望 CX 在超前小组里奋力追赶。

昨天在正常小组里的课讲到中途便无法进行下去了，原因是大多数同学都还没有完成相关的练习，我只得停下来。如果还需要集中给时间完成练习的话，说明大家的投入还没有到位。

特地核实了上一届的培训进度，发现本届要晚两周，所以后一段时间还得赶进度。

251. 今天，超前小组的同学非常自觉地对自主命题考试的内容进行了互评与讲解。从他们的得分来看，彼此还处于互掐的状态，都恨不得将对方掐死，虽然都承认试题大体没有超纲，但两个小组三人得分的总和分别为 104 分和 157 分，低得不得了，可见其难度。

252. 虽然大家的得分都很低，但大家投入的热情似乎是有增无减，平时我讲课时，大家在自己的位置上，爱听不听的。昨天互评时，大家都往第一排挤，积极地参与，讲的与听的都极为认真，由此便知大家的收获一定是不小的。

我心里高兴着呢！

253. CX 今天也参与了分组。我知道大家都希望能与张成锴同学抽到一组，这样至少可以享受别人买水的待遇。但我希望各位同学与家长不要在意这买水的钱，而是通过这种随机的组合，让更多的人来挖掘你的缺点，因为每个人对你命制的试题的审视角度是不相同的。

至于买水嘛，我不也参加吗？

254. 两次自主命题的四套试卷，用同学们自己的话说，都是自己想出来的。一句话就让我知道你们是花了心思的。如果再看题目，每个同学命制的都有可圈可点之处，仅以此次试题，作一点评。

255. 本次试题中，我最欣赏的是 HZY 同学的那道关于摩擦因数的试题，他为空间搁置杆的问题设计了一个新的物理情景。事实上，那天试题定稿后，我一直在回味这道题，回到家里都还在想，那根曲线杆还能作什么样的变化呢？足见我对该题的喜爱。

这道题即便作为复赛题也是难题，但同学们说这道题是本次命题中最简单的一道题(得分90%)，这只能说明同学们的实力在提高。

昨天听说这道题实际上是HZY借助WZQ给出的一个模型衍变而来，我立马想到静力学中的那道圆筒中搁置杆的题目，在讲那道题时，同学们说WZQ有一种简洁的解法，我当即让他上台讲解，用他的方法的确非常迅速地得到了结果，但他回避了这类题目中隐含着的、让人纠结的摩擦力的方向问题。WZQ在回答我的提问时，也坦承自己对摩擦力的方向不清楚，可见试题的功能有时并不能全部展现出来。那天，我让WZQ整理一下自己的解答，从他后来交上来的解答看，他并不能非常有条理地表述自己的解题思路，以致我将其解答夹在讲义里，扔也不是，留着也像是多余的。

256. 顺便说一下WZQ的问题。我在公开的场合、私下的谈话、卷面上留言，都直指他的规范问题，在卷面上，他无法用语言来正确地表达他跳跃的思维，以至于看上去解答的前后缺乏足够的逻辑关联，从而影响得分。

他也曾非常苦恼地问我，怎样在会做的前提下保证得分。理论上的回答当然非常容易，但希望你记住我根据你试卷上的情况指出的问题。希望WZQ及有类似问题的同学能仔细揣摩，争取不要陷入做对了却不得分的窘境。

留下这段文字，以作印记。

257. 继续点评。

BCQ的那道电阻的习题也给人耳目一新的感觉，他将我们熟悉的二端无穷网络外推成三端无穷网络，让我也迷糊了一会，思维确有创新之处。但这道题的运算相当复杂，给人一种在运算上有意刁难的感觉，如果在数据上设置简单一点，并与电路结合起来，这道题也会光彩四溢。

258. CJ的题目继续保持了他的求稳特色，努力在模型结构上下功夫，习题给人一种深思熟虑的感觉。但有些地方还需进一步完善。如光的干涉题中的管道不能用圆形管道，而应该用方形；台球规则是什么应该明确说明。

259. 我一向认为光学题不太好出。出光路成像的题，大家可能觉得太简单了；出波动光学的题，似乎又难以将模型交代清楚，还容易出错。此次试题中，BCR以等倾干涉为背景，出乎我的意料，虽然这一内容在竞赛中出现的概率不大，但他的题目还是值得大家认真体会的，而且本题还有一定的实验背景。

260．两次命题中，张成锴的题目都以思维难度见长，每道题都有独到之处，本次命出要求用尺规作图的题，就考查了大家的弱点。

张成锴命出的每道题的思维层次都是很高的，只是复赛试题更偏重于模型难度与运算难度，对思维难度要求并不高，对他的试题我也就不敢过高地推崇了。但我知道，同学们通过解答他命制的试题能学到很多的方法与知识，从而促进了思维的提高，这也正是同学们需要的。

希望张成锴同学能在思维难度的命题上继续努力！

261．最后说到 WJX 同学的题目了。本次他的命题也体现了思维难度，他给出的超导线圈与电偶极子都是同学们平时纠结的知识点，可以说题目点中了同学们的痛处。

但我觉得，他的题目中有太多的张成锴的影子，恐怕在命题过程中张成锴也出力不小。

262．一上午我接待了一位家长和几批次的同学，同时也写了上述文字。

2011-12-21

263．今天上午，ZC 在我的要求下来到我的办公室。

ZC 在去年的竞赛中获得赛区全国一等奖，这是他努力的结果，当然也有一定的机遇。一等奖自然将他的学习平台提升到了一个较高的水平，他也应义无反顾地往前冲。但从最近几个月的进展情况分析，他似乎有一点懈怠，在学习热情方面，与我的预期相比明显不足。昨天我让同学捎信，让他找一下我，今天他如期来了。

交谈似乎只是我在说，但希望他能理解我所说的含义。

ZC 努力。

264．向董校长汇报工作时，董校长又向我强调了有关竞赛的问题，并说希望在他退休前的这两年时间里，学校争取再拿国际奥赛的金牌。我说，你这又是在向我们发鸭梨了，而且这鸭梨还很大，我吃不消。

不知同学们想不想吃这个鸭梨。如果想，我们就一起来啃它。

265．下午我完成第二轮例题中角动量与天体运动剩余部分内容的讲解，并布置下周三考试。

提示一下，自主命题的试题中天体运动的内容偏少，而复赛中天体运动的内容又偏多。

超前小组的同学今天下午继续完成自主命题的评讲,大家还在不断地讨论试题,提出问题,有的问题是命题者都没有想到的,试题的功能也就变得更强大了。

266. 今天我接待了两批家长。一批是本届学生的家长,他们是来了解学生情况的。另一批是上一届 HX 学科竞赛的家长,他们是来向学校提一些不合理的报销要求的。学校让我作答复。

但愿本届的家长(所有学科)在费用报销的问题上,不至于提出令教练们无法满足的要求。

愿二中的竞赛培训健康向前。

2011-12-22

267. 今天,XMZ 同学发了一道自编的试题,看上去是比较熟悉的模型,但做起来并不轻松,已挂到群里了,同学们可以做一做。

过往的学长对学弟的帮助,我在题目前的序言中已经说到了,这个传统我希望一届一届地传下去。

2011-12-27

268. 上周我看到同学们在抢时间完成例题的解答,于是将原定于星期三的考试提前至昨天。

今天上午我将试卷批阅完成,分数在 85 分至 150 分之间,高分尚可,低分应该说有一定的问题。

我分配了评讲的任务,希望大家能认真准备。

269. 昨天我想落实一下假期实验培训的安排,但主办方的回答是还没有最后确定,预计从元月 11 日或 12 日开始。学校的期末考试估计会被冲掉。

270. 虽然超前小组的同学在命题上耗去了一些时间,但我觉得同学们的补充阅读似乎还是慢了一点。比如,按 HZY 同学的速度,看完他手中这套书,时间耗掉了将近 5 个月,肯定是有问题的,希望加快速度。

虽然我对同学们的阅读速度没有硬性要求,但大体要求还是有的,太慢了我会提示。

271. 星期天我去图书城逛了一下,买了几本书,然后又在网上买了两本当年"兴奥杯"竞赛的试题训练集。其实同学们的阅读不应只局限于手中已有的书籍,应尽量地扩大自己的阅读范围,这肯定是有益的。

272. 最近,在群中上传了几道难题,没有大反响,希望大家能抽时间做一做。

273. 近几天,不断有原高三的同学来我这儿询问 CW 同学在集训队的考试状态。我其实也不太清楚。

CW 同学的 10 场考试已经进行了 7 场,还有最后的 3 场。这期间,我间或给他发过短信,但从不敢问他的考试结果,这于他、于我都可减轻心理压力。

我也让几位同学给他发点鼓励的短信,希望他能正常发挥,坚持到最后就是胜利。

据张成锴说,CW 自称实验做得稀烂,但我并不那么悲观。

希望 CW 不负众望,满载而归。

对所有的竞赛生而言,努力了,就是胜利。

2011-12-29

274. 昨天下午的试题评讲进行得比较顺利,同学们基本上都能对自己所讲的内容进行恰当的表述,也能回答我的提问,但问题同样也是有的。

LCX 在评讲时,我突然要求更换一个条件,想看一下他对开普勒定律的理解程度及应变情况。他不假思索地进行讲解,其结果却不如人意,无法进行下去。

WZQ 非常轻松地上台,不一会就显得无所适从了,被我替下,若让他继续讲下去,估计会从轻轻松松直到汗水湿透衣衫。

希望今后评讲时,同学们能事先组织好自己的语言,对问题研究清楚,做好规范书写的准备。

275. 最近,又有不少同学叫喊常规作业太多了。如何应对,我已经说过了,大家参照执行即可。

希望同学们能调整好自己的状态,处理好长远目标与短期目标之间的关系。

276. 超前小组的命题仍在进行。显然,命题在一定程度上影响了同学们学习的进度。此次命题后,将考虑适当延缓命题,加快学习进度。

有同学能对我的安排提出合理的建议,我非常欢迎,也深表感谢!如果家长有什么建议,也可在群中留言。

277. 假期在华师的实验培训时间已经确定下来了,元月12日开始,共计8天,本小组的同学无法参加期末考试了。

注意,同学们虽然不能参加期末考试,但不表示大家可以不进行期末复习,元旦到校后,竞赛培训可能会停止,要集中时间进行期末复习了。

2011-12-30

278. 今天下午我将两个小组的同学集中在一起,谈了一点保送生的形势,对后一阶段的学习作了总体安排。

(1) 下周一就要停止竞赛培训,进行期末考试复习。同学们必须注意,千万不能因为不参加期末考试而不重视期末复习。理由请回顾一下我在小组里的讲话。

(2) 超前小组的同学必须完成本次命题。再次集中时,就是期末考试后的时间。另外,还必须加快学习进度。

(3) 正常小组的同学在后面有两次连续的考试(机械振动和机械波、热学)。另外,热学的例题不再评讲了,请同学们认真学习好。

(4) 到华师做实验时,请同学们带好相机,拍好器材照片,以备用。

279. 再与同学们见面,就应该是新年了。前几天偶然翻到当班主任时写下的几段文字,其中有一段是高考前写给同学们的,抄录在下面,权作我们新年的誓言吧!

> 不需震天的口号,
> 不必喊出自己的誓言。
> 记住曾经默许的心愿,
> 只需奋力前行!
>
> 老师不必催促,
> 父母无需扬鞭,
> 我当暗暗努力,
> 向着目标前行!

珍惜分分秒秒,
奋斗时时刻刻,
用汗水浇灌希望,
用智慧培育理想,
用激情创造灿烂,
踢开重重魔障,
顶峰就在眼前。

敬畏天地公正,
祈望神灵护佑,
待到登上顶峰日,
邀亲朋师友,
畅饮庆功酒。

280. 祝同学们与各位家长新年快乐!希望同学们在新的一年里更加努力!

我们的目标一定要达到!我们的目标一定能够达到!

2012 - 1 - 4

281. 元月 1 日早上,我 6 点钟从学校出发,去武昌站接 CW,在车站傻等了 1 个多小时。

CW 的表现不太乐观。问他情况如何,他只说实验做得很烂。我也就没有多问,估计近两天会出结果。

282. 我没有纠结结果,却给 CW 布置了一项任务。让他准备一下,在高二的同学外出参加实验培训前,给同学们讲一下误差理论。他很乐意地接受了。

283. 昨天,DSZ 的家长来电话要求参加期末考试。其实,虽然我一再说应该参加华师的实验培训,但参加与否,完全是自愿的,不参加也行。只是我以为大家会以实验培训为主,但家长也许另有考虑,这是我的疏忽。于是,我让张成锴重新登记了一下准备外出参加实验培训的人数。

实验培训从 11 日晚上开始,之后的每个晚上都有实验,要在华师内住宿的,也需要登记。

我个人不赞成住宿。实验结束后,路上的交通状况很好,二中到华师实验室,大约只有30分钟的车程。

当然,住与不住,也由家长们自定。

284. 高三新组建了一个自主招生培训班,学校安排我去上物理,且工作量还很大。每周5节讲授课,5节训练课,另外还有一次2节课的周练,全部到位则是12节课,这相当于我校一个教师完整的工作量。我是一头牛啊!

285. 我整理了一下CW从北大带回的资料,让CW与张成锴私下交流集训队的培训情况,主要从内容范围、深度、学习过程及考试要求等方面交流。

2012-1-6

286. 今天上午上完第三节课后,华师一附中的教练发来短信,HWZ与XC都入选国家队,CW落选。我当即回电表示了祝贺!

我原对CW进入亚赛队还抱有一定的希望,然而他没有进入,多少有一点遗憾!但我知道,他尽力了。

287. 其实,CW也没有必要遗憾,他努力过,就是成功的。能走到这个地步,对任何人都不是一件容易的事。

当然,我还得感谢CW,在跟随我的一年多时间里,他向着目标一直在努力。更难得的是,他并非高三(1)班的学生,能坚持下来,真的是非常不容易。

无论如何,我都祝愿CW在未来的日子里能走得更好!

288. 武汉二中2012届的高中物理竞赛到今天就终止了。这是我中途接手培训的一届学生,坦率地说,成绩并不是非常地理想。但我从内心感谢这一届的同学,在我带领他们的这一年里,他们中不论是获奖的,还是最终无缘一等奖的,在培训过程中,都是脚踏实地的,我与他们一起奋斗的一年是难忘的一年。

289. 恐怕今后我不会再中途接手任何一届学生了。

290. 湖北今年有两人进入国家队,对我们来说无疑是一件好事。原来担心明年的省队名额会因决赛一等奖的人数减少而出现大幅减少的情况,但两位同学入选国家队后,明年的省队名额应在15人左右。我们不再有太大的担心。

291. 向着目标,大家努力吧!

2012-1-9

292. 今天有家长打来电话,询问实验培训报名的时间安排,华师的实验老师也来电说有家长在询问有关事宜。其实,相关的内容,我已对学生说过,实验培训的通知我也扫描后放在群里了,大家一看便知整个安排。

293. 今天下午,CW 来给同学们讲了实验的误差理论,我再一次说明了后期的安排及其中的问题。

2012-1-18

294. 最近有点忙。年终总结、开会等耗去了很多时间。我需要为高三新组建的自主招生培训班编制一套针对自主招生的资料,有三十多个专题的内容,要在寒假前赶出来,还得上课,所以一直没有时间来打点群内的内容。现在集中说说近一段时间的情况。

295. 物理小组除了 DSZ 参加了期末考试外,其他同学都直接去华师做实验了。实验期间,我去看过两次,情况较好,大家是比较认真的。

296. 昨天我才拿到前一段时间同学们命题的底稿,今天在办公室里为其配图、审阅,感觉这一次的试题,同学们在行文和模型设计方面,相对于前两次都要差一些。这也正常,当一个人激情释放过后,自然会有一个疲倦期。命制试题也是如此。

同学们别忘了,春节过后,一返校就是考试的时间。

297. 春节之后,学生该如何应对常规教学内容与竞赛学习,这是一个老问题了。如何安全地让学生升学,不论是学生、家长还是老师,都会对这一问题进行掂量。最近,也有家长来为此事沟通,我只能这么说——

只要我们保持高昂的学习热情,不完全放弃常规内容的学习,特别是英语学科的学习,在后期将两条腿的重心放在竞赛这一侧,集中精力,有计划地冲刺,相信我们的结果一定是圆满的。即便到时没有得到一等奖,我们在常规内容的学习上也不会有什么问题。

当然,我对学生也是这么要求的。

298. 我们都非常清楚,竞赛学习走到现在,我们已经不可能后退,我们唯有主动出击,努力拼搏。

299. CX同学上学期的进步很快,同学们也许从日常的学习过程中看到了CX同学在竞赛学习方面的投入,我就是从同学们的口中了解到CX在教室内的学习情况的。当然,对CX同学的进步,最初我是从他完成练习的速度、考试的正确率,以及他在回答问题时表露出的思维方法中体会到的。也许同学们并不是十分地了解CX同学的学习过程,也许你只是看到了他快速地完成了竞赛练习,快速地完成了常规教学的作业任务,特别是在常规作业这一块,他既没有像很多同学那样自我地减少作业量,更没有像某些同学那样完全地抄作业,而是认真地完成了全部的作业。但同学们也许并不知道CX是怎样挤时间的。其实,事先我也不知道。前几天,我与CX的家长交谈,才了解到一些CX学习投入的细节,其中有几个故事让我感动不已。

300. 讲一个CX的学习故事。

CX同学的家在武广附近,坐轻轨上下学二十分钟左右,每到放学时间,一定是人流高峰期,这时就不奢望能在轻轨上找到座位了。

有那么几次,CX的妈妈发现CX裤子上膝盖处特别脏,追问其原因,方知CX在轻轨上并没有停止对问题的思考,一有感觉,马上就进行验算,而验算的姿态就是跪在地上,伏在书包上。

CX同学的身高大概不会低于一米八吧!有点肥胖的他,体重就更不用说了!大家可以想象一下,在拥挤的车厢内,他旁若无人地跪在那里演算,这应该是一种什么样的风景!是不是很感人啊?!

301. 还是忍不住说一句:大家向CX同学学习吧!

2012-1-21

302. 昨天,竞赛生正式放假了。但昨天上午,我还是让两B到学校来了一趟,他们两人正好是本次分组命题的组长,于是让他们亲自来校对各自小组命制的试题。我上完高三的课后,与他们一起又将试题重新审核了一遍。

303. 春节后还有五天集中培训的时间,具体时间为元月31日到2月4日,即正月初九至正月十四,然后就回归正常教学了。

304. 班主任田老师似乎还在纠结谁与谁有没有必要搞竞赛学习的问

题,明显有一种希望学生退出竞赛的意思,而且还在亲自动员学生退出竞赛,这至少说明田老师对竞赛学生的学习心态与学习状态不了解。

在这个时候,让任何正常从事竞赛学习的学生退出都是不可能的,也是不正常的。我们需要的是调整好学生的学习状态,让学生合理地安排学习时间,集中精力进行相应的学习,而不是纠结于其他。

305. 春节期间,希望同学们能合理地安排好娱乐与学习时间,不可荒废了学业。

2012 - 1 - 31

306. 首先,我向所有的学生及家长道一声:"新年好!"

今天是正月初九,预定的竞赛培训开始了。

我一大早到校等待同学们,同学们也都准时到校了,很好!但好像其他学科有的教练今天根本未到校,而我已经为高三的同学上两天课了。

307. 今天考试前,我根据学校领导的口风,首先就本年级可能的班级重建而带来的问题作了一个简单的说明,对我们的形势与任务作了一个简短的解读,希望同学们能正确领会我的意思。必要的时候,我会邀请家长到学校来,再统一作全面的说明。

308. 今天的考试情况还算顺利,常规小组单元测试的结果是比较理想的,基本上都在 120 分及以上,明天下午评讲。

自主命题小组的情况与先前一样,难度是较大的,主要是运算难度,计算量较大,但这也是复赛面临的首要问题,大家不要不在意这一点。

309. 进入新学期,就到了跑步阶段,大家携手努力吧!

2012 - 2 - 4

310. 前天抽查了假期同学们的练习情况,超出了我的预期,首先没有想到常规小组的同学在这段时间里全部完成了后期例题解答的学习,原来可是很难推动的,这说明只要集中精力,速度是能上来的。同时,超前小组的同学的学习内容也明显变快了。

看来我也得调整进度了。

311. 年后,常规小组进行了两次测试,分数都还可以,虽然个别同学有起伏,但并不是低得难看,只要在可控范围内,小有起伏也是正常的,大家不必过于担忧。评讲过后,大家应注意订正,弄清楚错误的原因,若是知识点不清楚则补知识点,若是方法问题则注意总结,若是审题或运算问题则要找一下对策。

312. 自主命题的考试也如期进行了,结果不是很好,但题目仍有闪亮之处,其不足之处是故意设置运算难度,这是一种不应有的心态,比如 HZY 同学的那道电路题,也许多数同学都会做,但谁也不会在考试时去做,因为运算量太大了。事实上,HZY 本人也没有运算到最后,但他建立的三端网络的组合是在各类竞赛资料中没有出现过的,这应该是他的创新。通过这道题,他告诉了我们该如何处理三端网络结构的问题。

张成锴说,这道题一看就不会去做。这是经准确的判断而果断放弃的心态。在正式的考试中,如能保持这种心态就太好了。如果明知一道题无法做下去而又纠结不放,那么,他的考试一定是失败的。

313. BCQ 的 n 维立方体的题目也给了我很大的启示。

关于 n 维立方体的材料我也曾读过,当时我甚至很快将其与第 26 届物理竞赛决赛的一道试题,即求四维立方体的电阻的那道题目联系起来,但我并没有再向前思考了。而 BCQ 同学最终给出了 n 维立方体电阻的求解,这是将同学们的思维向深层次引导的很好的例子。这也是我要求同学们自主命题的初衷:每个人都能思考问题,同时通过问题带领大家向深层次思考。如果每个人都能找到一些问题,相信大家就能解决很多的问题。

希望每个人都能思考一些别人没有思考到的问题,并告诉大家。

BCQ 同学对这道习题的处理告诉我,同学们在具体问题的处理上已经远超过我了。

314. 年后的五天培训结束了。随后要休息两天,大家的学习又将回归到常态。希望同学们能记住我的要求。

2012 - 2 - 10

315. 今天,给超前小组训练的是第 20 届的复赛试题,这套试题同学们很熟悉,用它测试的目的我已经在考前说过了。你会做,但你能不能做到不丢分,这就是你现阶段面对的主要问题。阅卷时,我将非常严厉地扣分。

今后,我们将在很长的时间里围绕"会做却做不对"这一点开展工作。

316. 常规小组的同学在今后的一段时间里,将面临着自习—答疑—考试—评讲—再自习的模式进行学习,直至第二轮的测试结束。当然,期间我会间或提出一些问题供同学们思考。

下周一是电路部分的测试。

317. 下周,学校将在武汉二中(广雅)初三的网招生与分配生的基础上组建一个新的班级,我虽不上其常规内容的课,但其中竞赛生的课依然落在了我的身上,而且是每个下午都有,这样一来,我的教学任务或许又会多出许多。

318. 虽然今后没有了竞赛保送政策,但竞赛学习是不会终止的,这是大环境。别以为大学不青睐竞赛生。今后,各学科竞赛的决赛现场一定是各类大学自主招生的现场。

在对待优秀生源的问题上,不论是大学还是中学,都不会忽视。而且大学更公开、更疯狂。比如,我校在今年的招生动员会上,董校长就明确要求我们,不得使用任何诋毁兄弟学校的语言招揽学生。而大学招生则不然,哪怕是北大、清华。

319. 最近,我对董校长又提起了以前招生时对部分家长的承诺,其中还有可能未兑现的问题。我不是十分清楚当初承诺的内容及兑现的状态,但董校长说,他记得,该兑现的是一定会兑现的。

说实在的,我一方面不希望家长在招生方面对学校提过高的要求,另一方面认为学校一旦承诺定要兑现。上一届(2011届)竞赛学生的有关费用,我就一直督促学校按照当初的承诺兑现。但同时也出现了一些家长提出额外要求的现象,弄得教练与家长都很尴尬。一位家长要求报销培训费用时说"二中有的是钱,给我们报了算了",我一时很无语。

320. 作为二中的教师,真诚地希望各位家长能理解学校,支持学校,为学生创造一个优良的环境,这环境不仅仅是学习环境,更是一个学生健康成长的环境。

2012 - 2 - 13

321. 上周五,用第20届物理竞赛的复赛试题对超前小组的同学进行了一次检测。在考前,我已经对同学们作了说明:这套试题实际上大家已经做过,有的试题还不止做过一次,如果让大家判断一下能否做出来,相信大家都自信会做,但考试就不一样了,大家能不能在规定的时间内较好地完成呢？我甚至提出了,这总分为140分的试卷你能否考出120分到130分呢？当然,我将非常严格地检查你的试卷,认真地抠出你的问题与不足,找到相应的扣分点。

322. 星期六用了一整天时间,认真地对同学们的试卷作了评判,每位同学的试卷上都有长长的红色印记,即便不看过程是否有问题,表述是否规范,也只有HZY同学的结果全部正确,这超出了我的预料,有的甚至有两三道题出现问题,最低分不到90分。

今天我将试卷发给了同学们,同时针对每位同学的问题作了说明。

我记得当年(2003年)复赛时,湖北省的最高分为137分,如果用这一标准来判断,你的状态如何？我不说,大家懂的。

323. 但我还必须提醒一点,在未考试前,你也许自信你能做好这套试卷的每一道题,特别是如果我将每道试题单独给你做,有的题你甚至能直接说出结果来,但昨天的考试结果已经告诉我们了,你的自信并不总是可靠的。

很多时候,我们都高估了自己的能力,淡化了自己的缺点,漠视了基本的问题,不愿在小处下功夫,结果是每到关键时刻,小问题就会冒出来,让你的希望化为云彩。想想云彩很美丽,但离你很远,并不属于你。

进一步地说,你做过的试卷再用来考试尚且如此,如果它第一次呈现在你面前,其结果又将如何呢？我想,你也是懂的。

324. 今天在与HZY讨论试卷时,我在他的卷面上写下了"先完成,再完美"六个字。我想,这六个字是适合所有同学的,在知识方面,我们似乎已经走过了"完成"的阶段,该讲的知识点,该了解的方法,我们都已经接触过了,但我们如何做到"完美"呢？这恐怕是我们今后共同的主要任务。

325. 常规小组的同学今天进行了电路一章的测试。

今后的进度也许会越来越快。

2012-2-16

326. 有几位同学向我申请常规课的周练免考物理,我同意了。事实上,学习到了这个时候,常规物理的内容早就不存在知识上的障碍了,有的只是一些熟练程度与细节处理上的问题,竞赛生此时不应在这方面过于纠结。但同学们自习时必须自觉地进行相关的学习,因为这个时间段将没有老师具体督促,同学们一定要好自为之。

327. 星期三我评讲了电路部分的试卷,总体情况都还比较好,分数都在120分以上,特别可贵的是初三上来的YQ同学,也考了140分,而且有道题的解法还是最优的。以后的测试说不定要加大难度,希望同学们加油!

328. 一进入常规状态,同学们的学习速度就慢了下来。因为同学们已经完成了例题部分的练习,剩下的就是测试与同步阅读了,但感觉很慢,大家基本上只刚进入磁场的内容,下周一前很难阅读完相关的内容。

我先作一个大致的进度要求:尽量做到每三周测试两个单元的内容,尽快完成这一轮的测试。

329. 这一周,我的工作有点乱。初三有一部分同学提前进入高中学习,需要我进行协调,我工作做了不少,以后还得每天下午给他们讲授三节竞赛课。我已经明确说了,授课如果与高二同学的学习有冲突,我将以高二为主。毕竟,现在的高二到冲刺阶段了。我这头牛啊!

330. 写到这里的时候,我得知高二物理小组又有一位同学在课堂上看小说。老师说,分不清他是谁。我也没去管,但同学们肯定知道他是谁。

已经为此事说过几次了,也反复承诺了。你坚持着,说明你有锲而不舍的精神,同时也说明你不知道现在是什么时候了。

轻轻地说一声:好自为之吧!

请不要让我再轻声地说了,再轻一点就没有声音了。

2012-2-19

331. 上次将内容传到网上后,我忍不住还是跑到田老师的办公室看了一下,在那里咆哮了几声。

第二天一早,该同学到我办公室来说明了情况,并作了相应的承诺。

我相信很多同学在犯错后的承诺是真心的。但问题是,你能否坚守得住你的承诺?在当班主任阶段,我就已经学会了不在意学生承诺什么,而在意你经过多长时间又犯了。

332. 其实,我并不反对学生在课余时间看一些课外杂志。谁没有学习疲倦的时候?阅读一下轻松的文章,也许会让随后的学习效率更高。有时,我也在教室里向你们讨要杂志阅读呢。我知道很多同学的书包里是不缺杂志的。

我对学生的课外阅读也是有要求的,道理在私下与公开的场合都讲过一些,在这里再重申一下:一是在现阶段不要阅读长篇,它将耗去你太多的时间。除非你在其他的学习方面没有什么特别的要求,也可能是毫无希望或者毫无兴趣。二是千万不要在上课的时间内阅读,特别是外面是课本,里面是……这将是实质性的违纪,我也不会在这方面让步。三是不要将课外爱好升格为兴趣研究,就像某些同学阅读游戏的专业攻略,再进行练习一样,这肯定是不适合你们的。四是可以阅读一下我一向不赞成成人阅读的诸如《读者》之类以短小的美文为主的杂志。我强烈地反对学生阅读"消费学生、造出韩寒"的《萌芽》杂志。虽然我非常喜欢韩寒。

放松心情是可以的,我担心的是你在放松中不愿回头。

333. 对手间的差距是在比较中产生的,包括同学们的学习状况。

令人苦恼的是,我们明知我们的比较对象是谁,却无法找到对方的参数,而且我们还知道对方很强大。所以,我们唯有将自己做得更强,这也就要求我们一刻也不能懈怠。

334. 初三年级的超前班上周三就已经开课了。不了解学习情况不知道,一了解还真有点意外,来学物理竞赛的几位同学全部在外进行了超前学习,而且学习量还比较大。由此可以窥视到外面家教培训市场的繁荣与巨大。

2012-2-24

335. 今天,我首先要说的一句话是:WZQ,你太"油菜花"了。

偶然间看到 WZQ 同学创作的电视广告脚本,一读之下,诧异得不得了,第一行就让我泪流满面。

一开始阅读,我便遇到了不认识的字(后经他确认为"国"字),接着是读到了"大西州宾"这个莫名其妙的词,揣摩了半天,当我明白了"大西州宾"是"大酬宾"时,我笑得泪水直流。

336. 笑是表象,内心却是冰凉冰凉的。你的"菜花"再好,如果用这种方式呈现给大家,我想,最终浇灌你这"菜花"的一定是你的泪水,这是我们都不愿意看到的。再一次希望 WZQ 同学记住我笑过之后对你说的话,并真正改正。

337. 一周来,先有 BCQ 同学在课堂上读连载,接着是 WZQ 同学在课堂上写出了电视脚本(多场景,很长的),联想到 ZC 同学在完成任务上的缓慢速度,加之大家的情绪似乎很低落,我怀疑大家最近是不是有一点不在状况,春节之后,大家是不是还在喘息？或者还有其他。

338. 这一周,每天下午我都在给初三的学生上课。好在高二的同学现在已经不太需要我讲了,也就不会显得太累。

前天常规小组进行了磁场的测试,情况不是太好,后面的两题大家基本上没怎么做,所以,我也懒得给分。

按计划,今天下午超前小组要进行一次综合测试。

2012－3－7

339. 最近,我真的有点忙,每天要上课,还要代表学校去外地接触一些学生,还到其他学校听了几节课,也就没有记录最近的一些事情了,今天作一补充。

340. 这一次复赛试题的测试情况相对要好一些,但离我的要求也还有一定的距离。主动加入综合测试的HRX同学的情况明显要差一些,但不要着急,随着学习进度的深入,情况会越来越好,差距也会越来越小。但愿他们都越来越好,进步越来越大。

341. 最近,同学们的学习应该是比较顺利的。HZY已进入电动力学的学习,两B也先后结束了《物理学难题集萃》的学习,进入后续内容的学习;CX同时结束了《高中物理奥赛讲义》与《国际物理奥赛培训与选拔》的学习,也进入后续内容的学习;从内容上看,ZC、CJ、WJX的学习进度亦按部就班地进行着,进展是好的。

342. 常规小组的同学上次磁场部分的测试情况不太理想,所以电磁感应与交流电的测试就放缓了一点,准备在本周五的下午进行。

343. 群里"开关电路"那道题的最终解一直让我很纠结。原始解答的结果是38个电阻(竞赛题的答案),后来往届的同学给出了新的结果,我记得应是26个电阻。但我一直心存疑虑,而我也知道该题的计算量较大,让我去做,恐怕要耗更长的时间,还不能保证不出错。但我知道,这道题肯定可以通过计算机编程进行穷举计算。上周,有一道电学试题在初三物理小组出现障碍,但初三信息小组的YKF同学却给出了正确的结果。我觉得这小子不错,就让他对"开关电路"涉及的问题进行编程处理,他很快便给出了24个电阻的结果,我随即指出了他的错误,他又重新上机修改,纠正为27个电阻，我看过程序后，觉得没有问题了。然后，YKF 同学又采用了穷举的办法进行计算，最后得到了最小值为 27 的 200 多组解，相信不会再有什么问题了。

那么，还是请同学们在不使用计算机编程的前提下，试着完成这道题吧！

2012-3-14

344．上周五，两个小组的同学都进行了测试，A 组（以后超前组就称 A 组，常规组就称 B 组）使用的是第 22 届的复赛试题，结果相对于前两次要好一些。B 组进行的是电磁感应与交流电部分的测试，直至星期一上午才勉强将试卷批改完。

这一次，两个小组的试卷都没有给分，但在卷面上对每个人的情况都作了点评。不过，有几个人的情况在这里还必须强调一下：

A 组：张成锴有了一次很差的表现，希望他能在任何情况下都要保持警惕；HZY 的规范问题又在往回走了；CX 卷面上大面积的、覆盖式的涂改总不见少，字也不见小，这不仅影响美观，更影响速度；等等。

B 组：对 WZQ，我在其试卷上留下了最为严厉的文字，大家可以传阅；HYX 也很不在状态，但在评讲时他却指出了一个大家都不太在意的问题。

其他同学都有可嘉奖之处，不再说了。

反正，高二以来，我对大家一向是多说问题，少给表彰。

345．说到表彰，有一事我说明一下，今天高二年级讨论了市级优秀学生干部与优秀学生的人选。对于这类表彰，我就没有去为大家争取了。

学生取得了成绩，荣誉自然就少不了，没有必要去刻意争取。再说，不论什么荣誉，都比不过学科竞赛获得赛区全国一等奖，何况还有省队。

346．我天天给初三的同学们上课，他们的学习热情挺高的，有几位状态也不错。给他们讲课，不能太深，当然也不会让他们太轻松，必须让他们稳步地前进。

但其他的学科似乎没有怎么培训，各学科的教练学校是安排了的，但学生却基本上处于自习状态。

347．也有几位初三的同学进入了我们的 QQ 群，大家请多关照。

348．越往后走，我可能会越轻松了，同学们都越来越自觉了，我观察到大家讨论的问题也越来越全面了,相信大家是有收获的。

想一想去年的这个时期,老高三的同学让我得不到片刻的喘息,今年的状态就完全不一样了。

大家的努力是看得见的,我的轻松就间接地说明大家的状态是良好的。解放了我,也就说明你们远超过我了。但还需努力哟,对手很强大哦!

349. 今年我校的保送生和自主招生考试过线的情况不太好。北大、清华的自主招生居然无一人过线,其原因同学们应该从我去年对高三同学的担忧中想象得到,当时我在评说学校的选拔机制时流露过对他们未来的担忧,现在就不说了。

不过,物理竞赛小组落下的同学都有收获,DHL 同学在华约的考试中考出了 270 多分的高分,清华的线是 257 分,但是学校没有给他参加清华自主招生的资格,他进入了交大的圈子;TC 被中科大以加 40 分免复试进入自主招生的圈子;要知道他们平时比那些有清华、北大自主招生名额的同学要靠后许多。这些再一次说明,竞赛并不会影响高考。

2012－3－16

350. 今天先谈一下初三同学们的情况。

本来不应在本札记中谈论他们,只是他们的到来也是我这一段时间的工作内容了,加之他们中间也有很多同学加入了本群,说说他们也是必要的。

总体来说,这是一个不错的群体,有学习热情,都比较聪明,感觉家长对学生的超前培训也有很大的投入。略显不足的是他们多少还有点浮躁。

351. 同学们都是才进入高中的,面对新的老师,大家都能很好地展示自己的特点。你们每个人都有各自的性格,外向的、含蓄的、随和的都有。

我非常赞赏 YF 同学在课堂上的表现,学习状态是主动的,能跟随老师思考,能与同学讨论,能不失时机地发表自己的观点,加之谦和的态度,表明他是一位情商与智商都不错的同学。

我非常喜欢 PZH 同学在课堂上踊跃发言的状态,能准确地阐述自己的观点,同时也能进行必要的反思。学习就是在不停地反思中进步的。

我非常喜爱 HKW 同学不紧不慢的表述方式,这给我们的学习营造了一种祥和的氛围,相信教室内有他,便有温馨。

我非常欣赏 SYN 同学的学习主动性与钻研精神,他那种超前的学习态度是今后进行竞赛学习必不可少的素质,仅此一点,就足以让他成为同学们学习的榜样。

我非常喜欢 WYH 同学的提问方式,能及时地提出自己的问题。有效地解决问题才能快速提高自己的水平。

我非常喜欢 ZYN 与 YSC 那种淡淡的笑容,在课堂上,老师只要看到这种笑容,心情就是愉悦的。这有利于我们之间的互动。

……

352. 我基本上与初三物理小组的同学都单独聊过了,了解了一些情况。有一点似乎应该说一下,同学们在外培训的力度是不是太大了一点,有的同学一周在外培训四到五次,其效果应该是有限的。

坦率地说,我担任竞赛班的班主任多年,一向反对学生在外补习。我认为,二中的学生只要按照老师指明的方向学习,完成老师布置的任务,是没有必要外出补习的。我担任班主任期间,班内基本上无人外出补习,培训机构的老师曾不解地对我说:"怎么不见你的学生出来培训?"

在二中,如果你能按照老师的要求做,一般不会出现大的问题。

353. 又出了一点状况,他们居然将新装修的门给撞了。

请同学能理解并记住,同学间彼此开玩笑时,要保持一个度:既不要造成伤害,也不要造成破坏。

354. 特别说一下 YQ 同学,他的进度较快,从内容上看,已基本上完成了第一轮的学习,下面将是对其各单元的学习情况进行检测了。希望他能成为这个群体的领头羊,大家注意追赶哟!

355. 下面再说说高二年级的同学。总体正常。

但我要特别说说 WJX 同学。

在 A 组,WJX 同学是最后加入的,一年多时间,却总在滞后的位置上,看上去学习的计划也在执行,自觉性也是有的,但总让人感觉慢半拍,到现在,CX 已有超越的迹象了,这就让我不得不将他的整个过程串起来想一下了。

昨天中午,我在网上看到他在不停地更新微博,我当时就感到意外,当即就去查看。我很早就知道他玩微博,但没有多关注。对于手机游戏,我反对;对于中学生玩微博,我同样不赞成,因为一旦沉迷微博,其精力与时间将会耗去不知多少。

联想到假期实验,我抽查时,几次他都在实验室外不停地打电话,再联想到他多次在学习时间与其他同学在教室外磨叽,我觉得他在精力的分配上存在一些问题。

356. 竞赛是高端的学习竞争,对手都很强大,与对手竞争,胜负虽然有一定的偶然性,但实力却是必需的。

说实在的,我们中每个人都不是天才,要想在竞争中取胜,我们必须使自己强大。所以,我们必须在一定的时间段里集中精力,全力以赴,只有这样,我们的取胜才充满希望。

357. 正好,WJX今天到我办公室讨论后一阶段的学习情况,我顺便谈了一下他的问题与班级问题,他也作了合理的解释,并告知其手机与计算机都交给家长了,然后介绍了自己的学习状态与昨天发微博的场景。

其实,问题偶然出现一次并不是什么大的问题,但各种问题有关联地串起来,则一定存在着相关的问题,好在WJX不否定这一点。

但愿他在后一阶段集中精力,争取冲进自己的目的地。

2012-3-16

358. 本来我没有一天写两次札记的习惯,但几分钟前看到WJX更新的微博:

"可以质疑我的智商,可以质疑我的能力。但不能凭几件事的简单联想就质疑我的品质,质疑我的努力。"

显然,这是针对上面的文字与下午的谈话有感而发。我迅速让张成锴给我WJX的电话号码,无奈电话拨过去,不通,通过QQ发言,无回应。于是,我决定写一点文字,让大家都理解一下我的要求。

同时,由于WJX同学的计算机与手机都交给了家长,相信家长也看到了相应的文字内容,那么我也通过文字让家长了解一下,避免误会。

359. 首先,上述的文字内容都是下午的谈话内容,基本上是记录而已。

我一直认为,本班的同学整体上应该是年级最优秀的群体,虽然有问题,也是一个处在较高平台上的问题,我甚至举例说明了对某些同学的指责并不能否认这些同学的优秀,加之我一向是带这类班级的,更清楚这种关系,所以现阶段与同学们谈问题,还远不会上升到品质上去。

360. 当然,我对此处的"品质"的理解可能有歧义,如果这里的"品质"是专指学习品质,那么我对你们中的任何人都可以质疑,完善每个人的学习品质是我的职责所在。

况且,下午在与 WJX 同学的交流中,他也不否认我说的每一件事。

361. 很多时候,我们每个人(包括成年人)都觉得自己是很努力地在学习与工作,但在周围的人看来,你也许还有诸多的不足。处在师生关系的位置上,老师当然有责任进行沟通与交流。

362. 在下午与 WJX 的交流与札记中,我都说明了,在对待同学们的问题上,我几乎没有仅以一件孤立的事件来处理问题的,除非是破坏性或伤害性的事件,这一点同学们应该有感受。而且,下午在与 WJX 同学的交流过程中,我已经说了我对发生在他身上的事情的联想,如果这种联想都不允许的话,这等于让老师不必理睬你的所作所为了。你是这么想的吗?

下午我对 WJX 同学说的一段话,也是对所有的同学说的:对手是很强大的,我们唯有将自己做强,才有可能冲进省队。

希望 WJX 同学及家长能理解上述文字。

还有,我不明白,WJX 同学的手机与计算机交给家长了,那他是在哪儿更新微博的呢?

363. 最后,提示一下,B 组的同学下周三测试,内容为几何光学。

2012-3-23

364. 对于《高中物理奥赛讲义》上几何光学部分的内容,我提示一点,这部分的内容过多过杂,同学们全部做完不现实,但应保证阅读完。这部分习题主要选自苏联的物理竞赛题,有些问题的处理方式比较独特,同学们对其应有所了解。

365. B 组的同学星期三进行了一次测试,是几何光学的内容。我原来印制的试卷上的题目基本来自《国际物理奥赛培训与选拔》一书,前两天看到有同学已经在重点学习《国际物理奥赛培训与选拔》上的光学内容了,只好又重组了一套试卷,好在现在组卷与印制都比较方便。

366. 昨天我已经将 B 组的测试卷批改完毕,对每个人的测试情况在试卷上都作了点评。

最近几次测试都没有给同学们打分,我觉得在情况较好时,打分是多余的，因为我们没有必要在内部分出一个层次来，大家必须共同努力。但我们必须从测试卷中找出自己存在的问题，很多问题我都在同学们的试卷上作了标注与点评，请大写认真对待。

367. 还是特别地说说 WZQ 同学。他的卷面规范问题我在不同的场合批评过了很多次，而且一次比一次严厉，从目前的情况看，应该是有点作用，特别是这一次，卷面情况较好。对于作业，我要求他向 LCQ 同学学习（在作业的规范性上，同学们都应向 LCQ 同学学习），一题一题规范地完成。

响鼓也得重锤敲。

368. 说到 LCQ 同学，我也要说几句。

LCQ 同学最近几次的测试情况都较好，得益于他非常认真地对待《高中物理奥赛讲义》的内容，他几乎是一题一题地认真完成讲义上的内容，而且其规范程度也是他人所不及的。假以时日，相信其必有收获。

说实在的，在竞赛群体中，LCQ 同学的综合成绩并不理想，这也导致班主任田老师对他的学习状况有担忧，几次反映到我这里来，譬如他看漫画书籍、上课睡觉等。本周我特地与他交流了一下，说到问题，他也承认。批评他上课睡觉时，他一脸真诚地对我说：我真的是尽了最大的努力，想坚持不睡，但没坚持住。其真诚的话语感动得我无话可说。

同学们，真诚远比口是心非容易赢得老师的信任。

真诚地希望 LCQ 同学克服压力，一路向前，实现目标。

369. A 组这边的情况，总体还可以。观察各位的进度不一，比如 CJ，速度慢了一点，一问，果然与我的观察吻合。

370. 生物竞赛小组的同学 4 月份就要停课备考，这必定会对其他学科的学生产生影响。有些同学也许会考虑停课方面的问题了，我在此先作一点说明，按惯例，物理小组的停课是在高考结束之后，请同学们不要心急。当然，在此之前，肯定会有同学提前停课备考，这需要根据个人的情况而定，希望同学们与家长不要太操心，也不要彼此攀比。

371. 我清楚有的同学已经将学习重心向竞赛这一侧偏移很久了，但也有同学似乎还在力求均衡。作为物理小组的同学，常规的物理周练是可以不必参加的，但有的同学却坚持参加，包括 ZC，这就没必要了。

372. 提到 ZC，我也说一点。他已有了保送的资格，按理说，这一年他应专注于竞赛，全身心地投入，努力冲刺省队，但觉得他的投入总不到位，学习的激情不足。上次我到仙桃招生,特地约了他父亲(他父亲也是一名教师)谈了一下 ZC 的情况,他父亲表示对他的要求是一定要将知识搞全面,这也许是他至今连物理周练都要参加的原因。由此也可见,教育要"全面发展"的观点已经对大众洗脑了,我感觉有点可怕。

你均衡了,那么你能否登上高峰呢? 估计难以走远了。

373. 据观察,在 A 组,能始终踏实地坐在那里学习的是张成锴、HZY、CX 三位同学,其他同学似乎总有一段时间不太专注。

374. 前一段时间,我让 BCR 同学写一篇竞赛学习小结,他答应得蛮爽快,却拖了很长时间,一直没有交上来。前天我忍不住催了一下,他昨天就交过来了,从小结上看,信心很足,但一定要注意克服自己的问题啊!

2012 - 3 - 28

375. 每年四五月份,是中学生与大学生极端事件发生的集中期,这一时期春夏交替,学生生理与心理极不稳定。在我的老家,这一时期被称为"菜花疯"。

前几天,张成锴对我说感觉不舒服,我说这是这一时期的正常生理现象,不是在忽悠他,而是当班主任时积累下来的知识与经验。这段时间,我会与学生多交流。

376. 对 A 组的同学,从试卷上的情况看,大家对讨论性问题的解答还存在一些障碍,故在黑板上给出了一道讨论题,大家有必要认真做一做。

每个周末的试卷在坚持发,但显然完成的情况不佳,今天变化一下,没有发试卷,而是要求 A 组的同学在这两周内写一篇文章。这对某些同学肯定又是一项挑战。

377. 同学们的学习内容安排都是有阶段性的。从目前的情况看,同学们已经学完了所有必读书籍,随后不间断的测试是我们的一种练习方式,我们需要通过这种练习方式总结与提升我们的解题能力。小论文的写作过程也是一种总结与提升的方式,希望同学们能认真对待。我们肯定会将较好的文章编入我们的论文集。

378. WZQ 同学住院已经几天了,今天向其家长问到了住院地点:武大中南医院。建议同学们抽时间去看望一下。当然,我也会抽时间去。

2012－3－29

379．我担任过很长时间的班主任，只是因为去年要带两个年级的竞赛培训才卸任班主任一职，以前还在一所完中担任过团委书记、政教处主任等职务，现在还挂着学校教务处主任一职。在我的教学与管理经历中，我对学生的行为有"三怕"：

怕打球：中学生之间的冲突与意外伤害事故，80%以上来自球场，你说班主任怕不怕？

怕上网：上网玩游戏与玩微博的危害才说过，我就不说了。

怕谈恋爱：极端的事例在我校刚出现过，还用我多说吗？

380．我的"三怕"也是我管理班级的重心。前不久，一位北大的毕业生在微博中说，他做梦回到了二中，听喜子说"三怕"。一位刚进校就被我重点叮嘱、现在在香港大学读书的女生暑假回来对我说，她现在还时常回味我的"三怕"。

可见，我的"三怕"在学生中也产生了影响。

381．对于这"三怕"，其实我最怕的还是第三怕。所以，我在担任班主任期间，非常关注男女生之间的交往，哪怕是"不怀好意"地关注，然后就是及时地沟通与敲警钟了。毕业的学生回校后曾问我，为什么对同学谈恋爱一抓一个准？我也只能笑一笑，我也是无奈啊！

382．说到这个份上，也就不得不说说我们这个竞赛群体了。

那天，我对田老师说，我们中的×××同学存在诸多问题，其中一项便是男女生的交往问题。田老师还一脸茫然，从表情上看，田老师对这方面的问题基本上还是麻木的。我对学生的判断，不敢说100%准确，80%的可靠度是有的。

看到这段文字的同学，大体心里都会有数。看到这段文字的家长，关注一下孩子的行为吧！

383．对家长说一句：你的孩子是聪明的，但不是天才。

2012－4－5

384．那天听张成锴说，WZQ同学在QQ空间里留言"全身无一处不疼"，我赶紧去WZQ的空间里看了一下，他的空间里仅此一句。于是，我带上张成锴,就直接去医院了。

WZQ 的病因医生最初不清楚,便采用排除法进行检查。在全麻的状态下,医生将其肠道逐段检查了一遍,其痛苦是不言而喻的。一见面,我就能感觉到,几天的时间不见,他瘦去了十多斤。好在问题不大,只是肠部有溃疡,用不了多久,便可出院。

回校后,我向田老师介绍了 WZQ 的情况。

2012-4-9

385. 上周,BCQ 同学第一个交来了他写的文章,是谈对称性的,文中有关于对称问题理论的论述,有大家都熟悉的对称性问题讨论,有与同学们在讨论过程中产生的对对称性的认识总结,是很好的文章。BCQ 带了个好头。

386. 上周五,B 组考试,我中途视察时,发现一同学有点小动作,问其原因,答道:记得答案,忘了过程,想核实一下。

江老师没有责怪的意思,只是想提醒大家,以后的测试,结果不重要,重要的是通过测试我们得到了什么样的提示:是遗忘? 是领悟不透彻? 是知识掌握得不全面? 是自己的能力水平还不足? 是规范不到位? 是心理因素的干扰? 是生理因素的不适应? 等等。然后,再思考调整的对策。

387. 上周五,A 组考试,发卷子有一段时间了,还不能安静,我大声提醒了几句,好像不太理解。

这个季节影响情绪。

388. HX 竞赛小组的一位同学因与教练产生矛盾,在这个时候居然要退出竞赛,当我知晓时,她已经回班了。显然是情绪化的表现。

这个季节太影响情绪了。

我主动出面与该生进行了长谈,说明此时退赛是不理智的。最终,该生重回竞赛了,愿她能克服情绪的影响。

389. 昨天,部分同学与家长去医院看望了 WZQ 同学,今天同学们说,他的情绪好多了。

WZQ 同学康复得较好,明天就可以上学了。

390. 两个小组本次的测试依旧没有给分。坦率地讲,本次测试,两个小组都存在一些问题。特别是张成锴,居然一开始连续四题都出现了问题,我在他的卷面上连续写下了"连续两题""连续三题""连续四题"的字样,这对他来说,有点不可思议。其次是 CJ,我以前说他的卷面情况是最好的,今天让他自己将此次的试卷与过去的试卷进行比对,差别太大了,我在他的卷面上留下了"静心……"的文字。

391. 高二(1)班教室旁的小教室,原本是让竞赛的同学用来规避相应学科的常规教学而使用的。比如,物理课时,物理小组的同学便可利用这个小教室自习。上周这个小教室因政教处要使用被收了回去,这肯定会影响到我们物理小组的使用。于是,我只好让学校另给我安排一个小教室。我对小教室的使用作了两项规定:一是将有少数初三学生每天下午使用小教室;二是我给张成锴配了一把钥匙,供物理小组自习使用,嘱咐他一定不要让这个小教室成为同学们规避其他学科学习的场所。

392. 因为 B 组同学的第二轮学习已经结束,对于后期的安排,我今天对同学们作了布置,希望同学们根据我的安排,控制好学习进度,尽可能地阅读多的内容,对你们来说压力无疑较大。我明确地说,虽然你们目前所学的内容较 A 组少一些,但你们只要针对复赛层面的内容扎实地学习,训练到熟练程度,最终的结果是不会差的。

2012-4-26

393. 按照惯例,每逢期中、期末考试,竞赛培训就停两周。所以,从上周一起,竞赛培训因期中考试而停止,札记也没有写,现在期中考试快结束了,来回顾一下近期的情况。

394. B 组的第一次力学综合测试,情况大体还好,也有一位同学发挥失常。批改的卷子发下去后,我特地约谈了这位同学。虽然卷面上的问题有很多,但若细看卷面,大多又是小处出错导致大错,解题的思路并没有大的偏差,而这正是我们今后要注意的。希望不要因为这次考试影响到这位同学的心情及今后的学习。

395. 考虑到具体情况,没有让张成锴、HZY、ZC 三位同学参加期中考试,大家应该能够理解。

396. A 组同学写的论文都打印出来了,由于打印的错误较多(原因是专业的打字员不认识同学们所写的字,这也足以判断同学们的写字水平),我为其订正花去了不少的时间,当然,后期还得同学们自己订正。

论文的整体水平比我预料的低,至少在选题方面不太具有典型性,也没有特别独到的感受。

但亮点还是有的，BCQ 将对称问题在我们以前文章中讨论的基础上，向更深的方面推进了一步；CJ 写了量纲法的解题方法总结，但例题基本上都是我选的例题；HZY 将电动力学中的格林互易定理用到了复赛层面，但例证不多，涉及面也不是太广。

这次两 B 的论文交得较早，他们两人的整体水平相当，相互咬得很紧。他们的论文交上来以后，我又临时决定让他们合作写一篇文章，题目由我出，让他们自己组织素材。

397. 其实，我也在为大家写有关的总结性文章。为了编今年的《物理专题解析》，我写了一篇有关竞赛难题的分析文章，原文很长，我根据文章涉及的五个方面，将其拆分为五篇文章，投给五家中学物理教学杂志，有三家同意刊登，但其中两家需收版面费(现在几乎所有的杂志都开始收版面费了)，被我拒绝。不收版面费的一家很快寄来了清样，我让张成锴为我校对了一遍。估计在 6 月份出版。

老师评职称需要发表文章，才催生了教学杂志收费。

398. 借这一段时间的闲适，我整理了一下有关资料。

考虑到同学们阅读的需要，我将程稼夫与舒幼生两位老师的竞赛培训讲义各复印了两份，费用就由大家分摊了。

另外，在网上又找了一些资料，我又录入了一些材料，也有让冬冬文印室打印的，费用也得让大家分摊。

最近，整理的资料虽然较多，但分摊到每个人身上的费用也不是很多。去年分摊费用时，我让同学们算我一份，今年我就不参加了。

我清点了一下书籍，又在网上买了几种辅导书，有的已多次购买。

399. 我清理了一下以前常规教学时在班里开设的"难、趣题征解"栏目的内容，整理成《难、趣题 88 例》一书，也印了两本，这一内容对竞赛的同学也是有帮助的。我将其中一本送给出版社的编辑看了一下，我们很快达成了出版意向，并大致确定了版式，编辑也提出了修改的意见。从与编辑见面到谈妥相关的出版事宜，前后大约半小时。但出版还需要通过立项、审批的程序，估计最快也要到下半年才能出书，更大的可能会在明年，高二的同学估计读不到。但这本书里也有同学们的贡献，同学们可以从我印的《难、趣题 88 例》中看到。

2012 – 5 – 6

400. 由于期中考试,加上五一放假,同学们似乎需要喘息一下,十天没有写札记了。今天来写一点。

401. 期中考试是 27 日结束,按要求 28 日(星期六)应补上星期一的课,但全校学生开展了上级要求的"大家唱,大家跳"活动。这种活动竞赛班一般都是有选择性地参加的,特别是无人组织的集体活动,竞赛班多数情况下是不参加的。

28 日上午,我去查看几位停课同学的学习情况,也不知道他们到什么地方去"唱"与"跳"了。实际上,参加这个活动的班级并不是很多。下午本是培训的时间,大家却在继续地唱与跳。不过,等我下午去查看自习室里的初三同学的情况时,"大家唱,大家跳"已经衍变为"大家闹"了。

在中学,没有组织的应景活动,大体如此。

我想同学们以后很少会有此类活动,就让他们闹吧!

402. 五一过后,B 组进行了力学综合二、力学综合三的考试,情况并不是很理想。下一场就是 A、B 两小组同时进行力学综合考试了。我准备四场考试结束后再一起评讲。

403. A 组同学的论文校对星期五才收上来,已经基本完成。

大家似乎也有一点疲劳。5 月 2 日,A 组自习时,我去观察,有几位聊得正浓,好在没有让我多说什么,便自觉地进行复习了。

星期五,我在初三上完课,回答了 BCQ 同学的有关问题,课间去了一趟教室,A 组教室里只有两位同学在埋头看书,其他同学都不见踪影。我后悔没有带相机,应偷偷地将他们拍摄下来。我最终也只好悄悄地退出了教室。

404. 上一届,期中考试后就有同学在争取停课了,本届我也将分步安排同学们停课。我担心的是,虽然有的同学希望停课,但停课后,他能安心地学习吗?

2012 – 5 – 9

405. 最近几天,网上疯传××一中高三×班为了积极应对高考,全班学生集体吊瓶的照片。作为多年的高三班主任,我清楚这张照片的含义,想到高二的学生与家长,不论你是否理解与赞成这种做法,但肯定清楚这类事情的原因。我在群内贴出了这张照片,不料初三学生的家长立即表示了惊讶与不解。

不解的何止是这些家长呢?

有人说,学校集体吊瓶是为了牟利。——在医院40～100元的吊瓶,在学校10元一针,老师是为了牟利?你去问一问医院吧!结果是学校给予了补贴。

有人说,这是为了应试,这话更不错,不应试的学生这个时候是不会坐在教室里的,当然就不会吊瓶了。

406. 两B将单独布置的任务完成了,我粗略地看了一下,比我预想的要好一些。看来命题作文比自由作文要好。

最近,有一些公共资料都是在校外打印店打印、复印的,分摊到各位的费用要多一些,这些资料都是大家交叉使用的,希望大家能理解。

407. 说到B家兄弟,昨天的事就不得不说一下。

昨天我批改完周一的试卷,便想送到班上去,是体育课的时间,但班内有10人左右。B家的一位兄弟在教室内专注地阅读,从背影上看我的确不知道是谁。我从后面走上去一看,发现他看的是电子小说,便凑上去靠在他身上一同阅读,他的速度比我快。几页以后,我在他身边说:"你的速度比我快多了,慢一点。"我连说了几遍,他才反应过来,这才尴尬地发现了靠在他身上的我。此人是谁?BCQ也!

408. 对于BCQ读小说的问题,想必大家是记得的。

此前我对他的要求,在这里我就不再重复了。我只想提示大家回忆,我曾经写过的内容,如果不记得,请阅读本札记前面的内容。

不说了,声音很轻了。

409. 今天,将两小组集中在一起,对前一段时间测试的试卷作了一个简短的点评。从本次两小组一起考试的情况看,两小组在基础层面上的差距已经不是很大了,相信经过一段时间的磨合,最终是会消除差距的。

我正式宣布,今后所有的考试,两小组就合二为一了。

410. 我建议张成锴、HZY、CX、ZC四人全面停止周练,除了英语要求坚持上课外,其他学科是否停课,取决于他们个人的需求。

我要求他们告知家长,并希望能得到理解与支持。

2012 - 5 - 21

411. 近一段时间里,同学们在按部就班地进行复习,每个人都在按规划学习自己的内容,或快或慢,或难或易,都没有闲着。

412. A组的部分同学写的小论文已经整理完毕,要不了多长时间就会发到同学们的手上,大家阅读的过程就是一个彼此交流的过程。

413. 又到了竞赛报名的时间,又到了纠结复赛名额的时候。对于复赛名额,物理学科真的不好说。上周,全省生物竞赛的省级联赛(等同于物理复赛)在我校举行,参赛人数为4500多人。而全省参加物理复赛的名额以前控制在600人以内。今年又出新政,省中学生物理竞赛委员会确定复赛名额依预赛的报名人数而定,以预赛每90人给一个参加复赛的名额。而武汉市政府又限制中学生参加竞赛的报名人数,据说武汉市物理竞赛的报名人数不得超过5300人,分配到我区的报名人数是1000人。这肯定不能满足参加复赛名额的需求,目前真不知道最后的复赛名额会怎么分配。

纠结中。

414. 上周五进行了热学测试,从测试结果来看,已经分不出A、B组了。分数从100分到160分均有,差别很大。

考100分其实并不表明你真的是最差的,但偶然的失常也许就会让你倒下。所以,大家务必要力求稳定。

415. 到了这个时期,又要考虑实验了,估计再过两周,就要抽时间让同学们进实验室了。

416. 上周三登记了一下每位同学阅读过的竞赛书籍,便于我作后期安排,同时也想让同学们自己心里有底,知道自己还有哪些书籍要阅读。加油吧!

2012 - 5 - 27

417. 各学科的竞赛每年都是生物打头阵,今年生物竞赛省级联赛已经结束,赛区全国一等奖的名单早已经出来,我校的结果不太好,大家的压力都很大。

星期五的培训课上,我由生物竞赛的结果直指物理竞赛的压力。目前物理竞赛小组共有14人,如果让我纵向比较,大家都有可能获得赛区全国一等奖,但让大家全部得奖实际上是不可能的,至于最终谁会掉下来,会有一定的偶然因素。去年 TC 的情况大家都很清楚。

418. 至于说到我们该怎么办的问题,在星期五的课上,我已经说过了,我们应将目标锁定在复赛层面上,努力克服自身的缺陷,千万不要用自己的优势掩盖自己的缺陷。在复习阶段,为了寻找自身的问题,同学们在心理上一定要放大自身知识与能力上的缺陷,压缩自己的优势,只有这样,才能有效地针对自己的问题进行纠偏。千万不要有自欺欺人的心理。

419. 什么叫自欺欺人呢? 举个例子吧!

现阶段,我们每一次的综合测试的时间与内容大家事先都是知道的,如果在考试前,你找来试卷,特地做一做,记住答案,最后得到了一个还可以的分数,让自己高兴,让江老师也觉得不错,这肯定是自欺欺人。

2012-6-3

420. 感觉时间过得越来越快,一周的时间一眨眼就过去了,可能是到了冲刺阶段的缘故吧!

最近一段时间里,我在忙于整理各种资料,忙于编制后期用的试卷,既要尽量回避 A 组的同学去年用过的试题,又要尽量让同学们有所收获。

同学们在干嘛?

421. 进入 6 月份后,开始着手安排学生停课复习。

考虑再三,经班主任田老师同意,决定张成锴、ZC、HZY、CX 四位同学按计划先期停课,他们除英语课外,其他的都停,已得到了他们家长的认同。对他们停课期间的学习与纪律,我也作了具体的要求。他们的自习教室就在班级的隔壁,希望其他同学尽量不要过多地去干扰他们。

422. 相信其他同学在后期都会自觉地将学习的重心挪往竞赛方面。但对同学们集中在一起自学时的纪律状况,我仍然比较担心。比如此前每个星期六的物理周练,很多同学都涌到小教室自习,没有老师督促时,就有人在里面不停地讲话,自己的学习效率不高且不说,还影响到他人。

当面讲话我指出来你都可能觉得委屈,在这里说你可能就更不服气了,但我希望你自律一下。

我是在说谁呢? 大家可能是知道的。

但愿我的担心是杞人忧天。

423. 写着写着,本札记写了几百节了,是不是江老师太啰嗦了呢?

只是我觉得很多东西在这里说方便一些,也便于沟通,对问题起到点到为止的作用。

424. 说到问题,有一件事我本不想再说,但想想,还是留个泡泡。

上上周收了一本电子小说(电子辞典),考虑到上面还有学习功能,上周便归还了,大家是知道的。原以为会管一阵子,不料,那人就是无所谓,而且发展到课堂上直接看小说,又被捉了现行。

我不怀好意地猜测,肯定还有没捉到的。千万不要阻止我猜测啊!

说实在的,原本还在考虑是否让其停课,经此变故,秒杀。

但他影响到别人啊!江老师其实也很纠结。

425. 按计划,星期三进行一次综合考试。按测试顺序,应该是第 26 届复赛试题,考虑到有人在对答案了,我临时换了一套测试题,所用试题几乎都是新题。

考试结果显示,A、B 两组的界限完全模糊了,最高得分者为 WZQ 同学,几近满分,而低的得分率只有 50%。

我说过,以前有 A、B 两组,主要是学习进度上的差别,这并不代表能力上的差距,当进度上的差别消除后,能力将起主要的作用。

对于复赛程度的试题,是没有 A、B 组可言的。具体原因我以后再说。

426. 最近一段时间,我将按计划与同学们单独交流有关问题。

我与你们谈话,将有一个主要的话题,即生物小组竞赛的结果告诉我们,所有同学最后都有不获奖的可能性,应该有充分的思想准备。但不到最后,我们没有理由不拼搏。

2012－6－9

427. 高考结束了,从今天起,按照我校的惯例,高二的学生升级为高三学子了。

祝所有的高三学子,下一年大吉。

428. 大家也许开始关注后期的安排了吧!

除已经停课的四位同学外,其他同学大约要到期末复习时再停课。确切的日期是 6 月 20 日后的星期一吧!

至于期末考试,大家注定是不会参加的。

429. 说实在的,停课的早晚对大家都是次要的。目前,部分同学心里也许有一种急不可耐的感觉,但到了停课的后期,也许你又会觉得无所事事。去年我外出的那段时间里,不是有同学觉得停课就是聊天、看小说与睡觉的好时光吗？今年会不会也是这样哟！

到了后期,很多题目都看会了,新题的正确率老是那样,一点拨就会,不点拨就做错。说得直白一点,你的能力并没有因为你看会了很多题而有实质性的提高,这才是江老师后期最为担心的事情。同时,这也是摆在我们后面最大的难题:如何将我们学会的知识转化为我们的能力。

430. 今年武大又要组织实验培训,同学们都熟悉这个培训,好在时间不长,虽然同学们也许都感觉自己熟悉了,但也放心不下,就无奈地参加吧！

通知我已经发在群里了。

431. 明天补上星期五的课,下午是培训时间,同学们就做好考试的准备吧！内容是电场与磁场,布置过的,没忘就好。

2012-6-14

432. 星期天下午的考试如期举行。电场与磁场是竞赛中最为常见的内容,此次选择的试题大部分与同学们是初次相见。于是,大家便有了表演的冲动,摘其一二。

相对于上次的考试成绩,WZQ 同学在本次考试中给大家表演了一个难度极高的蹦极跳,相信大家都已经见识了。我观看的体会是,既然 WZQ 同学能进行这类高难度的表演,相信其他同学也会。大家如果都玩蹦极跳,就都完蛋了。

当然,表演结束后,我与 WZQ 也一起做了个阶段性小结。

很长的一段时间里,HRX 同学比较害羞,不肯表演,这一次秀了一把,蛮有型的。我的希望是,但愿他借此表演,走出低潮,不停地"秀"。

整体感觉也还不错,超过 100 分的有 8 人,比我预期的要好。

433. 不过,面对电场方面的一道题,同学们全部都犯了色盲。这种情况近来比较少见。

江老师将医治方法交给了 HZY。

最后,HZY 在黑板上展示了典型的"黄氏"解法——没有过程,只有结果。

他的这种解法好像有一定的传染性呢，ZC 同学就有被感染的迹象。

434．星期一考试的内容是电路与电磁感应。这次的题目大多是煮过了的——熟的，于是大家来了个集体秀。所有的同学都提前交卷，分数都在 110 分以上。

一位同学对自己被扣的分还有疑惑，在江老师的明示下，才发现所扣的分都是不该给的分。

另外，还有一位同学指出江老师的加法做错了，给他少加了分。

江老师非常感谢你能对江老师的扣分进行质疑，这说明你也在思考。但江老师不排除今后给你加分时出现 $4+2=5$ 的算式，当然也一定有 $3+2=6$ 的情形，只要你做题不错就 OK 了。

435．星期一，武汉突降灰霾。下午 CX 同学由于身体原因，请假避难，回家闭门练功去了，而在校的同学们请求转移比赛场地，避免灰霾对我们过于关爱。这种保护意识，赞一个。

越是到了后期，同学们越要注意各方面的保护，不可随意。

436．星期三的下午，江老师首先对前两次测试的试卷作了简要的点评，指出了一些共性方面的问题和部分同学个性方面的问题，说是问题，其实就是你的不足啊，并指明了同学们今后向前走的方向，希望同学们能记住啊。

随后，我要求同学们作精细讲解，结果是精细讲解比我的简要点评还要简明。

437．我向同学们征询下一次综合测试在哪一天进行，大家将这一权力交给了 LCQ 同学，结果是不少同学向他请求于下周一测试。

其实，我也是这么想的。

2012-6-19

438．星期一考了。同学们说，这些题目都没见过。于是，第 2、3、4、5 题就不需要改了。

没见过的题目是否都是如此？

谁见过 2012 年的复赛题，见过的请现在告诉我。

能做你没有见过的题目，就是你的能力。否则，请别自恋。

439．江老师现阶段其实很痛苦。

随便给你出一套题吧，题目大体你都见过，于是你说，江老师在应付或者江老师没水平。

好不容易出一套你没见过的题目吧,挫伤你的积极性不说,你还说,这题目是不是超纲了,是不是在刁难我们。

痛苦啊!不出新题?可复赛几乎全是新题啊!不超纲?可复赛经常超纲啊!

你说,我出题容易吗?

440. 江老师的不容易其实是自找的。

想当初,如果我不将你们分为A、B组,江老师就用不着重新出试卷了,将原来的试卷复制一下就够了,何苦担忧A组的同学重复做题呢。我的计算机中,原有的试题超过100套,你能做得完?

441. 最近,进出江老师办公室的同学应该注意到,江老师的办公桌上也是堆满了竞赛书籍,其实江老师最近也是在题海中(　　)。

请选择: A. 打滚　　　B. 畅游　　　C. 搅拌

442. 其实,没做过的题目,也有做得相当好的。比如本次测试的第6题与第8题。如果大家都能像解答第6题那样解答所有的新题,江老师保证在你们面前美美地睡一觉,然后笑醒。

443. 今天,JNM同学找到我,要求重新回来参加竞赛,我拒绝了。

拒绝JNM同学,除了他已经不适合竞赛外,其他方面的理由我就不说了,大家懂的。

444. 关于JNM同学准备竞赛一事,我下午便找田老师说明了我的观点。不料,田老师的一席话,多少让我感到意外。为这事,田老师已经约见过JNM同学的家长了,只是没有与我通气而已,以致我多少还感觉有点突然。

但愿JNM同学在高考的路上走得顺利一些。

445. 同学们对停课已经急不可耐了,时间确定在6月25日,下周一。

还没有对家长说明停课情况的同学一定要尽快对家长说清楚。

家长会就不开了,家长有什么问题可在QQ里对我留言。

2012-6-21

446. 盼望着,盼望着,终于到了停课的时间!同学们,是不是有一种决心、一种激动在心中不停地涌动?

同学们,你是否在心中唱着:我要飞——飞得更高——

447. 从心理学上讲,越是期待的事情要来临,心情就越激动且越不稳定。这不,明知离停课只有两天了,却偏偏有几位同学特地到我这里来申请:是不是现在停了算了。

你可能不会感觉更不会承认这是心理暗示在对你起作用。

江老师叮嘱:静下来,静下来……

448. 到了停课时间,江老师总得说点什么,江老师一开口,就轻松不起来,因为又要强调纪律了……把昨天下午的要求再简短地重复一下吧!

① 停课不改早、晚的作息时间! 变化则是全天实行五段式作息!

② 停课期间,英语总还得学吧! 别忘了哟,每天上午第一节课该干什么。当然,江老师已经要求田老师将假期补课的英语课都排在上午第一节。另外,我还将美国、加拿大的试题"翻译"成了英文,会发给你们的。

③ 周一升旗你们应该参加! 课间操就免了,至于说体育课,你说呢? 去吧!

④ 晚自习与早自习,江老师就不陪你了,但江老师保证还是会时不时地去观察你一下的,可别让江老师郁闷啊!

⑤ 教室里讨论肯定是需要的,但咆哮肯定是不需要的,江老师相信你们知道这两者之间的差别。

⑥ 什么节约用电啊,保持教室的卫生啊,不要将自己喜爱而他人厌恶的诸如体味之类的带入教室啊……这些未来精英们必备的素质,我就不再强调了。

⑦ 请远离剧烈的运动! 我不愿多说,免得有人又说我是乌鸦嘴。

图 1

⑧ 记住,我与张成锴可是你们请假的对象啊!

⑨ 任何暴力冲突都会被江老师镇压的!

⑩ 像世界杯话题、语文的课外学习资料、步步高学习机中的隐者等,是否应该进入教室,你们看着办吧!

总之,亲们,自习期间,你大概不会奢望或者逼迫江老师如图1所示吧!

449. YY同学的家长来校,也希望重回物理竞赛,我同样没有同意。但家长说了YY同学回班后,从未放弃在竞赛方面的努力。我心中隐隐作痛,不容易啊,也无奈啊!

450. 去武大进行实验培训的要求我也在教室里说过了,这一点还得家长配合,7月1日下午报名,自己在本群中下载通知吧。实验培训结束后,学校的实验室也会对学生开放。

2012-6-25

451. 今天是停课的第一天,阳光灿烂。

早上升旗以后,我将美国与加拿大英文版的竞赛试题发给同学们了,但有三人不在教室。

一位说:闹钟坏了,迟到了,没有升旗。

一位说:我回教室清理书籍了。

一位说:我以为第一节课要在教室里上课。

我知道,同学们,这些理由都是很充分的理由,你说呢?

452. 你们理解五段式自习吗?

上午三段:早自习与第一节课,第二、三节课,第四、五节课,中途有两次休息时间。

下午则更清楚了。

上午第四节课时我去教室(不是课间),有五人不在,问之,回答说可能是打开水去了,这种集体的打开水活动让我很无语。

不过,这里面有误会,后来张成锴说,大家是去搬书了。

453. 上午快放学时,我又去观察大家,居然有两人睡了过去,一人在我推门时惊醒,一人在我绕场三周后,仍然无动于衷,无奈叫醒。

离复赛还有很长的时间,我该怎么办呢?

454. 下午是光学与近代物理测试,我在中途视察了一下,一个怪现象让我颇感意外。

在今天的试卷中夹带有两道往届学生的自主命题,其他题目则散见于各资料。这两道自主命题肯定不是这些题目中最难的,但很多同学在试卷上为这两道题开了窗口,特别是CJ同学,其他的题目很快就OK了,唯独这两题,他似乎在那里说,自己的头发多了,便不停地、使劲地向上拉,希望扯几根下来。

这再一次告诉我们,看会不等于会做啊。

2012 - 6 - 29

455. 第一次独立的晚自习,我认为应该是比较安静的吧。昨天晚自习时我去观察了大家一下,回家吃过晚餐,仍旧有点放心不下,又重新来到学校,一看,的确很安静,只是有同学可能在梦中不安静。

第一个晚自习就睡过去了,我能说什么呢? 不说了。

但愿这并不是你们所期待的停课复习。

我顺便去逛了一下其他的学科小组,自然没有老师,但也基本上都在投入学习啊!

456. 写完上面一节,我便去了自习室,居然又有两人进入梦乡(上午9点左右,非休息时间)。由于一周来,两人都不是第一次在学习期间梦游了,在此冒个泡泡,点个名:BCQ 与 CJ。这算是向家长举报了,如果两位再这么坚持,在必要的时间段,家长可考虑将其领回,亲自督促。

不用多解释,如此之状态,能走到最后吗?

457. 接着写后面的内容。

星期二上午批阅完试卷后,同学们的评讲还顺利。但在讨论 XMZ 同学命制的光学题时,却生出一段插曲来——

这是一道与空间向量相关的试题,XMZ 在出题时也给出了参考解答。在考试时,我就奇怪为什么只有张成锴与其答案一致,当然就由张成锴来主讲这一题了。张成锴可能也在怀疑自己答案的正确性,一直都在反复验证,但也没有发现什么错误。

但错误还是出现了,比较之后,发现正确的结果和最简的解法属于 CX。

458. 于是,CX 同学上场为同学们展示其解答了。

引起我注意的并不是 CX 同学对内容的讲解,而是他在讲台上表演的左手讲解、右手质疑的左右手互搏之术。当时我便抢拍了一张照片。

说实在的,江老师在讲台上沉浸三十多年了,尚未练就左右手互搏之术,而 CX 尚未出道,便能熟练地展示,可见其过人之处。

459. 同学们在是星期三还是星期四进行综合测试的问题上纠结了一

会。一位同学掏出一枚硬币,说正面朝上就星期三,反面朝上就星期四。他将硬币向上一抛,江老师伸手托住,正面朝上,于是星期三考试。大家高呼,星期四吧,但为时已晚。

460. 星期三的测试中,几道题都是初次与同学们见面,但也都似曾相识。

由于组题时题号出了问题,少给了一道题,于是匆匆忙忙地加上了一题。不料,这道题给大家造成了分数上不可估量的损失,小组内没有全对的,对各位造成了伤害。江老师一方面检讨自己命题的失误,另一方面又为你们的失分感到高兴。

在评讲这套测试题时,有一点必须说明,对于 HZY 同学讲的第三题所涉及的问题,就我们而言,不论是涉及超越方程的求解还是三次方程的求解,都不在我们要求的范围之内,我们可以不做到最后,事实上,在评分时,江老师也没有要求你们坚持做到最后。

但江老师希望你们掌握处理这种问题的方向,包括计算器的使用。

461. 同学们之间的关注有时是非常细致的。星期四(昨天)上午我与 LCX 同学个别谈话,中途谈到了 CX,LCX 同学说 CX 可能病了。我没见其咳嗽,又没听说他发烧,那是如何判断的呢? LCX 说:我发现他今天的解题能力下降了不少。说实在的,三十多年来,我也是第一次遇到同学们用这种方式来判断一个人是否生病。但是——

昨天下午 CX 请病假,今天请病假,证实了 LCX 的判断。

这种现象说明,生理状态的确很大程度地影响着你的能力发挥,但你自己是否清楚呢?

所以,江老师一再强调,一定要注意保持自己的健康状态啊!

462. 教室门上有一块小玻璃,有人用答题纸将它遮得很严实。江老师却恶狠狠地将它撕了,是不是有人在心中恶狠狠地咒骂江老师呢?

463. 今天,高考成绩出来了。一句话形容二中的结果:好得不得了。

很多人关注物理竞赛落下的同学最终的结果如何,公告如下:

DHL:638 分 + 自招 40 分,上海交大没问题;

TC:626 分 + 自招 40 分,中科大没问题;

LQB:621 分 + 自招 40 分,西安交大没问题;

WW:640 分 + 自招 20 分,中科大没问题;

SHL:他们中感觉最有问题的人,当初有老师对其能否上一本线表示了充分的怀疑,高考的结果是 595 分,武大、华科绝对没问题。远超他当初入校的排名。

比照一个:CB,高二时以其综合成绩远超上述同学的优势退出竞赛,专心高考,高考成绩为 632 分,当然,武大、华科没问题。

总结:我宣扬的"竞赛不影响高考"的观点又得到实证。

464. 我侧面了解到同学们的实验培训在积极地准备着。谢谢各位家长!

2012-7-4

465. 我侧面了解到同学们的实验培训进行得比较顺利。谢谢各位家长!

原计划高一有两名同学参加,结果去了三位,挺主动的。他们比当初的各位更加主动。

466. 趁同学们在进行实验的时机,说说我对实验的看法。

首先,实验是一门复杂的学科(这是官方语言);其次,实验是一门非常重要的学科(实验老师的语言);再次,实验是一门——嘿嘿的学科(江老师的语言)。

最终,实验是一门决定竞赛生死的学科。

467. 如果要说这些年来的物理实验,我有很多可以说的,但我确实不想细说,只粗略说一件事吧。

去年复赛的实验结果,大家是很清楚的,觉得我们学校的同学在复赛时实验都考得很差,以至于 SHL 同学在网上发文为自己叫屈,原因我就不说了。但在西安决赛时,湖北省中学物理竞赛委员会的一位领导在第一次教练集中时说,二中的实验有点差,我没有反驳,我无以佐证。第二次教练集中时,决赛的实验结果已经出来了,我校几名学生的实验平均分在湖北省最高,而且比其他学校不止高一点,湖北省的最高分也在我校,而那位领导又旧话重提,仍说二中的实验较差。于是,我在大家面前摆出实验分数,然后说:"请你以后不要在任何场合说二中的实验差。"一时大家无语。至今我不后悔。

468. 今天下午我去了一趟武大物理实验室。

向家长汇报一下:有六位同学的游戏玩得很好,一定会大有长进。

我去观察时,只有五位同学还在做实验,其他同学则在看理论内容。而我对实验培训的要求是同学们应尽量地延长实验操作时间啊!

469. 说明一点,在武大的自习室里,也有其他学校参加实验培训的学生,他们中没有玩游戏的啊,都在认真地学习啊。

相关家长,你们该为他们配备什么样的游戏机,你们想好了吗?

470. 今天的检查,严重地挫伤了我的信心。我得调整我的思路了,看来,一切得顺其自然了。

自觉的总会自觉,不自觉的呢?

471. DSZ被中科大少年班录取了。祝贺!

今天检查时,他已经不在教室了,但我依旧还在清点人数。

今天在的同学,明年是不是一定会进入中科大呢?

2012-7-8

472. 因上次对实验培训情况的检查太不如人意,这几天我多少有点在生闷气。

昨天我外出公差,来回跑了 500 km 之多,回来后还是放心不下实验的状况,驱车去了武大,结果是不遇一人,郁闷。

473. 有人说,江老师的车号是单号,所以双号他不会来武大,可以放心地玩游戏。结果江老师双号来了,捉到了一批玩游戏的。

有人说,星期六与星期日,江老师休息,我们又可以自由一下。结果让江老师又郁闷了一下。

其实,江老师开车过江,从来不问单双号,哪儿方便走哪。

江老师上班,也没有严格的星期六与星期日的概念,只要个人没事,我大体都在上班。昨天,江老师不是去了武大吗?

当然,即便是在上班时间,是否守着你们,江老师也没有太多的顾忌。

474. 同学们出去做实验了,这一向是江老师休息的最佳时间,也是一年最长的休息时间。说休息,其实也是假的,这不,这几天江老师就在不停地整理相关资料,为同学们的后期训练做准备。对我来说,这段时间只是稍微安静一些而已。

475. 在心情郁闷的时候,说一点题外话吧!

我常常弄不明白,我与同学们究竟是什么样的关系。说是矛盾的双方吧,我又真诚地希望与你们一起携手并进,去为目标闯关;说是一起奋进的队友吧,我又时时将你们作为我监督的对象。我这是什么心态啊?

心理学对我说:"你这是人格分裂。"

同学们说一说,对吗?

476. 我心里总在想,玩游戏的同学,有长进吗?

都什么时候了啊?如果说一年前,我还有兴趣管这方面的事情,现在这个时候我真的没有兴趣管了。

同学们回忆一下,去年高三的学生,在这个时候,我需要做这方面的管理吗?

这是不是在暗示,这一届还不如去年呢?

477. 心情的确不好,就不写了。

2012-7-11

478. 程稼夫编著的《中学奥林匹克物理教程·力学篇》与《中学奥林匹克物理教程·电磁学篇》是竞赛辅导的必读书目,但一直缺热学、光学与近代物理部分,所有从事竞赛培训的学生与教练都表示遗憾。所以,江老师只得要求同学们以程稼夫编著的《中学奥林匹克竞赛物理讲座》的相应部分替代,但该书又过于简略,不理想,却也没有别的办法。

盼望多少年啦,半个月前,中国科学技术大学出版社推出了《热学·光学·近代物理学》,作者是崔宏滨,书现在还未上架,但江老师已经购得,虽未细读,但觉得实战性没有程稼夫编著的两本书强,好在出版社也没有在书上打出"实战丛书"的标志。

本书类似于教程,偏重知识的介绍,且多介于复赛与决赛的层次,大体是普通物理的初等版,作者是大学教授,估计不太熟悉中学物理竞赛的内容,书中的例题以往届竞赛的原始试题居多,新题几乎没有,而且对例题的分析没有程稼夫老师那么具有特点与到位。

479. 这几天是武汉今年最热的几天,被大家外出学习赶上了,大家一定要注意安全啊。

说到安全,有一个细节让我不得不说。我与大家一起从"永和豆浆"回武大时,在武大的校门口,人来车往的,恰赶上了人行道上的红灯,几位同学却毫无顾忌,直闯红灯,这既不安全,也无素质啊!

2012－7－16

480. 13日在群内发了个通知,让大家休息一天,星期一上课,大家心里高兴了一阵子吧。

今天到校,情况基本正常,仅一人请病假,其余都在正常时间内到校了,我高兴了一阵子。

481. 本来,从今天起,早晨第一节课同学们应该回班上学习英语,大家对此似乎不怎么感兴趣,仅有HZY带有英语课本。我只好去田老师处说明了同学们不上课的原因,然后又叮嘱了同学们以后上课应该注意的事项。

你们记得要注意什么吗?

482. 实验培训期间的状态,还是有点让我担心。

第一次抽查,我便遇上同学们玩游戏,大家表面上接受了批评。第二次去时,我还特地问了一下,是否还在玩游戏,回答说没有,像真的一样。

但你们面对的是江老师啊,此时的江老师与你们是敌我双方啊,我能轻易相信敌人吗?

江老师知道,我越是随机去察看你们,你们的警惕性就会越高。江老师更知道,你们想玩游戏,但又要防着江老师,于是安排了值勤人员,一人站岗,防止江老师突袭,大家就可以尽兴地玩了。值勤的每5分钟换一班岗。

483. 今天下午考试,用的是2009年富阳联谊赛试题。上午预测无人过90分,结果是无人到80分。当然,张成锴不属此列。140分的卷面,最低者才20多分,看来你们也就儿童团的水平。

该降低目标了吧!

今后的考试还多着呢!

难的时候也许比今天还难。等着吧!

484. 近段时间,基本上是两天一考。尽量用新题吧!

2012－7－21

485. 上次说到,在维护纪律方面,我与同学们站到了对立面上。第二天就有同学到我办公室里进行解释,说大家并没有将我视为敌人。这一点,我自然是知道的,同时我也没有过多地责怪大家的意思,我只是想用这种方式来提醒大家应该遵守相应的纪律,同时想尽量用轻松的文字表述我的观点而已。在纪律问题上,大家应该到了不需要监督的时候,如果还需要江老师来监督,可能我们大家都有问题了。

但我还是要提醒大家注意:纪律是执行路线的保证。

感谢前来解释的同学,这至少说明我们都在思考这一问题。

486. 18日下午的考试,使用的试题是俄罗斯去年9、10、11三个年级的决赛试题,试题是我从译者那里直接索得的,这些题目大家肯定是没有见过的,但单个试题的难度都不是很大,我将三个年级的试题放在一起,目的是通过增加题量来增加同学们的阅读量,让同学们得到相应的训练。

这次考试的得分还可以,200分的试题,结果基本上都在140分以上。

从题量的完成上看,同学们的差别远比分数的差别大,有的同学提前1小时就完成了解答,但有的同学最终还没有做完。

487. 18日的考试中,CX就是没有完成的人之一,但他得分为190分,ZC是提前近1小时完成的人之一,但得分只有170分。

我又得老调重弹了:考试不是考你会不会做,也不是考你做没做完,而是考你是否做对了。

上述两位同学帮我对此作了注释。

488. 昨天(20日),下午的测试题是去年的决赛试题。去年,在西安的决赛现场,张成锴同学的得分是125分,进入前20名,昨天让其免考。

其他同学在晚上大多进行了自评,让我比较郁闷。事先我偷偷地想,大概会有人超过张成锴当初的分数吧,毕竟又过了一年啊。结果没有人达到125分,一年的差别啊!不过,大家也基本上在90分以上,受伤的心灵得到了一点点安慰。

这套题目,大家不会偷偷在下面做过吧!

我们后面的很多试题都是决赛试题或接近决赛难度的试题。

489. 一周来的晚自习,我每天都去教室逛了一下,其实是没有必要的,其他学科的教练比我想得开一些,白天都未必去做同学们的敌人,晚上就更不用说去扫荡了。

我的想法是,我到教室勤快一点,同学走调的机会就少一些。譬如:

如果我在教室内,同学们大声讲话,这是在讨论问题。

如果我不在教室内,同学们大声讲话,这就是在八卦。

490. 天气这么热,教室的空调是不能停止运行的。空调开着,有的同学还会觉得热,但有的同学却觉得冷,这没法统一。我只能要求同学们带上长袖衣,便于自我调控。

教室的卫生也是我担心的内容之一。饮食带来的垃圾和用过的纸巾留在教室内,对健康是不利的!

491. 劳逸结合肯定是需要的,同学们整天看一个学科的内容是有点累的,休息是必要的。

发几张我偷拍的休息图片,并请同学们做一道选择题。

题目:请问,这几张图片中,哪位同学的睡姿是不合理的?(图片略。)

注:不合理的图片是上课期间睡着了的图片。

492. 记得在停课时我强调过体育课是可以上的,活动是必需的嘛!看见同学们带上羽毛球与乒乓球的球拍,我却忽视了补课期间是没有体育课的,以致有同学壮着胆来请示是否可以活动一下。江老师该打,所以立即批示同意,并特地增加了时间作为补偿。以后下午如果没有测试,最后一节课,大家就去活动吧!

同意活动了,但我又胆战心惊了,担心你们因"合理"地冲撞而受伤。

大家都伤不起啊!

493. 每到竞赛的后期,我都会做噩梦,但我这一次做噩梦的时间比带上一届的时间提前了,以前好像是在进入 9 月份后才开始做与竞赛相关的噩梦,这一次我记得是从停课的那一天开始的(不会错),时不时在梦中纠结竞赛的事,结果把我给惊醒了。

刚才就是在梦中,不知怎么地将同学们带进了一个可怕的隧道(估计是时间隧道),无法控制速度与方向,于是我被惊醒了,便敲下了以上那些字。

2012-7-25

494. 前天,我对张成锴说,湖北省的两位国际奥赛选手都获得了金牌。他说,已经知道了。而我是其教练在英国旅游的途中给我发了短信才知道的。

一直在期待这两位选手都能得金牌,我非常高兴!

明年我省省队的名额应该不会少了,大家努力吧!

495. 本周的一天,我一早去教室,发现就有同学在埋头看书了,有点感动。但仔细一看,却是《诛仙》,还有谁读过这本书啊!

我将书放在桌面上,对其进行摆拍。读者淡定得不得了啊!

496. 他淡定,我却做不到,假装翻书,其实一个字也看不进去,于是愤怒地将书摔在地上。

同学,你还好意思问我"什么时候能看书"?

于是,我只好说,你最好回家去看,如果家长能够认同这一点,我就高兴了。

497. 两天一次的测试在照常进行,情况比较正常,比预料的好。

以昨天第27届的决赛题为例,厦门的决赛我在现场,我校的几名选手的情况是:1枚金牌,3枚银牌,1枚铜牌。大约105分以上是金牌,我校的铜牌是63分,CW是95分,居77名,银牌。以此为标准,大家都在金银之中啊。

498. 昨天下午放学时我还在办公室等同学们来交试卷,没人来,去教室里看,已空无一人。今早,有同学已经给自己评了分,有的同学干脆将网上的答案打了出来,有这种主动性我当然高兴,但不交卷也该让我知道啊!

好吧,以后大家就多给自己评分吧!

499. 最近的几次考试,暴露的问题还是很多的。但多数也是老问题。

如果是不会做的题,考后我们大体不会因此后悔什么;而如果是会做的题,但做错了,不得分,就难免后悔了,但后悔来得及吗?

以HZY同学昨天的考试为例,140分的题,当时不会做的题大约为15分,结果他自评得了91分,会做的题失分原因基本上都是计算错了。如果这种状态出现在复赛,该如何评价呢?

H氏解法——只有结果,没有过程。这不是褒奖的话。

500. 前一段时间忙着给同学们准备新的测试题,测试题基本上都是我亲自敲打到计算机中的。本来想,后期可能轻松一些,但要将《模型与方法训练》进行重新整理,肯定不会很轻松,大家可要对这本资料多提建议哟!

2012 - 8 - 3

501. 同学们,今年最热的时候,我们几乎都是在学校度过的,今天终于放假了,不知你今天是否睡了一个懒觉。

睡了就睡了吧,睡到自然醒,合理地调整一下也是正常的。只要不睡到中午即可。

502. 江老师还是习惯性地在8点前就到了学校,现在刚批改完你们昨天的试卷。坦率地说,比我想象的要差一些。昨天,我特地选择了上一届得分最低的综合测试卷来测试你们。结果是,去年高三的均分为102.5分,你们今天的均分是112分,没有我预想的15分的差别。要知道,今年的水分比去年肯定要大哦!

503. 想起了前几天张成锴同学对我说的一段话。去年的这个时候,他在心里总埋怨江老师:为什么要有星期天?为什么要放假?总觉得自己有做不完的事,不放假该多好啊!

有要求不放假的心态,说明有一种动力在推动他向前,他这种动力在同学们身上是否也有呢?

504. 放假了,我的担忧也是有的,我知道同学们很想努力,但努力的动力能否抵挡得住来自其他方面的诱惑呢?比如自己喜爱的动漫,酷爱的游戏,梦乡的舒适,等等。

哦,还有这四年一届的充满激情的奥运会,我们会不会为此疯狂?

只是我想提醒你,我们所走的也是奥林匹克之路啊!

我们的激情要释放到我们的路上。

505. 前天有一位同事到我办公室,聊到假期中的情况,说自己每天都是凌晨3点睡觉,每天都在看奥运会。江老师才想起,这届奥运会我一分钟都还没看过,于是当天晚上补看了一场球赛,算是我看过奥运会了。

记得上一届奥运会期间,我用了大量的时间关注,还准备写一些评论什么的。今年就这么陪着你们过来了。

不过,我总觉得奥运会应翻译为闹运会。

506. 也许是天气太过火热的原因吧,感觉本周的三次测试比预想的都要差一些,是我的要求太高呢,还是你们确实有差距?

别管他人的要求怎样,努力将自己做强。

507. 假期期间,除了同学们需要足够地自觉外,各位家长还需多对孩子进行提示哦!

重复一下假期作业吧!

① 选择性地完成刚发的《物理竞赛专题精编》,注意后面的题目有一部分是必做的;

② 你可以写一篇小论文；

③ 你可以出一套试卷；

④ 你可以仿照《物理竞赛专题精编》编出一到两个新的专题，每个专题的题目不得少于 5 道；

⑤ 你不能忘了你目前还在阅读的书籍，必须继续阅读下去。

508．祝同学们及家长暑期愉快！

2012－8－12

509．奥运会的火炬会慢慢地熄灭，而我们呢？

在我们的赛场上，我们已然进入了冲刺阶段。

在前一阶段，我们流过汗水，也有过演练，但此时此刻的我们不再有放慢脚步的可能，我们绝不能表演般地跳向终点，而应该英雄般地冲向终点，哪怕是倒在了终点线上，才无愧于我们流过的汗水。

510．明天，带上你的"作业"，到校继续我们的冲刺吧！

下午就是测试时间。

2012－8－18

511．一转眼，又过了一周，紧张而又实在，同时，这札记也变成周记了。没有多少时间可写啊！

512．8 月 13 日一早到校，我收缴了假期作业，但并没有检查作业的完成情况。

我观察了同学们的阅读进度，对比了一下放假前的情况，感觉不太理想，进度不大，作业情况想必大家完成得也并不是太好。在随后的一次测试中，有几道题来自假期作业，到时一切都会明白，这是我预先设计好的，只是没有对同学们交代而已。

我有我的检查方式啊！

513．学生家长会结束时，我已经在办公室里阅读学生的假期作业了，部分同学的自主作业让我有一种愤怒感，完全是在应付，可见同学们的自觉性的确不怎样。家长假期恐怕也没有真心督促。

假期里就有新高一的家长来电说，能不能提前让学生到校，在家管不住学生。怎么说呢？老师是干什么的？在家长看来，我恐怕也就是一个保姆了!

514. 家长会后,几位家长到我办公室交谈了一会。大家都有一个共同的目标,这一点很清楚,我只是希望我们都能平和地去迎接竞赛,虽然我知道这很难,但也必须要有相应的准备。

515. 13日下午的测试为俄罗斯2010年的竞赛题选,整体难度不大,但效果不太理想。为此,我强调了一下,后一段时间我们主攻的几大障碍:

① 审题。这是一个让我们流泪的问题,特别是难度不大的题目。我们在审题的过程中,无意间修改了题设条件,或者漏掉了相关的文字,或者出现极为低级的理解偏差,考完之后,自己也莫名其妙。

② 运算。这实际上是一种不被大家认同的能力,大家都认为自己在这方面有能力。但实际上,我们每个人在这方面的能力都是有限的,这一点被很多人忽视,以致不知怎样提高与修正。大家一定要根据自身的特点,寻求克服的途径,而不是放任其存在或设置过高的目标与其硬拼。

③ 情景分析。隐含的情景在竞赛中太多了,几乎每一次测试,都有同学奋不顾身地往陷阱里跳,前赴后继。这一点恐怕是无法更正了,在学习识别陷阱的同时,也要有听天由命的心态!

④ 规范地表述。会做就做对,做对了的不被扣分,这是应试的最高境界。要做到这一点,你就规范一点吧!WZQ同学在这方面于本周的后一次考试中有进步。

516. 15日考的是第22届的决赛试题,有几题分散在假期练习中,从考试的结果看,绝大部分同学没有认真完成假期作业的训练题。

家长们的督促也可能没有到位。

517. 17日考的是一套难度极低的题,160分的题,有考满分的,也有115分的,相差的分数一定能让他们在一等奖内外相望。也就是说,无论是什么样的试题,我们肯定会有人不在一等奖的范围内,究竟是谁呢?9月24日大家就知道了。

大家都不要认为一等奖外的不是自己。

两B一直咬得很紧,15日不也相差40分么?如果是正式考试,肯定是在一等奖内外相望啊!

518. 今天又加了一场考试——第24届决赛试题。

7道题,大家认为能完成的有6道,结果呢?做对了4道及以上的只有4

名同学,与预期相差太远了吧。

所以,不要认为自己会做的就一定能做对,这是我们后面要克服的心态啊!

519. 同学们尽快阅读完手中的书吧,要进入重复阅读与问题清理的阶段了。

2012－8－26

520. 最近我确实有点忙,本不想再写什么札记,但一想,今天再不写,这连周记都说不上了,反正也写不了几次了。于是,我推掉了今天的几处应酬,腾出时间来写这周记了。

521. 最近一段时间,不停地在整理同学们的假期作业,然后交给打印室,而打出的文稿是错误连连。不怪人家的打字水平,只怨人家的猜字水平,说实在的,我若不是连蒙带猜,绝不能认清各位所写的内容,也难怪别人传来的文稿中有许多的空格,你们就想想这是为什么吧!

打字员实在是猜不出来啊!

另外,我还想尽快整理一下《物理竞赛专题精编》的答案。所以,很长一段时间里,我一早来到学校,直到晚自习,我都坐在办公室里,回到家里,就怎么也不想动了。

522. 开学前,老师也挺忙。首先,学校的老师也得参加考试,虽然我不必参加,但我得命题与阅卷啊,给同事考试命题比给你们命题更难!这要时间吧!好在我事先申明了不监考。

老师还得参加学习。这学习是与各项利益相关的,到时要签名,离开时要领小条,最后通过签名与小条来确定你学习到位了没有。这一切都是上级部门派人执行的,这比同学们到校上课要严得多。所以,这种学习的出席率比学校任何一次会议的出席率都要高。同学们今后也不要埋怨老师对你们到校管理得太不近人情了,老师们也是如此啊!

星期六下午,江老师因给同学们发试卷,错过了学习的签到时间,干脆就没去了,今天就老老实实地听了一天讲座,虽然讲的内容江老师未必……但江老师不听是不行的。

星期一,江老师还参加了教育局组织的教师培训考试,还得另写三篇学习文章,有一篇居然是有关古典小说的内容,这是逼江老师做文抄公吧!

江老师很担心,这一次培训学习是否能过关,会不会影响江老师的收入啊!

523. 我有两个QQ号,20日中午,我常用的QQ号向我的另一QQ号发起了谈话。我当然明白这是怎么一回事,我便与"我"聊了起来,"我"很快便向我借钱,当然,额度是我能承受的。我一边应酬,一边查阅修改密码的方式,然后一句粗口,迅速修改密码。

在此期间,我的几位同事与好友都受到了骚扰,不知群中的家长是否也受到了骚扰,如果受到了,我在这里代"我"向各位道歉了。

524. 说了我自己半天,没有别的意思,是想暗示大家,我们都不容易,都在努力;同学们也很不容易,也需要更大的努力。仅此。

525. 本周首先要说的是CJ同学。

星期一的考试,大家考得都不是太差,但问题也都有一点。CJ同学的问题也不是太多,发卷后,他在座位上根本坐不住了,东游西走,我在教室里暗示了几次都无效,只得趁其上厕所的时间点明。

对于同学们的锻炼时间,我们已作了明确的约定,然而,中午两点以后,CJ却在操场上打球,这当然是极不正常的。我随即去教室,教室里灯全关了,部分同学在伏桌休息,有的同学在昏暗的环境下读书,这个反差我不说,大家都应该清楚吧!

526. 我趁机将篮球带回了办公室。

CJ同学第一时间来索要篮球,未给。

他第二次来讲歪理,当时旁边还有同学在整理自己的作业,想必也帮江老师记着那些歪理,但歪理能讲得过江老师的正理吗?

不反思自己,这是他最大的问题,这也是他落后于别人的原因。

球最后让他带走了,但他能记住江老师的话吗?

527. 与本周的考试一样,今后的考试也会有难有易,大家不要太在意自己的得分,找到自己的问题才是最重要的,纠正自己的错误才是我们的目标。

每一次考试,江老师大体都会作一些点评,希望同学们能认真对待。江老师在点评之外,不会再笼统地讲什么具体内容了。但是,江老师会针对不同的同学提出不同的问题,说到你的时候,希望你能认真地想一想江老师说的话。

528. 我整理了一些补充练习,绝大部分是同学们没见过的,同时将去年发给上一届的学生做的小题训练又发给了同学们。

小题训练的底稿我在计算机中找了好半天都没找到,还是 HZY 同学带来了去年的稿子,我进行了搜索才在计算机的一个角落里找到。嘿嘿,谢谢了!

有几位同学忘了我发过小题训练。

529. 与补充练习一起发下去的还有部分同学的假期作业,同学们应该好好地读一读,会有帮助的。还有一部分在整理中。

530. 晚自习期间,江老师虽然是义务去学校,但基本上还是天天去的,有时偷偷地在外瞅一下,算是监督了,说实在的,纪律并不比我想象的好。必要时,我也会对你们进行分流的,一部分进入我的办公室自习。

531. 星期六,对 B 组的同学补充了一次测试,同学们都提前交了卷,不用说,我知道其目的。想去打球呗!

难道你们真的不知道我让你们少做两题的目的?

532. 开学后,学校实验室的实验老师也上班了,我会安排同学们走进我们的实验室。

实验是我们的心病,心病能不能治得好? 不知道,但总得治啊!

533. 再次重申,手中的书没有读完的同学,尽快结束阅读,进入刷题阶段,刷题应以《物理竞赛专题精编》为主,然后迅速进入清理阶段,调整自己的应试状态,为全力冲刺复赛做准备。

HZY 同学提醒我,去年他与张成锴同学最后没有整理完所有的内容,提醒我腾出更多的时间让同学们进行整理。谢谢!

一个月的时间,如果整理不完,就只能由它了,反正我们总是带着问题进考场的。

2012 - 8 - 30

534. 上周,靖礼从北京一回武汉,便发来短信,约定来校。本周二,靖礼来校。我借机让其与同学进行一次交流互动。

从靖礼后来反馈的信息来看,大家的交流似乎还可以。

535. 从靖礼的话语中,我了解到同学们对去年复赛中的实验结果还耿耿于怀,说什么我们被黑了。

不要再过多地纠结于去年的实验结果了,不要去理会那些,那些不是你们能左右的,你们能做的、也只能去做的,就是将自己做强,而不要去顾及其他。

536. 靖礼同学特别提到了同学们所说的实验问题。他说,仅有武大的几次实验培训是不够的,那种培训只让我们熟悉了实验仪器的操作,对实验的思维方式的培养还远远不够。他建议同学们最好能多思考一下,假如只给你器材与要测量的物品,该如何设计出实验原理,这样才能在现场应对实验问题。

537. 靖礼同学说,今年的国家集训队在天津南开大学进行,如果同学们今后进入了国家集训队,如果那时他还在北京的话,他一定会从北京到天津去看望同学们。

江老师为他这种态度感动。

538. 靖礼同学谦虚地说,这一届的同学已经超过他们了。

这句话不知他是否对同学们说过了。千万不要信以为真啊!

539. 在与靖礼的交谈中,他特别问到了去年那位特别调皮的、白白胖胖的同学哪里去了。我知道他指的是谁。靖礼清楚地记得,他从克罗地亚回到武汉时,去机场迎接他的就有那位同学。那是我特意安排的,只是那位同学最后没有走上我所希望的路上来。

靖礼说,有点遗憾。

我说,我也有点遗憾。

但如果我没有这方面的遗憾,我就会有其他的遗憾。

教书是一门总有遗憾的工作。

540. 实验室开始开放了,同学们进入实验室不仅仅要熟悉器材,还要记住上面靖礼说的话。

记住,最后离开实验室的同学注意关空调、关灯、关门。

541. 教室里有清洁工具,但一直没有同学主动打扫。同学们虽然注意保持身边的卫生,但时间太长了,教室里不卫生了,我一直不好意思在这方面再说什么。今天晚上进教室,发现教室被打扫了,在此特别向 CJ 与张成锴两位同学说一声"谢谢"!

542. 昨天考试的试题是从用过的资料中整理出的,也就是说题目大家大体都见过,至少模型大家是见过的,所以我在发卷时还特意加上了一句:

题目有点简单。不料,结果让我感到意外。

543. 下面的内容我在班上已经说了,再记下来,可作为我今后的教学案例。

第二题(那道空间电阻的题目),这道题我记得在"更更"上有,在舒幼生老师的讲义中有,在我的第二轮讲义的例题中也有。对于其特别的处理方式,大家都应该非常熟悉,但我在翻阅试卷的过程中已经知道其正确率并不高。

我将 ZX 同学第一个喊到了我身边,指着这道题,未等我开口,他说:"我看错题目了。"我说,这不是看错题目的问题,而是没有看题目,他反复强调说是看错了题目。于是,我向他解释了在这一现象中所体现的没有看题与看错了题之间的关系。

接着,被我喊到身边的是 WZQ 同学,同样是指着这道题,同样是未等我开口,他说:"我看错题目了。"于是,我又向他解释了一通。

第三位被我喊到身边的是 LCQ 同学,由于那题目摆在最上面,且占满了整个页面,还未等我指,他就说:"我看错题目了。"

LCQ 的话音一落,我便从座椅上跳了起来。三位同学为何一字不差地开口就向我说同一句话啊?我肯定你们事前没有沟通过。

于是,便有了我后来对同学们点评的一大通话。

你们总是喜欢在考试过后用"我看错了题目""我大意了"等想法来遮掩自己在能力方面与生理方面的问题,这是很有害的。

所谓看错了题,实际上是用自己所熟悉的情况不假思索地去替代了题目所给出的新情景,从而导致出错,其心理原因我已经作了分析,请大家认真回忆一下。

审题与运算可能是我们今后最大的障碍了。

544. 由于昨天考试中的问题,今天我特别作了详细的点评,希望能对同学们的自学有帮助。

545. 同学们近期一定要注意调节自己的心态,努力、积极、平和地迎接复赛。

一位同学今天的请假就让我有点担忧。

家长也应有平和的心态。

546. 今天学校放假,但我们照常上课,晚自习也上了,之所以这样,是因为不想打乱我们的学习进程。

547. 晚自习从学校正门出来,正好遇上了几位家长在校门外等孩子。

我非常感谢家长们这两年来对我的工作的理解与支持,但我也知道,到了这个时候,大家心里都很着急,心是悬着的。

其实,我与大家是一样的。

548. 今天,一位家长开口便问:孩子有没有希望啊!

对于这类问题,我真的不好回答。

说完全没有希望吧,我不会让学生这么搞下去。

说有十足的把握吧,我不会陪着学生这么搞。

你说是有希望还是没有希望呢!

549. 同学们,不要在意家长与老师的有希望与无希望的担忧,我们努力地走到了今天,就不要再顾及其他,即便是倒下,也要倒在终点线上。

致 谢

谨以此书感谢——

夫人王桂芬女士：多年来，是你默默承担了几乎所有繁杂的家务而毫无怨言，才有了我心无旁骛、安静工作的心境。

原武汉市第二中学校长董汉利先生：是你高瞻远瞩地推动了武汉二中学科竞赛工作的开展，并对我的竞赛培训作了长时间的催促、督促、鼓励与指导，才有了我不懈的努力与长久的坚持，最终取得了一定的成绩。

以余超、靖礼、胡琦、张成锴为代表的历届物理竞赛生们：是你们的天赋与勤奋，是你们对我的认同与支持，是你们对物理竞赛无怨无悔的投入，最终在成就了你们的同时也成就了我。

在我担任竞赛班班主任期间，一直与我搭班的李先利老师（语文）、熊学韬老师（数学）、黄吉昌老师（英语）等诸位非竞赛教练的科任教师：是你们在工作中容忍了我诸多的非常规要求，对我的班级管理给予了大力的支持与配合；是你们根据班级特点，实施了优良的教学方案，付出了超常的心力，促进了班级学生的全面发展。

所有在我全身心进行物理竞赛培训的过程中给予了我关注、帮助、支持的领导、同事和朋友，谢谢你们啊！